PALMEN, POMP UND PAUKENSCHLAG

NOËL COWARD

Palmen Pomp und Paukenschlag

ROMAN

TÜBINGEN

RAINER WUNDERLICH VERLAG

HERMANN LEINS

AUS DEM ENGLISCHEN ÜBERTRAGEN VON N. O. SCARPI

ISBN 3 8052 0026 9

152. bis 156. Tausend

(21.–25. Tausend der Sonderausgabe in der Reihe
„Die Bücher der Neunzehn" Band 187)

© 1960 by Noël Coward. Deutsche Übersetzungsrechte beim Rainer Wunderlich Verlag Hermann Leins Tübingen. Die englische Originalausgabe erschien 1960 unter dem Titel „Pomp and Circumstance" bei William Heinemann, London. Printed in Germany. Satz Offizindruck AG, Stuttgart. Druck Offsetdruckerei Gutmann + Co., Heilbronn a. N. Gebunden bei G. Lachenmaier, Reutlingen.

Nancy Mitford

in Freundschaft zugeeignet

1

Es hat keinen Zweck, so zu tun, als wäre die Residenz des Gouverneurs architektonisch sehenswert, denn das ist nun einmal nicht der Fall; in ihrem Innern wirkt sie mit ihren freundlichen, luftigen Räumen und den tief eingebuchteten Veranden recht gemütlich, von außen aber ist sie eindeutig scheußlich. Von welcher Seite man sie auch betrachtet, sie erinnert an einen gigantischen lila Pudding. Sie wurde zu Beginn des neunzehnten Jahrhunderts gebaut, nachdem das alte Haus abgebrannt war, und kein Mensch weiß, warum man sie damals lila und seither immer wieder lila angestrichen hatte. Sie weist Kuppeln und Türme und Pfeiler und einige pseudoromanische Fenster auf, und darunter bilden eine Reihe mächtiger Steinwölbungen eine Art Katakombe. Diese Besonderheit ist als Zufluchtsort für die Hausbewohner zureichend begründet worden; dorthin ziehen sie sich zurück, wenn sie von göttlichen Launen, wie etwa Taifunen und Erdbeben, bedroht werden, obgleich ich nicht glauben kann, daß diese Freistatt bei einer Überschwemmung viel nützt. Als Lady Alexandra das Gebäude zum erstenmal aus seinem Opunzienhain grinsen sah, mußte sie derart lachen, daß ihr die Luft ausging und sie, als der Wagen vor dem Tor hielt, erst aussteigen konnte, nachdem man ihr ein Glas Wasser gebracht hatte. Lady A. ist heiter und charmant, und gegen Seine Exzellenz – Sir George Shotter – läßt sich nicht das geringste einwenden. Er sieht gut aus, ohne übertrieben vornehm zu wirken, ist von sympathischer Zuverlässigkeit, und in seinem Auge schimmert es lustig. An sich muß man ihn näher kennen, denn er ist zurückhaltend und besitzt nicht die fröhliche Extrovertiertheit seiner Frau; nimmt man sich aber die Mühe und stochert ein wenig tiefer, so gelangt man zu dem lustigen Schimmer und fühlt sich vertraut und heimisch.

Sie und ich sind übrigens alte Waffenkameraden, denn wir haben von Kriegsbeginn an beim Transport-Korps gedient, wurden auf dem Lowndes Square gedrillt, nannten unsere Vorgesetzten ‚Madam', und später, als wir uns selber im Offiziersrang sahen und uns ein paar sehr schneidige Uniformen geleistet hatten, wurden wir auch mit ‚Madam' angesprochen und fuhren Lamettaköpfe zu und von Flugplätzen und Bahnhöfen und sonntags mit ihren Sekretärinnen nach Boulters Lock zum Essen.

Noch später, während der Schlacht um England, hatten wir grausigere Pflichten zu erfüllen, mußten die Zähne zusammenbeißen, mußten kaltblütig und tüchtig sein, wenn wir Menschen aus zerstörten Häusern holten und sie in die Lazarette schafften. Sandra war in jeder Beziehung großartig, und wir hatten viel Spaß miteinander; natürlich nicht, wenn wir die Menschen aus den Häusern holten, aber sonst. Damals hieß sie Lady Alexandra Haven und hatte noch nicht geheiratet, obgleich sie schon seit 1939 mit dem guten George ausging. Er stand als Politiker ziemlich links, war wütend über das Münchner Abkommen gewesen, und das hatte ihn mir gleich sympathisch gemacht.

Da sie auch mit anderen Verehrern ausging, glaubte damals kein Mensch, daß sie George heiraten würde, aber im Jahre 1943 tat sie es, und sie feierten recht ausgefallene Flitterwochen, als sie im Mittleren Osten von Ort zu Ort flitzten, um sein Regiment zu finden, das plötzlich verlegt worden war.

Unterdessen hatte sie natürlich den Dienst beim Transport-Korps aufgegeben und ich auch – mit großer Erleichterung, wie ich zugeben muß. Das alles war gut und schön zu Beginn, als glühender Patriotismus uns aufrechthielt und wir uns gewissermaßen geweiht fühlten, doch nach kurzer Zeit ging uns die aufreizende Weiblichkeit der ganzen Einrichtung auf die Nerven. Ich weiß, daß das ein beschämendes Eingeständnis ist, für mich aber haben Frauen in Uniform immer etwas unbestimmt Komisches. Ich weiß wohl, daß der Hilfsdienst bei der Armee hervorragend war und der Hilfsdienst bei der Luftwaffe nicht minder, und gar der Hilfsdienst bei der Flotte war tapfer und tüchtig bis zum letzten Taljereep, aber wenn die Frauen marschieren und exerzieren und ihre Busen im Takt wabbeln, so habe ich einfach Lust zu lachen. Das gehörte zu den Dingen, über die Sandra und ich uns wohl am meisten amüsierten. Ja, wir tun es noch jetzt, wenn wir Zeit zu einem Schwatz haben und jene merkwürdigen Tage aus der Vergangenheit zu uns zurückflattern.

Nun, heute ist sie die Gemahlin unseres Gouverneurs, und ich finde es furchtbar nett, sie hier zu haben, denn jetzt freut man sich darauf, in die Residenz zu gehen, und das war ganz gewiß nicht der Fall, solange die armen Blaises hier lebten. Nicht daß sie nicht ungemein freundlich und wohlwollend gewesen wären und ihre Pflichten umgänglich und gewissenhaft erfüllt hätten, aber sie waren beide farblos und ein wenig vertrocknet, und es fehlte ihnen derart an Lebenskraft, daß man den Eindruck hatte, nach dem Fisch müßte Sauerstoff serviert werden. Die arme Lady Blaise litt, ohne zu klagen, an irgendeiner unklaren Krankheit, namens Dia- und noch etwas. Es war nicht -betes oder -rrhoe, was nach dem Dia kam, aber was es auch gewesen sein mochte, sie wurde dadurch nur noch farbloser und schien in ihrem eigenen, persönlichen Aquarium schlaff durch die Jahre zu schwimmen.

Er, Sir Hilary, entstieg geradewegs Madame Tussauds Wachsfigurenkabinett; er war durch und durch blaß, seine Augen waren blaß, seine Haut war blaß, sein Haar war blaß, und wenn er Truppen inspizierte oder bei öffentlichen Anlässen auf einer Estrade stand, so sah er aus, als hätte man ihn aufgestellt und ein unsichtbarer Eisenstab im Rücken hielte ihn davon ab, auf die Nase zu fallen.

Nun ist alles anders geworden, Gott sei Dank, auch die Wandbespannungen und die Möbelbezüge. Das ganze Haus wirkt licht und luftig, was es vorher bestimmt nicht tat.

Nicht daß sich Sandra als Hausfrau besonders auszeichnete. Gelegentlich plant sie für das Essen großartige Neuerungen, und in Anfällen jäher Begeisterung läßt sie sich aus New York und Paris exotische Kochbücher schicken, doch wenn diese eintreffen, hat sie alles schon vergessen und knabbert an Aufläufen und Frikadellen, ohne es auch nur zu merken.

Was sie den verdorrten Knochen dieses pompösen, alten gotischen Mausoleums eingeflößt hat, ist Persönlichkeit.

Nichtsdestoweniger verzieht sie sich aus dem Haus, wann immer sie eine Gelegenheit findet, und kommt zu uns auf die Pflanzung, tritt sich die Schuhe von den Füßen und legt sich einfach hin. Die Kinder vergöttern Sandra, weil sie sie leichthin und als Erwachsene behandelt und nicht plötzlich mit einer süßlich duldsamen Stimme fragt, was sie werden wollen, wenn sie groß sind, und ob sie gern in die Schule gehen. Simon, der älteste, ist siebeneinhalb, und die Zwillinge, Janet und Cokey, sind sechs. Cokey heißt mit ihrem richtigen Namen Sarah-Ellen; eines Tages aber, als sie noch klein war und sie und Janet in ihrem Wagen im Garten lagen, fiel eine Kokosnuß, zum Glück eine kleine, vom Baum, verfehlte den Kopf des Kindes um Haaresbreite und verursachte eine böse Schramme an der Schulter. Obgleich die Kleine erschrak, schrie sie nicht und machte auch keine Szene, sondern streckte nur die Patschhand aus, klopfte vorwurfsvoll auf die Nuß und sagte: „Schlimme Cokey!" Und wenn dieser Spitzname nicht ein gräßliches Anhängsel aus der Säuglingsphase ist, dann weiß ich wirklich nicht, was sonst eines sein soll. Jedenfalls blieb ‚Cokey' an ihr haften, und damit hat diese ziemlich langweilige kleine Erklärung ein Ende.

An einem schwülen Nachmittag im März fuhr Sandra, unerwartet wie gewöhnlich, im Kombiwagen der Residenz vor. In einem grünen Leinenkleid wirkte sie frisch und entzückend, aber in ihrem Auge flimmerte es fiebrig. Ich lag auf der hinteren Veranda und versuchte, mich für einen jener zeitgenössischen, allzusehr in der Seele bohrenden Romane zu interessieren, von denen ich wohl wußte, daß ich sie lesen sollte, obgleich ich in Wahrheit gar keine Lust dazu hatte. Dieser Roman war von einem Hysteriker geschrieben, der, nach einer greulichen Kindheit in Frankfurt, Parteimitglied wurde und mit einer hochgestellten Revolutionärin, namens Irma, in die Ukraine ging. Sie hatte gerade Brauen, schwelende Augen und litt unter jähen Ausbrüchen einer tigerhaften Sinnlichkeit, in denen sie den Kopf des Verfassers an den Mund zog und unartikulierte Schreie hören ließ, während die freie Hand sich an den Knöpfen ihres Uniformrocks zu schaffen machte.

Just in dem Augenblick, da er, meiner Ansicht nach sehr vernünftigerweise, beschloß, dem Kommunismus zu entsagen, erschien Sandra.

Wie gewöhnlich stieß sie sich die Schuhe von den Füßen, warf sich auf die Hollywoodschaukel, die heftig knarrte, und rief:

„Gott sei Dank, daß du zu Hause bist. Ich hätt's nicht ausgehalten, wenn du nicht dagewesen wärst!"

Ich fragte sie, ob sie einen Drink wolle, aber sie erwiderte, daß sie weder einen Drink noch Tee noch sonst was wolle, nichts, als flach liegen und in den Strom eines Weltbewußtseins tauchen, wo die Zeit zu existieren aufhöre, und wo sie selber ihre Gedanken auf nichts irgendwie Besonders richten müsse. Das Mittagessen, fuhr sie fort, sei ein einziger Jammer gewesen, von den Avocatobirnen angefangen, über das Currygericht zu der Zitronentorte und dem Kaffee. Ein anglikanischer Bischof mit einem ohrenbetäubenden Husten sei dagewesen, ferner ein amerikanischer Senator mit seiner Frau und ein mächtiger Aluminiummagnat aus Pittsburgh. Zudem war Cuckoo Honey, die Frau des Kolonialsekretärs, völlig entfesselt, was nicht wenig besagen will, und hatte den amerikanischen Senator tödlich beleidigt, als sie ganz überflüssig eine Rede über die Negerfrage vom Stapel ließ, von der sie offenbar weniger als nichts wußte.

„Das Schreckliche an Cuckoo ist, daß sie ihre unsinnige Einbildung so gar nicht merkt." Sandra streckte sich und stöhnte.

„Sie hat sich selber in jeder Hinsicht genau geprüft, außerstande, einen Makel zu finden. Sie ist weder grausam noch ungütig, noch übelwollend, aber von Zeit zu Zeit bringt sie es fertig, daß man sie für das alles hält. Sie platzt mit dem heraus, was ihr gerade durch den albernen Kopf wirbelt, ohne daß sie sich auch nur den Bruchteil einer Sekunde lang die Mühe nimmt, die Gefühle ihres Gegenübers zu berücksichtigen. Sogar ein betrunkenes dreijähriges Kind hätte begriffen, daß der Senator ein hartgesottener Südstaatler ist, gesäugt mit dem dort üblichen Gebräu aus Branntwein, Zucker, Eis und Krauseminze, ein Mann, den man in seiner Jugend, um ihm eine Geburtstagsfreude zu machen, zu einem Lynchgericht führte. Ausgerechnet ihn unter allen Sterblichen mußte sie sich aussehen, um ihn mit ihrer ganzen verschwommenen, ungenauen Humanitätsduselei zu überschütten. Natürlich zitterte die Luft vor Peinlichkeit, der Senator lief violett an, und ich murmelte etwas Abgeschmacktes der Art, daß die Rassenfrage ein viel zu kompliziertes Thema für ein heiteres, ungezwungenes Mittagessen sei, das aber überhörte sie vollständig und sie stürzte sich in einen Dschungel von Klischees, und ihre Stimme wurde immer lauter und lauter, bis ich schließlich gezwungen war, ganz unvermittelt aufzuspringen, wie das Männchen aus der Schachtel, und sie und die Frau des Senators auf die Veranda zu führen, wo sie dann mit fest zusammengepreßten Lippen dasaßen und einander finster musterten."

Sandra seufzte tief und suchte in ihrer Handtasche nach einer Zigarette. „Als sie endlich alle abgezogen waren und ich über Cuckoo hergefallen und sie unter Tränen verschwunden war, tauchte George auf, zitternd wie Espenlaub, und brachte mir mit Grabesstimme die große Neuigkeit bei!"

„Was meinst du damit?" fragte ich und warf ihr eine Schachtel Zündhölzer zu.

„Es ist allerstrengstes Staatsgeheimnis." Sie zündete sich die Zigarette an und warf mir die Schachtel zurück. „Er ließ mich schwören, es keiner lebenden Seele anzuvertrauen, nicht einmal dir, aber ich sagte, das sei blanker Unsinn und dir müsse ich immer alles sagen, und so gab er nach, aber unter der Bedingung, daß du dein großes Ehrenwort geben und versprechen sollst, die Klappe zu halten, bis es offiziell bekanntgegeben wird."

„Was offiziell bekanntgegeben wird?"

„Daß sie im Juni hierherkommen."

„Daß wer im Juni hierherkommt?"

„Die Königin natürlich", antwortete Sandra. „Und Prinz Philip. Sie kommen am 21. mit einem Kriegsschiff und bleiben drei Tage. Drei ganze Tage und drei ganze Nächte, und lange, lange vor diesen drei ganzen Tagen und Nächten werde ich in einer Zwangsjacke fortgeschleppt werden wie das arme Geschöpf in ‚Endstation Sehnsucht'."

„Na", murmelte ich, ohne auf sie zu hören. „Das wird ja eine Aufregung geben!"

„Kannst du dir vorstellen", rief Sandra mit tragischer Miene, „was von jetzt bis zum Juni mit uns allen geschehen wird? Kannst du dir den Neid, das Gezänk, die Planungsausschüsse, die Festkomitees, das demütigende Wettrennen um Rang und Platz ausmalen, das jetzt losgeht? Ein wahrer Alptraum!"

„Es hat keinen Sinn, daß du dich in eine Wut hineinredest", sagte ich besänftigend. „Eine Menge von all dem wird vermutlich sehr lustig sein, und für die Insel ist es auf alle Fälle vorteilhaft. Die Samolaner werden schrecklich stolz und ergriffen sein."

„Das weiß ich alles", sagte Sandra. „Ich weiß, daß es für die Insel und auch für die lieben Samolaner vorteilhaft ist. Auch für George ist es vorteilhaft, daß die Geschichte sich gerade während seiner Amtszeit abspielt; das weiß ich. Ich weiß auch, daß es für den samolanischen Fremdenverkehr einen unglaublichen Aufschwung bedeutet, und für alle Hotels wird es vorteilhaft sein, für die einheimischen Künstler und Handwerker, für die Studenten, für die Pfadfinder, für den Frauenverein. Nur eine einzige, einsame, zitternde Kreatur wird es nicht so vorteilhaft finden, und das ist die unselige Gattin des Gouverneurs, auf deren schwache, gebeugte Schultern die erdrückende Last des ganzen Betriebs niederfällt."

„Nur Mut, Liebste", sagte ich. „Wahrscheinlich wirst du jede Minute genießen, wirst jedermann hin und her kommandieren und dich großartig amüsieren."

„Ich hatte gehofft, bei dir Mitleid und Verständnis zu finden, ich hatte gehofft, du würdest mir in der Stunde der Prüfung beistehn, jetzt aber sehe ich, daß meine Hoffnungen auf Treibsand gebaut waren. Schon kann ich einen Schimmer von schrecklicher, vorstädtischer Fürstenvergötzung in deinem Auge entdecken. Wahrscheinlich wirst du schlimmer sein als sonstwer in der Kolonie, du wirst dich dauernd auf sie stürzen und auf und ab hopsen wie ein Kork!"

„Es hat keinen Zweck, mir Götzendienst vorzuwerfen, wenn's um die königliche Familie geht", erwiderte ich. „So bin ich erzogen worden, und jetzt ist's zu spät, mich zu ändern. Ich spüre schon, wie eine süße, sentimentale Schulmädchenaufregung in mir brodelt. Ich habe sogar schon, während deines Jammerns und Stöhnens, ein bezauberndes neues Abendkleid entworfen und mir überlegt, ob Jeannie noch Zeit hat, mein Diadem in London aus der Barclay-Bank zu holen und mir hierherzuschicken. Es ist ja in Wirklichkeit ein ziemlich düsteres kleines Ding, was mir meine Tante Cordelia vermacht hat, aber es besitzt eine gewisse muffige Vornehmheit."

Sandra seufzte. „Jetzt hätte ich gegen eine Tasse Tee doch nichts einzuwenden."

Ich läutete Tahali, dem Diener. Die Gemahlin des Gouverneurs hatte sich wieder flach auf den Rücken gestreckt und die Augen geschlossen; dann und wann senkte sie den linken Fuß und brachte ihre Liegestatt zum Schaukeln, die jedesmal klagend quietschte, und ich fragte mich, ob es denn kein Öl im Hause gebe, und wenn, ob ich imstande wäre, die Scharniere zu schmieren, ohne den losen Bezug zu verschmieren. Ich habe leider nie zu diesen kleinen häuslichen Arbeiten getaugt, die für das glatte Funktionieren eines behaglichen Heims wichtig sind, und in diesem behaglichen Heim ist immer irgendwo irgend etwas nicht in Ordnung. Gerade jetzt, da ich das schreibe, fehlen an Robins Duschevorhang zwei Ringe, was ich schon seit

Wochen gerichtet haben müßte, und im Erdgeschoß bleibt der Sitz auf dem Anstandsort nicht aufgerichtet, wie er soll. Weibliche Besucher stört das natürlich nicht, für Männer aber ist es verzwickt, denn sie müssen eine unnatürliche seitliche Stellung einnehmen und den Sitz mit einem Knie obenhalten.

Offenbar läßt sich da nichts machen, ohne daß man den ganzen Krempel auseinandernimmt und wieder zusammensetzt, und das bedingt, daß man Mr. Pana-Oti, den Spengler, holen muß, wovor mir graut. Doch angesichts des bevorstehenden großen Ereignisses müßte jedenfalls vor dem Juni etwas Entscheidendes geschehen. Nicht daß ich erwartete, die königlichen Gäste würden viel Zeit in meinem unteren WC verbringen, aber man weiß doch nie, und Prinz Philip könnte auf seiner Fahrt zum Golfplatz eine Reifenpanne haben und irgendwer könnte sagen: ‚Sir, die Pflanzung von Craigies ist nur einen Steinwurf entfernt, und wenn Sir Wert auf einen guten Drink legen, sich waschen und ein wenig zurechtmachen wollen, so würde man sich ganz bestimmt geehrt fühlen und wäre entzückt. Es sind furchtbar nette Leute, *sie* allerdings ein wenig sprunghaft...' Und dann würden alle hereinströmen und ich würde das schreckliche Aufschlagen hören und wäre für alle Zeiten blamiert.

Sandra öffnete ein Auge und warf mir einen Blick zu. „Du siehst so gequält drein. Woran denkst du?"

„An den Herzog von Edinburgh."

„Das hätte ich wissen können", erwiderte sie ärgerlich und schloß das Auge wieder.

Tahali erschien mit dem Teetablett, das er sorgsam auf den geflochtenen Tisch stellte, ein Meisterwerk samolanischer Volkskunst, sehr reizend und ganz der Atmosphäre entsprechend, aber immer geneigt zu wackeln. Nachdem er das Tablett abgesetzt hatte, machte er vor Sandra eine prächtige Verbeugung und verzog sich ins Haus. Tahali ist ein Schatz und die Sonne meines Lebens. Als Robin mich nach unserer Heirat hierherbrachte, war Tahali sechzehn und eine Art Aushilfsbursche. Da er sich als außerordentlich tüchtig, angenehm und dekorativ erwies, ernannten wir ihn ein Jahr darauf zum Hausdiener, und in den letzten zwei Jahren war er Majordomus, Butler und Chauffeur in einer Person; er leitet den ganzen Haushalt, und ich könnte es keinen Tag ohne ihn schaffen. Er ist groß und schön und lebt, wie die meisten Samolaner, in dem glücklichen Zustand, von Sünde nichts zu wissen. Er hat eine Frau und drei Kinder in seinem Heimatdorf auf der anderen Seite der Insel, die er nur widerwillig zweimal im Jahr besucht, und einige vertraute Freundinnen und diverse andere Kinder hier, in Pendarla, die er häufiger besucht. Von Zeit zu Zeit läßt er sich gehen, betrinkt sich mit Kala-kala, taumelt in den frühen Morgenstunden heim und erscheint beim Frühstück trübäugig, katzenjämmerlich und in schrecklichem Zustand.

Bei solchen Gelegenheiten muß er entweder eine Strafpredigt Robins über sich ergehen lassen, worauf er in Tränen ausbricht, oder er wird von mir feierlich zurechtgewiesen, was gewöhnlich in fröhlichem, hemmungslosem Gelächter endet. Er weiß nämlich instinktiv, daß hinter meinen Worten kein Gramm Überzeugung steckt und daß es mir in meinem tiefsten Herzen völlig gleichgültig ist, ob er sich ab und zu sinnlos besäuft oder nicht, wenn es nur nicht allzuoft geschieht, seine Arbeit nicht beeinträchtigt und das übrige Personal nicht durcheinanderbringt.

Ich weiß genau, daß für eine ehrbare englische Hausfrau dieses Laissez-faire in Fragen der Moral höchst unpassend ist. Ich weiß auch, daß es meine Pflicht als gute Christin auf dieser Insel ist, die nur sehr oberflächlich einem fröhlichen Heidentum abgerungen wurde, das Übel auszutreiben, wo immer es sein häßliches Haupt erhebt, und meinen Untergebenen mit gutem Beispiel voranzugehen. Aber zu solchen Dingen tauge ich nun einmal nicht, weil ich über das, was schlecht ist und was nicht, meine eigenen Ansichten habe.

Würde ich Tahali dabei erwischen, wie er ein Kind gräßlich verdrischt oder ein Tier absichtlich quält, dann prügelte ich ihn mit den bloßen Händen aus dem Haus; wenn er sich aber von Zeit zu Zeit betrinken oder mit einer seiner Freundinnen ins Bett hüpfen will, so kann ich keinen irdischen Grund sehen, warum er das nicht tun sollte, und ebensowenig einen überirdischen. Er ist ein junger Mann, sieht blendend aus, steckt voll Lebenskraft und wäre ein Esel, wenn er nicht jede fröhliche Gelegenheit ergriffe, die sich ihm bietet. Natürlich, wenn ich ihm anmerken sollte, daß er sich allen Ernstes aufs Trinken verlegt und zum ausgepichten Alkoholiker entwickelt, dann täte ich alles, was in meiner Macht steht, um dem ein Ende zu setzen, denn es würde sein gutes Aussehen verderben, seinen ganzen Charme vernichten, er würde verdummen und für sich selber und für alle anderen unbrauchbar werden. Doch es ist wenig wahrscheinlich, daß es so weit kommt, da die Samolaner nur selten Alkoholiker werden, ja, überhaupt auf keinem Gebiet zu Unmäßigkeiten neigen, wie wir Abendländer es in unserer Erhabenheit zu tun pflegen. Im Gegensatz zu uns sind sie nämlich nicht neurotisch. Es gibt keine Rauschgiftsüchtigen, keine Nymphomanen, keine Säufer, keine pathologischen Lustmörder auf Samolo. Eros treibt sein munteres Spiel, und das mit kindlich naiver Mißachtung der Grenzen der Geschlechter. In England wissen wir, daß kein kleines Mädchen hoffen darf, nach Einbruch der Dunkelheit unbehelligt über die Gemeindewiese von Wandsworth zu kommen, während es sich hierzulande über die ganze Länge und Breite der Insel durchplappern könnte, ohne daß ihm anderes zustieße, als von freundlichen Dorfbewohnern mit Guaven und Mangofrüchten vollgestopft zu werden und mit verdorbenem Magen heimzukehren.

Sandra setzte sich auf ihrer schaukelnden Liegestatt auf und strich sich das Haar zurecht. „Gegen dieses Knarren mußt du irgendwas tun. Es zerreißt einem das Trommelfell!"

„Ich weiß, mich macht es schon seit Monaten verrückt."

„Das Ding müßte geschmiert werden."

„Das weiß ich auch. Ich wollte es schon längst schmieren lassen, aber irgendwie komm' ich nie dazu."

„Wenn ihr Öl im Haus habt, mach ich das in zwei Minuten."

„Du wirst nichts dergleichen tun!" erklärte ich. „Du würdest nur dich und dein Kleid verschmieren, und es hat keinen Sinn, mir mit deiner Lagerfeuer-Tüchtigkeit imponieren zu wollen. Beim Transport-Korps warst du schlimmer als ich."

„Keine Spur!" Sie strich Butter auf ein Cassava-Brötchen und tat ein Häufchen Marmelade darauf. „Ich habe einmal in strömendem Regen auf der Umgehungsstraße bei Esher binnen zehn Minuten einen Reifen gewechselt. Der alte Knabe, den ich fuhr, war tief beeindruckt."

„Hat er dir nicht seine Hilfe angeboten?"

„Natürlich hat er das, aber ich lehnte ab. Er war ohnehin schon sehr alt, funkelte nur so von Orden; und es wäre schrecklich unpassend gewesen, wenn jemand dazugekommen wäre und ihn, bis auf die Haut durchnäßt, mit mir auf dem Asphalt herumwirtschaften gesehen hätte. Zudem hätte er leicht einen Herzanfall kriegen können."

„Zu welchem Behuf ließ er auf der Umgehungsstraße bei Esher seine Orden funkeln?"

„Das weiß ich nicht." Sandra blickte zerstreut über die Schlucht nach den Hügeln auf der anderen Seite; die Bananenblätter schimmerten blaugrün im Sonnenlicht des späten Nachmittags. „Ich hatte ihn in Portsmouth abgeholt und sollte ihn zu irgendeiner Feier ins Hotel Dorchester bringen. Sind diese Bananen frisch gespritzt worden oder fehlt ihnen irgendwas? Sie sehen so seltsam blau aus."

„Gespritzt", sagte ich. „Die ganze Ernte ist heute früh behandelt worden. Wären sie nicht wunderbar zu malen? Nur daß kein Mensch es glauben würde."

„Darauf kommt es wohl nicht an. Sieh dir Gauguin an mit all seinen rosa Bergen und braunen Damen mit kurzen Beinen und ohne Knochen. Kein Mensch kann das eine Minute lang glaubhaft finden. Ach Gott", seufzte sie und begann die Schuhe anzuziehen. „Jetzt muß ich heim, und ich habe gar keine Lust dazu, so schön und friedlich ist es hier trotz diesem greulichen Knarren. Du schwörst, keiner lebenden Seele auch nur ein Sterbenswörtchen von der großen Neuigkeit zu verraten. Komm doch morgen zum Mittagessen hinüber, nach Tisch können wir in mein Zimmer gehen und mit den Listen anfangen."

„Was für Listen?"

„Alle möglichen Listen", sagte sie energisch und stand auf. „Ich glaube nicht, daß morgen ein besonderes Schreckgespenst zum Mittagessen erscheint. Zum mindesten wirst du von Cuckoo verschont bleiben, denn ich habe nicht die Absicht, sie in den nächsten vierzehn Tagen zu irgendwas einzuladen; sie braucht eine ordentliche Lektion. Das schlimmste daran ist, daß es sie wirklich schwer treffen wird. Ist das nicht unglaublich? Ich an ihrer Stelle fände das nur angenehm." Wir schlenderten durch das Haus auf die vordere Veranda hinaus. „Sie hat eine Vorliebe für alles Offizielle", fuhr Sandra fort. „Sie wickelt es um sich wie einen Pelzmantel und kuschelt sich hinein. Kannst du sie dir vorstellen, wenn der arme Edward endlich irgendwo Gouverneur wird? Wozu es ja eines Tages kommt. Sie wird sich wie der leibhaftige Teufel aufführen, die Leute rechts und links beleidigen und den Adjutanten zum Wahnsinn treiben; und alles mit den besten Absichten. Viel von dieser blutlosen folie de grandeur kommt wohl daher, daß sie in dem verdammten Bergnest in Indien geboren und aufgewachsen ist. Sie muß eine gräßliche Person gewesen sein, wenn sie in Reithosen dahergaloppierte und sich mit den feurigen Leutnants herumtrieb. Ach Gott!" Sie küßte mich zerstreut und stieg in den Kombiwagen.

„Du redest dich wieder in eine Wut hinein", meinte ich, „und das hat gar keinen Zweck und schlägt dir nur auf den Magen. Und jedenfalls hast du jetzt an erheblich wichtigere Dinge zu denken als an Cuckoo Honey."

„Vielen Dank für die gütige Mahnung." Sie lachte. „Punkt ein Uhr, und vielen Dank für die Cassava-Brötchen, die mich mindestens ein Kilo gekostet haben." Sie winkte, wendete den Wagen unter dem Eukalyptusbaum und verschwand jenseits der Auffahrt.

Nachdenklich ging ich auf die hintere Veranda und goß mir noch eine Tasse Tee ein. Die Sonne stand knapp über dem Horizont, und Nanny, die mit dem Wagen fortgefahren war, um in der Stadt Besorgungen zu machen und die Kinder von der Schule abzuholen, konnte jede Minute wieder da sein. Es lohnte nicht mehr, irgendwas anzufangen, wie etwa das Kreuzworträtsel in der ‚Times' zu lösen oder die Hollywoodschaukel zu schmieren, und der Gedanke, zu jenem humorlosen Kommunisten und seinen geistlosen, schuldbewußten Auseinandersetzungen zurückzukehren, war mir gräßlich; so setzte ich mich einfach hin, zündete mir eine Zigarette an und betrachtete die Aussicht, die sich meistens zu dieser Stunde wie eine impressionistische Ausstellung darbot.

Von dieser hinteren Veranda sieht man nicht aufs Meer, sondern zunächst auf die Pflanzung, die zum Fluß am Grunde der Schlucht hin abfällt, und dann auf die violetten Felsen, auf das gefiederte Bambusgehölz, das den Hügel erklimmt, und dahinter noch auf andere Hügel, die sich gewellt in der Ferne verlieren, wo die hohen Spitzen der Lailanu-Berge wie blaue Finger in den bunten Himmel ragen.

2

ZUR ÜBLICHEN STUNDE kam Nanny mit den Kindern, und der Abendfriede zersplitterte in tausend Stückchen. Die Kinder stürzten aus dem Wagen und rannten mit Kriegsgeheul ins Haus; Cokey purzelte im Nu auf den Boden, mußte aufgehoben und getröstet werden; auf Simons Stirn prangte eine Beule von der Größe eines Cricketballs, das Ergebnis eines Kampfes mit Dickie Chalmers, der ihn mit einem Lineal geschlagen hatte. Plötzlich rasten auch die Hunde von der Küche herbei, bellten begeistert, sprangen jedermann an und warfen ein Tischchen mit einer verdrossenen Photographie von Robins Schwester um; das nahm ich nicht weiter übel, denn das Bild reizte mich, sooft ich es sah. Nicht daß ich Helen nicht leiden mochte; bei den wenigen unumgänglichen Gelegenheiten kamen wir ausgezeichnet miteinander aus, aber sie hat etwas sehr Strenges an sich und erweckt immer den Eindruck, als beschuldigte sie mich, etwas Unrechtes zu tun. Sie wohnt in einem kalten grauen Haus in Pertshire, das mit Geweihen und ausgestopften Hechten angefüllt ist, und ich lebe in der ständigen Angst, sie und Hamish könnten plötzlich beschließen, zu uns zu kommen und bei uns zu bleiben.

Nachdem der Hexensabbat verrauscht und Kinder und Hunde glücklich im Garten verschwunden waren, setzte sich Nanny nicht ohne Absicht auf der Veranda nieder. Sie hatte den Hut abgenommen, das Haar zurechtgezupft und schien zu einem netten kleinen Schwatz aufgelegt. Nanny bedarf wohl einer kurzen Erklärung: zunächst ist sie keine ‚Nanny' im üblichen Sinn des Wortes, das eine Kinderpflegerin bezeichnet. Ihr richtiger Name ist Vera Longman, und sie kam nach Samolo mit ihrer Mutter, die anscheinend ein Scheusal ersten Ranges war, eine jener Bridge spielenden, herumziehenden englischen Witwen, die mit ihrem kleinen Einkommen durch die Welt gondeln, die Luft von Cheltenham mit seinen pensionierten Beamten hinter sich herschleppen und mit den Hoteldirektoren Streit anfangen. Nun, sie starb 1950 im Beach Grove Gästehaus an einem Herzanfall und ließ die unglückselige Vera, die sich ihr völlig aufgeopfert hatte, ohne einen Penny zurück. Alle waren rührend nett und hilfsbereit, Lady Blaise schuf eine Stiftung, zu der wir alle anonym beitrugen, damit Vera sich nicht gedemütigt fühlen sollte, wenn sie uns in Gesellschaft traf, und Siggy Rubia verschaffte ihr für die Wintersaison eine Stelle im Reisebüro des Royal Samolan. In dieser Atempause konnte sie sich nach etwas anderem umsehen.

Vor zwei Jahren kam sie zu uns, weil sie sagte, sie verstehe sich gut mit Kindern, und alles in allem ist sie tatsächlich ein großer Erfolg. Sie versteht es wirklich gut mit Kindern, sie ist energisch, vernünftig und recht nett, und wenn ich auch nicht behaupten kann, daß die Kinder in sie vernarrt seien, finden sie sich doch philosophisch mit ihr ab und tun in der Regel, was sie ihnen sagt.

Robin kann sie nicht ausstehen; ihr unausrottbares feines Getue reizt ihn, und er behauptet, sie gehe durchs Leben mit der Sehnsucht, beleidigt zu werden. Ich selber mag sie auf eine unergiebige Art recht gern, aber sie läßt sich auf keine Vertraulichkeit ein, und obgleich ich gelegentlich versucht habe, ihre gußeiserne Korrektheit zu durchdringen, ist es mir nie recht gelungen. In gefühlvolleren Stunden möchte ich glauben, daß diese Starrheit die Folge einer katastrophalen Liebesgeschichte ist und daß sie eines Tages den Mann ihrer Träume treffen und aufblühen wird wie eine Rose, doch allzu große

Hoffnungen mache ich mir nicht. Ihr Wesen ist von ihrer gräßlichen alten Mutter ein für allemal aus der Form gequetscht worden, und selbst wenn sie den Mann ihrer Träume findet, was ich sehr bezweifle, wird ihr helles, zimperliches kleines Lachen und ihr unvergleichliches Talent für Gemeinplätze ihn wahrscheinlich davonscheuchen, bevor er auch nur den ersten Schritt getan hat.

Ich bot ihr eine Tasse Tee an, aber sie sagte, sie habe schon mit Mrs. Turling Tee getrunken, die sie im Laden bei Rodrigues traf, wo Mrs. Turling weiße Leinenservietten kaufte, die sie mit Blumen bemalen wollte. Mrs. Turling gehört zu unseren lokalen Einrichtungen. Sie und der Admiral leben schon seit Jahren hier und sind ungemein beliebt. Er ist knallrot im Gesicht und eine anerkannte Autorität in allen Wetterfragen, sie ist blaß und reizend und unermüdlich; nie läßt sie ab zu malen, zu nähen, zu häkeln und niedliche Geschenke für Wohltätigkeitsbasare zu ersinnen. Er spricht von ihr nur als von der ‚Prinzessin‘, und sie sind alle beide schon reichlich über siebzig.

„Mrs. Turling hat mir etwas sehr Interessantes erzählt", sagte Nanny, senkte die Stimme und beugte sich vor, als vermute sie in der Hibiskusvase ein verstecktes Mikrophon. „Es mag auch bloß eines der üblichen Gerüchte sein, doch der Admiral hat es offenbar im Klub gehört und ist sehr aufgeregt heimgekommen."

„Was für ein Gerücht?"

„Ich weiß, ich sollte es Ihnen nicht sagen, denn sie hat mich strengste Verschwiegenheit schwören lassen, aber ich kann's einfach nicht bei mir behalten." Nanny ließ ihr Kichern hören, mit dem sie Robin verrückt macht, und schaute verstohlen über ihre Schulter.

„Nun los, Nanny!" Ich beugte mich auch vor, so daß unsere Köpfe nur einen halben Meter voneinander entfernt waren. „Sie wissen, wie gern ich einen ordentlichen Inseltratsch höre!"

„Es ist nicht eigentlich ein Tratsch; dazu ist es viel zu wichtig. Ich meine – es ist etwas wirklich schrecklich Aufregendes; das heißt – wenn es wahr ist."

Nanny beugte sich noch weiter vor, bis ich fürchtete, sie könnte mir in den Schoß fallen. Natürlich hatte ich unterdessen schon vermutet, was sie mir verraten würde, es wäre aber grausam gewesen, ihr den Wind aus den Segeln zu nehmen, und so stieß ich nur einen leisen Seufzer höchster Spannung aus. „Nur zu, nur zu", flüsterte ich atemlos. „Reden Sie doch! Ich sitze auf Kohlen!"

„Die Königin!" sagte sie triumphierend. „Die Königin und Prinz Philip kommen im Juni zu einem offiziellen Besuch hierher!"

Ich sank wie betäubt zurück und starrte sie mit schmeichelhafter Ungläubigkeit an. „Nein!" sagte ich. „Das kann nicht wahr sein!"

„Der Admiral hält es anscheinend doch für wahr. Er sagt, der ganze Klub spreche schon davon."

„Warum ist dann nichts in den Zeitungen gewesen?"

„Es muß streng geheim bleiben. Bis alles auf das peinlichste geregelt ist. Das wenigstens hat Mrs. Turling gesagt. Aber es wird herrlich sein, nicht? Ich meine, wenn es wahr ist. Stellen Sie sich nur vor, was die Samolaner anstellen werden, wenn sie unsere entzückende junge Königin und ihren bildschönen Gemahl sehen. Ich meine, es wird in jeder Hinsicht vorteilhaft sein, gewissermaßen eine Erinnerung an die Heimat, an das Mutterland, ein Zeichen dafür, daß wir alle einer einzigen großen Familie angehören. Mrs. Turling meinte, sie wäre gar nicht überrascht, wenn dies bei den Wahlen viel ausmachen und der Samolaner Sozialistischen Nationalpartei eine schwere Niederlage eintragen würde. Schließlich gibt es doch nichts Wichtigeres als den persönlichen Kontakt. Ich meine, die bloße Tatsache, daß die Eingeborenen die Königin mit eigenen Augen sehen, muß doch eine ungeheuere Wirkung haben. Finden Sie nicht auch?"

„Es ist ein Jammer", sagte ich, denn die Begeisterung schlug mir zu hohe Wellen, „es ist ein Jammer, daß sie beschlossen haben, ausgerechnet mitten in der Regenzeit zu kommen."

„Das wird Ihrer Majestät nichts ausmachen", erklärte Nanny unbekümmert. „In England muß sie ständig alle möglichen Dinge bei strömendem Regen tun, und sie achtet überhaupt nicht darauf. Erst unlängst war ein Bild von ihr in der Zeitung; da stand sie irgendwo bei einem Pferderennen lächelnd in einem Meer von Regenschirmen. Zudem ist's hier selbst in der Regenzeit nur wenige Stunden am Tag wirklich schlimm. Ich meine, es ist nicht wie in England, wo es überhaupt nicht aufhört."

In diesem Augenblick wurden wir von Tahali unterbrochen, der das Teetablett holte. Nanny schob schuldbewußt den Stuhl zurück, als wären wir bei irgendwas Abscheulichem ertappt worden, und ließ mit einer ihrer Meinung nach phantastischen Geistesgegenwart eine matte Tirade gegen das Verkehrschaos in der Stadt vom Stapel.

„Und die Polizisten sind ganz hoffnungslos", sagte sie. „Mit einer Hand treiben sie einen an und mit der anderen halten sie einen zurück."

„Das ist, im Kleinen, das Leben", bemerkte ich zerstreut.

„Wie meinen Sie das?" Nanny blieb mitten in ihrem Höhenflug stecken und sah mich verdutzt an.

„Nun", murmelte ich unbehaglich und versuchte meine Gedanken zu sammeln, die zurück zu Tante Cordelias Diadem gewandert waren, „das ist doch eine der lästigsten Seiten in einer demokratischen Ordnung. Nicht?"

Tahali, der vermutlich wußte, daß ich das alles improvisierte, warf mir einen schnellen Blick zu, der beinahe ein verständnisvolles Zwinkern war, und verschwand mit dem Tablett.

„Was ist es?" wollte Nanny unbedingt wissen, und ihre blasse Stirne kräuselte sich.

„Diese dumme Sache, daß man einmal ermutigt wird, etwas zu tun, und im nächsten Augenblick daran gehindert. Wie beim Kauf eines neuen Wagens", setzte ich ziemlich sinnlos hinzu.

„Aber Sie haben doch keinen neuen Wagen gekauft?"

„Natürlich nicht. Ich habe das bloß als Beispiel verwendet. Wir werden die ganze Zeit dazu aufgemuntert, einen neuen Wagen zu kaufen, weil das der Automobilindustrie guttut und vielen Leuten Arbeit gibt, und jeder neue Wagen ist so konstruiert, daß er schneller fährt als der alte, und da saust man triumphierend los und wird an der ersten Straßenecke wegen Geschwindigkeitsüberschreitung angehalten."

„Ich fürchte, das verstehe ich immer noch nicht ganz."

„Macht nichts", sagte ich verzweifelt. „Es ist völlig belanglos. Aber Sie hatten von den Polizisten gesprochen, die einem mit der einen Hand winken und mit der anderen bremsen, und ich hatte darauf gesagt, das sei das Leben im Kleinen, was wirklich nicht viel bedeutete und mir nur so herausgeschlüpft war; und da fragten Sie mich nicht ohne Berechtigung, was ich eigentlich meinte, und ich mußte irgendwas erfinden, um es zu rechtfertigen."

„Was zu rechtfertigen?"

„Das von dem Leben im Kleinen." Ich lehnte mich zurück und schloß die Augen.

„Sie sind manchmal wirklich komisch, Mrs. Craigie. Ja, das sind Sie!" Nanny wieherte kurz. „Ich weiß nie, was Sie im nächsten Augenblick sagen werden."

„Ich auch nicht." Noch immer hielt ich die Augen geschlossen.

„Sie haben doch nicht etwa Kopfschmerzen?"

Die Besorgnis in ihrer Stimme zwang mich, die Lider zu heben. Sie war aufgestanden und sah mich ängstlich an, den Kopf zur Seite geneigt, als versuchte sie, in einem Zug die Zeitung des Nachbarn zu lesen.

„Ja", sagte ich, „ich habe wirklich ein wenig Kopfschmerzen. Es war ein drückender Nachmittag, und dummerweise trank ich vor dem Mittagessen etwas Sherry. Das schlägt mir immer auf die Leber."

„Das tut mir so leid! Kann ich Ihnen irgendwie helfen?"

„Nein, wirklich nicht. Wenn Sie jetzt nach den Kindern sehen würden, gehe ich hinauf, schlucke zwei Aspirin und nehme ein Bad."

„Gut. Ich überlasse Sie Ihrem Schicksal." Sie ging die Stufen zum Garten hinunter, blieb stehen, drehte sich um. „Aber Sie sagen keinem Menschen, was ich Ihnen erzählt habe! Ich mußte Mrs. Turling strengste Verschwiegenheit schwören."

„Ehrenwort –", versprach ich ihr, und sie schritt über das Gras, als wäre sie einer Novelle von Katherine Mansfield entsprungen.

3

Ich ging hinauf, schluckte zwei Aspirin, und erst dann fiel mir ein, daß ich ja gar keine Kopfschmerzen hatte, sondern daß das nur eine Ausrede gewesen war, um Nanny loszuwerden. Dann setzte ich mich verzagt aufs Bett, sah mich im Zimmer um und stellte zum hundertsten Mal fest, daß ich die ganze Einrichtung satt hatte, daß die Zeit gekommen war, das Zimmer frisch zu streichen, andere Möbel zu kaufen, kurz, alles völlig zu verwandeln. Ich wußte, daß Robin stampfen würde wie ein Stier, denn er ist ein Gewohnheitstier und liebt es, wenn die Dinge in schönster Ordnung und unverändert und behaglich vertraut sind. Ich dagegen, ich bin nicht so, ganz und gar nicht; und wenn alles zu lange bleibt, kriege ich Platzangst. Ich bin wie von unvernünftigen Teufeln besessen und meinem Wesen nach dagegen allergisch, es beim Guten bewenden zu lassen. Einmal, als ich noch sehr jung war, quetschte ich meinen alten Strohhut solange zurecht, bis er die Form eines Bootes hatte, und setzte ihn verkehrt auf. Das gab ein schreckliches Drama, ich bekam einen Klaps und durfte nicht zu den Verekers zum Tee gehen.

Eigentlich war gegen unser Schlafzimmer gar nichts einzuwenden. Es war hell und freundlich und ganz anspruchslos, aber Maisie Coffrinton hatte mir einige von jenen prächtigen amerikanischen Magazinen in die Hand gedrückt, die sich hauptsächlich mit Inneneinrichtung beschäftigen und eine Fülle buntfarbiger Illustrationen bieten von Patios in Kalifornien, entzückenden Wohnräumen in Florida und klobig-luxuriösen Blockhäusern in den Adirondacks mit viel Naturstein, feuerroten Teppichen, mächtigen rechtwinkligen Lehnstühlen, und wo man hinschaut Bratroste. Nicht daß ich derlei Zeug in unserem Schlafzimmer haben wollte, aber ich spielte doch mit dem Gedanken an flaschengrüne Wände, an einen riesigen weißen Teppich und an zwei flotte zweckentsprechende Nachttische, eine Spezialkonstruktion mit Platz für dieses und jenes. Ich gebe zu, mein Mut verging bei der Vorstellung, daß ich Tali-Lapa, unsern Ortsschreiner, bitten müßte, zwei solche Nachttische zu zimmern. Die samolanischen Handwerker sind samt und sonders fleißig und begeisterungsfähig, aber sie haben absolut kein Augenmaß und sind von Natur aus nicht imstande, zwei vollkommen gleiche Stücke anzufertigen.

Ich entsagte zunächst den zweckentsprechenden Nachttischen, den flaschengrünen Wänden, dem weißen Teppich und beschäftigte mich damit, alles in zartes Muschelrosa zu tauchen, mit rauchgrauen Vorhängen und vielleicht irgendwo einem Hauch von Apfelgrün, als Eulalia mit der Nachmittagspost hereinkam. Eulalia ist ausgesprochen schön und reinster Gauguin, nur daß sie keine kurzen Beine hat – sie hat sehr lange, langsam wandelnde Beine. Alles an ihr ist langsam und schlaff. Manchmal habe ich sie beobachtet, wenn sie die Veranda aufräumte, und jedesmal staunte ich darüber, daß jemand etwas so langsam machen konnte, ohne in tiefen Schlaf zu versinken. Sie bewegt sich von einem Ding zum andern wie eine müde Odaliske nach einem ungewöhnlich erschöpfenden Abend mit den jungen Leuten. Dann und wann hält sie völlig inne, bleibt still stehen und schaut vor sich hin. Täte sie das, weil sie plötzlich von der Aussicht überwältigt wird oder weil sie im Garten etwas Besonderes gesehen hat, so wäre das noch verständlich; aber sie tut es häufig vor einer kahlen Wand.

Nachdem sie die Schale mit den Briefen in meine Reichweite gesenkt hatte, wartete sie abgekehrt, bis ich nach den Briefen griff, und dann schlängelte sie sich mit schmachtendem Lächeln aus dem Zimmer.

Es waren drei Nummern von ‚Time and Tide', zwei Nummern des ‚Punch', ein paar Rechnungen und Prospekte und ein Brief von meiner Mutter. Die vertraute, wie gestochene Schrift zu sehen, gibt mir immer einen leisen Stoß, halb Freude, halb Besorgnis; sie ist weit über siebzig, und ich fürchte immer die Nachricht, daß die Ärzte irgendwo eine unheimliche Geschwulst entdeckt haben oder daß sie gefallen ist und sich etwas gebrochen hat. Ich weiß, daß Damen von einem bestimmten Alter an dazu neigen hinzufallen, und obgleich Jeannie ihr nie von der Seite weicht und sich hingebungsvoll um sie kümmert, bleibt das eine stete Sorge. Diesmal waren meine Ängste jedoch unbegründet, denn sie schien in prickelnder Laune und voll von bissigem Humor.

Liebste Grizel!

Vor zwei Tagen habe ich einen Brief von Dir erhalten, datiert vom 7. Dezember, was bedeutet, daß er über einen Monat gebraucht hat, um mich zu erreichen. Ich kann das mit dem besten Willen nicht verstehen, es sei denn, daß Du ihn ewig lang bei Dir herumgetragen und vergessen hast, ihn aufzugeben. Wenn nicht, so solltest Du Dich bei Eurer Post beschweren, und ich werde Jeannie beauftragen, hier bei uns zu reklamieren. Das alles ist sehr unangenehm, und ich hatte schon angefangen, mir Sorgen zu machen.

Besondere Neuigkeiten gibt es nicht, höchstens daß die Älteste von Bletchleys wieder einmal durchgebrannt ist, diesmal ausgerechnet mit einem der jungen Männer vom British Council, die herumreisen und in Skandinavien und Belgien und anderen lächerlichen Gegenden Kunstausstellungen veranstalten. Die arme Lilian Bletchley ist, wie Du Dir denken kannst, in einem furchtbaren Zustand. Letzten Dienstag war sie zum Mittagessen bei mir und hat ausgesehen wie eine Wahnsinnige; Jeannie mußte ihr einen Eierpunsch brauen. Sie tut mir natürlich leid, aber im Grunde ist sie ganz allein schuld, weil sie diese schreck-

lichen Mädchen von Anfang an unmöglich erzogen hat. Nichts war gut genug für sie. Sie sind maßlos verhätschelt worden, und das ist der Erfolg! Nichts als Zänkereien und gerichtliche Trennungen und ordinäre Prozesse wegen Geldgeschichten. Und jetzt noch das! Ich glaubte immer, Jill, die jüngste, sei vernünftiger als die anderen drei zusammen, aber jetzt stellt sich heraus, daß sie auch über die Stränge schlägt und mit einem verheirateten Mann in Aix-en-Provence lebt. Die Leute benehmen sich heutzutage wirklich sehr merkwürdig. Jeannie sagt, das sei die Folge des Krieges, aber ich meine, daß es nichts ist als reiner Egoismus.

Sonst wüßte ich nichts, was Dich interessieren könnte. Ich war mit der armen Grace Felstead – John ist in der Klinik – in der Nachmittagsvorstellung von einem dieser amerikanischen Musicals, und, meine Liebe, wir sind völlig taub geworden. Das Frauenzimmer, das die Hauptrolle spielte, war sehr häßlich und hatte eine Stimme wie eine Wiesenknarre, und sie sang dasselbe Lied immer wieder, bis ich sie am liebsten erdrosselt hätte. Unsere Köpfe waren am Zerspringen, als wir herauskamen, und statt bei Gunter Tee zu trinken, habe ich Grace beim Ladies Empire Club abgesetzt und bin geradewegs heimgefahren und ins Bett gegangen. Grüß bitte Robin und die süßen Kinderchen. Wie gern möchte ich einen Blick auf sie werfen! Die Photos, die Du geschickt hast, sind reizend, obgleich das eine, das, wo Du auf den Stufen stehst, mich ein wenig beunruhigt – Du siehst schrecklich blaß und müde aus. Hoffentlich treibst Du Dich nicht zuviel herum. Aber jetzt muß ich wirklich schließen, weil Jeannie wartet, um den Brief in den Kasten zu werfen. Gib acht auf Dich, mein Liebling.

Deine Dich liebende Mutter

P. S. *Wie herrlich, daß die Königin und Prinz Philip im Juni nach Samolo kommen! Da wird sich was tun!*

Ich schob den Brief wieder in den Umschlag und trat auf unseren kleinen Balkon hinaus. Es war beinahe dunkel, im Ort flammten die Lichter auf, und in der Hibiskushecke glitzerten die Leuchtkäfer. Mutters Briefe machten mich immer ein wenig traurig; nicht daß es eine ernste Trauer gewesen wäre, aber eine gewisse leise Sehnsucht mit Heimweh und der Erinnerung an vergangene Dinge und dem Gefühl, daß der Flügelwagen der Zeit doch allzu schnell weiterrasselte und uns alle dem Alter, dem Rheuma und dem stillen Grab entgegenführte.

Ich sah Mutter deutlich in ihrer gemütlichen kleinen Wohnung am Eaton Square, wie sie am Fenster saß und durch die Bäume den Lichtern der Wagen nachschaute; vielleicht schaute sie auch über die langen Jahre hinweg auf die Zeit, da sie jung und hübsch gewesen war, da die Zukunft grenzenlos, von Verheißungen schimmernd vor ihr gelegen und nichts auf die verlöschende Dämmerung hingedeutet hatte. Und jetzt waren sechzig Jahre vorbei, um sie senkte sich die Dämmerung, mit jedem hastenden Tag ein wenig dunkler, bis bald, sehr bald nichts mehr übrigblieb und ihre Geschichte aus und vorüber war.

Ich wußte, daß Mutter, anders als ich, noch immer zäh an einigen wenigen religiösen Überzeugungen festhielt. Sie war weit davon entfernt, eine frömmelnde, hundertprozentige, gläubige Kirchgängerin zu sein; was man ihr aber als Kind fest eingeprägt hatte, lag griffbereit, wenn sich ein Bedürfnis danach einstellen sollte. Ich bin überzeugt, daß der Tod keine Schrecken für sie hatte. War sie von Natur aus mutig oder hielt sie in den geheimen Schlupfwinkeln ihres Herzens die Bilder eines Lebens im Jenseits aufrecht, wo sie alle ihre alten Freunde wiedersehen und bis in alle Ewigkeit in einem gemütlichen, erbarmungsvollen Vakuum leben würde? Ich weiß es nicht und hänge selber nicht an so fragwürdigen Hoffnungen. Meine sehr genauen Ansichten von einem Leben nach dem Tode sind fast durchweg auf der Soll-Seite. Ich finde es schon schwierig genug, in dieser kurzen Lebensspanne mit alten Freunden auszukommen, die, völlig verändert, plötzlich aus der Vergangenheit auftauchen und erwarten, daß unsere Beziehungen, ohne Rücksicht auf die dazwischenliegenden Jahre, dort wieder aufgenommen werden, wo sie abgebrochen worden waren. Der Gedanke, daß ich gleich nach meinem letzten Seufzer mit Sack und Pack in irgendeine namenlose himmlische Sphäre befördert und zwischen einer Schar alter Bekannter abgesetzt werden soll, an die ich seit Jahren nicht mehr gedacht habe, erfüllt mich mit Bestürzung. Aber ich glaube, daß ich, wenn die Zeit für mich gekommen ist – vorausgesetzt, daß ich nicht mit dem Flugzeug abstürze oder ertrinke oder sonst bei einem Unglücksfall abgeschrieben werden muß –, durchaus bereit und ergeben sein werde. Ich sehe mich sogar mit einem gewissen wehmütigen Vergnügen als sehr alte Dame und will dann versuchen, nach Möglichkeit meine Umwelt nicht zu belästigen, obgleich ich bestimmt dann und wann ein wenig bissig werde, sei es auch nur, um im Spiel zu bleiben. Ich bin hoffentlich weniger zappelig als jetzt. Gelassen und elfenbeinfarben will ich in einem stillen Zimmer sitzen und mit einem leicht zitternden Begrüßungslächeln die Besuche meiner Enkel und vielleicht sogar Urenkel erwarten. Wenn sie dann wieder fort sind, und wenn das Zimmer, ihrer Jugend, ihrer Lebenslust, ihrer Fröhlichkeit beraubt, in seine gewohnte Dämmerstimmung zurücksinkt, dann möchte ich sachte die Geschenke auspacken, die sie mir gebracht haben, denn ich hoffe aufrichtig, daß sie mich nur selten mit leeren Händen besuchen, und duldsam lächelnd werde ich den Kopf schütteln, ein ganz gewöhnliches Kopfschütteln, das nichts mit der Parkinsonschen Krankheit zu tun hat, und in mein Bett schlüpfen und warten, einfach warten, ohne Erregung, ohne Angst, bis der große Schnitter auch mich dahingerafft hat. Natürlich ist es mir durchaus klar, daß alles sich auch anders abspielen kann. Vielleicht werde ich ein zänkisches altes Ungeheuer, taub wie ein Laternenpfahl, von Blähungen und anderen Widrigkeiten geplagt, oder ich könnte auch, verbittert, einsam und widerspenstig, in einer greulichen Pension in Folkestone landen. Das alles weiß man nun einmal nicht, und es hat keinen Zweck, sich Sorgen darüber zu machen oder Pläne zu schmieden. Man muß sich damit abfinden, wenn es soweit ist, und die gebeugten, schwachen Schultern straffen und so gut wie möglich seine Würde zu wahren suchen.

Ich ging vom Balkon ins Haus, knipste die Lichter an und betrachtete mit ziemlich düsteren Blicken die Kleider, die in meinem Schrank hingen. Robin und ich sollten mit Bimbo und Lucy Chalmers zu Abend essen, und ich konnte unmöglich wieder das bequeme Schwarze anziehen, das ich getragen hatte, als sie vorige Woche bei uns gewesen und als wir mit ihnen zur Eröffnung des neuen Super-Kinos in der Madana Road gegangen waren. Damals schätzte ich es, weil es nicht gleich zerknittert wie das blaue Victor-Stiebel-Modell; die Fauteuils im Super-Kino sind wie tiefe Badewannen aus Plüsch und man muß sich praktisch hineinlegen.

Schließlich nahm ich mein graues ‚Einfaches' vom Bügel und legte es auf das Bett. Es verpflichtet zu nichts, hat eine gute Linie, und obgleich Robin sagt, ich sähe darin aus wie eine Gefängniswärterin, habe ich es gern. Während ich das gute Stück lustlos anzog und mir im Herzen wünschte, ein hinreißender Filmstar zu sein mit einem Schrank voll berückender Kleider für jeden Augenblick des Tages, kam Robin in Gedanken versunken herein, in der Hand einen Whisky-Soda.

„Der verdammte kleine Dickie Chalmers hat Simon mit einem Lineal geschlagen."

„Ja, ich weiß."

„Er hat jetzt eine schreckliche Beule auf der Stirn!"

„Das weiß ich auch", sagte ich, „Simon schien ganz stolz darauf zu sein."

„Er ist zwei Jahre älter und viel größer als Simon. Ich hätte Lust, ihn tüchtig zu verprügeln."

„Warum tust du's nicht?" fragte ich. „Wenn wir uns beeilen, können wir in einer Dreiviertelstunde bei Chalmers sein, und dann gehst du einfach ins Kinderzimmer hinauf und schlägst ihn grün und blau, während ich versuche, Lucy und Bimbo auf dem Patio bei guter Laune zu halten. Sie werden wahrscheinlich nicht über alle Maßen entzückt sein, und vielleicht ist es kein sehr freundlicher Anfang für den Abend, wenn dir aber so sehr daran liegt..."

„Ich muß mich wirklich über dich wundern." Robin blickte

mich vorwurfsvoll an. „Ich hätte gedacht, wenn dein eigener Sohn mißhandelt und gequält wird, könntest du ein wenig natürlichen Groll empfinden."

„Sei doch nicht töricht, Schatz. Er ist in Wirklichkeit gar nicht so sehr mißhandelt und gequält worden. Er hat sich in eine Rauferei eingelassen, und Dickie hat ihm mit dem Lineal eins versetzt. Einer ist so viel wert wie der andere. Simon rauft eben dauernd, und das hast du in seinem Alter wahrscheinlich auch getan; ihr habt alle beide eine kampflustige Ader."

„Ich bin keineswegs kampflustig. Ich bin nur für Fairness, und ich halte es nicht für fair, wenn ein Riesenbengel wie Dickie ein halb so großes Kind mit einem Lineal anfällt. Warum hat er nicht seine Fäuste gebraucht?"

„Ich sehe nicht ein, warum das viel besser gewesen wäre; er hätte ihm die Zähne ausschlagen können."

In diesem Augenblick läutete das Telephon. Wortlos griff Robin nach dem Hörer und reichte ihn mir. Ich nahm ihn und setzte mich aufs Bett. Es war Lucy Chalmers, und ihre Stimme klang ein wenig gezwungen. „Hör, Liebste", sagte sie, „wir erleben ein kleines Drama, und ich dachte, ich müßte dich doch verständigen, bevor du mit Robin herüberkommst. Bimbo badet gerade, aber er wird jede Minute fertig sein, und so habe ich nicht viel Zeit. Wo ist Robin?"

„Hier", erwiderte ich. „Etwa einen Meter von mir entfernt und gerade im Begriff, sich auf mein graues Kleid zu setzen."

Robin warf mir einen unheilverkündenden Blick zu und verzog sich auf den Balkon.

„Ich werde leise reden", fuhr Lucy fort, „und du kannst antworten, wie du es für richtig hältst, ohne dabei etwas zu verraten."

„Was, um Himmels willen, ist denn geschehen?"

„Es handelt sich leider um euren Stolz, um euren Augapfel! Er hat sich wirklich furchtbar aufgeführt. Er und Dickie sind heute in der Mittagspause aneinandergeraten. Es hat anscheinend ganz harmlos damit angefangen, daß sie sich mit Plastilinkugeln bewarfen, dann aber artete es aus, und Simon ist auf

Dickie losgestürzt wie ein wildgewordener Bock und hat ihn von der Bank hinuntergestoßen –"

„Bevor Dickie ihn mit dem Lineal geschlagen hat oder nachher?" fragte ich kühl.

„Vorher. Dickie griff in Notwehr nach dem Lineal, weil Simon sich wirklich wie ein Wahnsinniger aufgeführt hat, und dann versuchte eines der andern Kinder, sie zu trennen, aber Simon hat sich losgerissen und Dickie mit aller Kraft zwischen die Beine getreten, und jetzt liegt Dickie im Bett und wir mußten Doktor Spears kommen lassen. Die Testikel des armen Kindes sind geschwollen, und er hat schreckliche Schmerzen."

„Ach Gott", ich senkte die Stimme, denn Robin schlenderte wieder ins Zimmer. „Das tut mir wirklich furchtbar leid!"

„Ich hätte dich normalerweise nicht damit belästigt", sagte Lucy, „aber Bimbo ist außer sich vor Wut und speit Feuer und Schwefel und brummt typisches altes Schulgerede von Fairness und warum Simon nicht dazu erzogen sei, seine Fäuste zu gebrauchen..."

„Hör auf." Ich spürte, daß ich das Lachen nicht länger verbeißen konnte. „Genau dasselbe habe ich mir vor zwei Minuten anhören müssen."

„Es ist aber wirklich nichts Komisches daran", sagte Lucy unsicher, und doch konnte ich auch in ihrer Stimme ein leichtes Vibrieren wahrnehmen. „Und sag Robin, er möge sich doch um jeden Preis zurückhalten und Bimbo reden lassen, ohne selber in Wut zu geraten, sonst herrscht am Ende Blutrache zwischen uns, einer glaubt, den andern schneiden zu müssen, und das wäre ja die reinste Hölle."

„Gut, gut, ich will mein möglichstes tun. Und das mit Dickie tut mir schrecklich leid."

„Ich muß jetzt aufhören", sagte Lucy. „Bimbo ist aus dem Bad und fängt schon wieder an zu brüllen. Wir essen um acht, aber ihr solltet lieber früher kommen, damit man das Schlimmste bald überstanden hat."

Ich legte nachdenklich den Hörer hin, nahm eine Zigarette aus der Porzellandose auf dem Nachttisch und zündete sie an.

Die Lust zu lachen war mir vergangen, und mit einem Male fühlte ich mich niedergedrückt. Es war gut und nett von Lucy, daß sie mich angerufen hatte, doch bei aller Dankbarkeit reizte mich ihr verschwörerisches Getue ein wenig. Ich zählte nie zu den Anhängern der abgedroschenen Theorie, daß Männer im Grunde nur große Schulbuben seien und daß Frauen von Natur aus die Pflicht hätten, ihren Männern gutmütig alles hingehn zu lassen, ihre Koller mit unendlichem Verständnis und überlegener Einsicht zu erdulden und sie nachher mit sanfter Wortgewalt ins sonnige Heim zurückzuführen. Wenn Bimbo wütend war und über Robin herfallen wollte, sah ich nicht ein, warum man von Robin erwartete, taktvoll zu sein und Bimbo toben zu lassen. Simon hatte sich offenbar schlecht benommen, aber er war schließlich erst siebeneinhalb Jahre und Dickie war zehn.

Ich schaute zu Robin hinüber, der sich mit den Sachen auf meinem Toilettentisch zu schaffen machte. Sein Hemd war verschwitzt und zerdrückt, er trug seine schmutzigen alten Reithosen und sah noch immer verdrossen drein, doch jäh überkam mich das Verlangen, die Arme um ihn zu schlingen, und ich dankte meinem Schicksal, daß ich mit ihm verheiratet war und nicht mit Bimbo. Bimbo war ein netter Mensch und ich mochte ihn ganz gern, aber er war von viel derberem Schlag als Robin und darum auch erheblich weniger interessant. Bimbos Werte traten klar und deutlich und unabänderlich hervor, während Robins Eigenschaften, hinter einer vollkommen normalen Fassade, gleitender und weniger herkömmlich und durchschaubar waren.

„Worum ging es denn?" Er ließ die Dinge auf dem Toilettentisch liegen und kam zu mir herüber.

„Es war Lucy. Sie ist ziemlich aufgeregt. Es scheint, daß Simon nicht ganz so sehr mißhandelt und gequält wurde, wie du angenommen hast."

„Was meinst du damit?"

„Nun, Dickie liegt im Bett und hat große Schmerzen."

„Geschieht ihm recht!" Robin schlürfte seinen Whisky-Soda.

„Das wird ihn vielleicht lehren, nur mit Buben seiner Größe anzubinden."

„Und was Fairness betrifft, haben sich wohl beide Jungen nicht ganz an die Regeln gehalten, die der achte Marquis von Queensberry im Jahre 1867 für den Boxkampf aufstellen ließ. Wir werden uns leider mit der Tatsache abfinden müssen, daß sich Simon, um es sanft auszudrücken, nicht gerade ethisch benommen hat."

„Du wirst wohl mit siebeneinhalb Jahren auch nicht besonders ethisch gewesen sein."

„Bestimmt nicht, aber ich bin vor ziemlich langer Zeit siebeneinhalb gewesen, und wir besprechen, was sich heute zutrug."

„Was ist denn geschehen? Was hat Simon getan? Oder vielmehr, was soll er nach Lucys Reden getan haben?"

„Er hat Dickie sehr stark zwischen die Beine getreten."

„Geschieht ihm recht", sagte Robin.

„Lucy sagt, daß seine Testikel schlimm geschwollen sind; sie mußten Doktor Spears kommen lassen."

„Und was jetzt?"

„Es ist eine peinliche Lage, und wir sollten wirklich versuchen, sie so taktvoll wie möglich zu behandeln."

„Hat der Doktor gesagt, daß es etwas Ernstes ist?"

„Das weiß ich nicht; er war noch nicht dort gewesen, als Lucy mich anrief. Aber es muß recht schlimm sein, denn sie sagt, daß sich der arme Dickie in grauenhaften Schmerzen windet."

„Das wird schon stimmen." Robin nickte verständnisvoll. „Solche Sachen können sehr schmerzhaft sein. Mich hat einmal ein Cricketball am Steißbein erwischt, und ich lag drei Tage im Bett. Es tat teuflisch weh, aber schließlich habe ich es doch überstanden."

„Das sehe ich, Lieber. Aber in der jetzigen Lage hilft uns das nicht viel weiter."

„Ich weiß nicht recht, was man eigentlich von uns erwartet. Wir sind nicht daran schuld, wenn Dickie Chalmers mit einem Lineal auf unseren Sohn losgeht; der Kleine muß sich eben verteidigen, so gut er kann."

„Man könnte gegen uns geltend machen, daß wir unserem lieben kleinen Sohn die Regeln des fair play nicht genügend eingehämmert haben; das wenigstens wird Bimbo behaupten. Er schnappt anscheinend vor Wut über."

„Ich pfeif' darauf, was Bimbo sagt. Er hat seine Kinder ohnehin wie Gassenjungen aufwachsen lassen. Der Lausbub stolziert dauernd in seinem Cowboyaufzug herum und tut sich groß, und das Mädchen schnieft fortwährend."

„Nicht *fortwährend*, Liebling. Sie hat eben einen Schnupfen, den sie nicht los wird."

„Sie muß schon verdammt wenig gesund sein, wenn sie in diesem Klima ihren Schnupfen nicht los wird."

„Vielleicht ist sie das", sagte ich geduldig. „Vielleicht hat sie schwache Lungen, geschwollene Mandeln und einen nörgelnden Blinddarm – ich weiß es nicht; aber was sie auch hat, für unsere Diskussion ist es vollkommen unwichtig."

„Ich will Bimbo mit seinem fair play schon kommen, wenn er anfängt, dummes Zeug zu reden."

„Das ist es ja gerade, was ich befürchte." Ich trat zu ihm und schob meinen Arm besänftigend unter seinen. „Bitte, bitte, nimm dich zusammen und laß ihn reden, wenn er dich auch noch so sehr aufregt. Schließlich hat der arme Dickie das schlechtere Teil erwischt, und wir wollen doch nicht in eine heftige Fehde mit den Chalmers' geraten, bei der jeder Partei nimmt und ein endloser Klatsch entsteht. Dies ist nun einmal eine kleine Insel, und wir sind alte Freunde. Sei lieb und verständig, und wenn es dich noch so sehr juckt, schlag nicht zurück. Und übrigens", setzte ich hinzu, „solltest du wohl auch ein Wörtchen mit Simon reden. Er hat die ganze Sache etwas gar zu leicht genommen."

„Schön, mein Herz. Nur Ruhe. Ich werde ein Muster an Selbstbeherrschung sein. Und jetzt nimm dein Bad, ich will auch noch baden, und es ist schon zwanzig nach sieben. Morgen werde ich Simon etwas erzählen." Er küßte mich zerstreut, stellte das leere Glas auf meinen Toilettentisch und wollte das Zimmer verlassen. Bei der Türe wandte er sich um. „Richtig!"

sagte er. „Ich weiß dir eine ziemlich aufregende Neuigkeit, aber diese Geschichte hat mich völlig abgelenkt."

„Was denn?"

„Es eilt nicht. Jetzt haben wir keine Zeit mehr, uns darüber zu unterhalten. Jedenfalls ist es streng vertraulich und muß noch etwa ein oder zwei Wochen geheim bleiben. Ich sage es dir später, wenn du mir versprichst, keiner lebenden Seele auch nur ein Wort davon zu flüstern."

„Das verspreche ich." Leise lachend verschwand ich im Badezimmer.

4

Auf dem Weg zu Bimbo und Lucy teilte Robin mir die große Neuigkeit von dem königlichen Besuch mit, und ich tat entsprechend verblüfft. „Für die Insel kann es sich in mancher Beziehung sehr vorteilhaft auswirken", sagte er, „aber unser Leben wird nicht mehr lebenswert sein, bevor die Geschichte vorüber ist."

„Das meinte Sandra auch", erwiderte ich unwillkürlich.

„Sandra? Wann?"

„Sie kam heute nachmittag herüber", fuhr ich hastig fort. „Und da schwatzten wir über die Dinge im allgemeinen, und sie sagte –"

„Sie hat dir davon erzählt, daß die Königin und Prinz Philip kommen?"

„Ja", erwiderte ich schuldbewußt, denn ich begriff, daß das Spiel aus war. „Aber sie ließ mich schwören, daß ich nichts verraten würde."

„Warum, zum Teufel, hast du dann so erstaunt getan, als ich es dir jetzt eben erzählte?"

„Ich wollte dir den Spaß nicht verderben. Es gibt nichts Enttäuschenderes, als jemandem eine aufregende Neuigkeit zu erzählen und dann merken zu müssen, daß der andere sie schon kennt, und du warst ohnehin schlechter Laune wegen der Geschichte mit Simon und Dickie, und da dachte ich –"

„Unsinn", sagte Robin kurz. „Du bist ganz einfach verschlagen und durch und durch unehrlich gewesen, und du solltest dich schämen."

„Das tu ich auch; und ich bitte demütig um Verzeihung."

„Sie hatte kein Recht, dir etwas zu sagen, wenn es derart geheim bleiben sollte."

„Ich weiß, Lieber, aber du hast es ja schließlich auch nicht bei dir behalten, nicht wahr?"

„Nun, schließlich bist du meine Frau, und ich mag Männer nicht leiden, die Geheimnisse vor ihren Frauen haben."

„Das höre ich besonders gern, und hoffentlich hältst du an diesem Grundsatz fest wie ein Blutegel bis in dein hohes, hohes Alter."

„Ich verspreche nichts." Mit einem halblauten Fluch nahm Robin die scharfe Kurve zur Einfahrt bei Chalmers'. „Wenn meine Frau sich zu einer Lügnerin und Heuchlerin und kriecherischen Verleumderin entwickelt, werde ich vielleicht genötigt sein, meine Haltung von Grund auf zu ändern und ihr nie wieder auch nur die kleinste Kleinigkeit anzuvertrauen."

„Ich habe dir doch gesagt, daß es mir leid tut, und du brauchst nicht länger darauf herumzureiten. Es war ja nur eine wohlgemeinte, unschuldige kleine Lüge."

„Sandra sollte sich auch schämen. Sie ist die Gemahlin des Gouverneurs, und Gemahlinnen von Gouverneuren müßten darüber erhaben sein, mit ihren Freundinnen zu schwatzen und Staatsgeheimnisse auszuplaudern."

„Nanny hat das Staatsgeheimnis auch schon ausgeplaudert. Sie hörte es von der Prinzessin. Und anscheinend weiß es in England jeder Mensch, denn Mutter hat es mir in einer Nachschrift mitgeteilt. Sie meint, daß sich hier einiges tun werde!"

In diesem Augenblick fuhren wir bei der vorderen Veranda vor und Lucy trippelte die Stufen herunter, um uns mit einem übertriebenen Entzücken zu begrüßen. Bimbo, der ihr folgte, war weniger herzlich. Eine Spannung lag in der Luft, aber man konnte nichts tun, als sich darüber hinwegsetzen, und so zogen wir alle durch das Haus zu dem hinteren Patio, wählten unsere

Drinks und machten Konversation. Nachdem Bimbo uns Martinis eingeschenkt hatte und der Hausdiener mit einer Schüssel glühendheißer Würstchen auf Stäbchen umhergewandert war, die einem in der Hand blieben, wenn man sein Würstchen gegessen hatte, spürte ich, daß ich die allgemeine Stimmung unausgesprochener Vorwürfe nicht länger ertragen konnte, und beschloß, mich verwegen in die Schlacht zu stürzen.

„Wie geht's Dickie?" fragte ich ohne Umschweife.

„Er ist eingeschlafen", erwiderte Bimbo. „Der Doktor mußte ihm ein Beruhigungsmittel geben; der arme kleine Kerl hat schreckliche Schmerzen."

„Es ist wirklich schlimm, daß das passieren mußte", sagte ich. „Und es tut mir furchtbar leid. Jungen können manchmal sadistische kleine Teufel sein, nicht wahr?"

„Manche schon", sagte Bimbo betont. „Daran gibt es gar keinen Zweifel."

„Simon hat eine verdammt große Beule auf der Stirn", warf Robin ein. „Er glüht und war ein wenig fiebrig, als wir ihm gute Nacht sagten; das könnte natürlich eine Gehirnerschütterung sein."

Die sanfte Aufrichtigkeit, mit der Robin diese offenkundige Lüge vorbrachte, warf mich beinahe um, ich verschluckte die Olive meines Martini und erstickte beinahe. Das bedeutete eine glückliche Ablenkung, und Lucy holte rasch ein Glas Wasser. Während ich daran nippte und mir die Tränen über die Wangen rollten, gingen Bimbo und Robin in den Garten.

„O Gott!" Lucy sah ihnen erregt nach. „Was machen wir jetzt?"

„Gar nichts", erwiderte ich heiser. „Mögen sie es miteinander austragen und ihren Kropf leeren! Wir können nicht den ganzen Abend so verbringen, daß sie knurrend und murrend einander umschleichen wie Bulldoggen. Geht's Dickie wirklich schlecht? Hat der Doktor gesagt, daß es etwas Ernstes ist?"

„Nein, nein, Gott sei Dank ist's nichts Ernstes, aber natürlich tut es weh; es ist eine richtige Entzündung da. Simon, diese kleine Bestie!"

„Mein Simon ist keine größere Bestie als dein Dickie. Sie sind's alle beide, und das weißt du ganz gut. Daß wir uns deswegen zanken sollten, finde ich schrecklich albern. Mischen wir uns lieber noch einen Martini, möglichst ohne Wermut, und süffeln wir, bis uns alles Weitere egal ist."

„Hat Simon wirklich eine Gehirnerschütterung?"

„Selbstverständlich", sagte ich leichthin und ging an den Tisch, wo die Getränke standen. „Sein Gesicht war dunkelrot, seine Augen glitzerten wie Edelsteine und er hörte nicht auf, beängstigende unartikulierte Laute hervorzustoßen."

„Das ist die unverschämteste Lüge, die ich je gehört habe!"

„Natürlich ist es das." Klirrend warf ich ein paar Eisstücke in den Shaker. „Ich habe es nur gesagt, damit du dich über den Zustand des armen Dickie beruhigst. Komm her, schneide ein paar Zitronenschalen, und um Himmels willen reden wir nicht mehr davon!"

Lucy seufzte und kam zum Tisch. „Was machen wir, wenn sie aneinandergeraten?"

„Einen Eimer kaltes Wasser über sie gießen, wie man das bei Hunden macht, die sich ineinander verbissen haben."

„Bei unseren Hunden nützt das nie", meinte Lucy beklommen. „Ich habe es mehrmals versucht, mit dem Erfolg, daß ich selber patschnaß wurde und sie trotzdem weiter verknäuelt über den Rasen rollten."

„Gottes Wege sind unerforschlich."

„Das klingt höchst lästerlich."

„Dann eben die Wege der Natur." Ich füllte zwei Gläser fast ausschließlich mit Gin. „Die Natur ist es, die alles durcheinanderbringt und unseres hochgesinnten Strebens spottet und uns auf der ganzen Linie demütigt. Fast jeder von der Natur verliehene Instinkt führt uns geradewegs zu den würdelosesten Abscheulichkeiten. Darum predigen vermutlich auch diese langweiligen Religionsreformer beständig, daß das Geschlecht eine Sünde sei und man sich an das Leben im Geiste mit Zähnen und Klauen klammern müsse. Wahrscheinlich sind sie so fein, daß sie sich schämen, sooft sie auf das WC müssen."

„Das hier ist reinstes Dynamit", sagte Lucy. „Setzen wir uns lieber wieder, bring aber für alle Fälle den Shaker mit. In ein paar Minuten sind wir vielleicht nicht mehr imstande, ihn zu holen."

Wir zogen auf die andere Seite des Patio und machten es uns auf einer üppigen Hollywoodschaukel bequem, die nicht das leiseste Quietschen hören ließ und uns sanft hin und her wiegte.

Häufig macht es mich traurig, wenn mir mit einemmal auffällt, daß anderer Leute Häuser besser geführt sind als mein eigenes. Das kann natürlich bloße Einbildung sein, die Folge eines tiefwurzelnden und ungelösten Minderwertigkeitskomplexes, und ich hoffe sehr, daß es sich wirklich so verhält, aber Minderwertigkeitskomplex hin, Minderwertigkeitskomplex her, es ließ sich nicht leugnen, daß Lucys Patio erheblich gepflegter und besser gehalten war als unsere eigene hintere Veranda. Nicht nur, daß ihre Hollywoodschaukel nicht wie die unsere knarrte, es lag am Stil des Ganzen. Da gab es kein Möbelstück zuviel, und was vorhanden war, stand bequem und unaufdringlich am richtigen Platz; die Matten aus Bananengeflecht hatten die richtige Größe, ihre Kanten fransten nicht aus, die Bezüge waren durchweg makellos und die Beleuchtung diskret. Ich notierte mir im Geist, daß ich mich morgen früh als erstes unserer greulichen alten Stehlampe aus Pareandaholz entledigen wollte. Sie wackelt, wenn man sie nur anrührt, weil der Fuß nicht schwer genug ist, sie fällt beim leisesten Windhauch um, der Schirm ist aus der Form geraten und hängt völlig schief, und wenn man sie anknipst, bekommt man unweigerlich einen elektrischen Schlag. Und erst Lucys Garten! Wann immer ich an Lucys Garten dachte, wurde mir weh zumute. Als ich ihn im Mondschein vor mir liegen sah, wußte ich, daß keine Blume fehl am Ort war, daß die sauber gestutzten Hibiskushecken nicht nach allen Richtungen wucherten, daß die orangefarbene Kalilani beim Schwimmbad sich wirklich um die Pergola rankte und nicht in unordentlichen Schlingen herunterhing, bereit, einen zu erdrosseln, wenn man vorbeiging, und auf dem Gras fanden sich auch keine häßlichen braunen Flecken. Gewiß, Lucy hat eine glückliche Hand und ist eine begeisterte Gärtnerin, während ich das eine nicht habe und das andere nicht bin, doch auch das entschuldigt in diesem üppigen Klima keinen Garten, der hier an die wuchernden Pflanzen des Zöllners Rousseau erinnert, dort einem ausrangierten Fußballplatz gleicht.

Noch eine zweite Notiz machte ich mir im Geist; ich wollte, sobald ich mich der Stehlampe entledigt hatte, ein paar ernste Worte mit Jock reden. Jock dient seit Jahren als Gärtner bei uns, und sein richtiger Name lautet Pynalu Topoalani, was auf samolanisch ‚Freund vom Berge' heißt, aber Robin fand, es sei der reinste Zungenbrecher, bei ihm einen frischen Salat zu bestellen, und so heißt er seit jeher Jock, was ihn sogar mit Stolz erfüllt. Er ist liebenswürdig und faul, und wenn man ihn irgendwas fragt, tut er, als wüßte er sehr genau Bescheid über die vorherrschenden Winde und über Düngemittel und was an den verschiedenen Stellen wachsen wird oder nicht, in Wirklichkeit aber versteht er von der Gärtnerei gewiß nicht mehr als ich.

„Wie stellst du's an, daß deine Poinsettien so gerade und ordentlich sind?" fragte ich plötzlich. „Meine werden immer zu lang und schwanken hin und her."

„Beschneid sie", sagte Lucy. „Sei rücksichtslos und schneid schon die jungen Pflanzen zurecht."

„Ich habe immer Angst, sie könnten absterben, wenn ich das tu'."

„Nein, das werden sie nicht. Sie breiten sich nach allen Seiten aus und gedeihen üppig."

„Man kann sich's kaum vorstellen! Irgendwie habe ich nicht das Gefühl, daß ich mich nach allen Seiten ausbreiten und üppig gedeihen würde, wenn man kleine Stückchen von mir abgeschnitten hätte. Mir wäre bestimmt jämmerlich zumute. Wie dem armen Mädchen in ‚Titus Andronicus'", setzte ich hinzu.

„Was ist ihr denn zugestoßen?"

„Man hat ihr die Hände und die Zunge abgeschnitten; und vergewaltigt hat man sie auch."

„Gott, wie gräßlich!" meinte Lucy. „Weshalb nur?"

„Daran erinnere ich mich nicht genau. Man wollte sich wahrscheinlich an irgendwem rächen. Das ganze Stück dreht sich um Leute, die sich aneinander rächen wollen."

„Sieh mal an", sagte Lucy höflich. „Wer hat es denn geschrieben?"

„Shakespeare natürlich. Ich dachte, jeder Mensch wüßte das."

„Ich aber nicht. Ich habe allerdings wenig Shakespeare gelesen. Nur ‚Romeo und Julia' und ‚Julius Caesar', weil wir das in der Schule lesen mußten. Ich habe den Marc Anton gespielt." Lucy kicherte. „Aber ich habe kein Wort davon verstanden!"

„Ich wundere mich noch immer! Nicht zu wissen, daß Shakespeare ‚Titus Andronicus' geschrieben hat!"

„Warum? Es hätte ebensogut einer der griechischen Dramatiker sein können. Sie haben sich auch immer mit Greueltaten und ausgestochenen Augen und Blutschande befaßt."

„Liebes, du solltest dich doch mehr mit Shakespeare beschäftigen, ja, das solltest du", sagte ich ernsthaft. „Es ist wirklich schrecklich lohnend. Ich weiß, manches ist schwierig, und man muß zurückblättern um festzustellen, wer gegen wen kämpft, wenn du aber durchhältst, stößt du mit einemmal auf die wunderbarsten Stellen."

„Alle diese ‚He da's', ‚Hah, heißa's', ‚Pah's' schrecken mich ab und bringen mich ganz durcheinander."

„Und die Sonette?"

„Es nützt nichts, mir böse zu sein, aber die habe ich auch nicht gelesen."

„O Lucy!"

„Schenk den restlichen Martini ein und sieh mich nicht so strafend an. Ich bin nun einmal kein intellektueller Typ, und das weiß ich. Ich lese nicht, wie du, jedes Buch, das herauskommt, und die Kreuzworträtsel in der ‚Times' könnte ich nie lösen, auch wenn du mir tausend Pfund dafür bezahlst. Ich beneide dich von ganzem Herzen, ja wirklich, das tu ich manchmal. Wie gern möchte ich in Gesellschaft ein Zitat fallen lassen und die Leute mit passenden Anspielungen aufscheuchen, aber ich kann mir nichts auch nur einen Tag merken, und es hat keinen Zweck, so zu tun, als könnte ich's. Ich tauge bloß dazu, Haus und Garten in Ordnung zu halten und mich um Bimbo und die Kinder zu kümmern", seufzte sie. "Wahrhaftig, ich bin nichts als eine Drohne und gerade jetzt" – sie kicherte – "eine leicht betrunkene Drohne."

"Betrunkene Drohne ist wunderschön", sagte ich. "Selbst Shakespeare könnte es nicht besser ausdrücken – betrunkene Drohne, ach Gott" – ich begann hilflos zu lachen, griff nach meinem Täschchen und warf dabei den Shaker mit Krach auf den Boden.

"Da hat man's", sagte Lucy. "Wieder ein Hochzeitsgeschenk dahin, und das ist ein Glück, denn Martinis sind viel besser, wenn man sie in einem Glaskrug mischt." Auch sie begann zu lachen, und wir beide brachen in das aus, was der Franzose ein fou rire nennt. Just in diesem Augenblick tauchten natürlich Robin und Bimbo aus dem Garten auf und musterten uns mißbilligend.

"Was war das für ein Krach?" fragte Bimbo.

"Der Shaker", erwiderte Lucy noch halb erstickt. "Grizel hat ihn zerbrochen."

"Und was ist daran so komisch?" Bimbo hob ihn auf und stellte ihn auf den Tisch zurück, während Robin sich nach dem Deckel bückte, der unter die Hollywoodschaukel gerollt war.

"Es war nicht nur das." Lucy bemühte sich tapfer um Haltung. "Auch daß ich eine Drohne war und Titus Andronicus dazu und eine Menge anderer Dinge. In einer Minute sind wir wieder normal. Laßt uns nur in Ruhe!"

"Wer, zum Teufel, ist Titus Andronicus?" fragte Bimbo gereizt.

Lucy brach abermals in ein unaufhaltbares Gelächter aus. "Frag Grizel – sie ist anscheinend sehr intim mit ihm."

"Ihr seid alle beide sternhagelvoll", stellte Robin fest.

"Und das ist nur eure Schuld", sagte ich. "Ihr seid in den Garten davongestapft und habt uns sitzenlassen, und wir glaubten, ihr werdet euch wegen der Kinder raufen und den ganzen Abend verderben, und die Spannung hat uns so zugesetzt, daß wir zu der Flasche geflüchtet sind. Ist jetzt alles wieder in Ordnung oder seid ihr beide noch immer ‚staffiert mit grausen Kriegssentenzen'?"

„Was redest du da für Zeug?" Bimbo sah so verdutzt drein, daß ich wieder anfing zu lachen und das Gesicht ins Taschentuch vergraben mußte.

„Shakespeare", sagte Robin. „Das arme Kind ist sichtlich in schlimmer Verfassung."

In diesem Augenblick wurde zum Essen gerufen, und es war, wie gewöhnlich in diesem Hause, vorzüglich; köstlich zubereitet, schnell, diskret aufgetragen, und abermals erhob mein Minderwertigkeitskomplex sein Haupt und quälte mich. Ich warf einen raschen Blick nach Laaina, Lucys Zimmermädchen, die die Teller flink und gewandt brachte und wegräumte, und dachte bekümmert an Eulalia, die langsam hin und her wandelte, wie eine betäubte Tempeldienerin bei der Ausübung eines dunklen, endlosen frommen Rituals, den Leuten in der unrichtigen Minute die unrichtigen Dinge reichte und aussah, als wäre sie nahe daran, in einen ohnmachtsähnlichen Dämmerzustand zu versinken. Ich fragte mich traurig, warum der Reis, ein Hauptbestandteil der samolanischen Küche, sich bei uns immer feucht zu unappetitlichen Klumpen ballte, während er bei allen anderen Leuten unabänderlich körnig war und auf die Sekunde richtig gekocht. Es ließ sich, so meinte ich, sehr viel zugunsten einer Drohne sagen, mochte sie betrunken oder nüchtern sein. Drohnen waren, wenn auch nicht empfänglich für den Höhenflug der klassischen Poesie, doch zumindest in der Lage, ihre Küche zu betreten, wann es ihnen paßte, ohne eine Kündigung des Kochs oder der Köchin befürchten zu müssen, und sie wußten zudem, daß sie auch immer wußten, wovon sie redeten. Meine eigene Köchin ist lieb und gut, und ich habe sie sehr gern, aber wenn ich mit dem leisesten Wort noch so sorgsam verhüllt eine ihrer mittelmäßigeren Leistungen kritisiere, versetzt sie das in einen Zustand akuter Schwermut, sie zieht sich heulend in ihr Quartier zurück und muß mit Aspirin getröstet werden.

Gelegentlich läßt sie sich durch ein neues Rezept zu einer vorübergehenden Begeisterung verführen. Dann ist sie ganz

Eifer und Aufregung, lebt in der besten aller Welten und summt in einem keuchenden Alt kleine samolanische Volkslieder. Wenn aber die neue Speise nicht völlig gelingt und ich taktvoll anrege, man solle sie nächstes Mal mit etwas weniger Pfeffer oder etwas mehr Knoblauch würzen, dann lassen wir wieder alles hängen, die ganze Welt verdüstert sich, und das Aspirin muß wieder herhalten.

Gegen Ende des Essens, das bei normaler, heiterer Unterhaltung ohne jede Anspielung auf unsere Nachkommenschaft verlief, stellte Bimbo plötzlich entschlossen sein Weinglas hin.

„Ich habe eine ziemlich sensationelle Neuigkeit für euch beide", sagte er. „Aber ihr müßt wirklich euer Ehrenwort darauf geben, daß ihr's für euch behaltet, denn mir wurde es unter dem Siegel der tiefsten Verschwiegenheit erzählt. Lucy weiß es natürlich schon, weil ich es ihr gesagt habe, aber sonst ahnt kein Mensch etwas davon."

Ich warf Robin einen Blick zu, aber er wich mir aus und fragte mit beneidenswerter Unbefangenheit: „Was, um Himmels willen, ist geschehen?"

„Es ist noch nicht geschehen", sagte Bimbo genießerisch. „Aber es wird geschehen."

„Ihr werdet doch nicht noch ein Kind kriegen?" Auch Robin genoß sichtlich die Situation.

„Nur über meine Leiche!" erklärte Lucy feurig.

„Los denn – was ist es?"

„Ihr schwört, daß ihr's für euch behalten werdet?"

„Ja, natürlich!"

„Es ist nämlich noch nicht offiziell, und vorher darf niemand etwas davon wissen – es wäre von jedem Gesichtspunkt aus höchst ungünstig."

„Schön, schön!" Robins Ungeduld war von prächtiger Überzeugungskraft. „Ich verspreche, daß wir unsere Lippen hermetisch versiegeln. Was ist es also?"

„Wir bekommen Gäste."

„Wir auch", sagte Robin. „Frobishers fliegen nächste Woche

von Noonaeo herüber, mit Kind und Kegel. Und wir haben jetzt schon Angst davor."

„Sei nicht albern, Robin", warf ich ein. „Vorwärts, Bimbo, du hast uns jetzt lang genug auf die Folter gespannt."

„Es ist die Königin." Bimbo machte eine Pause. „Und Prinz Philip und ihre Sekretäre und ihre Kammerherren und ihre Hofdamen und der ganze Troß."

„Großer Gott!" rief Robin dramatisch. „Und wann?"

„Im Juni. Drei ganze Tage werden sie hier bleiben."

„Wie herrlich!" Fast hätte ich übertrieben und in die Hände geklatscht. „Wie aufregend! Und wie vorteilhaft für die Insel!"

„Nun, ja und nein."

Ein unheilverkündender Klang in Bimbos Stimme ließ vermuten, er sei in eine abgründige Verschwörung eingeweiht. „Natürlich gibt es dem Fremdenverkehr einen Aufschwung, und die Insel wird von Reisenden und Reportern überschwemmt, aber es könnten sich auch politische Schwierigkeiten einstellen."

„Ich sehe wirklich nicht ein, warum", meinte Lucy. „All diese schäbigen Kerle vom linken Flügel der Sozialistischen Nationalpartei werden sich wie verrückt um sämtliche Veranstaltungen reißen, ganz blaß vor Neid, wenn man sie nicht einlädt."

„Ich dachte eher an eine Inflation", sagte Bimbo. „Alle Preise werden in die Höhe schießen wie Raketen, und nachher tritt die unvermeidliche Reaktion ein, und wir sitzen in der Tinte."

„Das könnte man mit ein wenig Voraussicht und Organisation vermeiden", sagte Robin.

„Nun, jedenfalls ist es eine Inflation wert!" Lucy lachte. „Denkt doch nur an all die Aufregung und das Getue! Denkt an die alte Mrs. Innes-Glendower! Sie wird ja vollkommen aus dem Häuschen sein. Sie hat einmal vor der Königin, damals noch Prinzessin Elizabeth, einen Knicks gemacht, und ihr Absatz verfing sich im Saum ihres Kleides. Diese Erinnerung bewegt sie nun schon seit Jahren. Und dann wird man sich natürlich furchtbar zanken, wer zur garden party darf und wer zum Diner. Es wird ein unaufhörlicher Wirbel sein, und ich kann's kaum erwarten."

„Mir tut vor allem Seine Exzellenz leid", sagte Bimbo. „Und Lady A. Für die wird es die Hölle."

„Sie werden spielend damit fertig werden", meine Robin. „Seine Exzellenz ist nicht der Mann, der sich so leicht aus dem Gleichgewicht bringen läßt, und sie besitzt eine unheimliche Vitalität."

„Ich will mir von zu Hause mein Diadem schicken lassen", sagte ich.

„Guter Gott!" stöhnte Robin. „Ich wußte gar nicht, daß du eines besitzt. Warum hast du's mir nie erzählt?"

„Es ist mir nie in den Sinn gekommen, daß dich das interessieren könnte. Schließlich geht man doch nicht unter den Leuten herum und sagt: ‚Ich habe ein Diadem.' Das wäre gar zu albern."

„Ich bin nicht ‚die Leute'. Ich bin der Mann, den du geheiratet hast."

„Es ist nur ein ganz kleines", versicherte ich demütig. „Tante Cordelia hat es mir in ihrem Testament vermacht, und sie muß einen Kopf wie eine Erbse gehabt haben."

Von da an dauerte die Unterhaltung über den königlichen Besuch mit unverminderter Begeisterung an, bis wir uns verabschiedeten. Manchmal war die Begeisterung gleichmäßig auf alle verteilt, und wir äußerten unsere Ansichten mit schallender Stimme, manchmal zerfielen wir in zwei Gruppen, und Robin und Bimbo beschäftigten sich mit den politischen und wirtschaftlichen Zusammenhängen, während Lucy und mich die nichtigeren gesellschaftlichen Möglichkeiten erfüllten, die allerdings reiche Nahrung für allerlei Mutmaßungen boten.

Die samolanische Gesellschaft ist, wie die meisten kleinen abgelegenen Gemeinschaften, die unter dem Union Jack gedeihen, in genau abgegrenzte Gruppen geteilt, zwischen denen sich wieder eine Unterteilung in Cliquen abzeichnet, die unvermeidlich zueinander auf- oder herunterschauen, je nach ihrer Stellung. Nur bei bestimmten Anlässen, den sommerlichen und winterlichen garden parties des Gouverneurs und dem alljährlichen Cocktailgedränge an Weihnachten bei Ralstons, mischen sich die Gruppen und Cliquen demokratisch und bilden eine geeinte Front, und selbst da brodeln manche unbesänftigte Fehden unter der Oberfläche weiter, die nur selten in offene Feindseligkeiten ausarten, nichtsdestoweniger aber vorhanden sind, die Veranstaltungen mit drohenden Tragödien beschatten und ihnen eine prickelnde Würze von Gefahr verleihen.

Die Gegenwart so erlauchter Gäste auf der Insel, und noch dazu drei Tage lang, würde ohne Zweifel eine schlimme gesellschaftliche Spannung erzeugen; schwelende Glut lange gehegten Grolls würde in Flammen auflodern; Minderwertigkeitskomplexe, erheblich tiefer wurzelnd und heftiger als mein eigener, würden Fett ansetzen und wachsen und sich mit eifrig gesuchten Kränkungen mästen; gierig erwartete Einladungen würden bei der Post verlorengehn, erboste Frauen kämen im gleichen Kleid zu der gleichen Veranstaltung, ein Berg zorngeladener Briefe würde beim ‚Reaper', unserem Lokalblatt, einlaufen und an den amtlichen Anordnungen Kritik üben, jedes Gebiet der Insel, das nicht auf dem Programm der Königin stände, würde erbittert protestieren. Ja, allerdings, wenn man der Phantasie freies Spiel und genügend Raum ließ, ergaben sich unbegrenzte Möglichkeiten.

„Wäre es nicht schrecklich, wenn ein Taifun ausbräche?" meinte Lucy. „Der Juni ist ein heikler Monat."

„Das glaube ich kaum, seit 1929 hat es keinen wirklich schlimmen mehr gegeben."

„Um so eher kann es in diesem Jahr einen geben. Wir müßten uns alle verkriechen und verschanzen, und die arme Königin und der Herzog säßen stundenlang unter den abscheulichen Wölbungen der Residenz. Es wäre entsetzlich! Man darf überhaupt nicht daran denken!"

„Dann laß es", sagte ich. „Konzentrier dich darauf, daß das Wetter prachtvoll und alles tadellos ablaufen wird. Menschen, die die Furcht vor Katastrophen beherrscht, locken die Katastrophen beinahe immer an."

„Ich glaube nicht, daß ich einen Taifun anlocken könnte; so sehr mich auch Furcht beherrscht."

„Du allein wahrscheinlich nicht, wenn aber alle lange genug Tag und Nacht nur an Taifune denken, haben wir vielleicht einen, ehe wir's uns versehen. Die Macht kollektiven Denkens ist unausmeßbar."

„Du benutzt so großartige Worte", sagte Lucy bewundernd. „‚Unausmeßbar‘ wäre mir in tausend Jahren nicht eingefallen."

„Somerset Maugham meint, man sollte nie lange Worte gebrauchen, wenn es kurze auch tun", warf Robin ein.

„Da sollten wir ihn mal zu uns einladen", sagte Lucy. „In diesem Haus würde er sich den ganzen Tag lang glücklich fühlen."

„Ich auch", erwiderte Robin galant und erhob sich. „Aber leider müssen wir es jetzt schon verlassen. Es ist zwanzig nach elf, und ich muß in aller Frühe aufstehn. Für morgen ist ein Bananenschiff angesagt. Es tut mir leid, daß meine Frau sich betrunken und euren Shaker zerbrochen hat."

„Gleich morgen früh kaufe ich dir einen neuen", sagte ich zu Bimbo. „Gestern habe ich bei Rodrigues einen gesehen. Er ist sehr groß und hat die Form einer Glocke. Statt zu schütteln, läutet man ihn."

„Ich rede kein Wort mehr mit dir, wenn du das tust", fiel Lucy ein. „Ein gläserner Krug ist das einzig richtige; das habe ich schon vorhin gesagt."

„Dann kauf' ich dir eben einen Glaskrug."

„Das wäre sehr töricht, denn wir haben schon vier."

Wir gingen durch das Haus und stiegen in den Wagen. Robin ließ den Motor an, drehte das Fenster herunter und winkte Bimbo und Lucy zu, die auf den Verandastufen standen.

„Das mit Dickie tut mir aufrichtig leid", rief er großzügig. „Morgen will ich Simon die Leviten lesen."

„Schon recht, schon recht – nichts für ungut!"

Beide winkten zurück, und wir rollten hinaus in das Mondlicht.

5

Bevor ich fortfahre, sollte ich vermutlich ein wenig von Samolo selbst und seiner Geschichte berichten, ja, ich hätte das wohl schon bei Beginn tun sollen, um es hinter mir zu haben, und ich hätte es auch getan, aber ich bin nicht besonders begabt, die Zahlenangaben von Bevölkerungsdichte, Import und Export, geographischer Länge und Breite und dergleichen zu lesen, geschweige denn darüber zu schreiben. Doch was sein muß, muß sein – wie sollten sich die Leute für eine Menge anderer Leute interessieren, die in einer entlegenen englischen Kolonie über einen königlichen Besuch außer Fassung geraten, wenn sie keine Ahnung haben, wo die betreffende Kolonie liegt, wie sie zunächst einmal zu einer Kolonie wurde und wie sie aussieht, wenn man dorthin verschlagen wird.

Es gibt natürlich einen Reiseführer, der anfangs der zwanziger Jahre zu Nutz und Frommen der Kaiyeenis – das ist das samolanische Wort für Fremde – herausgegeben wurde, und ich könnte mir wahrscheinlich viel Mühe ersparen, indem ich ihn einfach abschriebe, denn seine Angaben stimmen ungefähr und gegen seine moralische Haltung läßt sich nichts einwenden, aber er ist erschreckend langweilig und so dürr und unanschaulich, daß ich der Versuchung widerstehen und mich selber an die Arbeit machen werde. Immerhin hat er, wie die meisten Bücher dieser Art, Stellen von unfreiwilligem Humor, und die werde ich ganz bestimmt zitieren, wenn die Gelegenheit sich bietet, und sei es auch nur, um zu beweisen, daß moralische Vorurteile und übertriebenes Vornehmtun die unanfechtbarsten historischen Ereignisse derart zurechtkneten können, daß sie völlig unkenntlich werden.

Samolo ist die größte einer Gruppe von vierunddreißig Inseln, deren sieben unbewohnt und einige weitere Privatbesitz sind. Die ganze Gruppe wurde im Jahre 1786 von Kapitän Evangelus Cobb entdeckt. Sie ist vulkanischen Ursprungs und liegt im Südwesten des Stillen Ozeans auf achtzehn Grad nördlicher Breite und, falls das auch noch jemand interessieren sollte, hundertfünfundsiebzig Grad westlicher Länge.

Die ersten Missionare kamen im Jahre 1821, und zwar gleich eine ganze Schiffsladung. Sie waren auf der Fahrt, um den Fidschi- und Tonga-Insulanern das Licht zu bringen, doch ihr Schiff, ‚Der barmherzige Samariter', geriet in einen heftigen Sturm und scheiterte an der Klippe dicht vor Bakhua Point.

Eine ganze Anzahl der Missionare ertrank, die überlebenden aber fanden, nun hätten sie das Seereisen satt und sie könnten ihre Tätigkeit hier ebensogut wie auf den Fidschi-Inseln ausüben, und so blieben sie und vermehrten sich über die Maßen.

Die Samolaner empfingen sie höflich und mit größter Liebenswürdigkeit, und der herrschende König Kefumalani und seine Königin Merolia schenkten ihnen Land und lauschten aufmerksam und ohne Kommentar, als die Missionare ihnen auseinandersetzten, daß das Christentum wirklich das einzige Mittel sei, um ihre Seele vor der ewigen Verdammnis zu erretten.

Die Missionare waren zu glücklicher Stunde angelangt, denn nur wenige Jahre früher hätten sie König Kopapapus angetroffen, der von ganz anderem Kaliber war und in einem höchst beunruhigenden Grade den Geist der alten südlichen Gastfreundschaft vermissen ließ. Er ähnelte, ein zweiter Heliogabalus, sichtlich den Tyrannen des Altertums, mit Bosheit randvoll geladen und eigenartigen, verderbten Neigungen frönend. So pflegte er seine in Ungnade gefallenen Favoriten und

Favoritinnen in den Krater des Fuminnaiyo zu werfen, eines heute erloschenen Vulkans, der damals aber rege tätig war und ungefähr fünfmal jährlich gewaltige Mengen von Feuer und Lava spie.

Unser einziger noch tätiger Vulkan ist der FumFumBolo auf der Insel Noonaeo, wo die Frobishers, die uns, o je, nächste Woche besuchen, eine große Kakaopflanzung besitzen. Ich sage ‚o je', weil sie zwar liebe, gute Menschen sind und uns üppig bewirten, wenn wir für ein Wochenende nach Noonaeo fliegen, der Lärm aber, den sie, ob einzeln oder alle zusammen, vollführen, zerreißt einem die Nerven.

Für mich ist der FumFumBolo ein romantischer Berg, weil so viele der bezaubernden alten samolanischen Sagen sich an ihn knüpfen. Vom höchsten Punkt unseres Besitzes, oberhalb der Bananenplantage und gerade dort, wo er an Stirlings Pflanzung grenzt, kann man bei sehr klarem Wetter den blauen Kegel sehen, daraus ein leichter Rauch steigt und eine graue Wolke bildet.

Viele alte Lieder besingen den FumFumBolo, und eines davon, das anfangs des neunzehnten Jahrhunderts übersetzt wurde, lohnt zitiert zu werden. Der erste Teil schildert Bolo, den samolanischen Wassergott, der, als er im Sterben lag, plötzlich bemerkte, daß seine alte Feindin FumFum, die Göttin des Feuers, Tränen vergoß. Mit einer letzten galanten Geste löschte er die Flammen, die sie umzüngelten, und zog die Göttin an sein Herz:

> *Da hob ein Berg sich aus dem Meer,*
> *den Flammen rings umwanden,*
> *und so – lang, lange ist es her –*
> *ist der Vulkan entstanden.*

Und dann noch eine schöne Stelle, etwas später:

> *Wenn FumFumBolo den Himmel erhellt,*
> *kein Affe plappert, kein Wachthund bellt,*
> *kein fliegender Fisch der Flut entspringt,*

> *kein Vogel schwebt, kein Vogel singt,*
> *die Salamander eiligst entweichen,*
> *sogar die Schildkröt' kennt das Zeichen,*
> *vor Gottes Grollen im Feuerschein*
> *flüchten sie tief ins Land hinein.*

Fuminnaiyo, unser Hausvulkan, ist ebenso erloschen wie der ‚Drache'. Er ist unter dem Namen ‚Alter Tikki' ortsbekannt, und seit mehr als einem Jahrhundert hat er keinen Pieps von sich gegeben. Als höchster Gipfel der Lailanu-Berge beherrscht er die ganze Insel. In den letzten Jahren hat der Fremdenverkehrsverein beschlossen, ihn auszubeuten, und veranstaltet Expeditionen auf den Gipfel, die höchst anstrengend und unbequem sind; man muß die Nacht in einem von Ungeziefer wimmelnden Gästehaus verbringen, vor Sonnenaufgang aufstehen und vier Stunden lang auf einem Maultier einen bedrohlichen Pfad hinaufreiten. Robin bestand darauf, daß ich diesen Ausflug machte, als ich zum erstenmal auf die Insel kam, und obgleich es oben wirklich sehr eindrucksvoll war, entpuppte sich der Abstieg als eine Marter, weil mein Sattel rutschte und mein Maultier sich beständig hinlegte, und das gewöhnlich am äußersten Rand eines Abgrunds. Robin sagte, daran sei ich ganz allein schuld, weil ich mich ängstigte und zugelassen hatte, daß mein Zustand sich auf das Maultier übertrug. Maulesel, sagte er, seien wohl die sichersten Saumtiere der Welt, aber natürlich ungemein empfindlich und die kleinste Kleinigkeit könne sie aufregen und nervös machen, was ich ziemlich temperamentvoll für schieren Unsinn erklärte, denn jedermann, der auch nur fünf Minuten auf meinem Maultier saß, konnte feststellen, daß es keine Spur von Nerven in seinem ganzen verdammten kleinen Leib hatte und lediglich verstockt und faul war und ausschließlich darauf sann, mich so bald wie möglich von seinem Rücken herunter und in den nächsten Abgrund zu schleudern.

Wie dem auch sei, die Lailanu-Kette erstreckt sich vom Paiana-Kopf im Osten zum Cobb-Berg im Süden, und an der südlichen Küste ist der Strand am schönsten. Dort strömen in den letzten Jahren alle Touristen hin, dort wurden die neuesten Hotels gebaut, und dort tummelt sich auch das, was die ansässigen Engländer als Pack bezeichnen.

Im Reiseführer steht: ‚Die Südküste, wo sich ein Strand von feinstem, weißem Korallensand, vereint mit schimmernden Lagunen von azurnem Blau, versteckten Buchten, palmengesäumten Einfahrten und exotischer Vegetation findet, bietet dem müden Wanderer auf begrenztem Raum all jenen tropischen Reiz, mit dem die Verfasser von Abenteuerromanen uns seit urdenklichen Zeiten verlockt haben.'

Dieser schwülstige kleine Absatz faßt tatsächlich alles richtig zusammen, ist aber geschrieben worden, bevor der Triumph des Fortschritts die exotische Vegetation und die palmengesäumten Einfahrten für das breite Publikum mit Scheinwerfern ausstattete und die versteckten Buchten mit rotbraunen, blasenbedeckten Leibern, Sonnenölflaschen, Badehütten, Bars, Schnellbooten und sogar zwei Nachtlokalen vollpfropfte. Das ganze Gebiet, vom Ostende des Narouchi-Strands bis hinter Cobbs Bucht, war verhältnismäßig unbewohnt gewesen, abgesehen von fünf oder sechs privaten Strandhäusern der hiesigen Pflanzerbonzokratie, deren Besitzungen hinter den Hügeln lagen. Jetzt aber gibt es nicht weniger als neun Hotels im amerikanischen Stil, drei Motels und ein Gedränge von höchst launisch entworfenen Bungalows, die zu astronomischen Preisen in der Wintersaison vermietet werden.

Aber ob uns die verwandelte Südküste gefällt oder nicht, sie hat sich zu einer Macht entwickelt, mit der man rechnen muß. Ihre touristischen Reize locken eine jedes Jahr steigende Flut von Gästen an, und mögen wir, die länger ansässige Gesellschaftsschicht, selbstzufrieden und erhaben in unseren Häusern auf den Vorbergen hinter Pendarla verächtlich die Nasen rümpfen und die Mundwinkel herunterziehen, so müssen wir doch zugeben, daß die entschlossene ‚Fremdenverkehrspolitik' der Regierung der Insel einen ungeahnten Aufschwung gebracht und unsere bis dahin recht wacklige Wirtschaft auf sicheren Grund gestellt hat.

Ebenso unvermeidlich hat diese Politik dem samolanischen Volkscharakter in jener Gegend beträchtlich geschadet. Das samolanische Volk ist arglos, umgänglich, freundlich, und trotz den wildesten Bemühungen der Missionare, den Samolanern ein erkleckliches Sündenbewußtsein einzuprägen, haben sie bis zum heutigen Tag an ihrer heiteren Unmoral festgehalten.

Diese angeborene Unmoral, an und für sich harmlos und mit keinerlei Lastern verbunden, ist jetzt, wie das wohl nur natürlich war, verderbt und kommerzialisiert. Vor der Ankunft vergnügungslustiger Millionäre beiderlei Geschlechts aus der ‚Tapferen Neuen Welt' wäre es dem durchschnittlichen Samolaner oder der durchschnittlichen Samolanerin nie eingefallen, seine oder ihre Reize in klingende Münze umzusetzen. Für die Samolaner ist die körperliche Befriedigung ebenso selbstverständlich, erfreulich und nebensächlich wie das Essen von Mangofrüchten. Die Missionare haben, wie schon erwähnt, ihr Bestes getan, um die Samolaner vom Gegenteil zu überzeugen, doch ohne den geringsten Erfolg; wo aber die christlichen Argumente versagten, da siegte, ironisch genug, der allmächtige Dollar, und heutzutage gibt es, an der Südküste wenigstens, kaum ein schlankes Zimmermädchen oder einen muskulösen Strandburschen, die nicht fröhlich bereit wären, für entsprechenden Lohn und zum Ruhm des Fremdenverkehrs das letzte Opfer zu bringen.

Ohne Zweifel ist das alles beklagenswert, und ich selber mißbillige es zutiefst, aber, wie gewöhnlich, aus den falschen Gründen. Die sexuellen Aspekte der Geschichte empören mich nicht annähernd so, wie sie es nach Robin tun sollten; mich jedoch erfüllt mit Bangigkeit, daß diese leichtherzigen, natürlichen und bisher völlig unschuldigen jungen Geschöpfe, die einst die Freuden, welche ihre Körper ihnen boten, ohne Frage, ohne Lüsternheit, ja ohne die Notwendigkeit einer Zurückhaltung hinnahmen, sich jetzt vorsichtig und berechnend zeigen und, wahrscheinlich unbewußt, verzerrtere und im geheimen verdorbenere Maßstäbe anlegen, als sie ihren Ahnen ursprünglich von den Missionaren angeboten wurden.

6

Am Morgen nach unserem Abendessen mit Bimbo und Lucy öffneten sich die Schleusen des Himmels, und der Regen fiel, als entleere ein irrsinniger himmlischer Unhold einen gigantischen Eimer. Robin und ich frühstückten wie gewöhnlich auf der Veranda, doch obgleich sie ein solides und breites Vordach besitzt, mußten wir den Tisch bis an die Hausmauer rücken und alle Matten zurückschlagen.

Nanny erschien mit den Kindern, die übermütig waren und ihre Regenmäntel anhatten. Auch Nanny trug einen Regenmantel mit einer Kapuze, die ihr wie eine Qualle über den Rücken hing; sie sah verdrossen und schicksalsergeben drein.

„Dieser Regen", sagte sie düster und schnalzte leise mit der Zunge, worauf Robin nur stöhnte und mit den Seiten des ‚Reaper' raschelte.

„So was! Und noch dazu um diese Jahreszeit und ohne die leiseste Warnung durch das Radio! Ich weiß wirklich nicht, was ich anfange, wenn der Scheibenwischer wieder versagen sollte."

„Er sollte nicht", meinte ich. „Cummings hat ihn erst vorige Woche repariert."

„Die Türe hat er auch nicht gut gerichtet, sie schließt noch immer nicht, und wenn man sie zuwirft, klemmt sie und man kann sie nicht mehr aufmachen."

„Daran", sagte Robin, „tragen ausschließlich die britischen

Handwerker die Schuld", und ich hörte seinem Ton an, daß er Nanny hochnehmen wollte. „In der guten alten Zeit beherrschten die englischen Autos die Welt; die amerikanischen Millionäre überpurzelten sich, um Bentleys und Rolls Royces und Talbots und Armstrong-Siddeleys zu kaufen und –"

„Unseren nicht", unterbrach ich. „Kein amerikanischer Millionär ist jemals über irgend etwas gepurzelt, um einen Wagen zu kaufen wie unseren."

„Es hängt an der Fünftagewoche", fuhr Robin fort. „Die Fünftagewoche untergräbt unser Ansehen im Ausland und unsere Redlichkeit daheim. Kannst du dir vorstellen, was die erste Königin Elizabeth zur Fünftagewoche gesagt hätte?"

„ ‚Potz Blitz' vermutlich oder ‚Ich bin Harrys Tochter'", meinte ich. „Das pflegte sie sehr häufig zu sagen."

Robin senkte den ‚Reaper' und musterte Nanny finster. „Wir haben unser Erstgeburtsrecht verschachert", sagte er anklagend. „Wir haben unsere Nachkommenschaft betrogen. Wir haben auch, dank schwachherziger Politiker und kraftloser Gewerkschaften, unsere nationale Gabe der Improvisation eingebüßt."

„Ihrer bedarf man in hohem Maße, wenn man aus unserem Wagen steigen will und die Türe klemmt."

„Der Scheibenwischer macht mir vor allem Sorge", erklärte Nanny. „Wenn er bei diesem Regenguß versagt, dann weiß ich wirklich nicht, was anfangen. Das letzte Mal passierte es, als ich die Kinder vom Pfadfindertreffen zurückbrachte. Wir steckten gerade auf dem schlimmsten Stück der Paiana Road, und der Regen fiel so dicht, daß ich die Hand nicht vor den Augen sehen konnte."

„Wozu hätten Sie die Hand vor den Augen sehen wollen?"

„Es ist leicht, Witze zu machen, Mr. Craigie", sagte Nanny scharf, „aber bei diesem strömenden Regen mit einem nicht funktionierenden Scheibenwischer über die gräßlichen Straßen zu fahren, wo der Verkehr in alle Richtungen fließt, ist furchtbar gefährlich; ja, das ist es wirklich. Es geht mir ja nicht um mich, sondern nur um die Kinder. Schließlich bin ich doch verantwortlich für sie, nicht wahr?"

„Unbedingt", bemerkte Robin heiter. „Wenn ihnen auch nur ein Haar auf ihren gottlosen kleinen Köpfen gekrümmt wird, schleppe ich Sie vor Gericht!"

„Ich hab' keinen gottlosen Kopf, Daddy", sagte Simon.

„Doch, bestimmt. Und das ist durch die Beule auf deiner Stirne eindeutig bewiesen!"

„Ich hab' keine Beule auf der Stirn", warf Cokey ein. „Und Janet auch nicht."

„Los, Nanny", sagte ich. „Probieren Sie den Scheibenwischer aus, bevor Sie fahren, und wenn er nicht funktioniert, bringe ich die Kinder mit dem Kombiwagen in die Schule."

„Hoffentlich funktioniert er nicht!" rief Simon. „Ich möchte mit Mummy im Kombiwagen fahren!"

„Sei still, Simon, und sag anständig auf Wiedersehen!" drängte Nanny energisch.

Simon lachte laut und begann über die Veranda zu hopsen. So heftig er konnte, brüllte er: „Anständig auf Wiedersehen!" Und dann hopsten auch Janet und Cokey auf und ab und schrien: „Anständig auf Wiedersehen!" und tobten, bis es Nanny gelang, die drei Kinder zu erwischen und fortzuführen.

Mit einem Knurren wandte Robin sich wieder dem ‚Reaper' zu, während ich mir noch eine Tasse Kaffee einschenkte und besorgt lauschte, ob der Wagen sich endlich in Bewegung setzen würde. Nach einer Weile tat er es, und ich sah, wie er sich langsam seinen Weg über die Zufahrt erkämpfte und die Regentropfen gleich Glasperlen von seinem Dach sprangen.

„Du darfst Nanny nicht vor den Kindern lächerlich machen, Robin; das untergräbt ihre Autorität und bringt sie in eine ungünstige Lage."

„Nanny ist in einer ungünstigen Lage auf die Welt gekommen." Robin sah nicht auf. „Das bißchen nicht sehr bemerkenswerte Persönlichkeit, das sie besitzt, reizt geradezu zum Spott."

„Ja, schon, aber es ist unfair, die Kinder merken zu lassen, daß du dich über Nanny lustig machst. Wir bezahlen sie, damit sie sich um die Kinder kümmert und sie ordentlich erzieht, und alles in allem erfüllt sie ihre Pflichten sehr gut."

„Schön, schön, aber ich glaube noch immer, daß sie bei einem netten samolanischen Mädchen besser aufgehoben wären, das nicht in einem Regenmantel aus Plastik daherstolziert und ihnen die Köpfe mit abgestandenen Platitüden füllt."

„Das nette samolanische Mädchen ließe sie von früh bis abend treiben, was sie wollen, und besäße gar keine Autorität. Nanny geht, auch in einem Plastikregenmantel, doch leidlich energisch mit ihnen um, und sie haben Respekt vor ihr."

„Respekt genügt nicht. Sie sollten sie vergöttern; alle Kinder vergöttern ihre Kindermädchen, laufen mit ihren kleinen Schmerzen zu ihnen, klettern ihnen auf den Schoß und lassen sich von ihnen in den Schlaf wiegen. Wenn eines von unseren Kindern dieser eckigen Null auf den Schoß kletterte, würde es sich nur weh tun."

„Deine Auffassung von den Pflichten eines Kindermädchens ist mehr romantisch als sachlich", erwiderte ich mit einer gewissen Strenge. „Jedenfalls halte ich es für sinnlos, daß unsere Kinder beständig in den Schlaf gewiegt werden, und wenn sie plötzlich das Bedürfnis fühlen, ihre kleinen Schmerzen abzuladen, steht es ihnen jederzeit vollkommen frei, mir auf den Schoß zu klettern oder auch dir, obgleich ich wenig geneigt wäre, das als alltäglichen Zeitvertreib einzuführen."

„Und das beweist nur, was ich längst geargwöhnt habe." Robin stand auf und streckte sich. „Daß bei dir ein beklagenswerter Mangel an zärtlichen Mutterinstinkten vorliegt." Er reichte mir den ‚Reaper', küßte mich leicht auf die Stirn und ging ins Haus.

Ich warf einen Blick auf die erste Seite des ‚Reaper' und erfuhr ohne tiefere Gemütsbewegung, daß die Genfer Friedenskonferenz in eine Sackgasse geraten war, daß der Premierminister im Unterhaus erklärt hatte, die Lage im Nahen Osten habe sich zwar in den letzten Tagen rapid verschlechtert, dennoch seien Gründe vorhanden, die Hoffnung auf eine freundliche Regelung erlaubten; daß das Auswärtige Amt in einer offiziellen Mitteilung bekanntgegeben hatte, mit den fragwürdigen Tätigkeiten eines seiner früheren Attachés in Kopenhagen habe es nicht das geringste zu schaffen; daß der Erzbischof von Canterbury durch eine Erkältung mit Fieber ans Bett gefesselt sei, daß Seine Exzellenz, der Gouverneur, der Eröffnung einer neuen Filiale der Barclay-Bank in Pendarla beigewohnt habe, daß Mr. Aneurin Bevan in Llandudno eine heftige Rede vom Stapel gelassen habe, worin er die Tory-Regierung als ‚Blutsauger' bezeichnete, daß der Präsident der Vereinigten Staaten gesagt habe, alles, was man in Indonesien brauche, sei eine feste Hand, und daß eine bejahrte Dame vor dem Königlich Samolanischen Institut vom Fahrrad gefallen und mit einer leichten Gehirnerschütterung in das Kineua-Krankenhaus gebracht worden sei.

Der Regen plätscherte unablässig und eintönig herab, und ich schaute zerstreut in die Ferne, während Eulalia sich träge herein- und hinausschlängelte und das Frühstücksgeschirr abräumte.

Der Widerspruch des menschlichen Strebens gibt mir stets von neuem zu denken. In diesem Augenblick, bedachte ich, sind auf der ganzen Erde Millionen Menschen bienenfleißig, um ein Mittel gegen Krebs, ein Serum gegen diese und jene Krankheit oder eine wunderbare Droge zu entdecken, die den Schmerz erleichtert und den Menschen in einen Traumzustand versenkt, ohne daß dabei eines seiner komplizierten Gewebe dauernden Schaden erlitte, während in demselben Augenblick Millionen anderer Menschen die kompliziertesten neuen Sprengstoffe ersinnen, um sämtliche Mittel gegen Krebs, sämtliche Seren und wunderbaren Drogen in die Luft zu jagen. Da herrschte Spannung im Nahen Osten, Spannung in Indonesien, noch größere Spannung in Südafrika, und in England drohte ein Streik der Dockarbeiter. Millionen Menschen warfen sich in buddhistischen Tempeln zu Boden, klagten in Moscheen, knieten in protestantischen Kirchen, knicksten in katholischen Domen, und sie alle flehten um Erlösung, um ihr persönliches Glück, um ein fest zugesichertes Leben nach dem Tode, um Sieg im Kriege und um Verderben für ihre derzeitigen Feinde, die wahrscheinlich noch vor wenigen Jahren ihre tapferen Verbündeten gewesen waren. Und die Kinder, die in früheren, hoffnungsvolleren Zeiten das grüne Märchenbuch, das rote Märchenbuch, Andersen, Grimm, Karl May und die Werke von Mrs. von Rhoden gelesen hatten, beschäftigten sich jetzt ausschließlich mit Zukunftsromanen und Reisen in zylindrischen Raumschiffen zu fernen Gestirnen, wo sie seltsam gestaltete Geschöpfe mit Sturzhelmen antreffen, Geschöpfe mit kriegerischen Absichten und einer unbegrenzten Begabung für künstliche Bewässerung.

Mußten diese Kinderhirne mit ihren zahllosen kleinen Zellen, die sich weiten und zusammenziehen und vervielfachen, wie das Zellen angeblich tun, durch solche Mengen mechanisierter, unfruchtbarer Romantik nicht verzerrt und verdummt werden? Wovon, im Namen des Himmels oder der Hölle oder Gottes oder des Teufels oder Krishnas, Buddhas, Mohammeds oder der Heiligen Dreieinigkeit, würden diese Kinder träumen, sobald sie heranwuchsen und an der Kette rissen, um sich ins Leben zu stürzen?

Da sie die reizvolleren Träume, die Feen, Nixen, Zwerge und verzauberten Wälder, verdrängten oder überhaupt nicht kennenlernten, da sie in den empfänglichen Entwicklungsjahren mit den neuen, zackigen Phantasien vollgestopft wurden, anstatt mit den alten sentimentalen Märchen – in welche unerquickliche Form werden sie die glühende Welt pressen? Dieser Gedanke kann einen ernüchtern, dieser Gedanke bedrückt und erschüttert derart, daß er einen krachend zu Boden wirft, daß er die Schlösser im Mond einreißt und die törichten Elfenbeintürme umstößt und einen ungeschützt dem rauhen Wetter und dem wilden Sturm aussetzt. Und doch ist dieser Gedanke vermutlich älter als die ältesten Berge und hat seit Urzeiten die Herzen aller Mütter in mittleren Jahren getroffen. Mutter zu sein, bedeutet vom ersten bis zum letzten Augenblick eine ständige Aufregung, man mag es betrachten, wie man will, ob jung, ob alt oder in den besten Jahren, die arme Mama steckt von der ersten Stunde an in der Patsche. Sieht man geschwind von den wohlbekannten Tröstungen ab – den trippelnden Füßchen, den molligen Ärmchen, die sich einem liebevoll um den Hals schlingen: o Stolz, o Herrlichkeit –, so bleibt immer die Kehrseite der

Medaille, die dunkle Seite, wo, berechtigt oder sinnlos, die Angst wächst und wie Unkraut gedeiht. Die Angst vor Unglücksfällen, vor hohem Fieber, vor jähem Tod, die Angst auch vor fremder Liebe, die das junge Herz wegstiehlt und es gegen die Familienbindung aufhetzt, und diese Angst ist natürlich schlimm, weil sie gewöhnlich bloß im Unterbewußtsein existiert, wo sie an der Lebenskraft zehrt und sich in greulicher Bosheit zu einem tragikomischen Ungeheuer aufbläht, dem ewigen Ziel des Spottes, zu der Schwiegermutter.

Ich weiß jetzt so gut wie damals, als ich in den Regen starrte, der auf die Kokospalmen niederprasselte, daß unausweichlich der Tag kommt, da ich als Schwiegermutter mühsam, ach, so mühsam versuchen werde, taktvoll, verständnisvoll zu sein und nützliche Ratschläge hinunterzuschlucken; da ich mit noch größerer Anstrengung versuchen werde, vor mir selber und vor aller Welt zu behaupten, die Hochzeit sei *reizend*, die Braut ein Engel und *so vernünftig*, und ich könne nur *erleichtert* mein Glück preisen, daß Simon ein Mädchen liebe, das in jeder Beziehung so außerordentlich gut zu ihm passe. Und die ganze Zeit über, hinter und unter meiner geschickten Heuchelei, wird mein Herz in seinen tiefsten Tiefen krank sein vor Haß und Eifersucht, und ein einziger Wunsch wird in mir brennen – mich auf den ‚so vernünftigen Engel' zu stürzen, ihm den Schleier herunterzureißen und sein albernes, süß lächelndes Gesicht zu ohrfeigen.

Von meinen Gedanken und dem Trommeln des Regens bedrückt, schlenderte ich ziellos auf die hintere Veranda, wo ein wüstes Durcheinander herrschte, denn alle Möbel hatte man an der Rückwand aufgestapelt. In einer Ecke war das Dach undicht, und Tahali hatte dort einen Eimer hingestellt, um die Tropfen aufzufangen, die in Abständen von wenigen Sekunden mit einem scharfen „Kling" niederklatschten.

Robin fuhr mit dem Jeep fort, nahm Jock mit und raubte mir auf diese Art die Gelegenheit zu dem vertraulichen Gespräch, das ich wegen des Gartens mit Jock führen wollte. Ich verbrachte meine übliche Viertelstunde in der Küche bei Clementine, die wieder einmal ihre Weltuntergangsstimmung hatte und jeden Vorschlag von mir mit dem Ausdruck schmerzlicher Ergebung hinnahm. Da ich nicht die Kraft aufbrachte, ihre Laune zu bessern, erteilte ich ihr ein paar unbestimmte Anweisungen und ließ sie stehen; sie lehnte am Ausguß und rollte düster die Augen, als hätte sie sich hinter den letzten Wall ihrer moralischen Festung zurückgezogen und wüßte, erhaben über jeden Schatten eines Zweifels, daß alle, und auch die letzte Hoffnung gestorben sei.

Gegen elf Uhr hörte der Regen jäh auf, die Wolken rollten über die Hügel ins Gebirge zurück, und die Sonne brach hervor und ließ die Pareandablätter glitzern wie grüne Pailletten. Tahali und Eulalia tauchten auf, rückten die Möbel auf der Veranda, wohin sie gehörten, schafften den Eimer fort, und der Kater Westinghouse erwischte, ehe ich es verhindern konnte, eine Eidechse. Westinghouse ist zauberhaft schön, hochmütig und ein reinblütiger Mörder, aber so dankbar ich ihm bin, daß er das Rattenproblem souverän löst, ich könnte ihn halbtotschlagen, wenn ich ihn dabei erwische, wie er diese armen, unglücklichen kleinen Eidechsen zerkaut. Ich weiß, daß das nun einmal der Befehl der Natur und das Gesetz des Dschungels und dergleichen mehr ist, und daß er nur seinen Instinkten gehorcht, daß kein Gedanke ihn belästigt und man ihm daher keinen Vorwurf machen kann wie Torquemada und Caligula und einer ganzen Reihe anderer menschlicher Wesen, die es besser hätten wissen sollen. Ich weiß auch, daß es zwecklos ist, ihn zu schlagen oder ihm mit der Zeitung eins hinter die Ohren zu geben, denn ich kämpfe da gegen Kräfte, die sich meiner Herrschaft entziehen, und mein jäher, ihm ganz unverständlicher Wutanfall würde das Tier nur verwirren und in Zukunft vielleicht sogar davon abschrecken, die Ratten zu töten. Das sind natürlich Robins Argumente, und obgleich ich ihre Logik anerkenne, spüre ich im tiefsten Herzen, daß nichts jemals Westinghouse vom Morden abhalten kann. Er ist der geborene Killer und ist stolz darauf. Diesmal schlug ich wie gewöhnlich mit dem ‚Reaper' nach ihm, und wie gewöhnlich wich er mir aus und verzog sich, die Eidechse zappelnd und zuckend zwischen den Fängen, über die Stufen in den Garten.

Ich hatte es mir bequem gemacht und war gerade im Begriff, einen längeren, brieflichen Schwatz mit meiner Mutter zu beginnen, als ich ein Auto vorfahren hörte. Mein Herz sank wie ein Stein, denn ich hasse und verabscheue Morgenbesuche, doch es hob sich wieder, als Tahali Bunny Colville auf die Veranda führte. Bunny Colville gehört zu jenen Menschen, über deren Anblick man sich unter fast allen Umständen freut, ob man will oder nicht. Er ist hochgewachsen und dunkel und an den Schläfen leicht ergraut; seine Manieren sind bezaubernd und Lebenslust strömt geradezu von ihm aus. Er ist heiter, faul, liederlich und hat, seiner skrupellosen Liebeleien wegen, einen ganz entsetzlich schlechten Ruf. Er besitzt von Haus aus Vermögen und erbte, als er nach seinen geheimnisvollen Kriegsabenteuern wieder zum Vorschein kam, von einem entfernten Onkel eine Zuckerplantage am südlichen Ende der Paiana-Bay.

Als er vor zehn Jahren zum erstenmal hier auftauchte, hatte er vom Pflanzen und Züchten nicht den leisesten Schimmer und nie zuvor in seinem ganzen Leben Zuckerrohr gesehen. In der Zwischenzeit sammelte er genug Erfahrungen, um einen tüchtigen Aufseher zu bezahlen, und damit hat es sich. Er baute sich ein zugiges, ungemütliches Haus am Saum seiner Pflanzung und verbringt dort jedes Jahr zwei oder drei Monate, um die ganze Zeit mit grünen Gummiflossen an den Füßen, einem Tauchgerät und einer Harpune auf Tiefseejagd zu gehen. Eine Anzahl verschiedener Freundinnen löst sich in seinem Haus ab, die bei ihm wohnen, manchmal von einer Anstandsdame begleitet, manchmal auch nicht. Wenn diese Freundinnen sich für Barracudas, Korallen, Kugelfische und andere Wunder der Tiefe interessieren, um so besser für sie. Tun sie es nicht, sondern ziehen sie geselligere Genüsse vor, haben sie eben Pech gehabt und, beiläufig bemerkt, wir auch, denn Bunny lädt sie, mit fröhlicher Unbekümmertheit, auf uns ab und kehrt leichten Herzens zu seinem Riff zurück. Wir hatten bisher schon eine recht gemischte Gesellschaft beisammen. Ein Filmstarlet mit mächtigem Busen und einer winzig kleinen, höchst energischen Mutter; eine Dichterin mit irren, weit auseinanderliegenden Augen und dem Haarschnitt eines Gassenjungen; eine zähe, von der Sonne ausgemergelte Journalistin aus Kalifornien, die besser tauchte als Bunny, wie ein Fisch schwamm und großen Erfolg hatte, bis sie sich an den Korallen eine Kratzwunde zuzog, die zu einer Blutvergiftung führte, so daß sie mitten in der Nacht quer durch die Insel gefahren und ins Krankenhaus von Pendarla eingeliefert werden mußte, wo sie wochenlang in einem höchst kritischen Zustand lag. Dann gab es die arme Carola James, die, eben frisch geschieden, in der trügerischen Hoffnung zu Bunny herübergeflogen war, er werde sie heiraten und den Rest ihres Lebens verhätscheln. Tatsächlich hätschelte er sie genau zweieinhalb Wochen, wonach sie, einigermaßen verbittert und mit Moskitostichen bedeckt, nach London in das Haus ihrer Schwester am Ovington Square zurückkehrte.

Zwischen diesen unter ungünstigen Sternen begonnenen Romanzen hatte er es fertiggebracht, auch einige lokale Beziehungen zu unterhalten, die, an sich bedeutungslos, wohl ein gewisses Ausmaß an Klatsch, soweit es aber uns betraf, weit weniger Schererein verursachten als die Importen.

In letzter Zeit allerdings hatte seine gewohnte Unbekümmertheit einen argen Stoß erlitten, und zwar in Gestalt von Eloise Fowey, der er ganz zufällig beim Rennen in Doncaster auf der Tribüne begegnet war, und in die er sich Hals über Kopf verliebte. Eloise Fox-Barron hatte, bevor sie den armen Droopy heiratete und dadurch Herzogin von Fowey wurde, kurze Zeit mit Sandra im Transport-Korps gedient. Niederschmetternd lieblich und erschütternd dumm, war sie erst kürzlich gefeiertste Debütantin des Jahres gewesen. Doch dumm oder nicht – wir mußten zugeben, daß ihre Wirkung auf jeden Mann, dem sie begegnete, unmittelbar und verheerend war. Sie hatte keinen Verstand, kein Talent, keinerlei Konzentrationsfähigkeit und nur eine sehr schwache Spur von Schulmädchenhumor; was sie aber in höchstem Überfluß besaß, waren alle jene chemischen Elemente, die zusammen einen mühelosen, hundertprozentigen

Sex-Appeal ausmachen. Sandra und ich versuchten immer wieder, uns dieses Phänomen rational zu erklären, doch ohne Erfolg. Wir konnten leicht begreifen, daß sich Männer von ihrer äußeren Erscheinung betören ließen, denn sie war unbestreitbar schön; was wir aber nicht begreifen konnten, war, daß die Männer ihre Gesellschaft länger als wenige Stunden heiter zu ertragen vermochten. Ungemein liebenswürdig und umgänglich, war sie in Wirklichkeit eine so unsäglich dumme Gans, daß wir annahmen, kein leidlich intelligenter Mann, mochte das physische Verlangen ihn noch so verblendet haben, würde ihr auch nur guten Morgen sagen wollen, nachdem seine Begierde einmal befriedigt war. Doch, so verblüffend es klingt, sie taten es. Sie wollten heiraten, mit ihr leben, ihr das eigene Leben zu Füßen legen. Ihnen jagte die Vorstellung einer Zukunft an ihrer Seite keine Furcht ein; im Gegenteil, sie sahen diese Zukunft in seligem Glanz vor sich erstrahlen, und als Eloise im Mai 1946 ihre Verlobung mit Desmond Fowey anzeigte, der den nicht gerade schmeichelhaften Spitznamen Droopy oder ‚das schmachtende Pflänzchen' trug, da krachten und barsten viele eichenstarke Herzen von einem bis zum anderen Ende des Landes.

Daß Bunny, der liebe Bunny, der skrupellose, egoistische, hartgesottene Junggeselle sich von einem so unverkennbaren Köder hatte anlocken lassen, war tatsächlich, wenn es stimmte, eine grausame Ironie, und der Klatsch behauptete, daß gar kein Zweifel daran sein könne. Er war vernarrt in sie, und sie war vernarrt in ihn, und ganz London merkte es, mit Ausnahme des unglückseligen Droopy.

Bunny schwang sich auf das Geländer der Veranda und ließ die eleganten Beine baumeln. Er trug blaue Leinenhosen, rote Leinensandalen und ein grellbuntes Sporthemd mit einem Muster aus Ananas, Palmen und Hula-Tänzerinnen in Baströckchen.

„Das", sagte ich, „ist eines der häßlichsten Hemden, die ich je gesehen habe."

„Ja, nicht wahr?" erwiderte er heiter. „Ich habe es auf dem

Flughafen in Honolulu gekauft, weil die Stewardeß gerade eine Tasse Kaffee über mich geleert hatte."

„Warum verschenkst du's nicht?"

„Das habe ich versucht, aber kein Mensch will es haben. Sogar mein Gärtnerbursche hat es zurückgewiesen."

„Schick es der Prinzessin für ihren nächsten Basar. Sie könnte darum herum einen ganzen Stand aufbauen."

„Wenn ich das tu, dann schreibt sie mir und bedankt sich und lädt mich zum Tee ein, und wenn ich zum Tee bei ihr bin, erzählt der Admiral mir seine Begegnung mit Lord Jellicoe im ersten Weltkrieg, und wenn der Admiral mir noch ein einziges Mal seine Begegnung mit Lord Jellicoe im ersten Weltkrieg erzählt, hänge ich mich auf."

„Willst du einen Drink?"

„Er ist schon unterwegs", sagte Bunny. „Ich habe Tahali gebeten, mir einen kräftigen Horse's Neck zu mixen. Und für dich habe ich auch einen bestellt."

„Das war sehr aufmerksam von dir, aber am frühen Vormittag trinke ich nicht gern. Ich fühle mich dann den ganzen Tag miserabel."

„Unsinn! Ein Horse's Neck paßt haarscharf für den Vormittag. Er wird dich kräftigen und dein Gemüt beschwichtigen, und so sollst du sein: gekräftigt und beschwichtigt, denn ich habe dir etwas sehr Wichtiges mitzuteilen."

„Sag nichts –", ich machte es mir in unserem alten Liegestuhl bequem. „Laß mich raten."

„Es ist strengstes Geheimnis. Und du mußt wirklich schwören, daß du keiner lebenden Seele auch nur ein Wort verrätst. Zum mindesten jetzt noch nicht."

„Und daß ich bis zur offiziellen Bekanntgabe warte. Stimmt's?"

„Offizielle Bekanntgabe?" Bunny blickte verdutzt auf, doch in diesem Augenblick erschien Tahali mit den Horse's Necks auf einem Tablett, das er auf den Tisch stellte.

„Sie sehen sehr dunkel aus, Tahali. Hast du überhaupt Ginger-Ale hineingetan?"

Tahali grinste. „Der Kommodore sagten, er wollen ein Getränk von großer Stärke. So ich haben vor allem Brandy hineingetan und ein wenig Limonensaft. Aber da sein Ginger-Ale mit dem Öffner, alles bereit, und ich werden Brötchen mit Nußbutter machen, wenn Herrin wünschen."

„Nein danke, Tahali", sagte ich. „Herrin wünscht keine Brötchen mit Nußbutter, weder jetzt noch sonst, und das weißt du ganz genau."

„Der Herr haben Brötchen mit Nußbutter schrecklich gern", antwortete Tahali. „Und Miss Nanny haben auch gern. Ich ihr immer zurechtmachen, wenn sie Kinder zu Picknick führen."

Er sah mich vorwurfsvoll an, dann verbeugte er sich und verschwand.

„Du hast seine Gefühle verletzt", sagte Bunny. „Du untergräbst nach und nach die Initiative des Burschen. Bald wird er nichts mehr sein als ein speichelleckender Sklave."

„Sei nicht so albern! Und jetzt heraus mit dem Geheimnis!"

„Was hast du vorhin mit der offiziellen Bekanntgabe gemeint?"

„Nichts." Ich reichte ihm sein Glas. „Es ist mir nur so herausgeschlüpft. Verrat mir dein großes Geheimnis, und ich verspreche dir, daß ich mich benehmen werde, wie sich's gehört. Ich habe wirklich große Erfahrung darin."

„Erfahrung worin?"

„Im Heucheln. Robin nannte mich erst gestern abend auf dem Weg zu Chalmers' eine Lügnerin und Heuchlerin und kriecherische Verleumderin. Und das alles, weil ich genau das tat, was ich jetzt tue."

„Und was, zum Teufel, ist das?" Bunny sah mich verblüfft an.

„Zu tun, als wüßte ich etwas nicht, das ich sehr wohl weiß, um dich nicht zu enttäuschen und dir den Spaß nicht zu verderben."

„Das ist eine sehr seltsame Unterhaltung." Bunny trank einen Schluck. „Glaubst du nicht, daß wir lieber zurückspulen und mit dem Anfang anfangen sollten?"

„Ja, selbstverständlich. Du hast gesagt, daß du mir etwas Wichtiges mitteilen willst."

„Richtig."

„Dann hast du gesagt, ich solle es keiner lebenden Seele verraten; zum mindesten jetzt noch nicht."

„Richtig."

„Und dann habe ich gesagt: ‚Bis zur offiziellen Bekanntgabe, stimmt's', und dann kam Tahali mit den Gläsern."

„Meinst du etwa, du *weißt*, was ich dir mitteilen will?"

„Bunny, ich fürchte, ja", sagte ich sanft. „Und so geht es einer ganzen Menge anderer Leute."

„Ausgeschlossen." Bunny war sichtlich beunruhigt. „Ich selber weiß es ja erst seit heute morgen."

„Dies ist eine kleine Insel, mein lieber Bunny. Ein winziges Juwel in der Krone Ihrer Majestät. Hier kann kein Geheimnis länger als wenige Stunden ein Geheimnis bleiben."

„Wer hat es dir gesagt?"

„Zuerst Sandra. Auch sie ließ mich tiefste Verschwiegenheit schwören."

„Sandra!" Bunny schlug sich kräftig auf das Knie. „Das erklärt vieles. Ihr habt doch miteinander im Transport-Korps gedient, nicht wahr?"

„Gewiß. Wir haben Viererreihen gebildet und rechtsum gemacht und sind eine Ewigkeit lang um den Lowndes Square gestapft, und ich fiel eines Tages hin, als wir an den leckeren Auslagen von Derry & Toms vorübermarschierten."

„Wann hat sie's dir gesagt?"

„Gestern nachmittag. Sie war ziemlich außer sich deswegen."

„Du meinst, daß sie aufgeregt war?"

„Nicht gerade aufgeregt; aber von bösen Ahnungen erfüllt."

„O Gott!" Bunny stöhnte.

„Sie sagte, es werde wahrscheinlich damit enden, daß man sie in einer Zwangsjacke fortschaffen müsse."

„Ich sehe nicht recht ein, warum sie sich die Sache so zu Herzen nimmt. Schließlich geht es sie doch gar nichts an. Sie muß sie höchstens ein- oder zweimal sehen; das ist mehr eine Sache der offiziellen Höflichkeit."

„Sie wird sie drei Tage und Nächte in der Residenz haben!"

„Was für ein Unsinn! Sie braucht überhaupt nicht in der Residenz zu wohnen. Und deswegen, meine liebe Grizel, bin ich zu dir gekommen. Du siehst selber, daß sie unmöglich bei mir wohnen kann. Nicht wahr?"

„Bist du vollkommen irrsinnig geworden?"

Bunny stellte das Glas neben sich auf das Geländer, verdrehte die Augen, beugte sich vor und starrte mich besorgt an. „Von wem reden wir eigentlich, deiner Meinung nach?"

„Von der Königin natürlich! Mir ist, als hätte ich in den letzten vierundzwanzig Stunden von keinem andern Menschen geredet."

„Die Königin! Ach, du lieber Gott!" Bunny begann schallend zu lachen.

„Willst du vielleicht behaupten, du hättest nicht gewußt, daß die Königin und Prinz Philip hierher auf die Insel kommen? Und daß das nicht dieses tiefste Geheimnis ist, um das du die ganze Zeit herumredest?"

„Natürlich ist es das nicht. Ich habe von Eloise gesprochen."

„Meinst du damit, daß sie auch kommt?"

„Sie kommt nicht *auch,* sie kommt ganz einfach. Sie kommt morgen in vierzehn Tagen."

„Ach, Bunny! Du bist wirklich unverbesserlich!" Ich stand auf und holte die Zigarettenschachtel vom Tisch. „Mit wem kommt sie?"

„Mit niemandem. Das ist es gerade. Sie fliegt ganz allein."

„Nicht einmal Eloise kann so töricht sein!"

„Was ist daran töricht?" Bunny wehrte sich. „Du kennst die Situation ganz genau. Sie hält es ebensowenig aus, von mir getrennt zu sein, wie ich es aushalte, von ihr getrennt zu sein."

„Sie ist nicht nur eine englische Herzogin", sagte ich gereizt. „Sie genießt überdies viel zuviel Publicity, und zudem verführt sie ausnahmslos jeden und bringt Unheil, wo sie geht und steht. Kannst du dir die Wirkung auf unserer Insel vorstellen, wenn sie ohne Begleitung hier ansegelt und in deinem gräßlichen kleinen Strandhaus mit dir in Sünde lebt?"

„Es ist viel weniger gräßlich als bei deinem letzten Besuch",

sagte Bunny friedfertig. „Ich habe das große Zimmer frisch streichen und alle Möbel neu beziehen lassen."
„Das gehört nicht hierher, und das weißt du ganz genau."
„Natürlich weiß ich das, Grizel. Das ist auch der Grund, weshalb ich heute früh bei dir hereingeschneit komme. Du bist eine alte liebe Freundin und einer der wenigen Menschen, auf die ich mich wirklich verlassen kann. Ich weiß so gut wie du, daß wir schrecklich diskret sein müssen. Ich weiß so gut wie du, daß sie unmöglich offiziell mit mir in meinem gräßlichen kleinen Strandhaus oder sonstwo wohnen kann. Aber sie muß doch irgendwo offiziell wohnen. Stimmt's?"
„Sie hat überhaupt nicht herzukommen. Es ist völliger Wahnsinn."
Bunny sprang vom Geländer und begann niedergeschlagen auf der Veranda hin und her zu gehen. Ich zündete mir eine Zigarette an und bereitete mich auf das vor, was jetzt kommen mußte. Bunny schwang sich auf die Hollywoodschaukel, die mit lautem Quietschen protestierte.
„Du magst Eloise nicht sonderlich, was?"
„Es ist weniger, daß ich sie nicht leiden mag, wir haben einfach nicht sehr viel gemeinsam."
„Sie hält große Stücke auf dich, wirklich. Sie sagt immer wieder, wie großartig du beim Transport-Korps und wie nett du zu ihr gewesen bist."
„Dann muß sie ein goldenes Herz haben", meinte ich. „Und überdies ein sehr unzuverlässiges Gedächtnis."
„Sie sagte, du hättest ihr geholfen und sie ermutigt und einige dutzendmal vor Unannehmlichkeiten bewahrt."
„Ich habe auch mein Äußerstes getan, damit sie zu einer andern Einheit versetzt wurde, weil sie mich völlig verrückt gemacht hat. Und jetzt hör zu, Bunny" – ich setzte mich wild entschlossen auf und sah ihm fest ins Auge – „spiel keine Komödie, komm zur Sache und vergeude keine Zeit mit dem Versuch, mich davon zu überzeugen, daß Eloise große Stücke auf mich hält und daß ich eine Art Schutzengel gewesen bin, denn das alles ist einfach nicht wahr. Das ganze Jahr über denkt Eloise keine

Sekunde lang an mich, wir schicken uns nicht einmal Weihnachtskarten, und es gibt nur einen einzigen Grund dafür, daß ich wieder in ihrem Denken auftauchte: sie weiß, daß ich mit dir befreundet bin, daß ich hier auf der Insel lebe und daß ich ihr vielleicht von Nutzen sein könnte."

„Mein Gott!" sagte Bunny verdrossen. „Wie tückisch doch Frauen übereinander herfallen! Es ist tatsächlich erschreckend! Einfach erschreckend!"

„Reg dich nicht ungebührlich darüber auf. Es ist das Ergebnis jahrhundertelanger Unterdrückung in einer von Männern gemachten Welt."

„Wärst du ungefähr ein Jahrzehnt früher auf die Welt gekommen, hättest du zu jenen wilden Weibsleuten gehört, die sich an die Geländer banden und unschuldige Polizisten in die Hand bissen." Anklagend sah Bunny mich an.

„Sehr wahrscheinlich. Und ganz im Gegensatz zu Eloise. Glaube bloß nicht, daß ich den deutlichen Unterschied nicht sehe, den du im Geist zwischen uns machst."

„Ich mache gar keine Unterschiede im Geist. Ich hoffe nur noch immer, wider jede Vernunft, daß du verständnisvoll und gütig sein und mir in dieser verdammt schwierigen Lage helfen wirst."

„Darf ich darauf hinweisen, daß diese verdammt schwierige Lage allein durch deine eigene alberne Schuld entstanden ist?"

„Mag sein. Aber das macht sie nicht weniger verdammt schwierig. Ich kann doch nichts dagegen tun, wenn ich mich verliebe? Oder?"

„Du könntest sehr wohl, wenn du dich ein bißchen bemühen wolltest. Warum bleibst du nicht bei der Tiefseefischerei?"

„Jetzt machst du dich lustig über mich, und das ist gemein, du weißt doch, in welcher Verfassung ich bin."

„Du hast dich früher mit großartigem Erfolg nur der Tiefseefischerei gewidmet. Warum tust du's jetzt nicht und liebst Eloise, wenn du wieder nach England zurückkehrst? Sie wird warten, sie ist ja ziemlich sentimental veranlagt! Du kannst ihr ein paar Korallen und Muschelschalen mitbringen. Warum, um Himmels willen, bestellst du sie hierher und komplizierst die Dinge und beschwörst einen furchtbaren Skandal herauf?"

„Es muß überhaupt keinen Skandal geben, wenn du mir nur kameradschaftlich helfen würdest, statt Moralpredigten zu halten wie eine Diakonisse zur Zeit der Königin Victoria."

„Nehmen wir an, ich wäre wirklich kameradschaftlich, wie du das nennst, und hilfsbereit bis zum Wahnsinn. Worin würde mich diese hilfsbereite Kameradschaft hineinziehen?"

Bunny ließ plötzlich ein Lächeln sehen, in dem sich flehentliche Bitte und berechneter Charme prachtvoll mischten. „Der Schnee schmilzt", stellte er fest.

„Hübsch gesagt, mein Lieber, aber keine Antwort auf meine Frage."

„Der Augenblick ist gekommen, da –", er hielt inne, ließ das Lächeln erlöschen, und ein Ausdruck so offenkundig erheuchelter Zerknirschtheit trat auf seine Züge, daß ich mich auf die Lippen beißen mußte, um nicht zu lachen. „Der Augenblick ist gekommen, da ich reuig und ohne Umschweife beichten muß, was ich dir von Anfang an gestehen wollte, bevor wir in dieses törichte Gerede über die Königin gerieten."

„Was hast du angestellt?" fragte ich grimmig.

„Ich habe Eloise vor vierzehn Tagen geschrieben, sie solle Droopy und all ihren Bekannten sagen, daß sie hierher fliege und dich besuchen wolle."

„Bunny!"

„Diesem Brief habe ich ein Telegramm folgen lassen, worin ich sie in deinem Namen ungemein liebevoll aufforderte, ein paar Wochen bei dir zu verbringen. Das Kabel schloß: Herzliche Grüße Deine alte Freundin Grizelda."

In eisigem Entsetzen sah ich ihn an. „Wie konntest du das tun – ohne mich auch nur zu fragen? Das verzeihe ich dir nie!"

„Ich wollte dich fragen – ehrlich – und dann habe ich es mir anders überlegt."

„So?" Meine Stimme zitterte vor Wut. „Du hast es dir anders überlegt!"

„Wenn du in diesem Stadium ‚nein' gesagt hättest", erklärte

er sachlich, "wäre der ganze Plan gescheitert und ich in der Tinte gesessen."

"Ich sage jetzt ,nein', und du *sitzt* in der Tinte."

"Grizel!"

"Das ist das verantwortungsloseste Husarenstück, von dem ich je gehört habe. Du solltest dich schämen!"

"Ich schäme mich ja auch zutiefst. Sieh mich nur an."

"Ich sehe dich nicht an, und ich rede auch nie wieder mit dir. Geh jetzt bitte!"

"Ich bin mit meinem Horse's Neck noch nicht fertig."

"Zum Teufel mit deinem Horse's Neck, und bilde dir bloß nicht ein, daß du dir mit Witzen und Späßen heraushilfst. Ich bin ernstlich böse."

"Ich weiß", sagte Bunny traurig. "Das hatte ich erwartet."

Ich stand auf, trat an das Geländer, den Rücken Bunny zugewandt, schaute auf die fernen Berge und versuchte, meinen Zorn zu beherrschen. In diesem Augenblick kam Tahali aus dem Haus; er trug ein Telegramm auf einem Tablett. Ich nahm es, riß es ungeduldig auf und las stumm: ,Liebe Grizelda, bin schrecklich gespannt, eintreffe am fünfundzwanzigsten mit BOAC Flug 429, kann ich dir etwas mitbringen, herzlichst Eloise.'

"Danke, Tahali", sagte ich tonlos. "Es ist erledigt."

Tahali grinste, verzog sich, ich reichte Bunny das Telegramm und kehrte zu meinem Stuhl zurück.

"Was wirst du tun?" fragte er nach einer langen Pause.

"Ich? Gar nichts. Du dagegen wirst sehr viel zu tun haben. Als erstes setzt du dich in deinen Wagen, fährst zum Postamt und telegraphierst Eloise, daß alle Pläne definitiv geändert werden müßten. Dann kannst du in dein Haus zurückkehren, dein Fischereigerät einpacken, mit dem nächsten Flugzeug nach England fliegen und ihr genau erklären, warum."

"Grizel, bitte – bitte, sei doch vernünftig!"

"Vernünftig!" Ich konnte hören, wie meine Stimme sich hob. "Du fälschst ganz bedenkenlos meinen Namen, bringst mich in die peinlichste Lage, und dann erwartest du von mir, daß ich vernünftig sein soll. Auch wenn du über deiner eselsdummen Verliebtheit den Verstand verloren hast, konntest du doch nicht ernstlich eine Sekunde lang glauben, ich würde auch bloß im Traum daran denken, Eloise Fowey zwei volle Monate bei mir zu haben? Lieber lege ich mich auf die Straße und lasse mir einen Lastwagen über den Kopf fahren, als daß ich sie auch nur zwei Tage aufnehme."

„Aber das mußt du ja gar nicht. Das ist doch der springende Punkt."

„Was meinst du damit?"

Bunny erhob sich von der Hollywoodschaukel und sah flehend auf mich herab. „Sie wird in Wirklichkeit überhaupt nicht bei dir wohnen; sie wohnt ja bei mir. Von dir will ich nur das eine, daß du eine Art gesellschaftliche Deckung bietest. Das weiß sie ganz genau. Du wirst sie keinen Augenblick lang auf dem Hals haben. Das schwöre ich dir!"

„Und du glaubst wirklich, daß ihr zwei, du und die Herzogin von Fowey, in einem Strandhaus auf dieser kleinen Insel leben könnt, ohne daß ein Mensch davon erfährt?"

„Mein Haus liegt abseits, meilenweit von der Südküste entfernt. Niemand verirrt sich je auf meinen Strand, und die nächsten eingesessenen Nachbarn wohnen erst in Bana-lau. Wenn du sie auf dem Flugplatz abholst, für sie eine Lunch-Party gibst und sie dann und wann zum Essen einlädst, merkt kein Mensch etwas."

„Willst du sie heiraten?"

„Ja. Wenn Droopy sich zu einer Scheidung überreden ließe."

„Ach, Bunny!"

„Ich sage dir, ich liebe sie, ich liebe sie wirklich, und sie liebt mich auch. Ich weiß, daß ich mich bis jetzt ziemlich viel herumgetrieben habe; aber diesmal ist es das Richtige. Wir würden morgen heiraten, wenn wir könnten. Ich weiß, daß du dir nicht viel aus ihr machst, aber wenn du sie erst wirklich kennenlernst, wirst du sehen, wie lieb sie ist. Und du hast sie ja nie wirklich kennengelernt, nicht wahr? Ich weiß, du und Sandra, ihr beide fandet sie beim Transport-Korps eine dumme Gans, aber schließlich war sie damals noch sehr jung, und diese Dinge liegen ihr nun einmal nicht."

„Im Krieg müssen viele Leute Dinge tun, die ihnen nicht liegen", sagte ich streng. „Weder Sandra noch ich waren für den Exerzierplatz geboren."

„Du und Sandra seid zufällig praktisch veranlagte, tüchtige Menschen. Eloise ist vollständig anders. Sie ist in ihrem ganzen Leben nie tüchtig gewesen."

„Ich finde, doch. Daß sie sich einen der begehrenswertesten Herzöge von England angelte, darf man immerhin als Zeichen von Tüchtigkeit betrachten."

Bunny wandte sich ab. „Du haßt sie wirklich! Oder nicht?"

„Ich hasse sie gar nicht", erwiderte ich hitzig. „Ich kenne sie nicht gut genug, um sie zu hassen. Wenn du sie liebst und sie dich liebt, so ist das deine und ihre Angelegenheit, aber ganz bestimmt nicht meine, und so gern ich dich auch immer gehabt habe, glaube ich doch, daß du mit deinem Versuch, mich in eine Sache zu verwickeln, die schlecht enden muß, viel zu weit gegangen bist. Du kommst jedes Jahr für einige Monate nach Samolo zu Besuch, aber du könntest daran denken, daß ich ständig hier lebe. Wenn diese alberne Geschichte sich zu einem ausgewachsenen Skandal entwickelt, was sie fast unvermeidlich tun wird, so könnt ihr beide fortgehn, euren angeschlagenen Ruf vor die verschiedenen Scheidungsgerichte schleppen, während ich mit den Scherben hier sitzenbleibe."

„Das heißt, du bist entschlossen, nicht zu helfen?"

„Wie kann ich, Bunny? Sei doch gerecht!"

„Schön – sprechen wir nicht mehr davon." Er verzog das Gesicht zu einem Lächeln. „Ich hatte wirklich nicht geglaubt, daß dir die Sache gar so zuwider sein würde. Da muß ich mir eben etwas anderes einfallen lassen."

„Warum kann sie denn nicht mit einer Freundin kommen und in einem Hotel absteigen?"

„Daran hatte ich zuerst auch gedacht, aber in einem Hotel auf dieser Insel zu wohnen, wenn man etwas verbergen will, ist reinster Wahnsinn. Auch glaube ich nicht, daß sie eine Freundin besitzt, der sie vertrauen kann und die für diese Reise Zeit hätte."

„Ist sie denn so sicher, daß sie mir vertrauen kann?"

„Jeder hat Vertrauen zu dir, mein Schatz. So ist's nun einmal." Er zuckte die Achseln. „Darauf beruht ja mein ganzer schlimmer Plan. Käme Eloise als dein Gast hierher, so lösten sich sämtliche Probleme von alleine, und kein Mensch schöpfte Verdacht. Schließlich ist mein Haus nur sieben Meilen entfernt – im Notfall."

„Sieben Meilen sehr schlechter Straße!"

Bunny mußte gespürt haben, daß ich schwach wurde, denn er ergriff, mit einem zärtlichen Lächeln, meine beiden Hände und schwang sie rhythmisch hin und her, wie bei einem Spiel.

„Du bist ganz sicher, daß ich nachgeben werde, nicht wahr? Ganz sicher, daß du deinen Willen durchsetzen wirst?"

„Nicht unbedingt *tod*sicher." Er lächelte entwaffnend. „Aber sozusagen in der Hoffnung."

„Ist dir nie in den Sinn gekommen, daß dein unwiderstehlicher überwältigender Allerweltscharme eines Tages versagen könnte?"

„Natürlich. Bisher hat er aber noch nicht versagt." Er warf mir einen verschmitzten Blick zu. „Oder doch?"

„Nein, nicht völlig, aber ich warne dich, ihn nicht zu sehr zu strapazieren. Bei mir jedenfalls nicht. Ich fange an, Sprünge darin zu entdecken, Zeichen von Verschleiß." Wieder wandte ich mich von ihm ab.

„Das war sehr wenig nett. Und mehr noch – ich glaube, daß du es ernst gemeint hast."

„Ja", sagte ich, „das glaube ich auch."

Er trat hinter mich und legte die Arme leicht um meine Schultern. „Vielleicht habe ich nicht ganz begriffen, wieviel ich verlangte", sagte er sanft. „Wenn du wirklich meinst, mir in dieser Sache nicht helfen zu können, verspreche ich dir aufrichtig, daß ich Verständnis dafür haben werde. Das ist keine wohlberechnete Überredungskunst, das schwöre ich dir. Ich gebe zu, daß ich ein gewissenloser, egoistischer Lump bin und daß ich beinahe bis zum Äußersten gehe, um meinen Willen durchzusetzen, doch in diesem Fall ist ‚beinahe' das entscheidende Wort. Ich würde kein Jota deiner echten Freundschaft opfern, nicht einmal um Eloises willen, und das will viel heißen, weil ich sie wirklich liebhabe."

„O Bunny!"

„Ich weiß, du bist anderer Ansicht und findest, ich sei ein Esel und sie eine Gans, aber so ist es nun einmal. Warum und weshalb man sich plötzlich ineinander verliebt, kann niemand erklären. Es geschieht eben, und dann hat's dich erwischt, und die Vernunft fliegt zum Fenster hinaus. In diesem Fall natürlich geht es auf meine Kosten. Ich bin in der Klemme, das weiß ich, und Eloise, um ihr Gerechtigkeit widerfahren zu lassen, weiß es auch. Sie ist durchaus bereit, mit allem zu brechen, ganz offen zu mir zu kommen und alle Folgen auf sich zu nehmen."

„Was hält sie zurück?"

„Ich selber. Ich kann den Gedanken nicht ertragen, daß sie Stellung und Ruf opfert und all das schmutzige Geschreibsel über ihre Scheidung erduldet, um nachher, wenn's zu spät ist, zu entdecken, daß es sich nicht gelohnt hat. Wir haben das von jedem Gesichtspunkt aus erörtert und beschlossen, noch mindestens ein Jahr so weiterzumachen wie bisher, bevor wir dann das ganze Feuerwerk abbrennen."

„Gehörte zu den Gesichtspunkten, von denen aus ihr die Situation erörtert habt, auch der des unglückseligen Herzogs? Schließlich ist er ihr Mann."

„Dieser spöttische Ton in deiner Stimme war ganz überflüssig. Natürlich haben wir auch über Droopys Lage gesprochen. Die macht ihr fast am meisten zu schaffen."

„Ja, das denke ich mir."

„Du magst es glauben oder nicht, ganz wie's dir beliebt, aber sie hat ihn sehr gern. Natürlich liebt sie ihn jetzt nicht mehr, ebensowenig wie er sie liebt; das alles ist seit Jahren abgestorben. Aber sie sind ausgezeichnete Freunde."

„Ahnt er, daß du und sie, um es romantisch auszudrücken, ein Liebespaar seid?"

„Natürlich nicht. Droopy würde nie irgend jemand irgendwie verdächtigen. Er lebt in seiner eigenen Welt."

„Einer ziemlich unsicheren Welt, möchte ich sagen."

„Ihn interessiert eben rein nichts als seine Güter und seine Rennpferde. Er kümmert sich überhaupt nicht um Eloise, es sei denn, wenn er sich in den Kopf setzt, am Ende der Rennsaison eine große Party zu veranstalten. Dann muß sie Tag und Nacht auf den Beinen sein und die ganze Sache aufziehen."

„Die ganze Sache aufziehen? O Bunny!" Ich lachte heraus. „Eloise könnte kein Nähkränzchen aufziehen."

„Darin irrst du dich. Sie ist eine großartige Gastgeberin. Du hast sie seit einer Ewigkeit nicht gesehen, und so hast du sie nur als dummes, unerfahrenes junges Ding in Erinnerung."

„Ja allerdings, genauso!"

„Nun, heute stimmt das nicht mehr", sagte Bunny beleidigt. „Du wirst es selber sehen."

„Ja." Ich seufzte müde. „Das werde ich wohl."

„Willst du damit sagen, daß du mir helfen wirst? Und tun, worum ich dich bitte?"

„Ich kann nicht endgültig ,ja' oder ,nein' sagen, ehe ich mit Robin gesprochen habe."

„Ja, natürlich; das verstehe ich."

„Ich glaube kaum, daß er mich je in der Rolle einer dienstbereiten Kupplerin gekannt hat. Das könnte ihn ziemlich erschüttern."

„Ich bin dir ewig dankbar – ja, das schwöre ich."

„Das ist zunächst nicht so wichtig. Hör mir lieber aufmerksam zu. Bevor ich einwillige oder Robin um seine Einwilligung bitte, muß ich dich wissen lassen, daß ich diese Geschichte von ganzem Herzen mißbillige. Wie ich dir schon sagte – ich habe weder etwas für noch gegen Eloise, sie bedeutet mir gar nichts; weder so noch so, und ich bezweifle, daß sie mir je etwas bedeuten kann. Dich aber habe ich nun einmal sehr gern, und aus diesem Grund, aus diesem Grund allein ziehe ich es überhaupt in Betracht, mich mit der Sache zu befassen. Wenn ich Robin überreden kann und um deinetwillen diese wahrscheinlich nicht beneidenswerte Verantwortung auf mich nehme, so mußt du mir versprechen, daß du dich streng an die Vorschriften hältst, die ich dir mache."

„Selbstverständlich werde ich alles tun, was du verlangst."

„Zunächst muß sie pro Woche drei Nächte hier im Hause schlafen. In den andern kannst du sie für dich haben und sie mit äußerster Diskretion holen und zurückbringen. Zweitens muß sie, ob es ihr paßt oder nicht, am gesellschaftlichen Leben teilnehmen und gegebenenfalls Basare und Wohltätigkeitsfeste eröffnen und darf nie, unter keinen Umständen, mit dir allein in der Öffentlichkeit gesehen werden. Drittens muß sie ein paarmal in der Residenz übernachten. Das werde ich mit Sandra in Ordnung bringen. Ich bin heute ohnehin zum Mittagessen dort. Wahrscheinlich kriegt sie einen Schlag. Und als letzte, aber keineswegs unwichtigste Bedingung, mein Lieber, verlange ich, daß du mir versprichst, dich tadellos zu benehmen und mich nicht im Stich zu lassen, damit ich nicht als die dumme Gans dastehe, die ich, weiß Gott, bin."

Bunny schlang seine Arme um mich und gab mir einen schallenden Kuß. „Du bist eine süße, liebe, wunderbare große Puppe!" rief er jubelnd. „Und bis zu meinem letzten Atemzug werde ich an deine entzückende Hilfsbereitschaft denken."

„Da du ja offenbar gewöhnt bist, Eloise in meinem Namen zu telegraphieren", sagte ich, „könntest du ihr noch ein Kabel schicken mit der Bitte, das Oxforder Zitatenlexikon und etwas Earl Grey-Tee von Jackson in Piccadilly mitzubringen."

„Wird gemacht, Kamerad." Er gönnte mir ein rasches, strahlendes Lächeln. „Und zwar sofort." Er warf mir eine Kußhand zu, verschwand eiligst im Haus, und einen Augenblick später hörte ich seinen Wagen anspringen.

7

WIR WAREN BEIM MITTAGESSEN in der Residenz nur zu viert: Seine Exzellenz, Sandra, Chris Mortlock, der Adjutant, und ich, und so aßen wir in der Veranda, die auf den Garten hinausgeht. Dort war es erträglich kühl und das Licht schimmerte grünlich wie unter Wasser, weil man die Jalousien fast ganz heruntergezogen hatte. Das Essen war, wie gewöhnlich, passend, aber einfallslos, und sogar Sandra merkte das, sehr zu meiner Überraschung.

„So geht's nicht", sagte sie energisch. „Nein, so geht es wirklich nicht. Dies ist schließlich die Residenz und nicht eine heruntergekommene Pension in Kensington."

„Was stört dich denn, mein Kind?" Seine Exzellenz schaute zerstreut von seinem Teller mit Käsemakkaroni auf.

„Alles!" sagte Sandra. „Sie muß gehn."

„Wer? Und wohin?"

„Die Köchin natürlich." Sandra läutete mit einer kleinen silbernen Glocke. „Es muß doch etwas kalten Schinken oder Zunge oder sonst etwas geben. Das ist ja ungenießbar!"

„Mir schmeckt es ganz gut", meinte Seine Exzellenz mild.

„Weil du an andere Dinge denkst; dächtest du auch nur eine einzige Minute ernsthaft an das, was du ißt, du hättest deinen Teller beim ersten Bissen über die Schulter geworfen – wie Ludwig von Bayern", setzte sie hinzu.

„Nun, ich esse Käsemakkaroni recht gern." Seine Exzellenz lächelte erinnerungsselig. „Das versetzt mich in meine Schulzeit zurück, und wenn Ludwig von Bayern dazu neigte, ganze Teller davon über die Schulter zu werfen, so muß er noch verrückter gewesen sein, als ich glaubte."

In diesem Augenblick erschien Paiano, der Butler, auf der Veranda.

„Bring, so rasch du kannst, etwas kalten Schinken oder Zunge und Salat, Paiano", befahl Sandra. „Und sag Thelma, daß sie gleich nach Tisch in meinen Salon kommen soll."

Paiano verbeugte sich und verschwand. Sandra seufzte, nahm ein Stück Toast aus einem silbernen Ständer und winkte Chris damit.

„Nicht einmal Toast kann sie rösten", sagte sie. „Fassen Sie das einmal an. Es ist wie eine Kokosmatte."

Chris lachte und betastete dienstbereit das Stück Toast. „Ein wenig weich, das muß ich zugeben."

Sandra seufzte wieder. „Ich weiß ganz genau, daß es nur meine Schuld ist. Und das macht alles so schlimm. Ich habe kein Talent für die Küche. Damit muß man geboren sein wie Marjorie Davenant. Nie hat jemand in ihrem Haus ein verlorenes Ei gegessen, das nicht reinste Ambrosia gewesen wäre, und nie hat jemand hier in diesem Haus ein verlorenes Ei gegessen, das nicht zerronnen oder zu hart und in jedem Fall lau gewesen wäre."

„Zur Zeit der Blaises war das Essen noch schlechter", warf ich ein.

„Das", meinte Seine Exzellenz, „hätte sich glücklicher ausdrücken lassen."

„Grizel hat ganz recht, wenn sie kein Blatt vor den Mund nimmt. Leute wie wir in den höchsten Stellungen, für die wir uns nicht im mindesten eignen, sind ja zumeist leider nur von Heuchlern umgeben, die sich niemals vorwagen und uns die Wahrheit sagen."

„Cuckoo tut nichts anderes."

„Cuckoo zählt nicht, sie ist ein Sonderfall. Sie brüstet sich damit, daß sie sagt, was sie denkt, aber es dämmert ihr noch immer nicht, daß sie überhaupt nicht imstande ist zu denken. Thelma muß gehn!"

„Seit wann ist sie hier?"

Sandra wandte sich hilflos zu Chris.

„Wie lang ist sie hier?"

„Sechs Monate. Sie kam im Oktober, als ihre Vorgängerin fort mußte, weil sie ein Kind erwartete."

„*Sie* sieht nicht aus, als erwarte sie ein Kind, nicht wahr? Das würde die Sache außerordentlich erleichtern."

„Du wirst schon wieder schwach", meinte Seine Exzellenz.

„Ich hasse es, mit den Leuten grob umzugehen und meine ganze Courage zusammennehmen zu müssen, wenn ich ihnen einen Schlag versetze. Und dann soll ich noch zusehen, wie ihr Gesicht sich verzieht und ihnen Tränen in die Augen steigen. Ich tauge nicht dazu und habe nie dazu getaugt."

„Ich werde mit ihr reden", sagte Chris.

„Ja, tun Sie das, Chris! Und seien Sie wirklich streng! Ich habe sie mit Kochbüchern zugedeckt, darunter ‚Die vollkommene Hausfrau' und ‚Der Gourmet', und unablässig schneide ich Rezepte für kleine leckere Lunchplatten aus amerikanischen Magazinen aus, und wir kriegen nichts anderes vorgesetzt als diese ewigen Käsemakkaroni." Sie wandte sich an mich. „Glaubst du, daß man sie auf der Stelle fortschicken muß? Oder soll man ihr noch eine Chance geben?"

„Gute Köchinnen sind auf dieser Insel sehr rar, und ich glaube nicht, daß sie so verheerend ist. Doch sie braucht eine feste Hand."

„Du mußt sie anspornen", warf Seine Exzellenz ein. „Vielleicht fehlt es ihr an Selbstvertrauen. Finde irgendwas heraus, das sie gut macht, und lobe sie dann überschwenglich!"

„Seit sechs Monaten versuche ich herauszufinden, was sie gut macht. Wie dem auch sei – für den königlichen Besuch müssen wir eine andere haben. Mit einem solchen Essen sind wir restlos blamiert!"

„Ruf doch Juanita an", schlug ich vor. „Sie könnte dir einen der Köche von Kelly's Taverne leihen. Schließlich genießt sie den Ruf, daß man auf der ganzen Insel nirgends besser ißt als in ihrem Hotel."

„Ich kann Juanita nicht anrufen, ehe die Sache mit dem königlichen Mittagessen geregelt ist."

„Sie ist geregelt", sagte Seine Exzellenz entschlossen.

„Nein, Liebling, nicht endgültig. Ich weiß, du glaubst, daß du gesiegt hast, aber ich habe noch eine Menge unwiderlegbarer Argumente im Ärmel. Sie sind doch auch meiner Ansicht, Chris?"

„Chris geht das überhaupt nichts an", sagte Seine Exzellenz, „und es ist unfair von dir, wenn du versuchst, ihn in die Sache hineinzuziehen."

„Wenn ich bloß wüßte, wovon ihr sprecht", klagte ich.

„Juanita hat mich heute in aller Frühe angerufen und sich anerboten, ein ausgesuchtes, köstliches Mittagessen für die Königin und Prinz Philip vorzubereiten, wenn sie ihre Fahrt um die Insel antreten, und natürlich habe ich auf der Stelle ‚ja' gesagt. Denn erstens mag ich Juanita gern, zweitens ist Kelly's Taverne mit Abstand das netteste Lokal hier und drittens müssen sie ja irgendwo essen. George hat sich maßlos aufgeregt und behauptet, das sei entsetzlich undiplomatisch und würde alle andern Hotels in Harnisch bringen, und wir müßten es so einrichten, daß der alte Sir Albert sie zum Mittagessen in Bingall's Bay einlädt. Nun, auch meinem schlimmsten Feind wünsche ich nicht, mit dem alten Sir Albert in Bingall's Bay oder sonstwo mittagessen zu müssen. Dieser vertrocknete alte Langweiler! Und sein Haus ist stockdunkel und derart mit Möbeln angefüllt, daß man meint, durch die Lagerräume eines Antiquitätengeschäfts zu stolpern."

„Dunkel oder hell, möbliert oder unmöbliert", sagte Seine Exzellenz, „es paßt immer noch besser als Kelly's Taverne. Ich habe nicht die Absicht, die Königin von diesen halb angezogenen amerikanischen Millionären anstarren zu lassen."

„Lieber als vom alten Sir Albert und seinen ganzen gespenstischen Verwandten. Und überdies würde Juanita das Essen in ihrem großen privaten Bungalow am Ende der Tennisplätze geben, wo keine Millionäre irgendwen anstarren können."

„Juanita wird das Mittagessen weder in ihrem privaten Bungalow geben noch anderswo", erklärte Seine Exzellenz. „Juanita wird das Essen überhaupt nicht geben. Und damit Schluß!"

„Aber ich habe doch schon ‚ja' gesagt!"

„Und ich habe schon ‚nein' gesagt."

Einen weiteren Wortwechsel verhinderte Paiano, der mit dem kalten Schinken und dem Salat eintrat, doch die Luft war mit Spannung geladen, und wir bedienten uns schweigend. Ich fing Chris' Blick auf, und er zuckte unmerklich die Achseln. Sandra aber fuhr, mit einem gefährlichen scharfen Klang in der Stimme, fort:

„Wir müssen uns alle den Kopf zerbrechen und die verschiedensten Möglichkeiten ausdenken, wie wir unsere königlichen Gäste zu Tode langweilen. Zunächst einmal müssen sie bei der Landung vom Kirchenchor begrüßt werden; dieser Vorschlag liegt zufällig bereits vor. Dann müssen wir uns streng daran halten, daß wir zum Staatsbankett niemand unter zweiundsechzig einladen. Alma Peacock, die schon an der Kette zerrt und seit gestern nachmittag den Hörer nicht aus der Hand gegeben hat, wird sich gern überreden lassen, einen Galaabend mit irgendeinem gewichtigen klassischen Stück zu veranstalten; ihr kleines Liebhaberensemble kennt ja die Bedeutung des Wortes Furcht nicht, die Damen und Herren haben bereits ‚Hamlet', ‚Trauer muß Elektra tragen', ‚Geisterkomödie' von Noël Coward und ‚Antonius und Kleopatra' mit Alma selber als Kleopatra gespielt. Ich sehe keinen Grund, warum sie sich bei dieser besonderen Gelegenheit nicht an etwas besonders Eindrucksvolles wagen sollten, etwa ‚Die Troerinnen' oder ‚Medea' –"

„Ich würde Alma liebend gern als Medea sehen", sagte Seine Exzellenz gelassen.

„Dann", fuhr Sandra fort, „müssen wir mit den Eingeborenen eine endlose Reihe von Volkstänzen arrangieren; Ivy

Poland wird, das weiß ich, nur zu gern bereit sein, ihre Schüler zu wilder Ekstase aufzupeitschen. Dann –"

"Was du da alles herunterschnurrst", sagte Seine Exzellenz. "Dieser Schinken schlägt sogar noch die Makkaroni; er ist hart wie Eisen."

"Das liegt an der Tiefkühltruhe", warf ich vermittelnd ein. "Die Samolaner stecken mit Begeisterung alles, was sie nur in die Hände bekommen, in die Tiefkühltruhe."

"Ich glaube, ich werde verrückt", stöhnte Sandra.

Als die nicht sehr gemütliche Mahlzeit vorüber war und Sandra mich in ihren Salon mitgenommen und die Türe zugeworfen hatte, stieß sie sich, wie gewöhnlich, die Schuhe von den Füßen und warf sich auf das Sofa.

"Was habe ich dir gesagt?" begann sie. "Es wird von Anfang bis zu Ende das reinste Elend sein. In dieser schwierigen, verstockten Stimmung verharrt George, seit uns die Nachricht von diesem Besuch erreicht hat. Ich könnte ihn mit dem größten Vergnügen erdrosseln, wenn er so bockt und keinen andern Standpunkt gelten lassen will als seinen."

"Du selber bist darin auch ganz tüchtig."

"Ich versuche doch nur –", sie überhörte meinen Einwand, "diesen königlichen Besuch nicht haargenau gleich aufzuziehen wie die anderen Besuche, die die Guten durchstehen müssen. Ich möchte mir gern vorstellen, daß nach vielen Jahren die Königin, wenn sie eine ganz alte Dame ist mit einer Haube wie ihre berühmte Urgroßmutter, wehmütig auf ihre lange, ruhmreiche Regierungszeit zurückblickt und sagt: ‚Ah, Samolo ...!‘"

"‚Ah, Samolo!‘ wird sie wohl auf jeden Fall sagen; es hängt nur vom Tonfall ab."

"Du hast mich nicht ausreden lassen. Ich möchte, daß sie sagen wird: ‚Ah, Samolo – diese bezaubernde kleine Insel, wo wir am allerglücklichsten waren.‘"

"‚Und das bloß wegen dieser reizenden Lady – wie hieß sie doch gleich?‘" setzte ich begeistert ihre Wunschträume fort.

"‚Und wegen ihrer entzückenden Freundin, die so hilfsbereit war, du mußt dich doch erinnern, Philip, Mrs. Grizel – wie war doch nur der Name? – mit den drei süßen kleinen Kindern, die uns so nett ihre Sträußchen überreicht haben.'"

„Königliche Hoheiten erinnern sich, wie alt sie auch sein mögen, immer an Namen", erklärte Sandra energisch. „Infolgedessen gäbe es keine Lady Wie-hieß-sie-doch-gleich und keine Mrs. Wie-war-doch-nur-der-Name, und ich kann dir jetzt schon sagen, daß ich das Überreichen von Sträußchen auf ein Mindestmaß herabzusetzen gedenke; es hat also keinen Zweck, bei Simon und Janet und Cokey solche Hoffnungen zu nähren."

„Das war nur so dahergeplappert."

„Was mir wirklich Sorgen macht, ist Juanita." Sandra stand auf und begann im Zimmer hin und her zu gehen. „Ich habe Juanita sehr gern und kann es nicht ertragen, daß man sie kränkt. George benimmt sich doch in der ganzen Angelegenheit unausstehlich wichtigtuerisch."

„Juanita kann's ertragen. Juanita ist zäh."

Darin hatte ich unbedingt recht. Juanita ist ganz gewiß zäh. Eine mächtige Persönlichkeit mit einem Charakter wie ein kampflustiger Widder, genießt sie den wohlverdienten Ruf, daß sie ihre Meinung in der schärfsten, unzweideutigsten Sprache äußert. Sie ist auf der Insel geboren, und ihre Vorfahren waren Seeräuber reinsten Wassers; von ihnen hat sie auch geerbt, was Robin ihre Piratenader nennt. Sie führt Kelly's Taverne glänzend, und kein Mensch kann hoffen, bei ihr Eindruck zu machen, wenn er nicht außerordentlich begabt ist, und auch dann muß er ihr zunächst einmal gefallen. Sie ist eine prachtvolle Freundin und eine unversöhnliche Feindin, und jeder Gast in dem fabelhaft kostspieligen Hotel, der so verwegen ist, sich über etwas zu beklagen oder auf andere Art ihren Zorn zu erregen, sieht sich zusammengepackt und in den Kombiwagen verstaut, bevor er noch weiß, wie ihm geschieht. Die arme Lady Blaise hatte die größte Angst vor ihr und zitterte wie Espenlaub, sobald Juanita auch nur die Nase zur Tür der Residenz hineinsteckte. Sandra dagegen vergötterte sie von der Minute an, als sie sie zum erstenmal erblickt hat; sooft sie sich nur frei machen kann, verbringt sie einen Abend in der Taverne und sitzt stundenlang nach dem Essen auf der Terrasse, während Juanita sie mit haarsträubenden Geschichten aus der schlechten alten Zeit regaliert. Auch Robin vergöttert sie, weil sie in seiner Jugend nett zu ihm gewesen war und ihn gelehrt hatte, vom Riff aus bei Fackellicht Polypen mit dem Speer zu erlegen.

„Ich habe die Hoffnung noch nicht ganz aufgegeben." Sandra zündete sich eine Zigarette an und trat ans Fenster, wo sie stehenblieb und über den farbenfrohen Garten mit seinen Jacarandas, Poncianas und Tulpenbäumen schaute, die sich flammend gegen den Hintergrund der Berge im purpurnen Dunst abzeichneten. „Du mußt verstehen – Juanita hat sich nicht aus niedrigen Absichten angeboten. Weder braucht sie Reklame noch liegt ihr daran. Ich weiß, daß es ihr nur darum ging zu helfen, und natürlich wäre es für sie ein riesiges Vergnügen, wenn sie der Königin und Prinz Philip die wahrscheinlich einzige genießbare Mahlzeit vorsetzen dürfte, die die beiden auf der Insel bekommen werden. Ich muß einen Weg finden, wie ich George doch noch herumkriegen kann."

„Er ist aber anscheinend endgültig dagegen."

„Ja." Sie grübelte eine Weile nach. „Ich hatte den Kopf verloren und die ganze Geschichte falsch eingefädelt. Zunächst einmal hätte ich nicht gleich zusagen sollen, ohne ihn vorher zu fragen. Das sehe ich ein. Takt ist nie meine Stärke gewesen, wenn es sich um George handelte. Ich muß wirklich versuchen, mich in dieser Beziehung zu bessern, damit hat es sich."

„Warum rufst du Juanita nicht jetzt gleich an und sagst ihr die Wahrheit, nichts als die Wahrheit? Erkläre ihr, daß sie vorderhand abwarten soll."

„Ich hatte es ihr so sicher und begeistert versprochen."

„Sie wird deine Lage verstehn. Man mag über sie denken, wie man will, vernünftig ist sie, und ganz gewiß nicht nachträgerisch."

„Ich werde sie später anrufen", sagte Sandra nachdenklich. „Nachdem ich es noch einmal und taktvoller mit George versucht habe. Im Grunde macht er sich aus dem alten Sir Albert genausowenig wie ich, und so bringe ich diesen kleinen Plan bestimmt zum Scheitern. Mittlerweile solltest du einen Bleistift und ein Blatt Papier nehmen, wir wollen anfangen, die Schafe von den Böcken zu sondern."

„Ach Gott, muß ich?"

„Natürlich mußt du! Du hast's versprochen. Laura täte es auf der Stelle, wenn sie hier wäre, aber sie ist mit ihrer verrückten alten Mutter in Honolulu und kommt nicht vor dem Fünfundzwanzigsten zurück. Wir sollten mit der garden party beginnen, die ist ziemlich einfach. Erst die exklusiveren Veranstaltungen werden eine Tortur."

„Am Fünfundzwanzigsten!" Mein Herz sank tief hinab. „Bevor wir die Listen aufstellen, muß ich dich um etwas bitten."

Sandra warf mir einen argwöhnischen Blick zu. „Was für ein Etwas?"

„Nichts gar so Schreckliches; es ist nur recht eigenartig."

„Wovon redest du denn?"

„Von Eloise Fowey", platzte ich heraus. „Sie kommt zu uns. Am Fünfundzwanzigsten."

„Eloise Fowey?" Sandra starrte mich mit weitaufgerissenen Augen an. „Warum, um Himmels willen?"

„Nun – sie möchte so gern kommen", sagte ich ziemlich matt.

„Kommt sie allein?"

„Ja. Droopy kann nicht weg. Ich habe sie, wie du weißt, zwar seit Jahren nicht mehr gesehen, aber sie hat mir ein so nettes Kabel geschickt – und –"

„Dahinter steckt etwas!" Sandras Augen verengten sich und musterten mich durchdringend. „Das rieche ich auf drei Kilometer Entfernung."

„Warum soll mich die arme Eloise nicht besuchen, wenn sie Lust hat, und wenn ich sie gern wiedersehen möchte?"

„Es ist ausgeschlossen, daß du sie gern wiedersehen möchtest. Sie ist eine Gans, und das weißt du sehr gut."

„Ich glaube, sie hat sich seit damals sehr gebessert – ich meine, daß sie nicht mehr annähernd so töricht ist wie früher."

„Das ist keine Kunst. Sie war ja ausgesprochen schwachsinnig."

„Aber umwerfend schön, das mußt du zugeben."

„Gewiß", sagte Sandra ärgerlich. „Sie war so verdammt schön, daß sie die ganze Einheit durcheinanderbrachte, alle Disziplin störte, die Moral untergrub und nie auch nur einen Finger zu irgendeiner Arbeit rührte."

„Das alles weiß ich sehr wohl, aber sie war ganz nett – ich meine, wenigstens nicht bösartig."

„Sie war dumm. Und mir ist eine bösartige Person alle Tage lieber als eine dumme; und dir auch. Ich kann gar nicht begreifen, was dir da eingefallen ist. Du mußt verrückt geworden sein. Sobald sie dein Haus betritt, wird Robin ihr zu Füßen fallen. Hast du daran gedacht?"

„Selbstverständlich habe ich daran gedacht", erwiderte ich mürrisch. „Aber das wird er nicht. Dazu ist er viel zu vernünftig. Robin beißt nie auf einen so eindeutigen Köder an!"

„An deiner Stelle würde ich dafür nicht die Hand ins Feuer legen; Männerfang ist ja so ziemlich das einzige, wovon sie etwas versteht. Männliche Vernunft hat die seltsame Eigenschaft, sich zu zersetzen, sobald sie sich dieser besonderen Form von Beutegier gegenübersieht. Denk nur an Bunny Colville! Er ist offenbar vernarrt in sie – Bunny Colville! Oh!" Sie hielt inne. „Jetzt geht mir ein Licht auf."

„Ich weiß nicht, wovon du redest", sagte ich hastig.

„O doch, du weißt es sehr wohl. Du hast dich von Bunny beschwatzen lassen. Stimmt's?"

„Ja – in gewissem Sinn wird es schon so sein. Aber ich habe mich tapfer gewehrt. Nur hat er die Sache so gedreht, daß ich unmöglich ablehnen konnte."

„Und was sagt Robin dazu?"

Ich ließ den Kopf hängen. „Er weiß es noch nicht."

„Aber Grizel!" Sandra brach in ein schallendes Gelächter aus. „Du bist der größte Gimpel auf der Welt. Du solltest dich schämen!"

„Das tu ich auch", erwiderte ich kleinlaut. „Aber das hilft mir nicht weiter. Ich habe mein Wort gegeben, daß ich zu Bunny halten und für ihn tun werde, was ich kann. Und deswegen wollte ich mit dir reden. Ich sagte, ich wollte bei dir erreichen, daß du sie für ein paar Tage aufnimmst."

„O Grizel! Wie konntest du! Du weißt doch, was ich alles auf dem Hals habe!"

„Nur für zwei Tage, höchstens drei. Schließlich ist sie eine englische Herzogin und du müßtest dich ohnehin um sie kümmern. Die durchreisende Prominenz auf der Insel zu empfangen – dafür ist die Residenz ja da, nicht? Du hast selber oft gesagt, daß sie einem schlecht geführten Bahnhofshotel gleicht."

„So schlecht auch wieder nicht!"

„Das war ein Wort von dir, nicht von mir. Ich zitiere dich nur."

Sandra drückte gereizt ihre Zigarette aus. „Ich kann nur sagen, daß ich es verdammt rücksichtslos finde. Als ob ich nicht genug Sorgen hätte, auch ohne Eloise zu beobachten, die mit jedermann kokettiert und mit den Adjutanten schmollt."

„Nur ein einziger Adjutant ist hier, und ich bin überzeugt, daß Chris nichts gegen das Schmollen einzuwenden hat; überdies hast du eine gute Ausrede, wenn du dich wenig um sie kümmerst, abgesehen von den Mahlzeiten."

„Mahlzeiten!" Sandra stöhnte und warf sich wieder auf das Sofa. „Mahlzeiten in diesem Haus sind schon qualvoll genug, und der Anblick Eloises, die verächtlich in einem lauen Pudding stochert, demütigt mich noch zehnmal mehr als alle bisherigen Mißerfolge."

„Unsinn", sagte ich energisch. „Du bist nicht im geringsten gedemütigt, du bist nur über alles und jedes verdrossen. Dir fehlt nun einmal das Interesse für das Essen und für die Kunst, zu jedem Gericht den richtigen Wein zu wählen, das ist eine Gabe, die dir bei deiner Geburt nicht in die Wiege gelegt wurde. So wie es Farbenblinde gibt oder Leute, die nicht Klavier spielen können. Das ist nicht *deine* Schuld. Und jedenfalls ist es nicht halb so wichtig, wie du glaubst. Kein Mensch erwartet in der Residenz ein gutes Essen. Genausowenig wie auf der englischen Eisenbahn. Das ist eben ein Teil unserer Tradition. Du steigerst dich da in einen Komplex hinein."

„Vielen Dank, mein Schatz. Du kannst einen wirklich trösten."
„Schön. Und jetzt –"
„Was und jetzt?"
„Wirst du dich wie ein strahlender Phönix aus der Asche deiner schlechten Laune erheben und Eloise für drei oder vier Tage bei dir aufnehmen?"
„Vorhin sagtest du, drei Tage wären das äußerste."
„Nun gut, höchstens drei Tage."
„Ich muß wohl; aber unter heftigstem Protest. Und ich muß auch hinzufügen, daß ich diese ganze dunkle Geschichte gründlich mißbillige."
„Gut, gut", sagte ich geknickt.
„Und", fuhr Sandra fort, „daß du schwach genug gewesen bist, dich von Bunny beschwatzen zu lassen, ist deine Sache, aber ich warne dich jetzt und hier: Wenn du dich in einen höchst unerquicklichen kleinen Skandal verwickelt siehst, und dazu wird es höchstwahrscheinlich kommen, so wasche ich meine Hände in Unschuld und verleugne dich."
„Gut. Das ist nur recht und billig. Ich bin dir schrecklich dankbar, und du bist die Güte selbst!"
„Du kannst mich später wissen lassen, wann diese lästige Gans kommen will, aber du mußt es mir mindestens eine Woche vorher sagen."
„Das verspreche ich."
„Schön", sagte Sandra sachlich. „Dann wollen wir die Listen in Angriff nehmen. Fangen wir damit an, die schlimmsten Greuel auszuschalten. Du liest die Namen, und ich schreibe."
Sie balancierte einen Schreibblock auf dem Knie, wir zündeten uns Zigaretten an und gingen an die Arbeit. Wie Sandra vorhergesehen hatte, war die Liste für die garden party ziemlich einfach, denn wir mußten bloß hinter fast jeden Namen ein Kreuz setzen, das ‚ja' bedeutete. Es sollte ein allen zugängliches Fest werden, und in solch einer Menge hatten sogar die unpassenden Elemente kaum Gelegenheit, peinlich aufzufallen. Weniger leicht fiel uns die Liste jener, die vorgestellt werden sollten. Das mußte auf einem frischen Blatt notiert, mußte er-

örtert und mit größter Sorgfalt erwogen werden. Zum Glück wohnten nur ein paar Leute auf der Insel, die überhaupt nicht in Frage kamen, doch gab es entschieden einige Grenzfälle. Nachdem wir mindestens zwei Stunden lang gearbeitet und eingetragen und durchgestrichen und diskutiert hatten, war die Liste auf hundertdreiundvierzig Personen angeschwollen.

„Es hat gar keinen Sinn", sagte Sandra. „Mein Kopf dreht sich wie ein Kreisel, und ich kann überhaupt nicht mehr denken. Trinken wir, um Himmels willen, eine Tasse Tee und ruhen wir uns eine Minute aus." Sie stand auf und läutete. „Da haben wir hundertdreiundvierzig lebende, atmende menschliche Wesen, von denen jedes zutiefst überzeugt ist, daß es das Recht hat, Ihrer Majestät, der Königin, vorgestellt zu werden. Und auf der andern Seite haben wir die ausdrückliche Weisung, daß es unter keinen Umständen mehr sein dürfen als fünfzig. Das bedeutet, wenn meine Rechenkünste stimmen, was selten der Fall ist, daß dreiundneunzig eminent wichtige Bewohner von Samolo den Rest ihres Erdenwallens gekränkt, verbittert und gedemütigt verbringen. Das bedeutet zudem zornige Briefe an den ‚Reaper', zornige Briefe an George und an mich, und einen siedenden Kessel gesellschaftlichen Ärgers, dessen Dampf uns ersticken wird, wann immer wir ein Krankenhaus besuchen oder einen Basar eröffnen oder in einer Ausschußsitzung das Präsidium übernehmen."

„Dein Bild von dem siedenden Kessel gesellschaftlichen Ärgers und dem Dampf gefällt mir!"

„Du hast gut lachen, aber es ist wirklich so, und das weißt du. Was sollen wir bloß machen?"

„Wenn wir in Ruhe eine Tasse Tee getrunken haben, wollen wir die Liste noch einmal durchgehen und sie rücksichtslos und ohne an die Folgen zu denken zusammenstreichen. Das ist die einzige Möglichkeit. Sollen doch die Leute gekränkt sein und ihre Erbitterung aufspeichern, bitte. Jeder halbwegs vernünftige Mensch wird einsehen, daß nicht alle vorgestellt werden können. An deiner Stelle würde ich mein Herz verhärten und mich über alles hinwegsetzen."

„Versetz dich doch zum Beispiel in die arme Maisie Coffrington! Wenn du wie sie dein ganzes Leben hier verbracht hättest und fändest dich plötzlich nicht auf der Vorstellungsliste, was tätest du da?"

„Was Maisie Coffrington gewöhnlich tut – mich wahnsinnig besaufen."

„Schön, also nicht Maisie Coffrington! Eine andere meinetwegen. Wie steht's mit Daphne Gilpin? Sie gehört zu einer der ältesten Familien von Samolo. Was tätest du, wenn du Daphne Gilpin wärst und müßtest erfahren, daß du nicht vorgestellt wirst?"

„Das ist töricht, und du steigerst dich da in etwas hinein. Zunächst – wenn ich Daphne Gilpin wäre, würde ich nicht mit Lydia French zusammen in Fisherman's Hole leben. Und selbst wenn ich es täte, würde ich keine Flaschen nach ihr werfen und bei den großen Rennen schlampige Kordhosen tragen. Da ich aber nicht Daphne Gilpin bin, wird die ganze Diskussion akademisch und gegenstandslos."

„Glaubst du, daß es wahr ist? Daß sie einander wirklich mit Flaschen bewerfen?"

„Unbedingt. Und zwar schon mehrmals. Ich weiß es aus absolut sicherer Quelle."

„Wie merkwürdig ist das alles!" Sandra schüttelte nachdenklich den Kopf. „Sie ließen es vermutlich bleiben, wenn es ihnen nicht Spaß machen würde."

„Ob Spaß oder nicht, ich halte es jedenfalls für einen zureichenden Grund, beide von der Vorstellungsliste zu streichen."

In diesem Augenblick brachte Paiano den Tee auf einem kleinen beweglichen Tisch, der aussah wie ein Tablett, aber Beine zum Hinunterklappen hatte.

„Dieser kleine Tisch stammt von Peter Jones", sagte Sandra, „und ich könnte keinen Augenblick ohne ihn sein. Er hat genau die richtigen Maße, und unter dem Teetablett befindet sich ein grüner Filzüberzug, auf dem man Patiencen legen kann. Ich habe einen in meinem Schlafzimmer, dann steht einer in der Bibliothek und weitere sind bestellt. Willst du auch einen?"

„Aber gern."

„Du sollst einen haben, und glaub mir, du wirst dich nie von ihm trennen und mir ewig dankbar sein. Paiano, bitte, denk daran, wenn die neuen Tische kommen, sofort einen an Mrs. Craigie zu schicken."

„Sehr wohl, Mylady." Paiano lächelte bezaubernd, ließ eine Unmenge blinkender Zähne sehen und verschwand.

„Paianos Frau hat schon wieder ein Kind bekommen." Sandra schenkte den Tee ein. „Ich kann mir gar nicht denken, woher er nur die Zeit nimmt."

„Die Samolaner nehmen sich immer Zeit; das ist's, was die Insel so belebt."

„Ich glaube, du meinst es gerade anders herum." Sandra reichte mir die Tasse. „Der Kuchen ist ganz ordentlich, den probierte ich schon gestern. Wenn ich dir aber einen Rat geben darf: meide die Brötchen wie die Pest; sie scheinen mir mit Erdnußbutter bestrichen." Sie nahm eines, biß hinein und legte es mit einem Ausdruck tiefsten Abscheus wieder hin. „Richtig! Ich wußte es!"

Wir waren gerade mit dem Tee fertig und wollten uns wieder den Listen zuwenden, als Seine Exzellenz eintrat, einen Brief in der Hand.

„Liebling, du solltest dich damit befassen", sagte er und reichte ihn Sandra. „Er ist von Maisie Coffrington. Sie schreibt, sie sei der Königin, als diese noch ein kleines Mädchen war, mehrmals begegnet und freue sich so darauf, sie wiederzusehen. Man müßte Maisie wohl auf die Vorstellungsliste setzen."

„Wir hatten sie eben gestrichen."

„Dann setz sie wieder drauf", sagte Seine Exzellenz gutmütig, ging hinaus und schloß behutsam die Tür.

Gegen sechs Uhr verließ ich während eines herrlichen samolanischen Postkarten-Sonnenuntergangs die Residenz und fuhr zum Seiteneingang, den ich stets an Stelle des Haupttors benütze, weil ich dadurch einen halben Kilometer spare. Die von Poncianen gesäumte Allee flammte scharlachfarben, und der Himmel hinter den Umrissen der Berge wechselte von Blaßgelb in Rosa, von Rosa in Violett und von Violett in tiefstes Blau, als wäre ein übereifriger Beleuchterchef an einem himmlischen Schaltbrett tätig.

In Samolo gibt es keine oder nur eine kaum merkliche Dämmerung, die nichts von dem verweilenden Zauber englischer Sommerabende besitzt, wenn die Krähen auf den hohen Ulmen krächzen, die Schafe blöken und das Licht langsam ins Dunkel verblaßt. Hier geht es lebhaft und dramatisch zu und ist blitzschnell vorbei; die Sonne kommt dem Horizont näher und näher, und zuletzt taucht sie mit einem Sprung ins Meer und verschwindet. Ein paar Minuten leuchtet der Himmel in allen nur erdenklichen Farben, und dann fällt die Nacht ein, die Sterne flimmern, und man muß das Fernlicht einschalten.

Ich fuhr langsam nach Hause, weil ich mir in Ruhe überlegen wollte, wie ich Robin die Nachricht von Eloises drohender Ankunft am schonendsten beibringen könnte. Zu Robins Charakter gehört ein gutes Stück gesunder, altmodischer schottischer Rechtschaffenheit, und davon kommt manches zum Vorschein, wenn man am wenigsten darauf gefaßt ist. Nicht daß mich das im Fall von Eloise überrascht hätte, im Gegenteil, ich war durchaus auf eine stürmische Szene gefaßt, die damit enden würde, daß er rundheraus erklärte, er wolle mit der ganzen Geschichte nichts zu tun haben. Daran zweifelte ich keinen Augenblick. Sandra hatte vollkommen recht, als sie sagte, ich sei ein Gimpel. Nie hätte ich Bunny erlauben sollen, mich zu beschwatzen. Ich war wütend über mich selber, über meine Nachgiebigkeit; und als ich vor unserem Haus hielt, stand mein Entschluß fest. Wenn Robin auch nur das leiseste Zeichen von Mißbilligung merken ließ, würde ich auf der Stelle Bunny anrufen und ihm erklären, er müsse jemanden anderen finden, der ihn deckte.

Als ich den Wagen in die Garage gefahren hatte und ins Haus trat, begrüßte mich ein begeistertes Geschrei aus dem oberen Stockwerk, woraus ich schloß, Robin sei früh heimgekommen, bade die Kinder und bringe sie derart außer Rand und Band, daß sie noch stundenlang herumtoben und nicht einschlafen würden.

Ich öffnete die Tür zum Kinderzimmer, wo Nanny, starr vor Entrüstung, auf einem Stuhl saß und aus dem Fenster schaute. Ihre zusammengepreßten Lippen und der Ausdruck leidender Ergebung verrieten mir ohne Worte, aber eindeutig, daß sie ihr möglichstes getan hatte und nun am Ende ihrer Kunst angelangt war. Als sie mich sah, stand sie auf und verzog das Gesicht zu einem frostigen Lächeln.

„Mr. Craigie ist mit den Kindern im Badezimmer", sagte sie tonlos. „Sie spielen Unterseeboot."

„Wie lustig!" rief ich heiter. „Aber jetzt machen wir dem Spiel ein Ende, finden Sie nicht?"

„Sie sollten schon seit einer halben Stunde im Bett sein." Nanny behielt ihr Märtyrerlächeln bei. „Ich habe Mr. Craigie vorgeschlagen, erst später heraufzukommen, wenn die Kinder schon zur Ruhe gebracht wären, aber man hat leider nicht auf mich gehört."

In diesem Augenblick sprang die Badezimmertüre auf, und Simon, Janet und Cokey stürzten splitternackt herein, verfolgt von Robin, der einen großen, nassen Schwamm schwenkte. Janet und Cokey kreischten wie Dampfpfeifen und rannten in den Gang, und Simon tauchte unter das Bett.

„Bring doch den Schwamm ins Badezimmer zurück, Robin; er macht ja den ganzen Boden naß."

Robin blinzelte mir heftig zu und hob, von Nanny unbemerkt, den Arm, als wollte er den Schwamm nach ihr werfen. Simon lugte unter dem Bett hervor und quietschte vor Entzücken.

„Holen Sie die Zwillinge, Nanny", sagte ich. „Ich werde mir Simon vorknöpfen."

„Guten Abend, Schatz", sagte Robin. „Wir tollen noch ein bißchen herum."

„Das sehe ich." Ich nahm ihm den Schwamm ab und trug ihn ins Badezimmer. Simon ließ sich nur mühsam unter dem Bett hervorlocken, und als es uns schließlich gelang, war er von Kopf bis Fuß mit Staub bedeckt und mußte noch einmal gebadet werden. Nanny holte Janet und Cokey vom Treppenabsatz zurück und steckte sie in ihre Nachthemden. Alles in allem dauerte es eine halbe Stunde, bis die Ordnung wiederhergestellt war. Als ich mich bückte, um Simon seinen Gutenachtkuß zu geben, platze die Bombe.

„Tragen Herzoginnen Kronen?" fragte er.

Verdutzt schaute ich ihn an. „Wie kommst du nur darauf?"

„Wie Könige und Königinnen und Prinzen und Prinzessinnen?"

„Warum willst du das wissen? Warum fragst du das?"

„Weil eine bei uns wohnen soll." Simon setzte sich auf. „Janet sagt, daß sie die Kronen immer tragen, und ich sage, nicht immer."

„Wer hat dir denn etwas von einer Herzogin erzählt, die bei uns wohnen soll?"

„Daddy. Beim Baden. Er sagte, daß sie eine echte, in der Wolle gefärbte, stromlinienförmige Herzogin sei, und wir müßten uns verneigen und jedesmal mit der Stirn den Boden berühren, wenn wir ihr guten Morgen sagen."

„Daddy hat nur Unsinn gemacht." In meinem Kopf wirbelte es.

„Dann ist das also nicht wahr? Und sie kommt nicht?"

„Doch, Liebling, sie kommt sicher, aber ihr müßt euch nicht verneigen und mit der Stirn den Boden berühren. Daddy hat es nicht ernst gemeint."

„Wie sollen wir zu ihr sagen?"

„Tante Eloise", erwiderte ich fest. „Und das so oft wie möglich!"

„Aber sie ist nicht unsere richtige Tante?"

„Nein, aber sie wird sich gewiß freuen, wenn man sie dafür hält."

„Und ist sie eine richtige Herzogin?"

„Ja, Liebling." Ich beugte mich nieder und gab ihm einen Kuß. „Derzeit jedenfalls."

„Ja aber – kann sie denn plötzlich aufhören, eine Herzogin zu sein?"

„Wir alle müssen unser möglichstes tun, das zu verhüten." Ich lachte ein wenig hysterisch. „Und jetzt sei ein braver Junge, leg dich hin und schlaf!"

„Schade, daß das ein Spaß war! Das mit der Stirn auf den Boden; wir wollten morgen früh gleich üben."
„Macht nichts. Gib mir einen Kuß und schlaf schön!"
Simon schlang die Arme um meinen Hals und drückte mich an sich. „Ich bin ein riesiger Bär", sagte er, „und ich werde dich quetschen, bis du in tausend Stücke zerspringst."
„Das ist ein reizender Gedanke, und ich weiß das zu schätzen; aber noch mehr würde ich es schätzen, wenn du jetzt nicht ein riesiger Bär wärst, sondern ein lieber, guter kleiner Junge, der unter die Decke schlüpft und schläft." Ich drückte den zappelnden Simon in die Kissen und zog die Decke über ihn. „Ich muß jetzt baden und mich umziehen."
Ich traf Robin auf der Veranda im Erdgeschoß, wie er unschuldig nach den Sternen schaute und einen Gin mit Soda schlürfte. Ich mischte mir auch einen und setzte mich auf die Hollywoodschaukel, die, wie gewöhnlich, protestierend quietschte.
„Das verdammte Ding sollte geschmiert werden", sagte Robin. „Seit Monaten schreit es nach Öl."
„Ich weiß. Ich will dauernd etwas dagegen tun, aber ich vergesse es immer."
„Etwas tun wollen und es nicht tun, ist ein Zeichen von Schlamperei und Unentschlossenheit", bemerkte Robin tadelnd. „Du solltest energisch sein, deine Zerstreutheit bekämpfen und eine Ölkanne kaufen. Auch deine rasch wachsende Neigung zu Intrigen solltest du bändigen."
„Ich habe keine Ahnung, wovon du redest."
„Du warst wieder tückisch und hinterlistig."
„Sei nicht albern. Ich war weder das eine noch das andere."
„Doch, doch! Zunächst gab's diese völlig überflüssige Heimlichkeit und Mogelei mit dem königlichen Besuch, und jetzt läßt du dich in diese schändliche Verschwörung mit Bunny und seiner Herzogin ein. Ich weiß nicht, was mit deinem Charakter los ist; er entartet mit jedem Atemzug mehr. Das dürfte Sandras Einfluß sein; sie gehört zu jenen unbesonnenen, flatterhaften Geschöpfen ohne jedes moralische Rückgrat."
„Unsinn! Sandras moralisches Rückgrat knarrt vor Steifheit,

und sie ist ungefähr so flatterhaft wie eine Registrierkasse, wenn sie sich wirklich etwas vornimmt. Und du magst sie nicht weniger gern als ich, und es hat gar keinen Zweck, es zu leugnen."

„Ist sie auch an dem Streich beteiligt?"

„An was für einem Streich?"

„Mit Bunny und seiner Herzogin natürlich. Hat sie dich in die Sache hineingezogen?"

„Keine Spur. Im Gegenteil! Sie wehrte sich wie ein Stier, als ich sie bat, Eloise für ein paar Tage aufzunehmen."

„Warum hast du das von ihr verlangt?"

„Weil ich es Bunny heute früh versprochen hatte. Er schneite plötzlich hier herein und redete und schmeichelte solange, bis ich nachgab; und dabei bereue ich es seither zutiefst. Wenn du nichts davon wissen willst, genügt ein Wort und ich rufe ihn auf der Stelle an und erkläre ihm, die ganze Geschichte falle ins Wasser."

Robin schluckte den Rest seines Gins und trat an den Tisch, um sich noch ein Glas zu mischen.

„Das entspricht ungefähr der Darstellung, die ich von ihm selber habe. Er erwischte mich in der Bar des Royal Samolan, wo ich ganz friedlich mit Siggy ein Glas trank, zwang mich, mit ihm zu Mittag zu essen, und packte dann die ganze unsaubere Geschichte aus. Er sagte, du seist ein Schatz und eine wunderbare Freundin und er fühle sich schuldig, weil er dich um Hilfe gebeten habe, ohne vorher mit mir zu sprechen. Er sitzt offenbar ziemlich in der Patsche, nicht?"

„Und du hast vermutlich nachgegeben? Genau wie ich."

Robin kehrte zu seinem Stuhl zurück. „Was hätte ich sonst tun sollen? Der arme Kerl war in einem schrecklichen Zustand."

„Der arme Kerl ist ein Ungeheuer."

„Natürlich ist er das!" Robin lachte. „Das wissen wir ja alle. Er war, wenn es um Frauen ging, immer ein Ungeheuer; aber diesmal scheint's wirklich ernst zu sein. Er hat angebissen."

„Das ist seine Sache", sagte ich ärgerlich. „Ich habe mir alles sehr gründlich überlegt und kam, stark beeinflußt von der unbesonnenen Sandra, zu dem Ergebnis, daß wir wirklich nichts damit zu tun haben sollten. Abgesehen von persönlichen Unbequemlichkeiten und gesellschaftlichen Verwicklungen kann uns die Affaire sehr leicht in allerlei Schwierigkeiten stürzen. Wir wollen ihn anrufen und uns drücken, bevor es zu spät ist."

„Das können wir nicht." Nachdenklich schlürfte Robin sein Getränk. „Wir haben alle beide ‚ja' gesagt. Es wäre häßlich, unser Wort zu brechen, abgesehen davon" – er sah mich mit einem Aufblitzen in seinen Augen an –, „daß ich mich beinahe darauf freue, diese verführerische, hochadlige Sirene zu beherbergen. Das wird die ganze Kolonie gehörig aufmöbeln."

„Die Kolonie wird durch den königlichen Besuch schon genügend aufgemöbelt."

„Ist sie wirklich so bezaubernd, so verlockend, so schön, wie Bunny sie schildert?"

„All das und noch mehr", erwiderte ich munter. „Sie ist ein wahrer Traum, und dazu gesellt sich eine geradezu erschütternde Intelligenz. Du wirst die Augen aufreißen, wenn sie ihre profunden Kenntnisse in Literatur, Kunst und internationaler Politik auspackt."

„Schon wieder bist du tückisch und hinterlistig! Kein Zweifel, daß dir ihr bloßer Anblick zuwider ist."

„Nun, gerade ihren Anblick finde ich das einzige Erträgliche an ihr. Wie dem auch sei, um Bunnys und unserer alten Freundschaft willen haben wir sie nun auf dem Hals. Du kannst dich darauf verlassen, daß ich mich ihr gegenüber tadellos benehmen und ihr jede Aufmerksamkeit erweisen werde, vorausgesetzt, daß wir zwei, ehe sie nur den Fuß ins Haus setzt, eine hieb- und stichfeste Abmachung treffen."

„Eine hieb- und stichfeste Abmachung?" Robin sah mich arglos an.

„Ja. Und diese hieb- und stichfeste Abmachung besteht darin, daß du schwörst, dich anständig aufzuführen."

„Ich weiß gar nicht, was du meinst."

„Du weißt ganz genau, was ich meine. Ich will keine heimlichen Blicke, keine schelmischen Anspielungen, keine langen, vertraulichen Reitausflüge auf der Pflanzung. Mit einem Wort, ich will keine Wiederholung der Rose-Cavendish-Episode."

„Die Rose-Cavendish-Episode, wie du sie nennst, ist ausschließlich in deinem törichten Kopf entstanden, und, wenn ich mich recht erinnere, hast du mir feierlich versprochen, sie nie wieder zu erwähnen."

„Nun, ich habe sie eben erwähnt, basta, und ich werde sie immer wieder erwähnen, wenn ich auch nur eine Sekunde lang jenen lüsternen, blöden Ausdruck in deinen Augen entdecke."

„Blöd und lüstern paßt nicht recht zusammen."

„Darauf kommt's nicht an. Aber du versprichst es mir?"

„Und was geschieht, wenn ich mich leidenschaftlich, wahnsinnig in sie verliebe?"

„Gib doch acht, daß du's nicht tust!"

„Wie kann ich dir das garantieren? Da stehe ich, ein gesundes männliches Wesen, in der Blüte des Lebens, verehelicht mit einer eifersüchtigen, besitzgierigen Frau, die dazu anderthalb Jahre älter ist als ich. Wie kann ich, jäh einer schönen verführerischen Frau von hohem Rang gegenübergestellt, versprechen, daß ich das heiße Blut im Zaum halten werde, das durch meine Adern rollt? Und im voraus schwören, daß ich meine natürlichen, aus Urzeiten überkommenen Instinkte rücksichtslos unterdrücken werde?"

„Es hat keinen Zweck, Witze zu reißen. Mir ist es todernst."

„In diesem Fall", erklärte Robin, „bist du nicht nur verschlagen, heimtückisch, hinterlistig und völlig aus dem Gleichgewicht, nein, du bist zu all dem auch noch ein Schafskopf."

8

Über Sinn und Wert von Cocktail-Parties gehen die Meinungen auseinander: die einen behaupten, Cocktail-Parties seien die reinste Hölle und ein Fluch der modernen Zivilisation, die anderen dagegen behaupten, sie seien ein Segen für die Menschheit und ermöglichten es den Leuten, mit einem Mindestmaß an Aufwand gesellschaftlich zu verkehren. Ich für mein Teil schwanke eigentlich zwischen beiden Ansichten. Cocktail-Parties können die reinste Hölle sein; Kopf und Füße schmerzen und man vergeudet seine Zeit mit Geschwätz und stopft sich mit überwürzten und unverdaulichen Appetithappen voll, so daß man zu Hause schließlich überhaupt keinen Appetit mehr auf das Abendessen verspürt, sondern nur noch den Wunsch, in einer Klinik in einem kühlen, weißen Bett zu liegen und Kraftbrühe zu schlürfen. Andrerseits ermüden Cocktail-Parties weit weniger als Diners oder große Mittagessen, und man kann sich wenigstens drücken, wenn es unerträglich wird.

In Samolo gibt es gewöhnlich drei oder vier in der Woche und häufig sogar mehr, und dieselben Menschen finden sich zusammen, tragen mehr oder weniger die gleichen Kleider und reden mehr oder weniger das gleiche Zeug. Die gleichen Getränke, die gleichen Brötchen werden herumgereicht, außer wenn eine tatkräftige Hausfrau in einem amerikanischen Magazin ein neues Rezept entdeckt hat.

Wir veranstalten durchschnittlich alle zwei Monate eine Cocktail-Party, und sie sind auch nicht schlimmer als bei andern Leuten; jedermann scheint sich gut zu unterhalten, alle sagen, wie reizend es gewesen sei, und wenn alle fort sind, wandern Robin und ich zwischen den Überresten herum, knabbern da und dort ein Brötchen und landen schließlich vor einem Bridgetisch auf der hinteren Veranda und essen unser Rührei.

An dem Abend nach unserer folgenschweren Entscheidung über Bunny und Eloise gingen wir pflichtschuldig, aber ziemlich mißgestimmt zum Cocktail bei Mrs. Innes-Glendower. Die Nachricht von dem königlichen Besuch war in der Morgenausgabe des ‚Reaper' veröffentlicht worden, und so wußten wir, was uns erwartete. Mrs. Innes-Glendower besitzt als ermüdendste Eigenschaft ein unbegrenztes Erinnerungsvermögen. Sie ist im Grunde eine ganz nette alte Dame, aber sie lebt so völlig in der Vergangenheit, daß Robin meint, er könne nicht begreifen, warum sie überhaupt noch frühstücke. Die Vergangenheit, in der sie mit solcher Begeisterung lebt, erfüllt Größe und Glanz. Sie ist die Witwe eines Generals, der während seiner unerschütterlich mittelmäßigen Karriere einmal irgendeine untergeordnete Stellung im königlichen Hofstaat bekleidete. Diesen Glorienschein eines kurzen Ruhms hat Mrs. Innes-Glendower seither beständig durch die Jahre geschleppt. Sie erinnert sich nur allzu lebhaft und unvermittelt an zahllose drollige und reizende kleine Anekdoten aus dem Königshaus, denen es meistens an jeglicher Pointe mangelt, bis auf den bedeutungsvollen Umstand, daß die gute Dame dabeigewesen war. Wir alle in Samolo haben die Geschichten so oft gehört, daß wir sie auswendig kennen, und wenn ein Neuling auf der Insel erscheint, wie Pug und Connie Bright oder der arme Elmer James und Bruce Wheeler, sinkt unser Mut, und wir müssen stumm und hilflos dasitzen, während die Flut sich über sie und uns ergießt.

Gemäßigte monarchistische Gefühle finde ich recht gut, und ich bin durchaus dafür. Die Krone ist ein Symbol und als solches von gewaltiger Bedeutung; so sollte es wenigstens sein. Wir sind an die ehrwürdige Einrichtung der Monarchie gewöhnt, wir sind dazu erzogen, an sie zu glauben, sie zu achten, sie zu lieben. Durch und durch englisch und bis ins Mark sentimental, würde ich niemals in einem Lande leben wollen, wo es kein königliches Gepränge gibt, keine Hoffnung, die Königin plötzlich vorüberfahren zu sehen. Das kann man, wie ich sehr wohl weiß, als reaktionäre Gefühlsduselei bezeichnen, was es vielleicht auch ist, aber, reaktionär oder nicht, so schlägt mein Herz, und wenn die Schmutzpresse Mitglieder unseres Königshauses beim Vornamen nennt und ihre Privatangelegenheiten mit klebrigen Gemeinplätzen beschmiert, bin ich zutiefst erbost und schäme mich. Ich möchte, daß das Symbol seinen Glanz bewahrt, daß es unerreichbar bleiben soll, und ich stelle dankbar fest, in unserem Land, in seinen Kolonien und Dominions trotzt die Krone erfolgreich allen Versuchen, sie herabzuwürdigen. Das alles bedeutet jedoch nicht, daß ich völlig wie Mrs. Innes-Glendower denke. Sie treibt ihre Verehrung für das Königshaus derart weit, daß ich manchmal Lust verspüre, auf den nächsten Tisch zu springen und die Internationale anzustimmen, nur um sie zum Schweigen zu bringen.

Wir parkten unseren Wagen am Ende einer langen Reihe anderer Wagen und gingen die Auffahrt zum Haus hinauf. Das recht häßliche Gebäude rettet ein reizender Garten, und die Reihe niedriger Kasuarinabäume rauschte uns in der Brise zu, als wir vorüberschritten, und weit in der Ferne hörten wir, wie die Brandung sich an dem Narouchi-Riff brach.

Auf den Stufen der Veranda begrüßte uns Mrs. Innes-Glendower. Der Klang ihrer Stimme verriet, daß sie sich in höchster Erregung befand.

„Ist das nicht eine großartige Neuigkeit?" schwärmte sie, als sie uns durch den mit Möbeln überfüllten Salon nach dem Patio hinter dem Haus führte, wo die Gäste bereits versammelt waren. „Natürlich hatte ich schon längst etwas läuten hören, seit Tagen hat ja kein Mensch von etwas anderem gesprochen, aber ich konnte erst richtig daran glauben, als ich heute früh im ‚Reaper' die offizielle Bekanntmachung las. Abgesehen von allem übrigen, wird es für die Insel so *vorteilhaft* sein! Für mich ist es natürlich besonders aufregend, denn ich habe ja die Königin als ganz kleines Mädchen gekannt. Und was für ein ungewöhnliches kleines Mädchen war sie! So liebenswürdig zu jedem und doch so – wie soll ich sagen? – so durch und durch königlich! Ich erinnere mich an einen Vorfall, als sie noch winzig klein war, es dürfte bei einer garden party gewesen sein, da stürzte irgendein schreckliches Frauenzimmer auf sie zu und schüttelte ihre Hand wie einen Pumpenschwengel, ganz ohne Hofknicks oder sonst etwas. Mein Gott! Aber sie hat sie völlig erledigt."

„Wie?" fragte Robin.

„Sie stand einfach da –" Mrs. Innes-Glendower senkte dramatisch die Stimme – „und sah durch sie hindurch. Es war ganz außerordentlich, die Person konnte eben noch davonschleichen. Ich erinnere mich, wie die Königin-Mutter, damals natürlich Herzogin von York, mich anblickte, und wir haben beinahe laut aufgelacht, ja, wirklich! Ein unbedeutender kleiner Zwischenfall, und doch irgendwie bezeichnend! Man spürte, daß das Kind bereits in diesem zarten Alter von seinem Erbe wußte, daß es sich schon darauf vorbereitete, sein Schicksal zu tragen – Sie verstehen doch, was ich meine?"

Robin öffnete den Mund zu einer Antwort, und an einem Aufblitzen in seinem Auge erkannte ich, daß er etwas Leichtfertiges sagen wollte; so schnitt ich ihm rasch das Wort ab.

„Natürlich verstehe ich, was Sie meinen. Und ich bin völlig Ihrer Ansicht. Ich hatte nie wie Sie die Ehre, die Königin persönlich kennenzulernen, aber mir fiel selbst auf Photographien und in der Wochenschau immer auf, daß sie eine unangreifbare Würde besitzt, eben ein gewisses je ne sais quoi", fügte ich kläglich hinzu.

„Genau das ist es!" rief Mrs. Innes-Glendower begeistert. Robin warf mir einen spöttischen Blick zu, den ich nicht zur Kenntnis nahm; dann schob man uns in den Patio.

Mrs. Innes-Glendowers Parties waren keineswegs besonders aufregend, aber in einem bezaubernden Rahmen lief immer alles wie am Schnürchen. Hinter dem hübsch beleuchteten Patio, den etwa fünfzig laut schnatternde und schwatzende Menschen füllten, versank der Garten im Dunkel. Ein mächtiger Banyan-Baum in der Mitte des Rasens trug auf den unteren Zweigen farbige Lichter, während rechts davon, in einem Kreis hier gebräuchlicher lodernder Fackeln, eine Gruppe junger samolanischer Musikanten in bunten Sarongs gedämpft ihre klagenden Lieder sang. Alle alten samolanischen Lieder klagen leise, weil sie zumeist von unerwiderter Liebe und Abschied und sanfter, uralter Trauer handeln. Es gibt ein paar heitere in schnelleren Rhythmen, doch auch sie verklingen in süßem Moll. Die Tanzorchester der Hotels an der Südküste verschmähen grundsätzlich die alte Musik und widmen sich mit einem für meinen Geschmack übertriebenen Eifer dem modernen Jazz; natürlich hat hier die Nachfrage das Angebot geweckt. Die meisten Touristen hören recht gern ein- oder zweimal ‚echte' Musik, doch ihr flüchtiges Gemüt sehnt sich nach vertrauteren Klängen, mit dem Ergebnis, daß man ihnen alle Schlager aus den neuesten amerikanischen Musicals ziemlich willkürlich vorsetzt und vor allem schrecklich laut.

Zum Glück besaß Mrs. Innes-Glendower guten Geschmack und das sichere Gespür, daß Musik bei einer Cocktail-Party mehr einen freundlichen Hintergrund schaffen soll als blödsinnig zu lärmen, und die alten Melodien, auf den Ukuleles gezirpt und von gedämpften Männerstimmen gesungen, fluteten über den dunklen Garten und mischten sich angenehm mit dem Quaken der Laubfrösche.

Mrs. Innes-Glendower verließ uns, um den Admiral und die Prinzessin zu begrüßen, die in ihrem Morris Minor ruckartig den Hügel hinaufgerattert waren und jetzt, dem Geräusch nach zu urteilen, zu parken versuchten. Wir gondelten zur Bar, bestellten einen Gin mit Soda und gesellten uns zu Buddha und Dusty Grindling und Maisie Coffrington, die schon Zeichen von heulendem Elend aufwies. Buddha und Dusty sind gute Freunde von uns; sein richtiger Name lautet Terence, aber wir nennen ihn Buddha, denn sobald eine Diskussion entbrennt und er einiges getrunken hat, bekennt er herausfordernd, daß er das Christentum als völligen Fehlschlag betrachte, während der

Buddhismus rein und unbefleckt bleibe und eine religiöse Toleranz ausstrahle und dazu noch jede andere Toleranz. Wir alle sind längst daran gewöhnt und achten nicht mehr darauf. Er ist ein lieber Kerl, klein, helläugig und ungemein intelligent. Seine Frau Dusty, auf den Namen Hermione getauft, ist hochgewachsen und imponierend, sie hat große graue Augen und eine Gabe, bei jeder Witterung und in jeder Lebenslage kühl, gefaßt und tadellos gepflegt zu wirken. Buddhas Haltung merkte ich an, daß er in seiner épater le bourgeois-Laune war. Dusty nippte gelassen an ihrem Glas und blickte über seinen Kopf hinweg nach den Bergen.

„Ich bin froh, daß du gekommen bist", sagte er und gab mir zerstreut einen Kuß. „Denn ungleich vielen anderen, die ich namentlich aufzählen könnte, begreifst du dann und wann, wovon ich rede. Die Beschränktheit vieler meiner Freunde, wenn es sich um die Dinge handelt, die für uns alle lebenswichtig sind, bleibt für mich ein tiefes und ungeheures Mysterium."

„Was ist denn los?" fragte Robin. „Was deklamierst du denn da?"

Buddha musterte ihn aus den hellbraunen Augen. „Ich deklamiere noch nicht", sagte er, „aber wenn ich noch lange diesen hysterischen Unsinn über den königlichen Besuch anhören muß wie schon den ganzen Tag über, dann werde ich todsicher deklamieren, und zwar mit solchem Feuer, daß selbst ein Schauspieler wie der selige Sir Henry Irving sich schämen müßte. Und ich werde schreien und brüllen und meinen Schädel an der nächsten Mauer einschlagen."

„Schon der erste Punkt", warf Dusty leise ein, „könnte dich derart erledigen, daß uns alles übrige erspart bleiben würde."

„Meine Frau versucht, wie gewöhnlich, mein Selbstbewußtsein zu untergraben. Siebzehn qualvolle Jahre hat sie schon daran gearbeitet. Sie ist viel größer als ich, sonst wäre es ihr nie gelungen, mich zum Altar zu schleifen."

„Es war kein Altar, Liebster", sagte Dusty, „sondern das Standesamt von Westminster."

Buddha überhörte diesen Einwurf.

„Hundertmal hat man mir schon erzählt", fuhr er fort, „daß der bevorstehende Besuch Ihrer Majestät, der Königin, und Seiner Königlichen Hoheit, des Herzogs von Edinburgh, der Insel lauter *Vorteile* bringt."

„Natürlich", sagte Robin. „Das weiß doch jeder Esel!"

„Richtig. Jeder Esel weiß das, und, wenn du mir die Umkehrung gestattest, jeder Esel sagt das; aber nicht jeder Esel hat bedacht, daß diese Ansicht nur ein sentimentaler Wunschtraum ist, ein Trugschluß. In Wirklichkeit werden wir genau das Gegenteil erleben. Merkt euch meine Prophezeiung."

„Menschenskind", meinte Robin friedlich. „Du bist, wie gewöhnlich, schief gewickelt."

„Diese Pennälerausdrücke sind mir zuwider, aber ich will sie überhören und meinen Gedankengang weiter entwickeln."

„Maisie hätt' gern noch ein Gläschen!" Maisie Coffrington hakte sich zärtlich bei Buddha unter. „Maisie will dringend noch ein kleines Gläschen!"

„Maisie *will* wohl dringend noch ein kleines Gläschen", sagte Buddha und löste sich aus ihrem Griff. „Aber wenn Maisie noch ein Gläschen trinkt, dann kann Maisie leicht auf ihr Gesichtchen purzeln. Wo war ich stehengeblieben?"

„Bei nichts Besonderem", sagte Dusty.

Buddha schoß einen vernichtenden Blick auf sie ab. „Bevor ich fortfahre, möchte ich ganz deutlich feststellen, daß meine Bemerkung, der königliche Besuch bringe der Insel keinen einzigen Vorteil, sondern nur Nachteile, sich keineswegs gegen die königlichen Besucher selbst richtet."

„Verflucht großzügig von dir", meinte Robin.

„Sie sind schön, charmant, huldvoll und werden die Aufgabe so geschickt und klug erfüllen wie alle ihre andern Pflichten, aber, und jetzt kommt ein sehr gewichtiges Aber: gerade dieser königliche Besuch wird die Insel in eine unberechenbare gesellschaftliche, moralische, wirtschaftliche, industrielle und politische Verwirrung stürzen..."

„Warum eigentlich?"

„Zunächst wird der gesellschaftliche Snobismus einen bis heute noch nicht erreichten Gipfel erklimmen. Gewöhnliche Bürger, die mit ihrem Schicksal bisher zufrieden waren, werden sich, von ihren Frauen aufgehetzt, jählings in eingebildete Würde hüllen und Machttriebe und krankhaften Ehrgeiz pflegen, sie werden um Posten zu buhlen beginnen und Komplotte anzetteln, um eine formelle Vorstellung und besondere Ehren zu erlangen – und wenn das nicht moralisch verwerflich ist, dann wüßte ich gern, was sonst. Zweitens werden die Hotels und die Geschäfte ihre ohnehin schon astronomischen Preise verdoppeln und verdreifachen und dadurch die gesamte Wirtschaftslage, die, weiß Gott, schon genug wackelt, über den Haufen werfen. Drittens wird das einheimische Kunstgewerbe vollständig überschnappen: statt sich auf ihre herkömmlichen Matten und Palmstrohdächer und Bambusarbeiten zu beschränken, wird es uns mit scheußlichen Basttäschchen, Flaschenuntersätzen, Wandschirmen und anderen Greueln überschwemmen, geschmückt mit Kronen und Wappen und schiefen E. R.'s, die man kunstvoll aus buntem Stroh und Pailletten verfertigt. Politisch wird die ganze Geschichte weitreichende und katastrophale Folgen zeitigen. Alle samolanischen Nationalisten, deren Glück bisher vollkommen war, wenn sie auf die Regierung schimpfen und kommunistische Schlagworte an öffentliche Gebäude schmieren konnten, werden jetzt, natürlich auch von ihren Frauen aufgehetzt, das Knie beugen, Bücklinge machen und sich umschmeicheln und verwöhnen lassen, wodurch die gesunde Opposition sich vollständig auflöst. Doch abgesehen von all diesen verzweiflungsvollen Dilemmas, in die der königliche Besuch uns versetzt, gibt es eines, das schlimmer ist als alle andern zusammen, eines, das anscheinend niemand bisher in Rechnung gezogen hat..."

„Verrat es uns", sagte Robin. „Spann uns nicht auf die Folter, mir kommen schon die Tränen."

„Die Presse!" Buddha legte eine dramatische Pause ein. „Die Presse der ganzen Welt wird in diesem unglückseligen kleinen Südseeparadies zusammenströmen, und nachher sieht es hier aus wie auf Hampstead Heath nach Pfingsten. Sie werden dem strahlendsten Tag eine gewisse Schäbigkeit aufstempeln. Mit

Clichés gesättigte Gruppen werden sich in den Bars aller guten Hotels drängeln. Da werden blasse, engstirnige Einfaltspinsel aus der Fleet Street anrücken und pseudo-intellektuelle politische Berichterstatter mit Kordhosen und vergrößerten Adamsäpfeln; muntere, gefühlstriefende Frauenzimmer, die unsere Gäste mit denselben Phrasen schildern werden, wie sie Hollywoodstars schildern; verschmockte Berichterstatterinnen für die Gesellschaftsspalten amerikanischer Zeitungen, gerissene, gutangezogene Weibsbilder mit liebenswürdigen Manieren und einem Herz aus Stein, und ein oder zwei mittellose Lords aus England und ein oder zwei blutarme Modejournalistinnen in schlechtgeschnittenen Baumwollkleidchen. Diese ganze öde, unappetitliche Bande wird aus den Flugzeugen uns vor die Füße plumpsen, und wir werden auch noch nett zu diesen Leuten sein müssen, ja, wir müssen sogar, wenn die Obrigkeit es verlangt, sie in unsere Häuser einladen, denn der Schwindel von der Macht der Presse schleicht noch immer durch unsere törichte, entartete Welt."

„Ich habe eine gute Freundin, eine Journalistin", bemerkte ich. „Und die ist ganz reizend."

„Dann muß sie eine sehr schlechte Journalistin sein", fuhr Buddha mich an. „Keine gute Journalistin kann ganz reizend bleiben, selbst wenn sie es anfangs gewesen sein sollte."

In diesem Augenblick tauchte Michael Tremlet auf und musterte besorgt Maisie, die leicht schwankte und versuchte, die Lichter des Banyan-Baumes ins Auge zu fassen. Michael ist ein recht netter Junge. Robin findet ihn fad, und wohl zu Recht, aber er ist gut zu der armen Maisie und kümmert sich redlich um sie; auch besitzt er eine Begabung für Innendekoration.

„Zeit zum Aufbruch", flüsterte er ihr zu. „Wir sagten, daß wir um halb acht bei Jane sein wollten, und jetzt ist es halb acht."

„Ich will nicht zu Jane", sagte Maisie, „ich kann sie nicht ausstehn."

„Du hast sie sehr gern", ermahnte sie Michael sanft, aber energisch. „Das weißt du ganz genau. Alle haben die gute alte Jane gern."

„Ich habe die gute alte Jane nicht gern." Maisies Stimme hob sich kampflustig. „Die gute alte Jane ist langweilig, und überdies betrinkt sie sich noch mehr als ich."

Michael lachte schrill. „Du bist wunderbar, Maisie, wirklich wunderbar!"

„Als ich das letzte Mal bei ihr gegessen habe", fuhr Maisie erinnerungsselig fort, „setzte sie sich in den Obstsalat."

„Vielleicht tut sie das heute wieder, wenn wir uns beeilen." Michael packte sie fest beim Arm. „Los! Komm!"

Wir sahen zu, wie er sie fortführte, wie er sie mit geübter Kunst zwischen den Gruppen hindurchlotste und über die breiten Marmorstufen ins Haus zog.

„Der Bursche verdient sich ganz gewiß sein Essen", sagte Buddha. „Aber vermutlich nicht, ohne daß es ihm Freude macht. Was für ein seltsames, zweideutiges und großartiges Schauspiel bietet ein junger Engländer, der seine ganze unheimliche Energie daran wendet, eine betrunkene Neurotikerin zu betreuen, die alt genug ist, um seine Mutter zu sein."

„Vielleicht hat er sie aufrichtig gern", meinte ich. „Sie ist ein einsames Geschöpf, und er wahrscheinlich auch, und von ihrem Trinken abgesehen, das zugegebenermaßen lästig ist, hat sie viele ausgezeichnete Eigenschaften."

„Die Vornehmheit deiner Gesinnung, meine liebe Grizel, beschämt mich", sagte Buddha. „Du hast immer ein gutes Wort für jeden Menschen, und das ist an sich bewundernswert, aber einer Unterhaltung versetzt es den Todesstoß. In diesem zerrissenen Jahrhundert bist du fehl am Ort, du solltest in einem kleinen victorianischen Dorf leben und dich auf bescheidene Wohltätigkeit konzentrieren."

„Du verkennst mich", erwiderte ich scharf, „und wenn du anfängst, mich mit billigen Literaturphrasen anzugreifen, so werde ich dir nur zu gern beweisen, daß ich durchaus nicht für jeden Menschen ein gutes Wort habe. Bitte sehr!"

„Nur zu, Mädchen", sagte Robin.

Buddha seufzte. „Dieses ‚Bitte sehr' nahm deinem ganzen Satz den Schwung", sagte er traurig.

In diesem Augenblick kreuzte Mrs. Innes-Glendower mit Hali Alani auf, dem dekorativsten Salonlöwen unserer Insel. Er ist ein auffallend schöner Mann, etwa zweiunddreißig Jahre alt und Premierminister und Führer der derzeit regierenden Volkspartei. Die meisten älteren Mitglieder unserer Gemeinschaft betrachten ihn ein wenig als Leichtgewicht, und man findet es mehr oder weniger selbstverständlich, daß alle wichtigen politischen Entscheidungen von seinem Vater Punalo Alani hinter den Kulissen getroffen werden. Punalo ist alt und klug, wurde in England erzogen und sieht wie eine kleine vertrocknete Nuß aus. Trotz seiner zur Schau getragenen Oberflächlichkeit – einem großen gesellschaftlichen Plus – ist Hali keineswegs dumm, und dazu besitzt er beträchtlichen persönlichen Charme. Seine Exzellenz hegt einen leisen Argwohn gegen ihn, doch Sandra schätzt ihn hoch wie so ziemlich alle Leute der Kolonie, ausgenommen natürlich die Anhänger der SSNP, der Samolanischen Sozialistischen Nationalpartei, die sehr weit links steht und Unruhen und Streiks und leise Unzufriedenheit anzettelt, wo sie nur kann. Zum Glück sind die Samolaner ein sanftes Volk von heiterer Gemütsart; sie haben kein Interesse an Politik und genug Verstand um zu begreifen, daß sie unter englischer Obhut vollkommen glücklich sind. Herrschte große Armut und Mißwirtschaft in der Industrie, hätte die SSNP mehr Aussicht, das Volk zur bittern Erkenntnis seiner benachteiligten Lage zu bringen, und das tückische Schlagwort ‚Samolo den Samolanern' erzielte vielleicht größere Wirkung. So wie die Dinge liegen, sind sich die Einwohner von Samolo keinerlei Benachteiligung bewußt, und der Gedanke, Samolo gehöre etwa nicht den Samolanern, liegt ihnen fern. Diese ergebene Haltung läuft natürlich dem modernen, fortschrittlichen politischen Glaubensbekenntnis entgegen, das sich auf die Voraussetzung stützt, der britische Imperialismus sei auch im besten Fall böse, kapitalistisch und geldgierig und nunmehr ohnedies erledigt. Die Samolaner wissen wirklich gar nichts vom britischen Imperialismus. König Kefumalani I. übergab die Insel den Engländern in den fünfziger Jahren des achtzehnten Jahrhunderts, weil er, wie sich herausstellte, völlig zu Recht annahm, diese könnten sie besser und wirksamer verwalten und regieren als er. Kein Blut floß, keine eingeborene Bevölkerung wurde von eisernen Absätzen zertreten, überhaupt wurde niemand irgendwie ‚zertreten', bis auf einige Seeräuber, die zum allgemeinen Besten ausgerottet werden mußten. Die gegenwärtige Kampagne der Labour Party daheim in England, der Russen in Moskau, der Amerikaner in Washington und der SSNP hier, Samolo solle sich vom englischen Joch befreien und zu einem Dominion werden, findet auf der ganzen samolanischen Inselgruppe nur sehr wenig Anhänger. Zunächst würde ein so umstürzender Wechsel zweifellos große Verantwortungen mit sich bringen, und das samolanische Volk ist von Grund auf verantwortungslos und weiß das auch. Ferner fühlt es sich durchaus gerecht behandelt, und selbst bei gelegentlicher Unzufriedenheit ziehen die Samolaner instinktiv den Teufel, den sie kennen, den weit unberechenbareren Teufeln vor, auf die sie stoßen könnten, wenn sie plötzlich, ohne ihre alte britische Kinderfrau, auf sich selber gestellt wären.

Der Gouverneur, der aus einer hervorragenden sozialistischen Familie stammt, war ganz offen bestürzt, als er diesem samolanischen laissez-faire zum erstenmal begegnete, doch seither hat er sich daran gewöhnt, und insgeheim, so vermute ich, gefällt es ihm recht gut. Hali Alani und sein Vater Punalo jedenfalls sind heiter entschlossene Reaktionäre, und ich persönlich hoffe und bete, daß sie noch lange an der Macht bleiben mögen.

„Hali", sagte Mrs. Innes-Glendower überschwenglich, „hat heute in der Residenz zu Mittag gegessen und quillt jetzt über von den aufregendsten Neuigkeiten."

„Worüber?" fragte Buddha, und seinem Ton konnte ich anmerken, daß es Schwierigkeiten geben würde.

„Über den königlichen Besuch natürlich." Sie wandte sich wieder zu Hali. „Erzählen Sie ihnen doch von Ihrer Idee, den alten FumFumBolo-Gebetstanz bei Mondschein aufführen zu lassen. Das wäre wirklich entzückend und würde bestimmt von allem abstechen, was sie bisher gesehen haben."

„Die Königin und der Herzog von Edinburgh dürften bereits

so viele einzigartige traditionelle Volkstänze gesehen haben, daß beide bei der bloßen Aussicht auf noch einen weiteren ohnmächtig umkippen werden."

Hali lächelte entwaffnend. „Ich merke, daß der liebe Buddhabub heute abend in düsterer Stimmung ist. Jede Idee, die ich zur Unterhaltung Ihrer Majestät ausgeheckt habe, wird bei ihm auf steinigen Boden fallen."

„Der liebe Buddhabub ist von Anfang an gegen die ganze Sache", sagte Robin. „Er hat schon gebrüllt wie Sonntag nachmittags die Männer am Marble Arch."

„Ich bin nie in London gewesen, was ich zutiefst beklage", sagte Hali. „Warum wird denn am Marble Arch gebrüllt?"

„Um auswärtigen Besuchern zu beweisen, daß wir ein freies Land sind", sagte Buddha. „Wir gehen in England fast bis zum Äußersten, um den Fremden Sand in die Augen zu streuen."

„Ich fürchte, daß ich ganz und gar auf unbekanntem Meer bin."

„Lieber Hali", ich hakte mich bei ihm ein, „machen Sie sich keine Sorge, daß Sie auf unbekanntem Meer sind. Sie haben eine schnelle Auffassungsgabe, ob auf dem Meer oder anderswo, und Sie haben ganz recht damit, daß Buddha in düsterer Stimmung ist. Er war in der letzten halben Stunde unerträglich, aber er meint es gar nicht so, nur sein Geltungsbedürfnis, größer als das der meisten Leute, treibt ihn stets dazu, allen zu widersprechen."

„Hör jetzt einmal", setzte Buddha an, aber ich brachte ihn rasch zum Schweigen.

„Bitte, halt eine Minute lang den Mund. Ich versuche gerade, Hali deinen ermüdenden, überkomplizierten Charakter zu erklären, denn ich habe immer für jeden ein freundliches Wort, wie du sehr wohl weißt." Ich drehte mich wieder Hali zu. „Er findet den königlichen Besuch genauso aufregend wie wir alle, aber aus irgendeinem, nur ihm bekannten Grund möchte er beweisen, daß er über solchem sentimentalen Getue steht. So ist er nun einmal, und wir müssen uns damit abfinden und ihn auslachen wie sonst auch."

„Komm, mein Herz!" Dusty nahm Buddha beim Arm. „Grizel hat dich geschlagen, und du mußt lernen, deine Medizin wie ein Mann zu schlucken."

Alles wäre glatt gegangen, hätte sich die gute Mrs. Innes-Glendower nicht gerade in dieser Sekunde begeistert in die Bresche geworfen.

„Ich begreife nicht, wie irgend jemand *nicht* entzückt sein kann über den königlichen Besuch", rief sie. „Er ist das Wunderbarste, was unsere Insel je erlebte; und abgesehen von aller Freude, die er uns schenkt, wird er auch so außerordentlich viele *Vorteile* bringen."

Das war zuviel für Buddha, der sich Dustys Griff entriß und Mrs. Innes-Glendower anpeilte.

„Denken Sie ein wenig sorgfältiger nach mit Ihrem femininen Verstand", sagte er drohend, „bevor Sie solch alberne Behauptungen aufstellen. Sie, gesäugt und genährt mit Mittelstandsehrbarkeit, Sie, deren geistige Heimat Cheltenham ist, Sie haben nicht die leiseste Ahnung, können nicht die leiseste Ahnung von den gefährlichen Folgen haben, die dieser irregeleitete und gänzlich unprovozierte königliche Einbruch über unsere bisher so stille kleine Gemeinschaft heraufbeschwört. Unser friedliches, harmloses Dasein wird in tausend Stücke zerschlagen, unsere moralische Struktur wird geschwächt und aufgeweicht durch grausige, scheinheilige patriotische Hysterie, prominente Bürger, bisher völlig unbescholten, werden katzbuckeln und kriechen und schließlich, wenn unsere königlichen Gäste abreisen und das Fahnenschwenken vorüber ist und die Hysterie allmählich nachläßt, wird keiner mehr mit den andern noch ein Wort sprechen."

„In diesem Fall", sagte Mrs. Innes-Glendower mit anerkennenswerter Würde, „möchte ich gleich damit anfangen, indem ich nicht mehr mit Ihnen spreche. Bitte, Dusty, bringen Sie Ihren Mann fort, er hat offenbar zuviel getrunken, und ich wünsche nicht, daß man in meinem Haus mir gegenüber diesen Ton anschlägt." Mit diesen Worten kehrte sie sich ab und ging.

„Da hast du die Bescherung", sagte Robin.

„Dieses Weib ist ein Museumsstück! Und sie hat ein Hirn wie eine edwardianische Haartüte und –"

„Museumsstück oder nicht", sagte Dusty, „wir sind soeben hinausgeworfen worden und sollten uns mit Anstand zurückziehen. Komm, du kannst ihr morgen früh ein paar Blumen schicken mit einer Entschuldigung."

„Ich mich entschuldigen? Wofür denn?" Die Stimme des armen Buddha klang trotzig, doch dahinter spürte ich schon die ersten Gewissensbisse.

„Für vielerlei", erklärte Dusty geduldig. „Vor allem bei der Gastgeberin, der du gesagt hast, sie sei mit Mittelstandsehrbarkeit gesäugt worden und Cheltenham sei ihre geistige Heimat."

„Was ist dieses Cheltenham?" fragte Hali.

„Eine sehr freundliche Kleinstadt in England", erläuterte ich, „voll von pensionierten Obersten, Admirälen und früheren Botschaftern mit ihren Frauen. Dort spielen sie Golf und Bridge und fahren spazieren und leben von ihren Erinnerungen an vergangene Größe."

„Und was, wenn Sie mir noch eine Frage zur Besserung meiner englischen Mundart gestatten wollen, ist eine edwardianische Haartüte?"

„Das läßt sich nicht so einfach erklären", sagte Robin. „Es ist so ein gräßliches kleines Füllhorn, in das die Damen der Edwardianischen Zeit ihre ausgekämmten Haare gestopft haben, und ein Füllhorn –", fuhr er eilig fort, um einer zweiten Frage Halis zuvorkommen – „ist jenes trompetenförmige Ding, das Ceres, die Göttin der Fruchtbarkeit, benützte, um Obst und Gemüse auszuschütten."

„Vielen Dank", sagte Hali. „Sie haben mir jetzt alles außerordentlich verklarheitet."

„Komm, Buddha." In Dustys sonst ziemlich träger Stimme schwang ein gebieterischer Unterton mit. „Komm sofort nach Hause!" Sie packte ihn fest beim Arm und führte ihn weg. Mrs. Innes-Glendower, die sich auf der andern Seite des Patios mit Turlings unterhielt, drehte sich um und blickte ihnen nach.

„Das kann sich sehr leicht zu einer jener Inselfehden entwickeln", sagte Robin, „die am Ende für alle Beteiligten höchst ungemütlich werden. Wir sollten noch dableiben, bis wir eine Gelegenheit finden, ein wenig Öl auf die Wogen zu gießen."

„Ich muß Sie dann nun verlassen", kündigte Hali an. „Ich esse mit meinem Papa zu Abend, und es bringt ihn auf die Palme, wenn ich mich verspäte. Ich kann Ihnen gar nicht sagen, wie es mich betrübt, daß ich Zeuge eines so bösen kleinen gesellschaftlichen Dramas gewesen bin. Buddhabub ist sehr unartig, wenn er für seine Volksreden auf eine Seifenkiste steigt, aber alles in allem finde ich ihn ganz reizend und sehr liebenswert."

Hali verbeugte sich, lächelte bezaubernd und ging, um sich von Mrs. Innes-Glendower zu verabschieden. Robin und ich schlenderten auf den Rasen hinaus und setzten uns auf eine Bank unter dem Banyan-Baum. Plötzlich befiel mich, wie so oft bei Cocktail-Parties, ein unbestimmtes Gefühl schaler Sinnlosigkeit. Da waren sie alle beisammen, die Menschen, mit denen wir unser Leben verbrachten, die Männer in ihren weißen Jacketts und die Frauen in den duftigen, farbigen Kleidern: einige zählten zu unseren vertrauten Freunden, an denen wir ehrlich hingen, andere waren Zufallsbegegnungen, die wir ganz gern mochten, und andere wiederum waren Bekannte, die wir von Zeit zu Zeit trafen und mit denen wir wenig persönlichen Kontakt hatten. Aber wir kannten sie alle. Wir kannten ihre Namen, ihre Gesichter, wußten, wo sie wohnten, was sie trieben, und natürlich kannten sie uns, nicht schlechter und nicht besser. Monat um Monat, Jahr um Jahr kamen wir immer wieder bei solchen Anlässen zusammen, tranken miteinander Gin oder Rum und schwatzten über dies und jenes, und unterdessen lief die Zeit davon, und ehe wir's uns versahen, waren alle unsere Kinder groß geworden und verheiratet und geschieden, und wir waren Großeltern oder auch nicht, je nachdem, und waren alt und verschroben und am Rande des Grabes. Jetzt hatten wir natürlich ein gemeinsames Interesse, eine Aufregung, die uns miteinander verband: der königliche Besuch. Doch war der erst einmal vorüber und versanken wir wieder in unserem schönen, aber stillträgen Weiher, dann würde alles genauso weitergehn wie bisher – und das schien mir plötzlich nicht mehr zum Aushalten. Diese kleinen törichten Geschichten, diese gesellschaftlichen Nichtigkeiten: Buddha und Mrs. Innes-Glendower, die einige Wochen nicht miteinander reden, und dann ist alles wieder eingerenkt und vergeben und vergessen; dann fängt ein anderer mit irgendwem einen Streit an, und auch sie sprechen einige Wochen nicht miteinander, und die Leute nehmen Partei und klatschen darüber und baden sich darin, bis auch das eingerenkt, vergeben und vergessen sein wird.

Robin, der friedlich rauchte und zu den Zweigen des Baumes hinaufstarrte, mußte gespürt haben, wie Niedergeschlagenheit aus mir heraussickerte, denn er tätschelte mir liebevoll die Hand.

„Wie sagt Longfellow? Das Gedenken der Jugend bleibt uns so lange, so lange."

Ich seufzte. „Mein Gedenken war weit davon entfernt, sich der Jugend zuzuwenden. Ich dachte an das rasch nahende Alter."

„Nur Mut!" sprach er. „Du siehst um keinen Tag älter aus als fünfzig!"

„Es ist die schreckliche Verschwendung, die mich bedrückt. Als ich sehr klein war, hatte ich ein Kindermädchen, und sooft ich etwas von dem gräßlichen Tapiocapudding am Rande des Tellers übrigließ, bemerkte sie: ‚Diese schreckliche Verschwendung!' Und jetzt kommt es mir vor, als hätte aller Tapiocapudding, den ich nicht gegessen habe, sich zu einem riesigen Klumpen zusammengeballt und ich erstickte daran."

„Ein echt Tschechowscher Gedanke."

„Überfällt dich nie das Gefühl, daß im Grunde nichts wirklich zählt, daß jede Minute unseres Lebens, die doch so ungeheuer wertvoll sein sollte, völlig wertlos ist, und daß wir alle in einer Art trostloser Leere durch die Jahre wandern?"

„Natürlich! Ich bin pausenlos das Opfer solcher Betrachtungen. Oft halte ich den Wagen mitten auf der Straße an, wenn ich jemand treffen will, und sage mir: ‚Wozu das alles'?"

„Mach dich nicht lustig über mich. Es ist mir bitter ernst."

„Oh, keine Rede davon. Du fühlst dich nur erschöpft und müde und gelangweilt und möchtest deine Füße hochlegen."

„Ich glaube kaum, daß damit dieses Gefühl kosmischer Zwecklosigkeit gebannt wird."

„Das sind ja entsetzlich gewichtige Worte bei einer Cocktail-Party!"

„Wir sind nicht *bei* einer Cocktail-Party. Wir sind *außerhalb*. Ich zum mindesten. Ich fühle mich nicht nur außerhalb der Cocktail-Party, sondern außerhalb des Lebens – ein recht unglücklicher Zuschauer wie jene Medien, die mitten in der Nacht ihren Körper verlassen und sich selber schlafend im Bett betrachten."

„Mit solchen Leuten gebe ich mich nicht ab", sagte Robin. „Du weißt, in meiner Stellung kann ich gar nicht vorsichtig genug sein."

„Ich habe dich sehr lieb", sagte ich.

„Aha!" Robin stand auf. „Jetzt sehe ich klar. Sex, nichts als Sex! Gehen wir heim! Soll ein anderer Mrs. Innes-Glendowers gesträubte Federn glätten!"

„Die Männer sind alle gleich", murmelte ich, während ich ihm über den Rasen folgte. „Völlig ungeistig!"

Häufig bedrückt es mich, wenn ich die Breite des Abgrunds ermesse, der mich von den Heldinnen der modernen psychologischen Romane trennt. Bei unseren führenden Schriftstellerinnen haben diese Heldinnen – obgleich das vielleicht nicht die richtige Bezeichnung für sie ist – eine Empfindungsfähigkeit, ein Wahrnehmungsvermögen, eine Art von angenehm neurotischer Erkenntnis sämtlicher winziger Nuancen des Alltags, an der es mir, meinem ganzen Wesen nach, gebricht. Sie scheinen fähig, einen Augenblick des Ärgers, der Ekstase, der sehnsüchtigen Trauer mit höchst befriedigender Genauigkeit festzuhalten. Für sie ist jede Minute mit existentieller Bedeutung randvoll geladen. Sicherlich hat eine solche Sensibilität auch Nachteile, macht diese ‚Heldinnen' verletzbarer für den Ansturm lästiger Kleinigkeiten, tiefer verwundbar durch Nadelstiche, und dennoch beneide ich sie. Nicht weil mir irgend etwas zu meinem Glück fehlt – wirklich nicht –, sondern weil ich fühle, ich könnte für Robin viel interessanter sein.

Es wäre so reizvoll, wenn man es verstünde, rasch und präzis die Motive hinter dem Verhalten des anderen zu analysieren und die Gefühlsatmosphäre in einem von Menschen gefüllten Raum. Es wäre auch reizvoll, in einer jener stillen Stunden, da wir allein beisammen sind, sich die Zeit mit philosophischen Betrachtungen vertreiben zu können und die Ereignisse des Tages mit witzigen literarischen Anspielungen zu umranken. Ich habe das ein paarmal versucht, als wir nach dem Abendessen auf der hinteren Veranda saßen und zu den Sternen aufschauten, aber ein richtiger Erfolg ist es nie gewesen. Als ich einmal gerade mit einem unendlich subtilen Buch Rosamond Lehmanns fertig war und spürte, wie mich der intellektuelle Hafer stach, brachte ich ein Gespräch in Gang, von dem ich hoffte, es würde sich zu einer tiefsinnigen und anregenden Diskussion über unsere eigenen Beziehungen entwickeln. Geschickt behandelte ich verschiedene Bezirke des Gefühlslebens – physische, geistige, häusliche und so weiter. Es war ein köstlicher Abend, die Leuchtkäfer huschten über dem Rasen hin und her, während in einem fernen Dorf ein Fest gefeiert wurde und der Wind das Dröhnen der Trommeln gedämpft und in sanften Wellen zu uns trug; und ich war wirklich gut im Zuge und geriet gerade ins schönste Feuer, als Robin plötzlich nieste und sagte, das könne sehr wohl einen Schnupfen geben. Nachdem ich ins Haus geeilt war und im Badezimmer schließlich ein Aspirin gefunden hatte, verabreichte ich es ihm in einem Glas gutem, starkem Whisky, setzte mich hin und versuchte, die lyrische Stimmung wieder einzufangen, doch sie war unwiderruflich dahin, und ich vermochte nicht mehr, die Höhe wehmütiger schwereloser Selbstzerfaserung zu erklimmen. Ich machte einen schüchternen Anlauf und bemerkte so etwas wie daß menschliches Glück von der Fähigkeit abhänge, sich den wechselnden Verhältnissen anzupassen, den physischen Veränderungen des Alterns und vor allem der Zeit. Die Zeit, sagte ich, obgleich als die Allheilerin bekannt, heile sehr häufig überhaupt nicht. Die Zeit, im Verein mit stumpfsinniger Gewöhnung und tagtäglicher Vertraulichkeit, habe glücklichen Beziehungen mehr geschadet als man ahne, und die Menschen sollten doch klug genug sein, das zu erkennen, und sich größere Mühe geben, die Gewöhnung zu brechen, die Vertraulichkeiten zu vermeiden und sich stets auf dem qui vive zu halten, um auf irgendeine Weise originell zu sein und voll kleiner Überraschungen füreinander. Ich kam allmählich wieder in Schwung, da trank Robin seinen Whisky aus und sagte, à propos Zeit, er habe auch eine kleine Überraschung für mich, es sei zehn vor elf und er zumindest gehe jetzt zu Bett.

Wie gewöhnlich hatte ich den richtigen Augenblick verpaßt, was einer Rosamond Lehmann, einer Virginia Woolf oder einer Elizabeth Bowen – reizvollen, von Geistigkeit durchfunkelten Geschöpfen – nie unterlief; sie kannten den richtigen Augenblick, sie erfaßten ihn ganz klar und vermochten ihn bis in die feinsten Verästelungen zu entfächern. Immerhin muß ich, um mir selber Gerechtigkeit widerfahren zu lassen, zugeben, daß sie, meiner Ansicht nach, gelegentlich auf andere Art versagen, wo es mir erspart bleibt. Zunächst sind sie, in der Regel, schrecklich unglücklich, während ich jeden Tag viele Stunden so munter und lustig bin wie eine Grille. Dann habe ich das Gefühl, daß sie sich vielleicht überflüssig quälen, indem sie hinter ganz beiläufigen Worten oder Gesten psychologische Zusammenhänge wittern; hinter Worten und Gesten, die tatsächlich nicht mehr und nicht weniger bedeuten, als es den Anschein hat. Sie an meiner Stelle hätte Robins ernüchternd geringes Interesse an meiner Konversation und sein brüskes Abbrechen unverzüglich in einen Sumpf melancholischer Selbstzergliederung gestürzt. Sie hätten Sonden an seine Worte gelegt, um eine verborgene, unterbewußte Unzufriedenheit mit dem Leben im allgemeinen und mit ihrer eigenen Person im besonderen aufzuspüren. Ihr armes Herz wäre verzweifelt und gestorben am völlig unbegründeten Argwohn, daß das Gewebe ihres ehelichen Glücks fadenscheinig geworden sei; daß ihre Worte und Gedanken sich nicht mehr begegneten wie einst, da die Flamme der Leidenschaft heller gelodert hatte; daß diese jähe Differenz ihrer Wellenlänge den Anfang vom Ende verkündete, ein Zeichen dafür, daß der lyrische Lenz und Sommer der Liebe vorüber waren, daß ein naßkalter Herbst nahte und nichts mehr vor ihnen lag als tote Blätter und Asche und die endlosen Plackereien und Notlösungen einer entzauberten Gemeinschaft.

Etwas wäre diesen sensiblen Wesen wohl nicht in den Sinn gekommen, woran ich allerdings sofort gedacht hatte: daß Robin sich wirklich erkältet haben konnte, was ihn reizbar und unleidlich machte und keineswegs in die Stimmung versetzte, hochfliegende philosophische Abhandlungen anzuhören, weder von mir noch von sonst jemandem.

Als wir abends miteinander von Mrs. Innes-Glendowers Cocktail-Party heimfuhren, gab es keine leisen Untertöne, die uns geplagt, keine unausgesprochenen psychologischen Erkenntnisse, die uns voreinander wachsam gemacht und die stille Freude an der nächtlichen Fahrt verdorben hätten. Mrs. Innes-Glendowers Haus liegt hoch oben auf den Hügeln hinter der Narouchi-Beach, und die Straße, die hinunterführt, ist wohl kurvenreich, aber sehr reizvoll. Zunächst windet sie sich durch die Bananenpflanzungen der Familie Stirling, der eines der ältesten und malerischsten Häuser der Insel gehört. Beim Vorüberfahren sahen wir die erleuchteten Fenster. Dann kommt ein gerades Stück, wo die Straße sich verengt und durch einen Eisenholzhain und über eine kleine weiße Brücke führt. Gewaltige Stämme ragen zu beiden Seiten der Straße auf, und obgleich man es riechen und hören kann, sieht man das Meer nicht, bis mit einemmal die Straße scharf nach links abbiegt, und dann liegt es vor einem mit den Reihen hoher Kokospalmen, die ein Spinngewebe von Schatten auf den Sand werfen. Hier ist das Riff einen guten Kilometer vom Land entfernt, und die unablässig dagegen andröhnenden Brecher bilden eine lange Schaumkette, die im Mondlicht phosphoreszierend schimmert.

Robin fuhr von der Straße weg auf eine kleine Landzunge hinaus, die drahtiges Gras und Tang bedeckt; dann stellte er die Scheinwerfer und den Motor ab. Ich, stets ein Sklave der Gewohnheit, wühlte in meinem Handtäschchen und zündete uns beiden Zigaretten an. Automatisch und stumm nahm er die seine und wir saßen einige Minuten lang da, ohne ein Wort zu sprechen, und allein die Tatsache, daß wir hier beisammensaßen und schweigend die Brandung betrachteten und die Sterne und die sanft bewegten Kokospalmen, die gelegentlich ein leises Geräusch machten, so als klatschte in weiter Ferne jemand in die Hände – allein diese Tatsache brachte mir zum Bewußtsein, daß ich, feines psychologisches Empfindungsvermögen hin oder her, sehr froh und sehr glücklich war.

9

DIE ZWEI WOCHEN zwischen Mrs. Innes-Glendowers Cocktail-Party und Eloise Foweys Ankunft waren vollgepackt und wurden immer hektischer. Zunächst rief Sandra an und bedrängte mich solange, bis ich mich bereit erklärte, dem Unterhaltungsausschuß für den königlichen Besuch beizutreten. Das bedeutete, daß ich an Sitzungen mit Ivy Poland, Alma Peacock und den übrigen Mitgliedern unserer kleinen Theatertruppe teilnehmen mußte, die samt und sonders Begeisterung und großartige Ideen versprühten, leider aber der beruflichen Erfahrung und Sachkenntnis ermangelten, um sie zu verwirklichen. Überdies hatte ich noch einige gründliche Aussprachen mit Bunny Colville zu erdulden, den die bevorstehende Ankunft Eloises zu höchster Ekstase aufpeitschte, und zu all dem kamen noch Frobishers von Nooneo für zehn Tage zu uns.

Nun sind die Frobishers ein reizendes Ehepaar, und ich mag sie schrecklich gern. Sie sind gutherzig und lustig und haben uns auf ihrer riesigen Kakaopflanzung mehrmals mit größter Gastfreundlichkeit bewirtet, doch ach, der Lärm, den sie einzeln und gemeinsam vollführen, reißt einem an den Nerven. Es gibt insgesamt fünf Frobishers: Bob, Molly und drei Kinder, zwei Jungen und ein Mädchen, ungefähr im gleichen Alter wie meine, und sie besitzen außergewöhnlich durchdringende Stimmen; Molly hat zudem ein Lachen, das man von einem bis zum andern

Ende des Hauses hört und das fatal an das Geschrei eines Esels erinnert. Sooft sie ihre schrillen Töne ausstößt, fällt einem ein, daß es regnen soll, wenn die Esel schreien, und man blickt instinktiv zum Himmel. Die Kinder kreischen lauter und ausdauernder als alle andern mir bekannten Kinder, und natürlich nehmen die unseren das von ihnen an, was zu einem Höllenlärm führt. Bob, ein hochgewachsener und schöner Mann, gewann in seiner Jugend unzählige Pokale für seine sportlichen Leistungen und leidet an der Sucht, heitere Geschichten zu erzählen. Eine nach der andern drängt sich aus ihm hervor, und wenn er einmal eine Atempause einlegt, setzt gleich Molly mit schallendem Gelächter ein, um ihn anzuspornen. Manche Leute haben eine natürliche Gabe, Anekdoten zu erzählen, ein besonderes Talent, durch unerwartete witzige Wendungen ein Schmunzeln zu erzeugen, gleichgültig, ob die Geschichte nun umwerfend komisch ist oder nicht. Der arme Bob gehört nicht zu ihnen. Mit beharrlichem Eifer und unter Verzicht auf belanglose Ausschmückungen stürmt er auf die unvermeidliche Pointe los, bis er zu dem peinlichen Augenblick gelangt, da man über jeden Zweifel hinaus weiß, daß nun ein Ausbruch von spontaner Heiterkeit erwartet wird. Robin gelingt er besser als mir, meistens prustet er im richtigen Moment los, während ich nach einer Weile völlig betäubt bin; meine Gedanken beginnen ziellos zu wandern, und häufig erwischt man mich dabei, wie ich ins Leere starre und keine Ahnung habe, wovon die Rede ist.

Es ist furchtbar, wenn man zusehen muß, wie Menschen, die man gern hat und achtet, durch ihr Geltungsbedürfnis gezwungen werden, sich um jeden Preis vorzudrängen, im Rampenlicht einherzustolzieren, das Rad zu schlagen, und das alles nur, um sich an dem Gedanken zu erlaben, sie allein hätten Leben in die Gesellschaft gebracht. Ich konnte mir die lieben Frobishers vorstellen, wie sie nach solchen Anekdotenorgien ins Bett hüpften und Bob mit forscher, erwartungsvoller Selbstgefälligkeit sagte: ‚Nun, der Abend ist doch prächtig verlaufen, findest du nicht auch?' Und Molly raffte alle ihre weiblichen Instinkte zusammen, um ihn zu bestärken: ‚Nur dein Verdienst, Liebster, nur dein Verdienst! Aber du hättest ihnen doch noch die Geschichte von den zwei Papageien erzählen sollen!'

Einmal fragte ich Robin, als wir zu Besuch bei Frobishers gewesen und nach vielen Stunden kunstvoll aufrechterhaltener Heiterkeit zermürbt ins Bett gesunken waren, warum er Bob nicht einmal beiseite nehme und ihm, von Mann zu Mann, taktvoll erkläre, daß wir wirklich nicht so begeistert Anekdoten anhörten, wie wir vorgaben, und daß wir alle viel mehr davon hätten, wenn wir die üblichen Dinge beschwatzten, das Wetter, die Ernte. Aber er gestand, dazu fehle ihm tatsächlich der Mut; der arme Bob wäre tödlich gekränkt, und uns bleibe nichts übrig, als zu grinsen und durchzuhalten. Ich erwiderte müde, daß ich durchaus bereit sei, im Rahmen einer gewissen Vernunft durchzuhalten, daß aber just dieses ewige Grinsenmüssen mich so erschöpfe, worauf Robin einige edle Gemeinplätze vom Stapel ließ über Toleranz und die Pflicht, die Leute zu nehmen, wie sie seien, und prompt einschlief.

Nun, da waren sie denn, mit Kindern, Anekdoten und allem Drum und Dran, und das Haus widerhallte, wie gewöhnlich, von ihrem Getöse. Wie gewöhnlich gab es auch die unvermeidlichen Streitereien, Zänkereien und Dramen zwischen den Kindern. Timmy und Mickey Frobisher, der eine wenige Monate jünger, der andere ein Jahr älter als Simon, neigten dazu, ihn zu tyrannisieren und herumzukommandieren, was häufig zu Katastrophen führte. Sylvia, das Mädchen, kam mit Janet und Cokey recht gut aus, aber eine wirkliche Zuneigung zwischen ihnen bestand nicht.

Die zehn Tage verstrichen geräuschvoll, doch mehr oder weniger ereignislos bis auf eine Einladung Bunnys, der für uns an seinem Strand ein Picknick veranstaltete, und selbst das wäre nichts Besonderes gewesen ohne jenen Zwischenfall, der, obgleich wir es damals nicht ahnten, später doch verhängnisvolle Nachwirkungen haben sollte. Die Kinder, die alle aus Leibeskräften johlten, wurden in ein kleines Schlauchboot verladen, und Bunny ruderte sie zum Korallenriff hinaus. Bob, Molly, Robin und ich blieben am Strand und packten gemächlich die

Überreste des Mittagessens zusammen, das uns in einem großen Korb vom Haus gebracht worden war. Plötzlich hörten wir ein noch gewaltigeres Geschrei als gewöhnlich und schauten auf. Das Boot war gekentert. Das beunruhigte uns nicht weiter, denn die Kinder können schwimmen wie Fischottern. Immerhin liefen Bob und Robin ins Wasser und schwammen hinaus, um Bunny beim Umdrehen des Bootes zu helfen. Molly und ich sahen dem Unternehmen ohne erhebliche mütterliche Erregung zu. Als die Männer das Boot wieder seetüchtig hatten, erreichten Timmy Frobisher und Simon bereits den Strand, ein wenig außer Atem, denn die Entfernung war für zwei kleine Jungen doch recht groß. Sie ließen sich in den Sand fallen und verlangten eine Banane, die ich auch aus dem Korb hervorkramte. Bei dieser Gelegenheit sagte Simon leichthin: „Mickey hat sich verletzt."

Molly sprang auf. „Verletzt? Wo?"

„Ach, nichts Schlimmes", sagte Timmy. „Als das Boot kenterte, ist er auf ein scharfes Korallenstück gefallen, und das hat ihn ins Bein geschnitten."

„Arg? Hat er sich arg geschnitten?"

„Ach nein", sagte Simon gleichgültig. „Aber er hat sich schrecklich angestellt."

„Das hättest du auch", rief Timmy hitzig, „wenn dir beinahe das Bein abgeschnitten wäre!"

Molly schrie auf. „Das Bein abgeschnitten!" Sie rannte über den Strand, stürzte ins Wasser und schwamm mit aller Kraft dem Boot entgegen.

Ich schüttelte Timmy. „Ist's wirklich so schlimm oder hast du alles erfunden?"

„Es hat stark geblutet – das Wasser war ganz rosa."

„Klar", sagte Simon, die Banane im Mund, „wenn man im Wasser blutet."

Ich ließ die beiden allein, ging den Strand hinunter und machte ein paar Schritte ins seichte Wasser. Molly hatte das Boot erreicht und half Robin und Bob, es vorwärts zu schieben. Im Boot saßen die andern Kinder und Bunny, der Mickey auf seinem Schoß hielt. Mickey, das versteht sich von selbst, brüllte sich die Lunge aus dem Leib. Als das Boot sich dem Ufer näherte, nahm Molly ihren Sohn und trug ihn ans Land. Die andern Kinder kletterten, ziemlich kleinlaut, aus dem Boot und standen herum, während wir Mickeys Wunde betrachteten. Es war ein recht böser Schnitt gerade unterhalb des Knies, und die Wunde blutete noch. Bunny lief ins Haus, um Desinfektionsmittel und Verbandzeug zu holen. Unterdessen suchte Molly fruchtlos, Mickeys Tränen zu stillen. Als Bunny wiederkam, reinigten wir die Wunde und verbanden sie, und schließlich trugen Bob und Molly den Jungen in den Wagen und fuhren zu Dr. Bowman, der nur wenige Kilometer entfernt wohnt. Damit war das Drama vorerst zu Ende, und die Kinder, nun alles andere als kleinlaut, fanden ihre Stimmen wieder. Bunny und ich überließen es Robin, mit ihnen fertigzuwerden, und schlenderten zum Ende des Strandes.

„Ein Glück, daß es auf dieser Seite des Riffs passiert ist", sagte Bunny. „Das Kind hat geblutet wie ein Schwein. Wäre es ein wenig weiter draußen geschehen, wir hätten sämtliche Haifische der Nachbarschaft auf dem Hals gehabt."

„Hör auf!" Mich überlief ein Schauder. Haifische und Barracudas sind meine schwersten Albträume, und obgleich ich mich im Lauf der Jahre daran gewöhnt habe, daß die Kinder im Wasser tollen, wie es ihnen paßt, ist mir doch dabei nicht immer ganz wohl. Ich weiß, daß die Korallenriffe an der Südküste den größten Teil des Strandes gut beschützen und daß es nie einen verbürgten Unglücksfall gegeben hat, bis auf die Tragödie mit jenem dummen Frauenzimmer, das nach einem Trinkgelage im Royal Samolan bei Mondschein mitten im Hafen von Pendarla vom Boot ins Wasser sprang und dem ein Haifisch beide Beine abbiß.

In diesen Gewässern empfiehlt es sich nicht, nachts zu baden, nicht einmal in den Lagunen, es sei denn, daß sie seicht und ganz von Riffen eingeschlossen sind. Aber abgesehen von den Haifischen drohen noch andere Gefahren, wie schlafende Zitterrochen oder violette Quallen, welche an der Oberfläche des Wassers treiben, lange giftige Fangarme hinter sich herziehen, die sich um einen schlingen und für lange Wochen schmerzhafte, entstellende Striemen zurücklassen. Bunny, der Tiefseejagd leidenschaftlich ergeben, steht natürlich keine Ängste aus, aber Bunny ist auch nicht die besorgte Mutter von drei Kindern.

Als wir am Ende des Strandes angelangt waren, setzten wir uns auf eine kleine hölzerne Landungsbrücke und ließen die Füße in das klare, blaugrüne Wasser baumeln.

„Bevor ihr heimfahrt", sagte Bunny, „brauche ich noch deinen Rat wegen ein paar neuer Bezüge, die ich für das große Zimmer gekauft habe."

„Welche Farbe?"

„Eine Art Rot."

„Ach, Bunny! Für dieses Klima ist Rot eine recht heiße Farbe!"

„Warte, bis du sie gesehen hast", sagte er wichtig. „Sie sind wirklich sehr hübsch und viel heller und freundlicher als die alten."

„Das, mein Lieber, ist nicht weiter schwierig. Was hast du mit dem Gastzimmer gemacht?"

„Das ist eine Gewissensfrage", erwiderte er, „und die Antwort lautet: nichts!"

„Du solltest dich schämen. Das Bett ist wie ein Brett, der Tisch daneben wackelt, der Laden klappert die ganze Nacht, weil der Bolzen abgebrochen ist. Ich weiß es, weil ich dort geschlafen habe, oder vielmehr versuchte, dort zu schlafen. Eloise wird ohnmächtig umfallen, wenn sie das sieht. Sie ist doch an einen beträchtlichen Luxus gewöhnt."

„Ich hatte nicht damit gerechnet, daß Eloise sich übermäßig viel im Gastzimmer aufhalten wird", sagte Bunny.

„Das geht mich nichts an." Ich musterte ihn streng. „Und mehr noch – das ist der Teil der ganzen Angelegenheit, den zu erörtern ich mich entschieden weigere!"

„Nun, du hast selber angefangen, vom Schlafzimmer zu sprechen."

„Ob Eloise das Gastzimmer benützt oder nicht, jedenfalls sollte man es vollkommen neu herrichten", sagte ich bestimmt.

„Du bist einfach unhöflich zu deinen Freunden. Weil du zufällig jede Bequemlichkeit haßt und dich nur glücklich fühlst, wenn du auf Strohmatratzen schläfst und dein Essen aus Konservenbüchsen löffelst, so folgt nicht notwendig daraus, daß es anderen Menschen ebenso geht. Und da wir gerade vom Herrichten des Hauses sprechen", fuhr ich fort, „hast du irgendwas gegen die Ratten unternommen?"

„Die Ratten? Was für Ratten?" fragte Bunny unschuldig.

„Hör, mein Lieber", sagte ich sanft. „Du vergißt, daß ich das Haus im letzten Sommer einen ganzen Monat lang bewohnt habe. Ich kenne es von oben bis unten. Und vor allem kenne ich die herzige kleine Rattenfamilie, die in dem feuchten Raum zwischen der Küche und dem Eßzimmer logiert. Ich kenne sie nicht vom Hörensagen oder von müßigem Klatsch, sondern weil ich die greulichen Dinger immer wieder mit eigenen Augen gesehen habe. Ich hörte sie auch mitten in der Nacht über deine staubige Muschelsammlung springen."

„Du übertreibst! Es gibt vielleicht ein oder zwei kleine harmlose Feldmäuse."

„Was ich gesehen habe, waren keine Feldmäuse, sondern Ratten!"

„Du wirst Eloise doch nicht mit all diesen abscheulichen Erfindungen füttern? Versprich mir, daß du das nicht tun wirst."

„Ich habe dir, weiß Gott, schon genug versprochen!"

„Du bist ein Goldschatz und Robin auch. Solange ich lebe, werde ich das nicht vergessen." Er bot mir aus einem zerdrückten Päckchen eine Zigarette an. „Und wenn du noch ein ganz klein wenig goldiger sein willst, so laß Robin und die andern heimfahren, wenn sie den Jungen vom Doktor zurückbringen, und bleib hier. Ich mixe dir einen phantastischen Martini, und dann besichtigen wir das Haus vom Bug zum Heck, und ich gehorche dir aufs Wort."

„Ich kann nicht lange bleiben. Wir essen mit Molly und Bob bei Juanita in der Taverne zu Abend."

„Nur eine halbe Stunde. Ich fahre dich dann blitzschnell heim."

„Nicht über diese Straße!" Ich seufzte. „Arme Eloise."

„Was heißt das?"

„Ich denke daran, wie oft sie über diese gräßlichen Schlaglöcher auf und ab hopsen wird."

„Glaubst du, daß es ihr hier nicht gefällt?"

„Ich habe nicht den leisesten Schimmer. Ich kenne sie ja nur flüchtig, wie ich dir schon sagte. Und ich habe sie seit Jahren nicht gesehen."

Bunny schleuderte eine Muschel und schaute zu, wie sie über das Wasser hüpfte."

„Du und Robin, ihr haltet mich vermutlich für einen verdammten Esel."

„Was Robin meint, weiß ich nicht, aber ich bin ganz bestimmt dieser Ansicht. Ich finde, ihr benehmt euch beide wie zwei Idioten, aber das haben wir doch schon oft diskutiert. Und es hat wirklich keinen Zweck, noch einmal davon anzufangen. Sie kommt nächsten Montag, und damit basta."

„Du hältst es immer noch für klüger, daß ich nicht auf den Flugplatz gehe?"

„Aber, Bunny, du führst dich auf wie ein vernarrter Schuljunge."

„Das klingt nicht sehr anziehend."

„Es ist auch nicht anziehend. Um Himmels willen, reiß dich zusammen! Daß du dich auf dem Flugplatz sehen läßt, kommt gar nicht in Frage, und das weißt du ganz genau. Du ißt, wie besprochen, bei uns zu Abend und siehst dabei Eloise zum erstenmal. Keine Minute früher!"

„Und wann darf sie hierherkommen?" fragte er demütig.

„Das entscheidet sich, sobald wir mit ihr darüber gesprochen haben. In der Zwischenzeit würde ich dir raten, die Ratten loszuwerden."

„Feldmäuse", sagte Bunny. „Aber du bist so lieb und siehst dir das Haus an, ja?"

„Länger als eine halbe Stunde kann ich nicht bleiben."

Wir gingen den Strand entlang zurück und fanden die Kinder in wilder Erregung, weil Robin einen ziemlich großen Kugelfisch gefunden hatte. Da lag das arme Tier im Sand, blies sich auf und schrumpfte wieder zusammen, und Cokey und Janet stupsten es mit einem Stück Holz. Sylvia hielt sich ängstlich ein wenig abseits, und Timmy und Simon sprangen herum und stießen ein Kriegsgeheul aus.

„Entweder mach ihn tot oder wirf ihn wieder ins Meer", sagte ich zu Robin. „Ich kann das nicht mit ansehen."

„Er spürt nichts", erwiderte er. „Das ganze Zucken ist reine Muskelreaktion."

„Muskelreaktion oder nicht, das Tier leidet doch offensichtlich. Jetzt mach doch irgend etwas, ich bitte dich!"

„Wenn wir's mitnehmen, könnte Mummy es in einen Tank tun."

„Wir haben keinen Tank, und ihr werdet das Tier nicht mitnehmen." Ich wandte mich zu Robin. „Bitte, entschließ dich. Die Kinder haben ihren Spaß gehabt. Trag das arme Tier ins Wasser zurück!"

Robin watete ins Wasser, warf den Fisch hinein und brachte Timmy und Simon mit. Bunny schulterte den Picknickkorb, die drei Mädchen sammelten die Handtücher ein, und wir stiegen die Stufen zum Haus hinauf.

Um Bunny gerecht zu werden, muß ich zugeben, daß sein Haus, obwohl es vom architektonischen Standpunkt aus einiges zu wünschen übrigläßt, für seinen besonderen, hier gepflegten Lebensstil geradezu ideal ist. Die Hauptsache ist der Strand, ein makelloser Halbmond mit Korallensand, ganz für sich, eingeschlossen von kleinen Landzungen an beiden Enden. Das Haus selbst steht auf einem Felsen, fünfzig Meter oberhalb des Meeres, umringt auf drei Seiten von einem Gehölz wilder Mandelbäume und Kasuarinas. Die Mandelbäume spreizen sich wie Regenschirme, und je mehr man sie beschneidet, desto üppiger wachsen sie in die Breite, so daß es nie an Schatten fehlt.

Bunny hatte sich sichtlich die größte Mühe gegeben, unseren Ausflug zu einem Erfolg zu machen. Nachdem wir Erwachsenen Salz und Sand abgeduscht hatten, traten wir aus dem Haus und fanden unter den Bäumen einen Teetisch gedeckt. Cynthia, seine Haushälterin, eine wacklige, kaffeebraune Frau in den Vierzig, deren Haarknoten sich beständig löste, war tatsächlich zu wahren Wuntertaten angetrieben worden. Es gab zwei große Kuchen mit Zuckerguß und Berge von dicken Sandwiches mit Tomaten und Gurken; sogar eine zugedeckte Schüssel mit Toast stand da, eine nicht ganz gelungene Zugabe, denn die Scheiben waren lau und wahrscheinlich schon am Morgen geröstet und mit Butter bestrichen worden. Als wir die Kinder aus den verschiedenen Teilen des Gartens zusammengeholt hatten, fielen sie über die Platten her wie ein Heuschreckenschwarm und verschlangen zum mindesten Dreiviertel der aufgetischten Herrlichkeiten.

Bob und Molly kehrten mit Mickey zurück, der sachgemäß verbunden war, aber noch immer leise jammerte; er wurde von allen sehr gefeiert, weil er sich anscheinend sehr tapfer gehalten und Dr. Bowmans schmerzhafte Behandlung mit männlichem Heldenmut erduldet hatte. Wir glaubten zwar nicht ganz daran, denn während des Unfalls und nachher hatte Mickey keine Zeichen von Heldenmut vorgewiesen, doch wir gaben uns mit der elterlichen Darstellung zufrieden und stopften ihn mit Schokoladenkuchen voll.

Ich erklärte Robin, daß ich mich bereit gefunden hatte, eine halbe Stunde lang dazubleiben und Bunny wegen des Hauses zu beraten, worauf Robin unschuldig nach dem fernen Horizont blickte und leise vor sich hinsummte: ‚Ein Liebesnest so kosig und warm', bis ich ihn mit einem kräftigen Tritt ans Schienbein zum Schweigen brachte.

Schließlich kletterten alle in unseren Kombiwagen. Die Frobisherkinder schrien natürlich, weil es wider ihre Natur gewesen wäre, in einen Wagen oder aus einem Wagen zu steigen, ohne zu schreien, aber die Menge der vertilgten Nahrungsmittel dämpfte ihren Lärm, und sie fuhren in einer Staubwolke über die löchrige Straße davon.

„Du bist sehr lieb gewesen, Bunny", sagte ich, als wir ins Haus gingen, „und hast dir solche Mühe gegeben! Es war wirklich ein reizender Ausflug. Hoffentlich hast du dich nicht allzusehr gelangweilt."

„Nicht im geringsten. Ich habe Kinder sehr gern."

„Kinder gern haben ist eines", sagte ich, „aber die Frobisherkinder gern zu haben, beweist, daß du die Geduld eines Heiligen aufbringst; und das hätte ich, aufrichtig gesagt, nie vermutet."

„Es sind gewiß furchtbare kleine Brüllaffen; aber sieh dir die Eltern an! Jedes Kind, das in unmittelbarer Nähe von Bobs Spaßhaftigkeit und Mollys Gewieher aufwächst, muß sich doch aus reiner Notwehr die Kehle wund schreien."

„Wahrscheinlich ist das eine gute Übung für sie. Die Welt wird jeden Tag geräuschvoller. Man kann nicht einmal mehr sein Gemüse bei Mrs. Ching Loo bestellen, ohne von einem kreischenden Radio betäubt zu werden."

„Genau das bezweckt sie", meinte Bunny. „Mrs. Ching Loo ist eine sehr verschlagene Person. Je lärmender es zugeht, desto konfuser wird man, und in einer Art von Trancezustand bestellt man dann viel mehr als eigentlich notwendig. Dieselbe Technik findest du bei den Versammlungen der Erweckungsprediger; den Ansturm eines ständig wachsenden Lärms auf ein empfindliches Nervensystem. Lange genug diesem konzentrierten Spektakel ausgesetzt, erschaut man nach einer gewissen Zeit das Heil oder kauft zwanzig Büchsen von Campbells Pilzsuppe anstatt der zwei, die man braucht."

Wir gingen ins Haus, und Bunny schob mir einen Stuhl hin und drückte mir ein Exemplar von ‚Life' in die Hand, während er den Martini mixte. Cynthia kam mit einem gelben Plastikeimer voll Eis hereingewandert und wanderte wieder hinaus. Ich mußte lachen.

„Was hast du?" fragte Bunny über die Schulter.

„Ich überlegte mir, was Eloise von Cynthia halten wird", sagte ich. „Sie hat sich wahrscheinlich an dichte Reihen von livrierten Lakaien gewöhnt. Cynthias liebenswürdige Lässigkeit könnte sie ein bißchen schockieren."

„Cynthia ist unersetzlich", eiferte sich Bunny. „Allerdings, ihre äußere Erscheinung spricht gegen sie, und ihr Essen ist mörderisch, aber sie sorgt für mich wie eine Mutter und führt den Haushalt großartig."

„Bunny", sagte ich streng, „Cynthia mag unersetzlich sein und für dich sorgen wie eine Mutter, aber den Haushalt führt sie absolut nicht großartig. Sie führt ihn überhaupt nicht. Eloise bringt wohl keine Zofe mit?"

„Natürlich nicht."

„Ist dir nie der Gedanke gekommen, daß sie gelegentlich ein paar Sachen gewaschen und gebügelt haben will? Cynthia kann ja nicht einmal ein Taschentuch bügeln!"

„Eloise ist durchaus bereit, sich mit allem abzufinden." Er reichte mir ein Glas und schenkte den Martini ein. „Ich habe ihr im voraus gesagt, das Leben hier sei recht primitiv. Wozu braucht sie denn irgendwas gewaschen und gebügelt? Den größten Teil der Zeit trägt sie einen Badeanzug."

„Immerhin wird sie vielleicht doch hin und wieder, wenn sie den Badeanzug auszieht, frische Sachen anziehen wollen."

„Was schlägst du also vor?"

„Daß du dich nach einer Art Zofe umsiehst, und wäre es auch nur für tagsüber."

„Ganz wie du willst", erwiderte Bunny ergeben. „Ich halte das alles zwar für verdammten Unsinn! Du unterschätzt Eloise, wenn du glaubst, daß sie nichts als eine verhätschelte Zierpuppe ist, aber ich habe mich bereit erklärt, dir aufs Wort zu gehorchen, und ich will versuchen, mein Versprechen einzulösen. Woher kriege ich so ein Mädchen?"

„Ich werde dir helfen und Clementine fragen. Sie hat eine Schwester, die in Frage kommen könnte."

„Was wäre ich ohne dich!"

„Schon gut. Und jetzt gehen wir durch das Haus!"

Wir besichtigten das Haus. Das Bett im Gastzimmer war noch immer hart wie Eisen, der Tisch daneben wackelte noch immer, und der Fensterladen befand sich im selben lockeren Zustand wie vor sechs Monaten, als ich das Haus bewohnt hatte. In Bunnys Schlafzimmer sah es ein wenig besser aus, doch es atmete die Nüchternheit einer Mönchszelle, und zu allem Überfluß hingen an den Wänden abstoßende, obschon wertvolle farbige Stiche von Reptilien und Insekten. Da gab es zusammengerollte

Schlangen, heimtückische Taranteln und das gräßliche Bild eines schwarzen Skorpions, der mit einer Spinne einen Kampf auf Tod und Leben führt.

„Die müssen sofort in einem Schrank verschwinden", sagte ich.

„Sie sind doch faszinierend und in einem gewissen Sinn sogar schön!"

„Ich kann dir jetzt schon sagen, daß Eloise ihre besondere Schönheit ebensowenig schätzen wird wie ich. Sie sind einfach widerlich. Versprich mir, daß du sie herunternimmst."

„Wie die Dame befiehlt! Aber ich muß doch irgendwas an die Wände hängen. Sonst sieht's hier aus wie in einem Krankenhaus!"

„Besser als in einem Schlangenhaus. Ich werde ein paar Blumenstücke oder dergleichen auftreiben."

Gewissenhaft inspizierten wir Bunnys Heim, und ich machte alle nützlichen Vorschläge, die mir einfielen, obgleich ich die ganze Zeit genau wußte, daß ich, deren Mangel an hausfraulichen Tugenden keines Beweises mehr bedurfte, der ungeeignetste Mensch auf Erden war, ihn zu beraten. Nur zu deutlich konnte ich mir Robins Spott und Hohn ausmalen, wenn er gehört hätte, mit welch sanfter Autorität ich meine Anordnungen traf. Hinter dieser Zurschaustellung meiner hausfraulichen Tüchtigkeit, hinter dieser angemaßten Überlegenheit über den armen Bunny rührte sich mein Gewissen und quälte mich mit dem zerbrochenen Ring an Robins Duschvorhang, mit der wackeligen Lampe auf der hinteren Veranda, mit der ewig quietschenden Hollywoodschaukel und zahllosen anderen erniedrigenden Unzulänglichkeiten in meinem eigenen Haus. Ich empfand schmerzlich, daß fast jede andere verheiratete Frau auf der Insel Bunny besser helfen konnte als ich. Lucy Chalmers zum Beispiel hätte im Bruchteil einer Sekunde gewußt, was man mit den Möbeln in dem großen Wohnzimmer anfangen sollte, während ich sie nur finster anstarrte und dann, in dem charakterlosen Bedürfnis, gefällig zu sein, die neuen Bezüge bewunderte, die ich ganz abscheulich fand. Wenigstens konnte ich mich mit dem Gedanken trösten, daß neben dieser kahlen, urmännlichen Baracke mein eigenes Haus, trotz seiner Mängel, wie ein sagenhaft luxuriöser Palast wirkte.

Es ist erstaunlich, daß Männer von Bunnys Typ, die ihr ganzes Leben der Aufgabe widmen, Frauen aller Art zu bestricken oder von ihnen bestrickt zu werden, derart wenig Sinn für jene kleinen Erleichterungen des Alltags haben, die den meisten Frauen von Geschmack heute so viel bedeuten. In unserer angeblich dekadenten Zeit voll trostloser Aussichten sind dem weiblichen Geschlecht ganz gewiß mehr von diesen kleinen Annehmlichkeiten zugänglich als je zuvor; ich nenne nur zwei: Kleenextücher und weiches Toilettenpapier. In Bunnys beiden Badezimmern fehlte, das brauche ich kaum zu betonen, das eine wie das andere. Natürlich gab es Toilettenpapier, harte, widerspenstige Rollen, die höchstens als Nagelfeile dienen mochten. Die Handtücher waren grob und steif, die Badetücher so elend klein und schäbig, daß kein Mensch, ob Mann oder Frau, hoffen konnte, sich mit ihnen in weniger als einer Viertelstunde abzutrocknen. Dann standen wir vor dem Problem der Seife. Selbst in den abgelegensten Kolonien des Britischen Commonwealth ist gute Seife leicht zu beschaffen. Warum also mußte Bunny, der ewig liebende, vielgeliebte Charmeur, seine Schönen mit undefinierbaren, harten Riesenklötzen versorgen, die aussahen wie Emmentaler? Als ich ihn geduldig zur Rede stellte, grinste er nur, zuckte die Achseln und sagte, er für seine Person sei aus zwei Gründen gegen stark parfümierte Seife: a) weil sie den natürlichen Geruch des Körpers zerstöre und b) weil sie ihn zum Niesen reize. Und als ich ihm erwiderte, ich zöge einen Heuschnupfen oder entzündete Schleimhäute den natürlichen Gerüchen des Körpers vor, nannte er mich eine pedantische alte Gans und behauptete, das Übermaß an Zivilisation sei der größte Fluch unserer Zeit.

Wir tranken den Rest unseres Martini und gingen einen Moment hinaus, um den Widerschein des Sonnenuntergangs zu bewundern. Bunnys Haus liegt nach Osten, und wenn er auch das Vergnügen hat, beim Frühstück die Sonne aus dem Meer aufsteigen zu sehen, am Abend verstellen ihm die Lailanu-

Berge die Aussicht. Der Widerschein aber ist manchmal lieblicher als der Sonnenuntergang selbst. Wir standen schweigend eine Weile und schauten auf das Meer, das sich rasch aus tiefem Blau in lavendelfarbenes Violett und dann in ein ruhiges Grau verwandelte. Am Horizont erhob sich eine Reihe kleiner dunkler Wolken, die vor dem verblassenden apfelgrünen Himmel geschorenen Pudelköpfen glichen. Mit gebieterischer Geste wies Bunny über die See.

„Wer denkt an parfümierte Seife und an Klosettpapier, wenn er das hier betrachten kann?" fragte er.

„Ich zum Beispiel", erwiderte ich, „wenn ich eines von beiden dringend brauche."

„Die Frauen sind ein absonderliches Viehzeug. Sie haben Bauchweh vor Sehnsucht nach Liebe und Schönheit, und wenn Liebe und Schönheit plötzlich vor ihnen wie ein leuchtender orientalischer Teppich ausgebreitet liegen, dann denken sie an nichts anderes als Klosettpapier!"

„Das ist ungerecht, unsachlich und völliger Quatsch!" sagte ich streng. „Zunächst habe ich nie Bauchweh vor Sehnsucht nach Liebe und Schönheit, und zweitens habe nicht ich an Klosettpapier gedacht, du selber hast davon angefangen. Und drittens ist es in deiner derzeitigen höchst zweideutigen Lage kaum angebracht, von den Frauen als Viehzeug zu sprechen."

„Das war nur so hingesagt. Und im übrigen schätze ich das Rindvieh hoch."

„Wenn das stimmte und wenn du dir eine friedliche, wiederkäuende Kuh zu Gast geladen hättest, dann bliebe uns allen sehr viel Unannehmlichkeit erspart."

„Touché", sagte Bunny, hakte sich zärtlich bei mir ein und brachte mich zum Wagen.

10

Am Morgen von Frobishers Abfahrt erwachte ich früher als sonst und starrte schläfrig und glücklich an die Zimmerdecke, auf die die Sonne, durch die geschlossenen Läden schimmernd, ein symmetrisches Muster aus lauter Notenlinien zeichnete. Ich fühlte mich in unbeschwerter, gehobener Stimmung. Einige Tage wenigstens, ehe Eloise ankam, sollten wir das Haus für uns haben. Ich will nicht sagen, daß mir Logiergäste unangenehm wären; im Gegenteil, ich freue mich sehr über jeden Besuch, zum mindesten anfangs. Ich liebe die Ankunft, die Führung durch Haus und Garten, das Klatschen und Tratschen und das gemütliche Gefühl eifrigen gegenseitigen Wohlwollens. Dieses besondere Vergnügen hält allerdings selten länger als ein oder zwei Tage vor. Die Sensation, Gäste zu beherbergen, der Spaß, Pläne zu ihrer Unterhaltung zu schmieden, das alles beginnt sich abzunützen, und ein sachtes, aber unverkennbares Gefühl der Langeweile setzt ein, kleine ärgerliche Verstimmungen heben ihre garstigen Köpfchen. Die Gäste, darin sind sich alle gleich, füllen auf einmal das ganze Haus, und man kann ihnen nicht entkommen. Da sind sie und räkeln sich im Wohnzimmer oder auf der Veranda, gerade wenn man mit der Köchin über das Essen oder mit dem Gärtner über das Gemüse reden will. Da sind sie, heiter und zu einem Plausch aufgelegt, gerade wenn man in Ruhe an seinem Schreibtisch sitzen, das Haushaltungsbuch nachrechnen oder eine Liste für Nannys Besorgungen in der Stadt aufstellen will. Dann, du lieber Gott, muß man mit ihnen einkaufen gehn, muß in den Läden des einheimischen Kunstgewerbes herumstehn, während sie sich über Tischdecken aus Bast, bunte, original samolanische Tücher, Aschenbecher und andere, in die Koffer und auch sonst passende Wunderdinge nicht einigen können, die sich als Mitbringsel für die Lieben daheim eignen. Diese Expeditionen sind das allerschlimmste; jedesmal bricht man mit hochgespannten Hoffnungen auf und schmeichelt sich, genau das richtige Geschäft für seine Freunde zu wissen, wo sie gerade das finden, was sie wollen. Und wenn Hoffnungen und Stolz langsam verblühen, beginnt man die eigene Dummheit zu verfluchen und sich zu fragen, warum man ihnen nicht den Wagen zur Verfügung stellte und sie auf eigene Faust einkaufen ließ. Da steht man herum, betastet hilflos die Dinge auf dem Ladentisch und wünscht mit wachsender Erbitterung, die Freunde würden sich ein bißchen beeilen, würden sich zu einem Kauf, gleichgültig was, durchringen und weitergehn.

All das erduldete ich naturgemäß mit Frobishers, wobei sich die Qual noch dadurch verschärfte, daß sie unbedingt die Kinder mitnehmen wollten. Ein Vormittag bleibt als absoluter Höhepunkt dieses Besuchs in meiner Erinnerung. Es war ein Crescendo des Grauens von dem Augenblick an, da wir das Haus verließen, bis zu dem letzten schauerlichen Zwischenfall, als wir uns, mit Paketen beladen, heiß und erschöpft auf die neue Terrasse bei Rodrigues setzten, um Gefrorenes zu essen, und Sylvia versuchte, Blanche Worthings Terrier zu streicheln, der an ein Bein des Nebentisches gebunden war. Hätte ich rechtzeitig gesehen, was vorging, die Katastrophe wäre zu vermeiden gewesen, denn die beiden Terrier der guten Blanche sind für ihre neurotische Erregbarkeit und ihre ganz besonderen Hundekomplexe bekannt. Unglücklicherweise badete Bob gerade in einer seiner Geschichten, und ich starrte ihn gebannt an wie das Kaninchen die Schlange. Plötzlich ein Knurren, ein gellender Schrei, und dann brach die Hölle los. In Wirklichkeit war der Biß so leicht und geringfügig, daß man die Wunde kaum sah, aber Frobishers erhoben im Chor ein derartiges Gezeter, daß man meinen konnte, die Hand des Kindes sei am Gelenk abgebissen. Wir standen auf, drängten uns mit all unseren Paketen durch die dichte Menge und fuhren ins Krankenhaus, wo der gute alte Doktor Aluna Bob, Molly und die heulende Sylvia in seine Obhut nahm, während ich mit Mickey und Timmy im Wartezimmer blieb. Da der Doktor offenbar den Biß nur als besseren Kratzer betrachtete und eine Tetanusspritze überflüssig fand, desinfizierte er die Wunde, verband sie, und damit Schluß. Die arme Blanche rief natürlich dauernd an und fragte nach dem Befinden des Kindes, und dann schickte sie eine große Pralinenschachtel. Das besänftigte Frobishers, die schon drohend etwas von einem Prozeß gemurmelt hatten und von Leuten, deren bissige Hunde die Sicherheit der Allgemeinheit gefährdeten.

Jetzt endlich, endlich verzogen sie sich, flogen heim in ihr großes, weitläufiges Pflanzerhaus in Nooneo, wo sie alle nach Herzenslust toben und brüllen konnten.

Neben mir schnarchte Robin in seinem Bett, ein sanftes, rhythmisches, keineswegs aggressives kleines Schnarchen. Im Zwielicht spähte ich zu ihm hinüber. Er lag auf dem Rücken, das eine Knie hochgezogen, seine Pyjamajacke war offen – bestürzt entdeckte ich, daß zwei Knöpfe fehlten. Vor Jahren schon hatten wir uns dahin geeinigt, daß im selben Bett zu schlafen zweifellos nicht ohne Reiz, aber unhygienisch und unbequem sei. Anfangs ist es natürlich schön und gut, wenn in der Ehe die Verliebtheit noch immer wächst und aufblüht, wenn die Verheißung sinnlicher Ekstasen immer gegenwärtig ist und eine kleine, unbedachte Bewegung jäh einen Funken entzünden kann, der zu raschem Feuer auflodert, die Welt fortbrennt und die Liebenden berauscht und verzaubert in der vertrautesten Gelöstheit zurückläßt. Später aber, wenn alltägliche Gewohnheit diesen Zauber ein wenig abstumpft, wenn die Werte an ihren Platz rücken und die Gewichte sich ausgleichen und wenn man – eine gefährliche Zeit – erkennen muß, daß die Liebe nicht mehr ganz das ist, was sie war, und immer noch nicht ganz das, was sie sein soll – dann ist der Augenblick gekommen, sich ein wenig abzusondern, dem

Herzen Zeit zu lassen, damit es die unvermeidliche Anpassung begreift und hinnimmt. Körperliche Leidenschaft ist gewiß der hinterlistigste und teuflischste Possen, den die Natur dem Menschengeschlecht spielt, denn einzig und allein das Menschengeschlecht fällt ja darauf herein. Oder vielmehr allein das Menschengeschlecht mit seinem Drang, alles zu komplizieren, hat diese natürlichen Dinge mit so viel Bedeutung beladen, mit so viel Illusion, so viel Entzücken, so viel Herzeleid. Die anderen Welten um uns herum, die Welt der Säugetiere, der Insekten, der Vögel, der Fische, kennen all diese verzwickten, erkünstelten Täuschungen nicht, mit denen wir hartnäckig unsere ursprünglichsten Bedürfnisse ausstatten. Kein Elch ist je an unglücklicher Liebe gestorben. Kein verliebter Kater ist zugrunde gegangen, weil das blaue Perserkätzchen im Nebenhaus anderwärts seine Befriedigung gefunden hat, und allen Experimenten zum Trotz hat es bisher kein noch so begabter Menschenaffe fertiggebracht, ein Liebessonett zu schreiben. Nur wir Menschen bestehen darauf, Geistiges und Körperliches miteinander zu verstricken, und obgleich dieser hartnäckig betriebene Mischmasch zweifellos Wunder der Dichtung, der Musik, der Kunst überhaupt hervorbringt seitdem wir begannen, die Wände unserer Höhlen zu bekritzeln, hat er doch auch unserem Nervensystem höllisch zugesetzt.

Welch ein Dusel, dachte ich, als ich mich auf einen Ellbogen stützte und die schlafende Gestalt meines Gatten, des Vaters meiner Kinder, betrachtete, welch ein Dusel, daß keiner von uns seiner Anlage nach unbeständig war oder von unersättlichem sexuellem Hunger gequält oder verzweifelten, unschicklichen Begierden ausgeliefert. Daß es für mich zutraf, wußte ich natürlich, aber ich wußte über allen Zweifel, über alle sehnsüchtigen Wunschträume hinaus auch, daß es für Robin galt. Ob es immer so bleiben würde, ja, das allerdings konnte man nicht wissen; zu irgendeiner vorbestimmten Stunde, in irgendeiner unseligen Zukunft mochte sein Körper sich einer andern zuwenden; daß sein Herz mich verlassen würde, das wollte und konnte ich nicht glauben. Als hätte meine immer noch glühende, wenn auch etwas behagliche Liebe zu ihm plötzlich seinen Traum durchdrungen, hörte er mit einem heftigen Grunzen zu schnarchen auf und erwachte. Er drehte sich um, wollte sich ins Kissen schmiegen und erwischte mich dabei, wie ich ihn anstarrte.

„Was machst du denn?" fragte er mit schlaftrunkener Stimme.

„Nichts Besonderes, ich seh dich nur an."

„Laß das lieber bleiben, es führt doch zu nichts. Ich bin im Augenblick sehr beschäftigt, und es lenkt mich ab."

„Womit bist du beschäftigt?"

„Ich war gerade dabei, den kleinen Mickey Frobisher aus dem Bauch eines Haifisches zu befreien, und da hast du mich unterbrochen."

„Ich habe keinen Pieps gemacht."

„Du hast mich angestarrt, und deine Schwingungen haben mich geweckt. Guck doch die Decke an oder die Photographie deiner Mutter oder sonst etwas und laß mich in Frieden, damit ich meine Arbeit beenden kann."

„Laß Mickey ruhig im Haifisch zappeln. Es ist ohnehin Zeit aufzuwachen!"

„Eulalia ist noch nicht mit dem Tee hereingeschwebt."

„Gleich wird sie hereinschweben." Ich stand auf. „Es ist ein wunderschöner Morgen, ich will die Läden öffnen."

Ich machte eine Bewegung auf das Fenster zu, aber Robin packte mein Bein, zog mich auf sein Bett hinunter und versetzte mir einen schmatzenden, höchst unromantischen Kuß auf den Hals.

„Weißt du, was ich täte, wenn ich der Held eines amerikanischen Romans wäre?" sagte er und hielt mich noch immer fest im Griff wie ein Schraubstock. „Ich würde einen heiseren, erstickten Schrei ausstoßen und deine beiden blaugeäderten, spitzen Brüste mit meinen muskulösen Händen umfassen."

„Ein Glück, daß du das nicht bist." Erfolglos versuchte ich, mich seinem Griff zu entwinden. „Zunächst einmal sind sie nicht annähernd so spitz wie früher, und dann wäre es mir doch lieber, wenn Eulalia uns nicht gerade in einem Handgemenge anträfe wie zwei japanische Ringer. Laß mich los!"

„Keinem amerikanischen Supermann, der etwas auf sich hält,

fiele es im Traum ein, einen neuen Tag zu beginnen ohne den Griff nach dem Apfel." Immer fester wurde Robins Griff, immer verbissener kämpfte ich, und natürlich trat genau in diesem Augenblick Eulalia mit dem Tablett ein. Robin grinste und gab mich frei, und ich hastete mit aller Würde, die ich aufzubringen vermochte, in mein eigenes Bett zurück.

Eulalia stellte mit gekünstelter Gleichgültigkeit das Tablett auf den Nachttisch, trat an die Fenster und öffnete die Läden. Sonnenlicht überflutete das Zimmer. Dann warf sie einen Seitenblick auf Robin, wandelte langsam wieder hinaus und schloß die Türe, wie ich fand, ziemlich betont hinter sich. „Eine Minute später", sagte Robin, „und sie hätte *die* Sensation ihres Daseins erlebt!"

„Da dürftest du sie unterschätzen", meinte ich. „Es bedarf wohl anderer Dinge, um Eulalia aus der Fassung zu bringen, als ein bejahrtes Ehepaar, das sich auf einem Bett herumbalgt."

„Bejahrt bist höchstens du!" Robin gähnte, tastete mit den Füßen nach seinen Pantoffeln, ging ins Badezimmer und begann den gewohnten morgendlichen Angriff auf seine Zähne. Zerstreut schenkte ich den Tee ein und fragte mich, warum Männer eigentlich beim Waschen immer so viel mehr Lärm machen als Frauen.

Das gemeinsame Frühstück auf der Veranda mit dem Ehepaar Frobisher, unsern Kindern, ihren Kindern und Nanny war schrecklich wie immer. Frobishers brüllten, die Kinder stritten sich, die Hunde bellten, Nanny stieß mißbilligende Gluckslaute aus, mich selber aber störte der tosende Lärm in meiner gelassenen Heiterkeit nicht, denn mein ganzes Wesen durchglühte der segensreiche, herzwärmende Gedanke, daß es ja das letzte Mal war. In weniger als einer Stunde befanden sich meine Kinder auf dem Weg in die Schule, und in weniger als zwei Stunden flogen Frobishers hoch über dem schimmernden Meer heimwärts.

Da ich um elf zu der Sitzung des SVDK, des Samolanischen Vereins für dramatische Kunst, mußte, hatte Robin es mit der Ergebenheit eines Heiligen auf sich genommen, Frobishers auf den Flugplatz zu bringen. Der Augenblick des Abschieds verzögerte sich über Gebühr, weil Timmy plötzlich über heftige Bauchschmerzen klagte und Molly mit ihm in der Toilette verschwand, während wir alle vor dem Haus standen und Konversation machten. Endlich, nach langen, quälenden Minuten, in denen ich mir ausmalte, wie Frobishers das Flugzeug versäumten, das nur zweimal pro Woche verkehrte, tauchten sie wieder auf. Letzte Grüße wurden mit großem Stimmaufwand ausgetauscht, Bob brüllte zum Schluß noch ein paar scherzhafte Bemerkungen, und dann endlich, endlich fuhren sie ab. Langsam ging ich auf die hintere Veranda, wo ich mich in einem Liegestuhl ausstreckte, eine Zigarette anzündete und mich von der gesegneten, friedlichen Leere des Hauses umhüllen ließ. Westinghouse tauchte aus dem Garten auf, setzte sich auf einen sonnbeglänzten Fleck und putzte sich. Es herrschte völlige Stille, kaum unterbrochen von dem an Händeklatschen erinnernden Aneinanderschlagen der Palmblätter und gelegentlich von dem gedämpften Hupen eines Autos drüben auf der Narouchi Road. Der hellgrüne Bambus auf der andern Seite der Schlucht schwenkte lässig in der Morgenbrise seine fedrigen Wedel, als wollte auch er Frobishers ein erleichtertes Lebewohl zuwinken.

Die Sitzung des SVDK fand im Hinterzimmer des Kunsthauses statt. Ich kam einige Minuten zu spät, weil ich, wie gewöhnlich, keinen Parkplatz für den Wagen fand. Alles stand schwatzend herum, und auf einem langen Tisch versammelten sich eindrucksvoll Notizblocks, Bleistifte und Aschenbecher. Ich begrüßte Buddha und Dusty und Cuckoo, die einen winzigen Hut mit einem Knauf obendrauf trug, dem Deckel eines Topfs mit eingemachtem Ingwer nicht unähnlich. Alma Peacock, höchst wirkungsvoll in ihrem wallenden Baumwollkleid mit einem aufreizenden weißen Ananasmuster auf rosafarbenem Grund, setzte sich, und wir folgten ihrem Beispiel. Alma, in vieler Beziehung eine großartige Person, ist gutmütig, energisch, begeisterungsfähig und fleißig. Unter ihrer schwungvollen Leitung stellte der SVDK, den sie vor vielen Jahren aus dem Nichts aufgebaut hatte, entschieden manche ansehnliche, wenn auch bisweilen übertrieben ehrgeizige Aufführung auf die Bretter. Irgend etwas aber an ihr, ein unangemessenes backfischhaftes Getue, bringt mich zum Lachen, sooft ich sie ansehe. Andrerseits fehlt Ivy Poland, die eine Tanzschule in der Queen Street leitet und deren Ivy-Poland-Ballett mit temperamentvollen modernen Verrenkungen jeder Pantomime erst den richtigen Pfiff gibt, das wärmende Fluidum Jahre zurückliegender Schüleraufführungen. Sie ist spitz wie eine Nadel, kennt nur ihren Beruf und soll, wenn allzusehr gereizt, in hemmungslose Wut ausbrechen. Ihr Mund senkt sich an den Winkeln ein wenig, und man kann sich unschwer vorstellen, wie sie dem Ivy-Poland-Ballett mit dem Stöckchen auf die Schienbeine klopft, sooft die jetées und coupées unbeholfen ausgeführt werden. Schwieriger ist es, wenn man heute die kleine, unscheinbare Frau in der Mitte der Vierzig betrachtet, sich auszumalen, wie sie in ihrer fernen Blütezeit am Arm eines befrackten Partners in den Palmengarten des Grand Hotel in Folkestone schwebte, und noch schwerer fällt es, sie in ihren Anfängen als Irrlicht durch den Zauberwald von ‚Wo der Regenbogen endet' huschen zu sehen. Nichtsdestoweniger müssen wir wohl glauben, daß sie so begonnen hat; irgendwelche Zweifel würden jedem von uns in unserer entlegenen kolonialen Abgeschlossenheit schlecht anstehen. Man braucht kaum hinzuzufügen, daß zwischen ihr und Alma ein Zustand schicklich verhüllter Feindseligkeit herrscht, der nur sehr selten zu offenem Krieg ausbrechen darf. Ansonsten besteht der Ausschuß, von Buddha, Dusty, Cuckoo und mir abgesehen, aus Peter Glades und Esmond Templar, die im Jahre 1949 Hand in Hand auf der Insel landeten und einen Antiquitätenladen eröffneten, aus Michael Tremlet, Brinsley Martin und Keela Alioa. Brinsley ist unser erster Charakterdarsteller und zeichnet sich vor allem durch kühne und raffinierte Masken aus. Selten nur tritt er, mit Garnperücke und zottigem Bart, gepolstert und dick geschminkt, auf, ohne mit Applaus begrüßt zu werden. Bei ein oder zwei Gelegenheiten allerdings führte seine Leidenschaft für die visuelle Charakterisierung der Rolle zu Katastrophen, so an jenem berüchtigten Abend, da er als Großinquisitor Letty Togstones Heilige Johanna verhörte und seine ganze Nase mit einem dumpfen Aufschlag in ihre ausgestreckten Hände fiel. Michael Tremlet mangelt es zwar an jeder hervorragenden schauspielerischen Begabung, aber als Inspizient leistet er tüchtige Arbeit; Peter Glades und Esmond Templar sind begeisterte, gelegentlich launenhafte künstlerische Beiräte, und Keela Alioa, unser Star, sitzt ehrenhalber im Ausschuß als Vertreter samolanischer Interessen. Er ist Mitte Zwanzig, ungewöhnlich schön, und sein Hamlet in modernem Gewand hatte die ganze Insel aufgewühlt. Es war eine rein samolanische Vorstellung gewesen, und da moderne Kleidung in den Augen der Eingeborenen hauptsächlich aus knallbunten Sarongs besteht, war die optische Wirkung bezaubernd.

Als wir uns alle gesetzt hatten und das Summen der Gespräche und das kratzende Stühlerücken verstummten, schlug Alma mit einem kleinen Hammer auf den Tisch und ließ eine langfädige Rede vom Stapel, die von monarchistischer Begeisterung glühte und mit prächtigen Phrasen gespickt war, wie ‚Unverbrüchliche Treue gegenüber der Krone' und ‚Unsere königlichen Gäste' und ‚Die Fahne hochhalten' und dergleichen mehr. Kaum hatte sie geendet und sich, applaudiert von einigen zustimmenden Grunzlauten und einigen leisen ‚Hört, Hört', gesetzt, platzten alle gleichzeitig los, und sie mußte abermals auf den Tisch klopfen.

Ausschußsitzungen wohlmeinender Dilettanten erzeugen in mir unweigerlich ein Gefühl von Platzangst. Ich sitze gleichsam in einer Falle und bin hoffnungslos unfähig, mich zu konzentrieren und auch bloß einen einzigen vernünftigen Gedanken zu erfassen; und diese Sitzung bestätigte die Regel. Zwei volle Stunden umdröhnte es mich, ich malte abscheuliche Fratzen auf den Block vor mir und versuchte, mich nicht mit Eloise und Bunny zu beschäftigen oder mit der Frage, ob Frobishers auch wirklich abgeflogen waren. Heißes Sonnenlicht flimmerte durch die Spalten der Rolläden, und bei dem Lärm draußen auf der Straße – Autos, die schalteten, Hunde, die bellten, Hupen, die tuteten – begriff ich kaum, wer was gesagt hatte, und wie gewöhnlich sagte jedermann sehr viel. Nach zahllosen unausführbaren Anregungen, die vorgebracht und abgelehnt wurden, entschied man zum Schluß, daß eine gewöhnliche Vorstellung im lokalen Theatersaal nicht genüge und man sich etwas Großartigeres einfallen lassen müsse. Da sprang Cuckoo auf und hielt eine begeisterte Lobrede auf eine militärische Vorführung, die sie als kleines Mädchen in Darjeeling gesehen hatte: „... es war wirklich großartig", sagte sie, und ihre Nase färbte sich im Überschwang der Erinnerung rosa. „Die Kavallerie kam durch eine Schlucht zwischen den Bergen hervorgesprengt, und all die Leute, die wochenlang in der Festung belagert worden waren, schrien und brüllten, und dann ging die Festung in Flammen auf, und alle miteinander sangen: ‚Verweile bei mir von morgens bis abends...'"

„Ausgerechnet in diesem Moment!" bemerkte Buddha im Bühnenflüsterton, doch Cuckoo überhörte es und fuhr fort: „Ich meine, daß es auf die Eingeborenen einen ungeheuren Eindruck gemacht hat, und darum glaube ich ganz aufrichtig, daß wir etwas in dieser Art versuchen sollten. Schließlich sind wir nun einmal eine englische Kolonie, und wir haben doch hier das Royal Shropshire Regiment."

„Wir haben auch verschiedene Schluchten zwischen den Bergen", sagte Dusty. „Aber ich glaube doch nicht, daß eine militärische Vorführung das Richtige wäre."

„Ich spreche als der einzige anwesende ‚Eingeborene'", sagte Keela mit leichter Schärfe, „und ich bezweifle, daß meine samolanischen Landsleute heutzutage durch plötzliche Reiterattacken und Flammen und eine große Entfaltung englischer Kriegskunst so leicht zu beeindrucken sind. Es würde sie verblüffen, und wenn die Samolaner verblüfft sind, lachen sie."

„Es war nur ein Vorschlag." Cuckoo setzte sich verdrossen.

„Wie wäre es mit einem wunderschönen mittelalterlichen Festspiel", regte Esmond Templar an. „Mit den Rittern der Tafelrunde und alle in Rüstungen und dergleichen."

„Ich glaube, daß dann die Verblüffung der Samolaner sich in schallendem Gelächter äußern würde", meinte Dusty.

Alma erhob sich gewichtig. „Unser Hauptziel", sagte sie

streng, „ist nicht, die Bewohner unserer Insel zu amüsieren, sondern vor allem unseren königlichen Gästen eine Freude zu bereiten."

„Hört, hört", murmelte Peter Glades und kicherte. Alma schoß einen mißbilligenden Blick auf ihn ab. „Ich habe, wie Sie wissen, ziemlich viel über das Problem nachgedacht, und es ist mir bewußt, daß wir nur sehr wenig Zeit zur Verfügung haben; aber ich bin überzeugt, wir sollten Ihrer Majestät etwas bieten, was sie sonst nirgends zu sehen bekommt, etwas Hiesiges, unverfälscht Samolanisches. Darin ist Ivy völlig einer Meinung mit mir." Sie lächelte Ivy Poland zu, die finster nickte. „Wir haben die Frage gestern nach der Cocktail-Party bei Bleekers erörtert, und da die Idee ursprünglich von ihr stammt, habe ich jetzt das Vergnügen, sie zu bitten, dem Ausschuß ihren Plan vorzutragen." Alma nahm ihren Platz ein, und es entstand eine kleine Pause, während Ivy sich zierlich schneuzte und aufstand.

„Es handelt sich um folgendes", sagte sie bescheiden: „Ein historisches Wasserfestspiel." Sie hielt inne, unglücklicherweise so lange, daß Buddha flüstern konnte: „Großer Gott!" Dann fuhr sie fort: „Wir dachten daran, die Geschichte der Insel zu erzählen, angefangen mit der Sage von FumFumBolo. Hier könnten meine Mädchen ein Ballett der Wassergeister tanzen. Als nächstes die Landung Kapitän Cobbs und der Missionare und so weiter bis zum heutigen Tag. Wir hatten auch daran gedacht" – sie lächelte Cuckoo ermutigend zu –, „die Hilfe der Royal Shropshires in Anspruch zu nehmen, ja, ich habe bereits Oberst Shelton angerufen und ihm angekündigt, daß wir vielleicht auf seine Unterstützung angewiesen sein würden. Es ist eine prächtige Truppe, und die Soldaten könnten in den ersten Szenen wunderbare Piraten abgeben –"

„Und wo, um Himmels willen, soll sich das alles abspielen?" unterbrach Buddha.

„In Cobbs Bucht", erwiderte Ivy triumphierend. „Sie bildet eine ideale Szenerie. Wir haben es im Geist schon fixfertig entworfen. Wir könnten rund um den halbkreisförmigen Strand Tribünen errichten, und die beiden Felsvorsprünge würden sich als Kulissen ausgezeichnet für die Auftritte und Abgänge eignen. Die Samolanische Elektrizitätsgesellschaft und die Royal Shropshires könnten zusammen die Beleuchtung organisieren. Wir schlagen auch vor, Kerry Stirling das Libretto schreiben zu lassen, wahrscheinlich in Blankversen, und unsern lieben Inky Blumenthal wollen wir dazu überreden, eine Musik zu komponieren, die sich auf alte samolanische Volksweisen stützt; Sie alle wissen ja, wie glänzend er derlei beherrscht, und als großes Finale dachten wir uns, daß der Kirchenchor, den wir ja sowieso einsetzen müssen, singend auf einem Schiff angefahren kommt, während die Royal Shropshires, die unterdessen wieder ihre Uniformen angezogen haben, den Weg hinter Turlings Bungalow heruntermarschieren und eine Art Großen Zapfenstreich aufführen." Sie verstummte, lächelte erwartungsvoll und setzte sich dann ziemlich unvermittelt auf ihren Platz. Sekundenlang herrschte tiefe Stille, bis Esmond Templar sie schließlich unterbrach, indem er in die Hände klatschte und begeistert rief, das sei eine großartige Idee.

„Zapfenstreich mit *einem* Regiment", brummte Buddha.

„Ich weiß noch, wie ich als kleines Mädchen das erste Mal zu einem Großen Zapfenstreich mitgenommen wurde", sagte Cuckoo. „Daddy hatte sechs Monate Urlaub, wir wohnten im Hyde Park Hotel, und ich weinte mir die Augen aus."

„Das Hyde Park Hotel kann sehr bedrückend sein", flüsterte Dusty.

„Vorwärts, vorwärts!" rief Alma fest. „Revenons à nos moutons! Kehren wir zu unsern Hammeln zurück!"

Von da an schnatterten alle gleichzeitig, und der Lärm wurde ohrenbetäubend.

Als ich etwa eine Stunde später völlig erschossen auf der hinteren Veranda saß und einen Gin mit Soda schlürfte, erschien Robin, sichtlich heiteren Gemütes.

„Gott ist oben im Himmel", zitierte er, „Frobishers hoch in der Luft, und auf der Welt ist alles in schönster Ordnung." Er klatschte in die Hände und rief Tahali. „Wie war die Sitzung?"

„Geräuschvoll, aber im großen ganzen ziemlich erfolgreich, glaube ich. Man beschloß, die Königin und Prinz Philip mit einem Wasserfestspiel zu beglücken."

„Paßt ausgezeichnet in die Regensaison. Und wo soll das ganze in Szene gehn?"

„In Cobbs Bucht."

„Immer besser! Die Mücken sind zu dieser Jahreszeit in Cobbs Bucht, wie allgemein bekannt, größer und angriffslustiger als sonst irgendwo auf der Insel. Man sollte dafür sorgen, daß jedermann einen dichten Schleier trägt, und in den Pausen könnte man Chinin servieren. Und dann", fuhr er begeistert fort, „darf man ziemlich sicher mit einem tüchtigen Südwestwind und gewaltigem Seegang rechnen."

„Unsinn. In Cobbs Bucht gibt es nie gewaltigen Seegang, sie ist ja beinahe rundum geschützt."

„Das hängt davon ab, aus welcher Richtung der Wind weht. Ich habe dort schon in turmhohen Wellen gebadet."

Tahali erschien, und Robin bestellte sich einen Gin.

Als wir gerade mit dem Mittagessen fertig waren, rief Sandra an. „Was soll dieser Unsinn mit dem Wasserfestspiel?" fragte sie ziemlich unwirsch.

„Ich wasche meine Hände in Unschuld. Ich saß bloß dabei. Alma und Ivy hatten die Idee miteinander ausgebrütet."

„Das ist reiner Wahnsinn. Wie wollen sie das denn machen, und wer soll was spielen?"

„Das ist noch nicht festgelegt, es war nur eine vorbereitende Besprechung. Ich weiß lediglich, daß der Kirchenchor in einer Barke den Felsvorsprung umschiffen soll und daß die Royal Shropshires als Seeräuber auftreten und am Strand den Großen Zapfenstreich spielen werden."

„Unter der schwarzen Piratenflagge mit Totenkopf und zwei gekreuzten Knochen vor der Königin aufziehen? Das ist ja Majestätsbeleidigung!"

„Sie sollen nur im ersten Teil als Seeräuber auftreten, dann ziehen sie wieder ihre Uniformen an."

„Wo?"

„Hinter Turlings Bungalow vermutlich."

Sandra schnaubte. „Die ganze Sache ist idiotisch. Ihr müßt euch etwas anderes ausdenken."

„Ich habe dir schon einmal erklärt, daß ich meine Hände in Unschuld wasche. Ich bin nur dabeigesessen."

„Du hättest von Anfang an den Plan abwürgen sollen. Was hat es für einen Zweck, in einem Ausschuß zu sitzen und nie den Mund aufzumachen? Du hast keine Zivilcourage! Daran fehlt's dir."

„Nun", erwiderte ich beherzt, „im Grunde finde ich, daß es ganz reizend werden könnte, wenn es gut inszeniert ist."

„Dann bist du übergeschnappt. Und wie steht's mit Parkplätzen? Daran hat wahrscheinlich kein Mensch gedacht."

„Nein, sicher nicht. Aber, wie ich dir schon sagte, es war nur eine vorbereitende Besprechung."

„Man könnte nicht einmal ein Dreirad auf dem Stückchen Straße hinter Cobbs Bucht abstellen."

„Auf dem riesigen Sportplatz neben Chesley Hutchinsons Besitz ist Platz für tausend Dreiräder und für etliche Autobusse dazu, und er wird überhaupt nie gebraucht."

„Schön, schön, macht, was ihr wollt." In Sandras Stimme schwang tiefe Resignation. „Du könntest übermorgen zum Mittagessen herüberkommen und mir berichten, was ihr sonst noch ausgeheckt habt."

„Ich habe gar nichts ausgeheckt. Du solltest lieber Alma und Ivy zum Mittagessen einladen; sie sind an allem schuld."

„Lieber sterben! Du kommst jedenfalls." Damit hängte sie auf.

11

Die wenigen Tage zwischen der Abreise der Frobishers und Eloises Ankunft verstrichen nur allzu rasch. Nichts Besonderes ereignete sich. Ich aß, wie befohlen, in der Residenz zu Mittag und entdeckte, daß Sandra sich mit der Idee des Wasserfestspiels einigermaßen befreundet hatte.

„Wenigstens mal was anderes", sagte sie, „und vielleicht wird es wirklich sehr spaßig. Ich kann es kaum erwarten, bis der Kirchenchor in einer Barke um das Kap herum anschaukelt und sich die Lunge aus dem Leib singt; so ist's viel besser, als wenn sie sich in gedrängten Reihen aufpflanzen und einem ins Gesicht brüllen wie im Rathaus. Und die lieben Royal Shropshires werden begeistert Piraten spielen und mit einem Entermesser zwischen den Zähnen herumklettern; jahraus, jahrein in ihre düsteren Kasernen eingesperrt, haben sie es sonst nicht sehr lustig. Das Wetter kann uns natürlich einen Streich spielen, aber mit etwas Glück wird es schon klappen; selbst in der Regensaison gießt es ja nur morgens ein paar Stunden. Zu fürchten haben wir nur einen richtigen Südweststurm. Dann würde die ganze Sache ins Wasser fallen."

„Gewiß, gewiß", stimmte ich zu.

„Gewöhnlich werden wir einen Tag vorher gewarnt", fuhr Sandra wohlgelaunt fort, „aber ich meine, man müßte eine Notlösung unter einem sicheren Dach parat haben."

„Leichter gesagt als getan."

„Es hat keinen Zweck, bloß mit den Achseln zu zucken. Es ist Aufgabe des Ausschusses, etwas vorzubereiten, und da du im Ausschuß sitzt, mußt du danach sehen."

„Aber wie denn?"

„Tritt nur energisch auf!"

„Und was schlägst du vor, soll ich als Notlösung vorschlagen?"

„Wirklich, Liebling", Sandra musterte mich vorwurfsvoll, „ich weiß gar nicht, was in letzter Zeit in dich gefahren ist. Du scheinst auch den letzten Fetzen von Initiative verloren zu haben!"

„Ich bin nur auf deine besondere Bitte in diesem verdammten Ausschuß. Ich habe keinerlei Autorität, um energisch aufzutreten. Und zudem habe ich auch andere Sorgen, einen Mann und eine Familie und einen Haushalt; und dann die Sache mit Bunny und Eloise, um die ich mich kümmern muß."

„Das ist deine eigene Schuld! Warum hast du dich auch beschwatzen lassen? Wann kommt denn das dumme Luder an?"

„Morgen, zehn Uhr fünfundvierzig. BOAC Flug 429. Du hast wohl keine Lust, mit mir auf den Flugplatz zu fahren und sie abzuholen – den alten Zeiten zuliebe?"

„Bestimmt nicht. Ich mißbillige die ganze üble Geschichte. Ich finde, daß ich mehr als genug tue, wenn ich sie drei Tage in meinem Haus aufnehme. Übrigens, wann paßt es dir am besten?"

„Irgendwann in den nächsten vierzehn Tagen."

„Es hat keinen Zweck, das so beiläufig und vage zu behandeln; ich muß es genau wissen. Das Haus kann gerade bumsvoll sein. Ich erinnere mich, daß wir zwei burmesische Minister und ihre Frauen am dritten und vierten beherbergen müssen, und dann eine Person vom British Council, die eine Vortragsreise durch Japan unternimmt."

„Worüber spricht sie?"

„Ich weiß nicht genau; über die Romanschriftsteller der Victorianischen Zeit, glaube ich, und ihren Einfluß auf die moderne Literatur."

„Glaubst du, daß das die Japaner wirklich interessiert?"

„Natürlich. Die Japaner interessiert alles, sie sind ganz verrückt auf englische Kultur und auf fortschrittliche westliche Ideen."

„Ich würde einen Vortrag über die Romanschriftsteller der Victorianischen Zeit kaum als fortschrittlich bezeichnen."

„Das kann man nie wissen. Stell dir nur vor, wie eine Gruppe dieser piepsenden Geishas sich über eine wirklich gute Übersetzung von George Eliots ‚Die Mühle am Bach' kauert. Das kann ihre gesamte Weltanschauung über den Haufen werfen!"

„Würde dir der Sechste oder Siebente für Eloises Besuch passen?"

„Ja, ich glaube schon." Sandra stieß einen tiefen Seufzer aus. „Aber nicht den Bruchteil einer Sekunde länger als drei Tage – schwör es!"

„Gut. Ich schwöre."

12

Der Flughafen von Pendarla, in etwa einer halben Autostunde zu erreichen, ist eine Ansammlung heiterer Schlamperei. Man hat keine Mühe gescheut, ihn zum abscheulichsten, unbequemsten Warteplatz der Welt zu machen. Im Aufenthaltsraum drängen sich gemeine, ungepolsterte Holzstühle mit schrägen Sitzflächen, auf denen man sich nicht vorbeugen kann, ohne zurückzurutschen, und ist man zurückgerutscht, so schneiden einen die Kanten schmerzhaft in die Kniekehlen. Es gibt verschiedene Glasverschläge, die an die Halle anstoßen und die man nicht betreten darf. Dort stehen die Freunde, die man abholen will, stundenlang verloren mit ihrem Handgepäck herum und gaffen blinzelnd herüber. Man darf sich nicht mit ihnen unterhalten, bis sie die Einreise- und Zollformalitäten überstanden haben. Manche Leute verlieren während dieser Zeit ihre Selbstbeherrschung, gestikulieren leidenschaftlich und schneiden Grimassen, aber ich weiß seit langem, daß das nichts als Energieverschwendung ist, und werfe unserm Besuch nur ein oder zwei Kußhände zu, setze mich wieder hin und lese ein Buch.

Von Eloises Flugzeug hieß es zunächst, es würde pünktlich eintreffen, dann aber, wenige Minuten später, wurde eine Verspätung von einer Dreiviertelstunde angesagt. Als ungefähr zwanzig Minuten vergangen waren, meldete eine heisere Stimme, das Flugzeug werde um zwölf Uhr fünfundzwanzig ankommen.

Das bedeutete, daß keine Hoffnung mehr bestand, Eloise vor zwei Uhr heimzubringen, und so sperrte ich mich in eine überhitzte Telephonzelle ein, die nach Gulasch roch, und rief Robin an.

„Du und Nanny, ihr solltet lieber vorher zu Mittag essen; das Flugzeug hat schon anderthalb Stunden Verspätung."

„Das ist absolut kein Grund für mich, mit Nanny allein zu Mittag zu essen", sagte er. „Lieber gehe ich in den Klub."

„Schön, aber versuch gegen zwei zurück zu sein, damit du Eloise begrüßen kannst."

„Wenn ich im Klub esse, bin ich viel zu betrunken, um irgendwen zu begrüßen."

„Dann iß doch etwas Kaltes im Garten!"

„Das wäre zu auffällig. Ich möchte Nannys Gefühle nicht verletzen. Sie schätzt es gar zu sehr, wenn man ihre Gefühle verletzt."

„Dann iß im Klub und trink nur Sodawasser."

„Ausgeschlossen. Du weißt, wie beliebt ich bin. Ich kann nicht den Fuß in den Klub setzen, ohne daß jedermann mich mit Alkohol vollgießt."

„Sei nicht so langweilig, Schatz. Es ist höllisch heiß in dieser Telephonzelle, und ich ersticke in der Sekunde. Sag Clementine und Tahali, sie sollen irgend etwas bereithalten, wenn wir heimkommen."

„Eloise hätte per Schiff reisen sollen. Auf dem Schiff hätte sie sich unterwegs wahnsinnig in irgendwen verliebt, und uns allen bliebe eine Menge Unannehmlichkeiten erspart. Das Blöde an diesen Flugreisen ist, daß für solche Dinge die Zeit nicht reicht."

„Ich hänge jetzt auf, Liebster, der Schweiß rinnt mir die Nase entlang in meine Handtasche hinein."

„Gut – gut."

Ich wanderte in die Halle zurück und betrachtete mißvergnügt den Kiosk mit den wunderlichen Andenken, die die Königlichen Werkstätten für Samolanische Heimatkunst zur Schau stellten. Da gab es die üblichen Tanzpuppen in Grasröckchen, zierlich bemalte Muscheln, aus Bananenblättern geflochtene Tischdekken und einen Stapel Basthüte, auf denen in farbiger Wolle das Wort Samolo prangte. Ein Flugzeug der Pan American wurde unter trommelfellzerreißendem Lärm zum Start fertiggemacht, so trat ich in das blendende Sonnenlicht hinaus, überquerte den Parkplatz und ging in die Luana Bar, wo man halbwegs friedlich ein Glas trinken kann. Ich fand einen Tisch in einer Ecke und bestellte einen Gin fizz. An der Bar saßen Daphne Gilpin und Lydia French, spielten Würfel und kippten diverse Kalakala-Cocktails. Sie trugen beide Hosen und Buschhemden, und Lydia hatte eine sehr dunkle Brille auf, wahrscheinlich um ein blaues Auge zu verbergen – man weiß, daß Daphne unter Alkoholeinfluß sehr heftig werden kann. Die beiden sind unsere lokalen Lesbierinnen, und ich persönlich mag sie recht gut leiden. Als sie sich zusammen in Fisherman's Hole niederließen, gab es einigen Klatsch, doch er versickerte nach etwa einem Jahr, und jetzt hat man sie akzeptiert: die Eingeweihten als das, was sie sind, und die Naiven als liebenswürdig überspannte Frauenzimmer. Sie ziehen sich mehr oder weniger gleich an, doch im Temperament haben sie nichts gemeinsam. Daphne mit ihren scharfgeschnittenen Zügen ist auf Samolo geboren, dunkel und unglaublich tüchtig. Sie diente eine Zeitlang mit Sandra und mir im Transport-Korps und konnte den Motor eines Lastwagens rascher und besser auseinandernehmen und wieder zusammensetzen als der männlichste Mechaniker mit der behaartesten Brust. Lydia ist blond und hübsch und ein wenig zimperlich. Ihrem Geschmack verdankt das Haus seine reizende Einrichtung, Daphne hätte sich ohne weiteres mit ein paar Ledersesseln und zwei Feldbetten begnügt. Daphne steuert den Wagen und das Motorboot und versinkt stundenlang mit ihrem Tauchgerät im Meer, während Lydia Blumen arrangiert, köstliche Salatsaucen anrührt und gelegentlich auch entzückende Aquarelle von eingeborenen Mädchen malt, die Decken weben oder in Hängematten liegen. Daphne hält auch die Schnüre der gemeinsamen Börse fest in der Hand, und das dürfte der Grund für viele ihrer allgemein bekannten Streitigkeiten sein. Etwa zweimal im Jahr geben sie eine Cocktail-Party, und man unterhält sich immer ausgezeichnet, wenn man klug genug ist, das Ende nicht abzuwarten und einem Drama aus dem Weg zu gehen. Dann und wann lädt Sandra sie auch in die Residenz ein, besteht aber darauf, daß sie in Röcken erscheinen.

Daphne erblickte mich und winkte; beide kletterten von ihren Barstühlen herunter und traten an meinen Tisch.

„Was machen Sie hier?"

„Ich warte auf die BOAC-Maschine."

„Wir auch", sagte Daphne. „Eine Freundin Lydias kommt – Ursula Gannet."

„Sie ist ebensosehr deine Freundin wie meine", protestierte Lydia sanft.

„Wie dem auch sei, wir werden sie für einen Monat auf dem Hals haben. Was trinken Sie?"

„Einen Gin fizz, er wird gleich da sein."

„Haben Sie etwas dagegen, wenn wir uns zu Ihnen setzen, oder wollen Sie lieber allein bleiben?"

„Natürlich nicht. Kommen Sie doch."

Daphne klatschte energisch in die Hände und rief dem Jungen an der Bar zu, er solle die Cocktails an meinen Tisch bringen.

„Und wen holen Sie ab?"

„Eloise Fowey."

Mit einemmal war ich sehr verlegen und hoffte nur, man würde es mir nicht anmerken.

„Mein Gott!" Daphne sah mich erstaunt an. „Was, um Himmels willen, will sie denn hier?"

„Sie besucht mich", erwiderte ich ein wenig steif. „Sie hat sich in der letzten Zeit nicht besonders wohl gefühlt", fügte ich ziemlich sinnlos hinzu, „und da meinte sie, ein bißchen Ferien in den Tropen würden ihr guttun."

„Sie muß wunderschön sein", sagte Lydia. „Ich habe erst vor einigen Wochen ein Bild von ihr im ‚Tatler' gesehen."

„Seit der Zeit im Transport-Korps habe ich sie nicht mehr vor die Augen gekriegt", sagte Daphne. „Sie war auch damals wunderschön, aber ich fand sie immer eine dumme Pute."

„Sie hat sich in der Zwischenzeit sehr verändert."

„Wann haben Sie sie zum letztenmal gesehen?"
„Vor zwei Jahren, als ich mit Robin in London war. Wir haben mit ihr gegessen – und – und Robin ist mit ihr ins Royal Festival-Ballett gegangen", schloß ich phantasievoll.
„Ich hätte nicht gedacht, daß ihr so etwas liegen würde."
„,Les Sylphides' langweilte sie ein wenig, all die weißen Mädchen, die da herein- und hinausschweben. Aber die belebteren Szenen gefielen ihr sehr."
„Bringen Sie sie doch einmal zu uns herüber", sagte Daphne herzlich. „Nach all den Jahren würde ich sie gern wiedersehen."
In dieser Sekunde erschien der Junge mit den Getränken, und das Thema Eloise wurde zu meiner großen Erleichterung fallengelassen. Ich habe nichts dagegen, dann und wann ein paar faustdicke Lügen zu erzählen, wenn es gesellschaftlich notwendig ist, aber ich finde es doch anstrengend und lasse mich manchmal fortreißen und gehe dann viel zu weit. Schon bereute ich, daß ich von dem Ballett gesprochen hatte, denn jetzt hieß es aufpassen und Eloise, sobald sie ankam, und dann Robin ins Bild setzen. Ich sah voraus, daß ich mich durch die nächsten Wochen recht durchschlängeln und dauernd zwischen Wahrheit und Unwahrheit hin und her pendeln müßte und mich dabei wahrscheinlich so unlösbar verstrickte, daß von mir nur noch ein nervöses Wrack übrigbliebe. Nachdem wir etwa eine Dreiviertelstunde dagesessen und müßig über alles mögliche geredet hatten, ertönte plötzlich ein rauhes Knacken im Lautsprecher über der Bar und eine asthmatische Stimme verkündete, die Maschine der BOAC werden in zehn Minuten einfliegen. Es gab den üblichen Streit, wer die Getränke bezahlen sollte; Daphne beendete ihn schließlich, indem sie energisch in die Hände klatschte und alles erledigte. Die beiden hatten noch zwei Kalakala-Cocktails getrunken und ich drei Gin fizz, die mich in heiter gefaßte Stimmung versetzten. Als wir über den Parkplatz auf die Halle zugingen, sagte Daphne: „Ich hörte, daß der SVDK für den königlichen Besuch ein Wasserfestspiel plant."
„Ja", sagte ich. „In Cobbs Bucht. Es könnte reizend werden, meinen Sie nicht auch?"

„Alles hängt vom Wetter ab", antwortete Daphne kurz. „Habt ihr, falls es einen Südweststurm gibt, eine Notlösung unter einem sicheren Dach vorbereitet?"

„Noch nicht, aber damit werden wir uns in der nächsten Sitzung heftig befassen."

„Schön. Bei gutem Wetter stelle ich euch mit Vergnügen mein Motorboot zur Verfügung."

„Das wäre herrlich. Es ist nicht groß genug, um den ganzen Kirchenchor zu befördern, aber es könnte mit den Solisten angeflitzt kommen."

„Der Kirchenchor", knurrte Daphne. „Das hätte ich mir denken können. Die alte Alma sollte sich einmal unter die Schädeldecke sehen lassen."

„Sie ist wirklich nicht schuld daran. Wir müssen den Kirchenchor beschäftigen, denn Sandra hat den Plan, daß er unsere Gäste bei der Landung begrüßt, zu Fall gebracht, und das machte böses Blut."

„Man sollte diesen verdammten Chor überhaupt abschaffen. Er hält nie den Ton und stimmt alle Leute trübsinnig."

„Weihnachten haben sie ‚Hiawatha' doch ganz schön gesungen", bemerkte Lydia.

„Das sagst du nur, weil Lua Kaieena mitgesungen hat. Du warst schon immer in Lua Kaieena vernarrt."

„Ich bin nicht vernarrt in sie", erwiderte Lydia heftig. „Ich finde einfach, daß sie gut singt."

„Du bist dagesessen und hast sie angehimmelt wie ein alberner Backfisch."

„Das habe ich *nicht* getan!" Lydias Stimme klang schrill. „Und ich wünschte, du würdest endlich damit aufhören!"

„Kommt, wir gehen auf den Flugplatz hinaus und sehen zu, wie die Maschine aufsetzt", unterbrach ich hastig. „Jetzt kann sie jede Minute da sein."

Zu meiner Erleichterung nickte Daphne kurz und schritt entschlossen auf die Schwingtür zu.

„Sie sollte morgens nicht trinken", zischte mir Lydia ins Ohr. „Das macht sie immer streitlustig."

Wir folgten Daphne auf den Flugplatz und standen verdrossen nebeneinandergereiht und stierten in den leeren Himmel. Kaum war Daphne, die sich eine Zigarette angezündet hatte, von einem Angestellten zurechtgewiesen worden, tauchte ein weißer Bleistift aus den Wolken über den dunkelblauen Bergen auf. Schweigend beobachteten wir, wie er sich tiefer und tiefer senkte, bis er hinter den Flugplatzgebäuden verschwand. Wenige Minuten später hörten wir das Geheul der Motoren, und die Maschine kam wieder in Sicht. Jetzt landete sie elegant am anderen Ende der Piste, wendete schwerfällig und rollte langsam auf uns zu.

„Gut so", sagte Daphne. „Gehen wir hinüber und trinken noch eins!"

„Wir müssen doch warten und die Leute aussteigen sehen", meinte Lydia. „Es reicht gut für ein Glas, solange sie sich mit dem Zoll abquälen."

„Ganz wie du willst", antwortete Daphne mißlaunig, und abermals warteten wir schweigend.

Als schließlich die Treppe herangerollt worden war und der Pilot und zwei andere Besatzungsmitglieder das Flugzeug verlassen hatten, begannen die Fluggäste auszusteigen. Die ersten zwei waren flinke junge Leute in hellen Leinenanzügen mit Aktentaschen unter dem Arm. Dann entstand eine kleine Pause, weil eine uralte Dame im Rollstuhl durch die Türe geschafft und von zwei Stewards die Treppe hinuntergetragen werden mußte. Dann kamen die übrigen Passagiere, die sich mit Reisetaschen, Zeitschriften und Mänteln abschleppten. Im hellen Sonnenlicht wirkten ihre Gesichter grau.

„Dort ist sie!" rief Lydia und winkte aufgeregt. Eine schlanke Frau, die ein beigefarbenes Kostüm und einen weißen Hut trug, winkte zurück und schloß sich der Gruppe am Fuß der Treppe an. Eine BOAC-Stewardeß hielt ihre Schutzbefohlenen zusammen. Bisher zeigte noch keiner der Ankömmlinge auch nur die leiseste Ähnlichkeit mit Eloise, und ich ärgerte mich nachgerade. Hatte sie das Flugzeug versäumt, wozu sie sehr wohl imstande war, so hieß das, daß ich alles in drei Tagen noch einmal durchmachen mußte. Als ich eben die letzte Hoffnung aufgeben wollte, erschien sie im Türrahmen, den Arm voll Blumen, und ihr auf dem Fuß folgte ein Steward mit zwei kleinen Schweinslederkoffern – der eine dem Aussehen nach ein Schmuckkoffer – und einem rehbraunen Mantel. Langsam schritt sie die Stufen hinunter und wurde sogleich vom Photographen des ‚Daily Reaper' begrüßt. Bereitwillig nahm sie eine wirkungsvolle Pose ein, während er seine Bilder schoß, und begab sich dann mit den übrigen Passagieren in das Einreisebüro. Ich winkte ihr heftig und versuchte, ihre Aufmerksamkeit auf mich zu lenken, doch sie sah mich nicht und verschwand.

Daphne, Lydia und ich gingen in die Wartehalle zurück.

„Wie wär's jetzt mit einem Drink?" fragte Daphne.

„Nicht für mich", erklärte ich fest. „Ich warte hier."

„Du brauchst wirklich nichts mehr, Liebste", sagte Lydia. „Das weißt du doch."

„Da irrst du dich gewaltig", erwiderte Daphne. „Ich werde noch viele Drinks brauchen, wenn ich Ursulas Gedröhne den ganzen nächsten Monat morgens, mittags und abends ertragen soll!"

„Du bist entsetzlich schwierig, Liebste!"

„Komm!" Daphne packte sie fest beim Arm. „Dieses Tollhaus gibt mir den Rest!" Sie zogen ab, Lydia im Schlepptau ihrer Freundin. „Wir sehen uns noch", rief Daphne mir über die Schulter zu. „Vergessen Sie nicht, Eloise zum Cocktail zu uns zu bringen! Und das Motorboot steht Ihnen zur Verfügung, wann immer Sie's brauchen."

Ich ließ mich auf einen Holzstuhl fallen und zündete mir eine Zigarette an. Die angenehme Wirkung der drei Gin fizz war verflogen, und ich fühlte mich plötzlich melancholisch und ein wenig müde. Bald stand ich wieder auf und stellte mich an den Eingang der Zollabfertigung, wo Eloise, allen andern voraus und noch immer vom Steward betreut, wartete.

Jetzt gelang es mir, ihren Blick auf mich zu ziehen; sie warf mir ein bezauberndes Lächeln zu und drehte sich wieder nach ihrem Gepäck um. Sie wirkte sicherer und selbstbewußter als früher, und ihre Schönheit war noch überwältigender geworden. Während ich sie bewunderte, kam Mr. Seekala, der Reporter des ‹Daily Reaper›, auf mich zu, ein netter kleiner Kerl, dessen rechtes Auge ein wenig schielt. Das ist peinlich, weil man nie ganz sicher weiß, mit welchem Auge er einen ansieht.

„Werden Sie so gütig zu sein, mich Ihrer Hoheit vorzustellen, Mrs. Craigie?"

„Gewiß. Aber sie ist nicht Hoheit, nur Euer Gnaden – Grace."

„Ist es ihr Name, Grace?"

„Nein, sie heißt Eloise. Grace ist ihr Titel."

„Grace von Fowey also?"

„Nein, Herzogin von Fowey. Her Grace, Ihre Gnaden, die Herzogin von Fowey."

Mr. Seekala schaute verwirrt drein. „Genauso wie Loolia, Herzogin von Westminster?"

„Nein, nicht ganz dasselbe, und man spricht es nicht Loolia aus, sondern Leelia, und sie trägt den Namen Loelia, Herzogin von Westminster, weil sie geschieden ist und der Herzog von Westminster wieder geheiratet hat."

„Wenn also die erlauchte Dame Grace hieße und nicht Eloise und der Herzog von Fowey ließe sich scheiden und würde wieder heiraten, dann wäre sie Ihre Gnaden, Her Grace, Grace, Herzogin von Fowey?"

„Ja", sagte ich verzweifelt, „wahrscheinlich."

„Da habe ich etwas gelernt", sagte Mr. Seekala glücklich. „Das Titeln der höheren Stände in England hat mich stets durcheinandergebracht."

„Alle andern Leute auch. Wenn ich bei diesen Dingen nicht mehr weiter weiß, fliege ich sofort auf den Gotha."

„In meiner bescheidenen Stellung", sagte Mr. Seekala, „kommt Fliegen gar nicht in Frage."

Zum Glück erschien in diesem Augenblick Eloise, immer noch von dem Steward begleitet, und umarmte mich zärtlich. „Das alles ist schrecklich aufregend", sagte sie. „Und du bist ein Engel, daß du mich abgeholt hast. Ist Bunny hier?"

„Natürlich nicht", sagte ich schnell. „Bunny sitzt in der Schule, aber er und Janet und Cokey werden zum Tee daheim sein, und sie freuen sich irrsinnig, dich zu sehen." Ich wandte mich zu Mr. Seekala. „Die Herzogin nennt meinen ältesten Jungen immer Bunny. Gewissermaßen ein Kosename. Hier ist Mr. Seekala, Eloise. Er vertritt unsere Zeitung, den ‚Daily Reaper'."

Eloise blickte mich scharf an, dann richtete sie ihre leuchtenden Augen auf Mr. Seekala. „Guten Tag", sagte sie huldvoll.

„Willkommen in Samolo, Grace." Mr. Seekala verbeugte sich. „Ich hoffe aufrichtig, daß Ihr Aufenthalt bei uns von langer Dauer und ebenso glücklich wie lohnend sein wird."

„Vielen Dank", sagte Eloise. „Davon bin ich überzeugt."

„Zweifellos werden Sie alle Stellen von Interesse auf unserer Insel besichtigen. Es gibt bei uns sehr viel zu sehen und zu lieben."

„Natürlich! Ich möchte alles sehen."

„Es ist eine Traurigkeit für uns in Samolo, daß Seine Hoheit, Ihr Gatte, Sie nicht begleiten konnte."

„Gewiß", meinte Eloise. „Das ist dumm, nicht wahr? Aber er konnte einfach nicht weg. Übrigens ist er keine Hoheit", sagte sie lächelnd, „sondern nur Seine Gnaden, Grace."

Mr. Seekalas linkes Auge schoß wild hin und her.

„Er ist auch Grace?"

„Ich habe versucht, das alles zu erklären", unterbrach ich schnell. „Aber lassen wir das jetzt, wir sind wirklich sehr in Eile. Wir müssen dein Gepäck in den Wagen schaffen, und Mr. Seekala wird sicher verstehen, wenn wir uns jetzt von ihm verabschieden."

Abermals verbeugte sich Mr. Seekala. „Sie sind ungemein gütig gewesen. Vielleicht ist es mir gestattet, an einem der nächsten Tage vorbeizukommen, um ein kurzes Gespräch mit..." – er zauderte, „mit – mit unserem erlauchten Gast zu führen."

„Selbstverständlich", sagte ich. „Rufen Sie mich morgen an."

Mr. Seekala zog sich zurück, und ich lotste Eloise durch das Gedränge auf den Parkplatz. Der Steward folgte uns getreulich und trug die beiden Koffer und den Mantel. „Das ist Joe", sagte Eloise unterwegs. „Er war einfach himmlisch zu mir, seit wir in London abgeflogen sind, und in Honolulu hat er mir noch diese herrlichen Blumen geschenkt."

Joe sah mit einem Blick voll schwärmerischer Anbetung zu ihr auf und wurde rot. „Es war mir ein Vergnügen", murmelte er heiser.

„Ich wundere mich nur, daß man dir erlaubt hat, sie durch den Zoll zu bringen", sagte ich. „Sonst sind sie hier mit Pflanzen schrecklich pedantisch."

„Joe hat ihnen einen Wink gegeben", sagte Eloise gnädig.

Wir verstauten den größten Teil von Eloises Gepäck im Kofferraum und den Rest auf dem Rücksitz, und Joe winkte uns, dunkelrot vor Gemütsbewegung, lange nach. Dann machte Eloise sich's auf ihrem Platz bequem, betrachtete prüfend ihr Gesicht im Taschenspiegel und zündete sich eine Zigarette an. „Es tut mir leid, daß ich die Dummheit mit Bunny gesagt habe. Aber ich ahnte ja nicht, daß der kleine schieläugige Mann ein Reporter ist."

„Es ist nicht weiter wichtig", sagte ich und bemühte mich, nichts von meiner Gereiztheit merken zu lassen. „Aber wir müssen unbedingt diskret sein."

„Natürlich. In seinem letzten Brief hat Bunny mir alles erklärt. Ich kann dir gar nicht sagen, wie dankbar ich dir bin. Wärst du nicht so eine prachtvolle Freundin, die uns in allem hilft, hätte ich ja überhaupt nicht kommen können."

„Nun, da du hier bist", erwiderte ich ein wenig grimmig, „müssen wir äußerste Vorsicht walten lassen. Einzig und allein Robin und Sandra sind noch im Bilde. Sie hat dich nächste Woche für drei Tage in die Residenz eingeladen."

„Das ist ganz reizend von ihr. Muß ich gehn?"

„Ich fürchte, ja. Es könnte Verdacht erregen, wenn du in deiner Stellung nicht wenigstens ein paar Tage in der Residenz wohnen würdest. In unserer kleinen Kolonie verbreitet sich der Klatsch wie ein Lauffeuer, wenn man ihm Nahrung gibt."

„Ich habe mir damals beim Transport-Korps nie sehr viel aus Sandra gemacht. Sie hat mich ständig herumkommandiert."

„Das war ihre Pflicht als deine Vorgesetzte."

„Sie hätte nicht immer so auf mir herumzuhacken brauchen. Ich erinnere mich noch, daß ich einen langweiligen alten General nach Uxbridge gefahren habe und ein wenig spät zurückgekommen bin. Wie eine Tigerin ist sie da über mich hergefallen!"

„Auch ich erinnere mich deutlich an den Vorfall", sagte ich. „Du bist erheblich mehr als ‚ein wenig' später zurückgekommen. Du hast dir drei Stunden Zeit genommen, um mit Boy Livingstone in Bray zu Abend zu essen. Vergiß nicht, daß ich damals auch deine Vorgesetzte gewesen bin."

Eloise kicherte leise. „Du warst jedenfalls viel netter zu mir als sie!"

„Nun, die Residenz kann ich dir nicht ersparen. Zum mindesten drei Tage! Und wenn Sandra dich bittet, irgendwelche gesellschaftlichen Aufgaben zu erfüllen, mußt du es unbedingt tun. Und unter keinen Umständen darfst du dich je in der Öffentlichkeit mit Bunny zeigen."

„Ich lege gar keinen Wert darauf, mich in der Öffentlichkeit mit ihm zu zeigen. Und ihm geht es nicht anders. Wir wollen bloß miteinander allein sein."

„Und gerade das muß mit größter Diskretion geschehen!"

„Du wirst mich doch nicht die ganze Zeit schurigeln wollen?" fragte Eloise besorgt. „Ich weiß schon, daß ich eine schreckliche Last für dich bin, und ich will bestimmt versuchen, brav zu sein und alles zu tun, was du verlangst, aber die ganze Sache regt mich maßlos auf und ich weiß wahrhaftig nicht mehr aus noch ein. Scheußlich, wenn man verliebt ist. Alles gerät durcheinander und man verliert jeden festen Grund."

„Liebst du Bunny wirklich?"

„Natürlich. Und mehr noch – es ist das erste Mal, daß ich richtig liebe."

„Na, na, Eloise, du kannst nicht erwarten, daß ich das glaube."

„Aber es stimmt, ich schwör's dir. Natürlich habe ich früher ein paarmal geflirtet und vielleicht bei dem einen oder andern geglaubt, er wäre der Richtige. Aber er war es nie."

„Woher weißt du, daß du diesmal den Richtigen getroffen hast?"

„Weil es ganz, ganz anders ist. Es dauert jetzt schon über ein Jahr, und ich habe mich mit Zähnen und Klauen dagegen gewehrt. Ich bin völlig vernarrt in ihn, und es hat gar keinen Zweck vorzugeben, ich wäre es nicht."

„Bis du und Bunny und Droopy euch endgültig entschieden habt, wirst du aber energisch so tun müssen."

„Wahrscheinlich bist du wütend, daß man mich dir einfach aufgezwungen hat." Eloise verzog die Nase. „Und ich mache dir keinen Vorwurf, mir ist alles furchtbar peinlich, im Ernst."

„Ganz überflüssig", sagte ich. „Alles wird wunderbar glatt ablaufen, wenn wir nur vorsichtig sind. Ich gebe zu, daß ich anfangs ein wenig verdrossen war, als Bunny deinen Besuch ankündigte. Aber das ist jetzt vorbei, du bist hier, und wir wollen uns alle darüber freuen."

Schweigend fuhren wir einige Minuten weiter. Eloise zündete sich noch eine Zigarette an und schaute zum Fenster hinaus, während ich mit meinem Gewissen kämpfte. Ich spürte, wie bissig und gereizt ich war und wie gouvernantenhaft ich mich benommen hatte. Es nutzt nichts, sagte ich mir, meinen Ärger an Eloise auszulassen. Robin und ich, wir hatten uns beide mit der Sache abgefunden, und Eloise sollte, nach außen hin, für die nächsten Wochen unser Gast sein. Sie war sichtlich mit den besten Absichten hergekommen und bereit, sich in die gegebenen Umstände mit der größtmöglichen Zurückhaltung zu fügen, aber das Grundübel war natürlich, daß es diese Umstände überhaupt gab. Zunächst hätte Bunny sie nicht so albern hierher einladen dürfen, und sie hätte genügend Verstand haben sollen, die Einladung abzulehnen. Die unmittelbare Zukunft knisterte nur so von Intrigen und Schwindeleien und peinlichen Komplikationen, und es bedurfte bloß einer einzigen falschen Geste, um einen jener ‚Skandale in der vornehmen Gesellschaft' zu entfesseln, bei dem sich die gierigen Leser der englischen Revolverblätter monatelang die unappetitlichen Finger lecken konnten. Aus den Augenwinkeln warf ich einen Blick auf Eloise; sie schaute ziellos auf die vorübergleitende Landschaft, ihre Mundwinkel senkten sich ein wenig, und sie sah unglücklich aus; und mit einem

Male, trotz meiner tief wurzelnden Mißbilligung der ganzen Geschichte, tat sie mir ehrlich leid. Es stand mir nicht zu, über die Irrungen von anderer Leute Gefühlen zu Gericht zu sitzen. Ich selber war glücklich, kannte bei mir nur unscheinbare Gefühlsprobleme und hoffte zu Gott, daß es auch in Zukunft so bleiben werde; freilich war ich, von Natur aus, nie zu Liebeleien geneigt gewesen, noch hatte ich, das mußte ich zugeben, je diese besondere chemische Anziehungskraft ausgestrahlt, die, wie man sagt, das ‚Tier im Manne' weckt. Es muß schwierig sein, überlegte ich, ein ordentliches Leben zu führen, wenn jedes nächstbeste männliche Wesen zu beben und zu keuchen beginnt und alle Zeichen akuter Begehrlichkeit äußert, sooft man um eine Zigarette oder um ein Glas Wasser bittet. Mit diesem Problem hatte sich Eloise herumzuschlagen, seit sie auf der Welt war. Auch in diesem Augenblick, während sie hier neben mir im Wagen saß, strahlte sie aus jeder Pore jenen vielgeneideten, rätselhaften Sex-Appeal aus, und ich bedachte grimmig, daß ich, mit einem Hormon zuviel oder mit einem Hormon zuwenig ausgestattet – eines von beiden macht unsere sexuellen Regungen ja so unberechenbar –, mich automatisch auf sie gestürzt hätte. Sie ahnte zum Glück nichts von meinen Gedanken, sondern betrachtete sich wieder in ihrem Taschenspiegel und seufzte.

„Ich sehe gräßlich aus", sagte sie. „Bunny ist wohl nicht zum Mittagessen da?"

„Nein, erst abends. Aber er kommt vor den andern Gästen."

„Wie viele sind es?"

„Nur ein paar Freunde. Bimbo und Lucy Chalmers und Buddha und Dusty Gründling. Sie sind alle sehr lustig und werden dir gefallen."

„Bestimmt", sagte sie ohne rechte Begeisterung. „Aber was für komische Namen!"

„Ich habe nie erfahren, warum Bimbo Bimbo genannt wird, in Wirklichkeit heißt er Henry; Buddha heißt Buddha, weil er sich gern als eingefleischter Gegner des Christentums ausgibt. Aber er ist die Güte selbst und hilft beständig anderen Leuten und verschenkt, was er hat."

„Wie nett", meinte Eloise zerstreut. „Ich bin einmal mit einem Jungen ausgegangen, der auch gegen das Christentum war. Er hielt häufig Schwarze Messen in Oxford. Das behauptete er wenigstens, aber wahrscheinlich gab er nur an."

„Selbst wenn ich wollte, ich wüßte nicht, wie man eine Schwarze Messe hält. Muß man nicht einen Bock schlachten oder sonst was?"

„Ich glaube schon." Sie starrte wieder aus dem Fenster. „Sind das dort Kokosnüsse?"

„Ja. Dies gehört zur Pflanzung der Stirlings, die sich kilometerweit hinzieht."

„Komisch! Ich wußte nicht, daß sie so glatt sind. Die einzigen, die ich bei Kirchweihfesten gesehen habe, waren braun und haarig."

„Die großen Bäume mit den dunkelgrünen Blättern, die so lackiert glänzen, sind Brotfruchtbäume."

„Eßt ihr Brotfrüchte?"

„O ja, oft. Man kann sie braten, backen oder rösten oder auch mit Butter ein Purée daraus machen."

„Wird man davon nicht dick?"

„Doch, leider."

„Wohnt Bunny weit von euch entfernt?"

„Ungefähr zehn Kilometer; aber auf einer verheerenden Straße."

„Ist sein Haus hübsch?"

„Es liegt sehr schön", sagte ich vorsichtig. „Aber der Inbegriff von Luxus ist es nicht."

Eloise lachte leise. „Das hatte ich auch nicht erwartet."

„Er ist sehr stolz darauf, und ich muß sagen, er hat einen prachtvollen Strand. Ich hoffe nur, daß dir die Tiefseejagd Spaß macht."

„Ich weiß nicht, ich hab's noch nie versucht."

„Das kommt noch. Du wirst draußen auf dem Riff stehen, Flossen an den Füßen und eine Maske vor dem Gesicht, ehe du nur ‚muh' sagen kannst."

„Ich werde mich schon damit befreunden", sagte Eloise nachdenklich. „Nur kann ich es nicht leiden, wenn mein Haar naß wird. Gibt's hier einen guten Friseur?"

„Ja. Im Royal Samolan Hotel. Er ist ganz brauchbar, nur beim Tönen übernimmt er sich manchmal, da mußt du auf der Hut sein."

„Wann gehe ich hinüber? Ich meine – wie ist das genau geplant?"

„Wir haben das unter jedem Gesichtspunkt besprochen, Bunny und Robin und ich, und stellten fest, daß es das Vernünftigste ist, wenn du unser Haus als eine Art Stammquartier benützt und zwei oder drei Nächte in der Woche hinüberfährst, wenn die Luft sauber ist. Bunny kann dich hin- und herfahren, und im Notfall auch Robin oder ich. Nur denk daran, daß du bereit sein mußt, auf der Stelle heimzukommen, wenn ein Unglück passiert, das heißt, wenn unerwartet irgendwer auftaucht und fragt, wo du bist. Wir wollen einen Code ausmachen, und wenn ich anrufe, weißt du, daß Gefahr droht, unterbrichst alles, was du gerade tust, und kehrst im Nu zurück."

Eloise lachte. „Das könnte unter Umständen nicht so einfach sein, nicht wahr? Ich meine, wenn ich gerade auf dem Riff sein sollte", setzte sie sittsam hinzu.

„Du weißt ganz genau, was ich sagen will."

Sie beugte sich vor und tätschelte liebevoll mein Knie. „Ja, Grizel, ich weiß, was du sagen willst, du und Robin seid wahre Engel. Ihr habt euch da in etwas schrecklich Schwieriges eingelassen, und ich werde euch das bis an mein Lebensende nicht vergessen."

„Schon gut, schon gut", wehrte ich ab. „Da sind wir." Ich bog in die Auffahrt ein.

„Ist es hier nicht himmlisch?" sagte Eloise. „Ganz himmlisch!"

Robin kam uns an der Türe entgegen, und sofort hatte ihn Eloise mühelos am Bändel. Sie öffnete die Augen ein wenig weiter als gewöhnlich und sagte: „Wenn wir einander auch nie begegnet sind, habe ich doch das Gefühl, wir wären alte Freunde." Woraufhin er ein wenig dämlich dreinschaute, ihr begeistert die Hand schüttelte, sie in das Haus und auf die hintere Veranda führte, während ich und Tahali, der von einem Ohr zum andern grinste, uns mit dem Gepäck beschäftigten.

„Sehr schöne Dame", sagte er atemlos, als er eine große Tasche aus dem Kofferraum wuchtete.

„Ja", gab ich zu und fuhr, ehe ich es mir verbeißen konnte, fort: „Daher kommt das ganze Unglück, daher Raub und Mord!"

„Raub und Mord?" Tahali sah mich erstaunt an.

„Das ist ein Vers aus einem alten englischen Couplet, ‚Mister Amor'. Ich erinnere mich nicht mehr genau daran, aber jede Strophe endet mit den Worten ‚Mister Amor, Mister Amor ist an allem schuld!' "

„Das klingen ein sehr schönes Lied", meinte Tahali vergnügt. „Sein es dieser Mister Amor, der machen Raub und Mord?"

„Ganz bestimmt. Er ist der Gott der Liebe."

„Wenn er ein Gott sein, so er stehen vielleicht in der Heiligen Christlichen Bibel?"

„Das gerade nicht. Er war schon tätig, lange bevor man an die Bibel gedacht hat. Er war ein griechischer Mythus."

„Was sein das?"

„Das erkläre ich dir ein anderes Mal." Ich folgte Robin und Eloise ins Haus und staunte über meine angeborene Leidenschaft für überflüssige Belehrung und meine völlige Unfähigkeit, sie mit Erfolg anzubringen.

13

UNGEFÄHR UM HALB ZWÖLF krochen Robin und ich todmüde in unsere Betten. Der Tag war, für mich wenigstens, schrecklich anstrengend gewesen. Bunny hatte sich pünktlich um sechs Uhr eingefunden, äußerlich die Gelassenheit selbst, innerlich jedoch unverkennbar heftigen Gemütsbewegungen ausgeliefert. Ich schwatzte zerstreut mit ihm auf der hinteren Veranda, bis Eloise auftrat, die nach einem Nickerchen einen betörenden Glanz ausstrahlte. Ihr kornblumenblaues Abendkleid von Balenciaga ließ ihre Augen wie Diamanten blitzen.

Die Begegnung verlief zurückhaltend und den guten Sitten entsprechend, und ich schlug taktvoll vor, Bunny solle sie doch in den Bambushain führen, der auf einer kleinen Hochebene jenseits der Schlucht liegt; dort könnten sie den Sonnenuntergang betrachten. Er erklärte sich mit hervorragend beherrschter Bereitwilligkeit einverstanden, und dann gingen sie die Stufen hinunter und durch den Garten, bis sie unseren Blicken entschwanden. Ungefähr eine Stunde später rückten sie wieder an, knapp ehe die anderen Gäste eintrafen, und sahen nur leicht zerzaust aus. Eloise zog sich in guter Haltung zurück, um sich etwas herzurichten, während Robin, Bunny und ich sitzenblieben, unsere Martinis schlürften und Konversation machten.

Wir waren uns alle drei einer peinlichen Spannung zwischen uns bewußt, jedes Wort, das wir sagten, klang gezwungen und banal, als müßten sich drei Fremde wacker, ein unverdächtiges Gebiet zu finden, auf dem sie ihr Gespräch ansiedeln könnten. Schließlich hielt ich es nicht länger aus und sagte gereizt: „Das muß aufhören!"

Robin hob eine Braue. „Was?"

„Diese entsetzliche Spannung. Sie macht mich wahnsinnig."

„Ich spüre nichts von einer besonderen Spannung", stellte Robin mit aufreizender Kälte fest.

„Grizel hat recht", sagte Bunny finster. „Es herrscht eine entsetzliche Spannung, und nur durch meine Schuld."

Ich warf ihm einen dankbaren Blick zu. „Nun, dann wollen wir uns mit einem Schlag von ihr befreien! Gleich werden die andern da sein, wir müssen eine geeinte Front bilden und zumindest unbefangen dreinschauen. Auf, Bunny, heraus mit der Sprache! Was gibt es? Von der allgemeinen Lage abgesehen, meine ich, muß sonst noch etwas los sein."

„Ich möchte ein Versprechen brechen", sagte Bunny. „Und als ein Mann von Ehre schäme ich mich dessen. Ich weiß, zwischen uns war vereinbart worden, daß Eloise in den ersten Tagen nicht zu mir kommen soll, bis sie sich richtig eingewöhnt hat, und ich gelobte, brav zu warten und nach Möglichkeit nicht zu drängen. Aber das Wiedersehen hat alle meine guten Vorsätze umgeschmissen. Bitte erlaubt mir, sie heute abend, sobald die andern fort sind, nach Hause mitzunehmen. Ich verspreche, sie beim ersten Morgengrauen zurückzubringen. Offen gesagt, ich glaube nicht, daß ich, nach all diesen Wochen der Vorfreude, imstande bin, allein heimzufahren. Das ist mehr, als ein Mann aus Fleisch und Blut ertragen kann!"

„Hast du mit Eloise darüber gesprochen?"

„Ja. Sie will natürlich auch; aber ohne deine Zustimmung rührt sie sich nicht vom Fleck. Sie hat Todesangst vor dir."

„Wie alle", warf Robin liebenswürdig ein. „Das ganze Personal und die Kinder und die Hunde ducken sich und winseln, sobald sie sich ihnen nähert."

„Willst du nicht den Mund halten, Liebster? Jetzt ist nicht der Augenblick für solche Scherze."

„So habe ich ‚Todesangst' nicht gemeint", fuhr Bunny fort. „Sie möchte dich nur ja nicht aufregen."

„Ob ich mich aufrege oder nicht, spielt keine Rolle", sagte ich bissig. „Daß der ganze Plan über den Haufen geworfen wird, das allein zählt."

„Ich sehe nicht ein, warum alles über den Haufen geworfen wird, weil sie jetzt zu mir kommt statt drei Nächte später. Zumal wenn ich schwöre, sie zurückzubringen, bevor das Personal aufsteht."

Hilflos sah ich zu Robin hinüber. Er starrte an die Decke und blies Rauchringe in die Luft. Seine Haltung verriet, welchen Spaß ihm die Sache machte und wie wenig er gewillt war, mir seine moralische Stütze zu leihen. Bunny sah mich flehend an wie ein Spaniel, der darauf wartet, daß man ihm einen Stock wirft. Ich bemerkte, daß seine Augen ungewöhnlich stark glänzten und daß er glühte. Da gibt es keinen Zweifel, dachte ich, Eros, der alte Schelm, richtet tatsächlich ein Menschenherz zugrunde, wenn er es ernstlich darauf anlegt.

„Das ist der Anfang vom Ende", sagte ich resigniert. „Aber macht, was ihr wollt."

Bunny strahlte vor Entzücken. „Du bist eine Heilige! Eine großherzige, richtige himmelblaue Heilige, und ich werde deine Güte nicht vergessen, bis das Grab sich über mir schließt."

„Ich kann mich nur an wenige Heilige erinnern, die derart schamlos Unzucht und Ehebruch begünstigt haben", sagte ich scharf.

„Wie taktvoll du dich ausdrückst, mein Schatz", meinte Robin.

„Wie dem auch sei", fuhr ich fort, „am besten verabschiedest du dich recht auffällig, bevor die andern gehen. Du kannst deinen Wagen, ohne Licht natürlich, auf dem kleinen Weg hinter dem Bananenschuppen parken. Von dort siehst du sie wegfahren, und dann kommst du zurück, sobald Robin das Licht über der Haustür ausgeschaltet hat."

„Abgesehen von deinen Qualitäten als Heilige", bemerkte Robin, „hast du entschieden auch ein großes Talent für Verschwörungen und niedrige Intrigen."

„Du bist ein schwankes Rohr", sagte ich bitter. „Dein Charakter ist unzuverlässig und schwach, und ich schäme mich für dich."

In diesem Augenblick hörte man einen Wagen. Robin stand auf. „Ich gehe", sagte er. „Bleibe du nur da und schmiede weitere unsaubere Komplotte."

Der Abend verlief durchaus harmonisch. Es gab keinen Streit, das Essen schmeckte bis auf das Schokoladensoufflé, das in der Mitte eingesunken war und einem ausgebrannten Krater glich. Eloise, obwohl nicht gerade gesprächig, war sichtlich in bester Stimmung, und es gelang ihr ohne besondere Mühe, alle zu bestricken, sogar Lucy und Dusty, die gewöhnlich einen gewissen Argwohn gegen auffallend reizvolle Vertreterinnen ihres Geschlechts hegen. Nach Tisch saßen wir auf der hinteren Veranda, sprachen über verschiedene Bekannte, über den königlichen Besuch, über das Londoner Theater und über den Fischfang mit Speeren. Nach angemessener Zeit erhob sich Bunny, sah auf seine Uhr und sagte, er müsse sich verabschieden, denn er wolle am nächsten Morgen sehr früh aufstehn. Er zwinkerte mir dabei unverfroren zu, doch zum Glück bemerkte das niemand außer Robin, der sich verschluckte. Nach Bunnys Weggang wetteiferten Bimbo und Lucy und Dusty und Buddha miteinander, Eloise zum Mittagessen, zum Abendessen und zum Picknick einzuladen. Buddha schlug sogar einen Ausflug auf den Gipfel des Alten Tikki vor, doch das lehnte ich ab. Eloise, ohne übertriebenen Eifer über eine Stickerei gebeugt, nahm lächelnd alles an, und als die Gäste gegangen waren, sagte sie, alle seien einfach himmlisch gewesen und jetzt hätte sie gern ein Glas Wasser. Robin löschte die Lichter, sperrte das Haus zu, und wir warteten im Dunkeln, bis Bunny die Stufen der Veranda heraufkam. Dann sagten wir einander verschwörerisch flüsternd gute Nacht, und Bunny und Eloise huschten Hand in Hand leise im Mondschein über den Rasen.

Als Robin und ich endlich im Bett unsere letzte Zigarette rauchten, lachte er plötzlich und zitierte diesmal Thomas Moore: „Nichts ist nur halb so süß im Leben wie junger Liebe Traum!"

„Wie dem auch sei", meinte ich, „es gibt Zeiten, wo er verdammt unbequem werden kann."

„Du mußt dir abgewöhnen, so oft ‚wie dem auch sei' zu sagen", tadelte er. „Das klingt derart nach Familienanwalt. Bevor du viel älter bist, wirst du auch noch ‚fürderhin' oder gar ‚sintemal und alldieweil' sagen."

„Gerade jetzt fühle ich mich schon sehr alt."

„Kopf hoch, Kind." Ein unerwartetes Mitgefühl schwang in seiner Stimme. „Plag deine müden alten Knochen nicht allzusehr mit den Affairen anderer Leute. Laß sie nur machen. Am Ende wird wahrscheinlich alles gut ausgehn. Falls sie zufällig erwischt werden und es einen Skandal gibt, so berührt uns das im Grunde gar nicht. Uns kann man höchstens vorwerfen, daß wir einem alten Freund in der Stunde der Not beigestanden sind."

„Stunde der Not trifft es genau. Ich kann nicht leugnen, daß mich böse Ahnungen beschleichen."

„Lieber nicht, es schlägt auf den Magen", erwiderte Robin schläfrig und knipste das Licht aus.

Über das Wesen der Träume weiß ich nicht genau Bescheid. Manche Leute behaupten, ein schwerer Albtraum, so lange er auch zu dauern scheine, rolle tatsächlich im Bruchteil einer Sekunde vor dem Erwachen ab. Andere wiederum sagen, daß das Unterbewußtsein, sobald der Kopf das Kissen berührt, die Herrschaft ergreift und anfängt, die Erinnerung an all die Dinge aufzuwühlen, die einem je zugestoßen sind, seit man den Mutterschoß verlassen hat; ein penibler Gedanke, denn es gibt gewisse kleine Bosheiten und dunkle Machenschaften in unser aller Leben, von denen wir gern glauben möchten, sie seien für immer tot und begraben und könnten nicht einmal im Traum wiederaufstehn. Doch das ist's ja eben: ob wir wollen oder nicht, wir müssen dieses ständig wachsende innere Warenlager mit uns herumtragen, das ohne Geschmack, ohne vernünftige Auswahl oder gar Takt unerbittlich alles aufspeichert. Das erklärt vermutlich, warum ich gerade in dieser Nacht, da mich Bunnys Affaire und ihr weiterer Fortgang beschäftigten, völlig zusammenhanglos von meiner verstorbenen Tante Cordelia träumte. Von ihr hatte ich das Diadem geerbt, und ich liebte sie sehr. Sie war eine reizende alte Dame, zerbrechlich und sanft und überströmend gütig; als Kind durfte ich manchmal mit ihr nach Montreux fahren, wir wohnten im Palace Hotel, wo ich mit Schokolade vollgestopft und in einem grünen Boot auf dem See spazierengefahren wurde. In meinem Traum aber war sie durchaus nicht zerbrechlich und sanft, sondern seltsamerweise eine mordgierige Harpye mit blutunterlaufenen Augen und wildflatterndem Haar, die versuchte, mich von der Klippe hinunterzustürzen. Während wir uns im Kampf dem Abgrund immer mehr näherten, spürte ich, daß die Steine unter meinen Füßen zerbröckelten; sie stieß ein wahnsinniges Gelächter aus und kreischte: ‚Du kannst mein Motorboot haben, sooft du es brauchst, aber nicht für die Royal Shropshires!' Dabei versetzte sie mir einen letzten furchtbaren Stoß, und ich fühlte, wie ich, mit einem schrillen Klingeln in den Ohren, ins Leere fiel. Zitternd vor Schrecken wachte ich auf, fand mich auf dem Vorleger neben meinem Bett, und über meinem Kopf läutete das Telephon. Blindlings streckte ich die Hand aus und warf dabei eine Zigarettendose aus Porzellan krachend zu Boden. Das weckte auch Robin.

„Um Himmels willen, was treibst du denn?" fragte er verschlafen.

„Ich will das Telephon abnehmen."

„Warum sitzt du dazu auf dem Boden?"

„Das erkläre ich dir später – sei mal eine Sekunde still." Ich griff nach dem Hörer, hörte ein Knacken und dann Eloises Stimme.

„Grizel – Robin – wer ist da?"

„Ich bin's, Grizel."

„Gott sei Dank! Seit einer Ewigkeit versuche ich, dich zu erreichen."

„Was ist los?"

„Bitte, kommt sofort, du oder Robin! Bunny ist schrecklich krank. Ich fand im Badezimmer ein Thermometer und habe ihn gemessen – er hat über 40,5° und phantasiert." Ihre Stimme klang verzweifelt.

„Nur Ruhe", sagte ich, mit einemmal hellwach. „Wickle ihn in sämtliche Decken, die du finden kannst. In einer halben Stunde sind wir bei dir."

„Er sollte einen Arzt haben."

„Das werden wir schon erledigen; aber zunächst mußt du aus dem Haus. Wenn irgendwo Aspirin vorhanden ist, gib ihm drei Tabletten, wenn nicht, warte ruhig ab, bis wir kommen." Ich hängte auf und erhob mich mühsam. Unterdessen hatte Robin daß Licht eingeschaltet und saß in seinem Bett.

„Rasch", sagte ich. „Bunny ist krank, er hat tolles Fieber. Wir müssen sofort hinüber."

„Mein Gott!" Robin sprang gereizt aus dem Bett. „Ich hätte mir denken können, daß so etwas passiert. Am besten holen wir gleich Dr. Bowman."

„Nein. Nicht bevor wir dort sind. Zuerst müssen wir Eloise wegschaffen. Fahren wir lieber getrennt. Du nimmst den Kombi und ich fahre im andern Wagen hinterher."

„Immer Herrin der Lage, und wenn die Welt in Brüche geht", sagte Robin und hob die Trümmer der Zigarettendose auf.

Wenige Minuten später hatten wir die Wagen aus der Garage geholt und holperten, in Pantoffeln, die Mäntel über den Pyjama gezogen, über die Küstenstraße. Der Mond war untergegangen, von den Leuchtkäfern abgesehen herrschte tiefschwarze Nacht. Während ich den schwankenden roten Lichtern des Kombiwagens folgte, versuchte ich mich zu erinnern, ob sich Bunny je einmal im Fernen Osten eine Malaria geholt haben konnte. Wenn das zutraf, ließ sich das Fieber leicht erklären, er würde in wenigen Tagen wieder auf den Beinen sein, und man brauchte sich nicht zu sorgen. Doch mein Herz ahnte Schlimmes. Soviel ich wußte, war Bunny in seinem ganzen Leben nicht einen Tag lang krank gewesen, und nun auf einen Schlag über 40,5° – das bedeutete, gelinde ausgedrückt, nichts Gutes. Im Geist stellte ich eine bedrückende Liste aller Krankheiten auf, denen der Mensch in den Tropen ausgesetzt ist: Kinderlähmung,

Cholera, Typhus, Beulenpest, Gelbes Fieber, Gehirnhautentzündung, welch ein Grauen! Schon sah ich den armen Bunny sterben und des Klimas wegen unverzüglich begraben werden und Robin und mich mit einigen vertrauten Freunden dabeistehen, als man den Sarg in ein elendes kleines Grab auf dem Friedhof von Pendarla senkt. Fast kamen mir die Tränen, bis wir endlich beim Haus anlangten.

Da an der Vorderfront keine Lichter brannten, ließen wir die Wagen in der Auffahrt stehn und gingen zur Hintertür, wo Eloise uns auf der Veranda erwartete. Sie rauchte eine Zigarette und gab sich sichtlich große Mühe, gefaßt zu sein.

„Jetzt ist er ruhig", sagte sie und führte uns ins Schlafzimmer. „Aber noch vor kurzem phantasierte er wild."

Meinen Rat hatte sie wahrhaftig gründlich befolgt. Bunny lag auf dem Rücken unter einem ganzen Berg von Decken. Sein Gesicht war feuerrot und er röchelte. Als wir ins Zimmer traten, öffnete er die glasigen, unnatürlich blauen Augen.

„Ich will die Oberschwester sprechen, bitte", sagte er heiser. „Das Essen ist absolut ungenießbar. Und bitte, schicken Sie mir die hübsche Schwester wieder." Dann schloß er die Augen, und ich winkte Robin und Eloise. Wir schlichen ins Wohnzimmer, und Robin schloß leise die Türe hinter uns.

„In einem Küchenschrank habe ich etwas Cognac entdeckt", sagte Eloise bebend. „Er hat mir gut getan. Wollt ihr ein Glas?"

„Ja, ich gerne." Ich wandte mich zu Robin. „Du solltest sofort Dr. Bowman anrufen, Bunny gefällt mir gar nicht."

„Gut", sagte Robin. „Ich nehme auch einen Schluck, wenn ihr schon dabei seid." Er ging in die Halle zum Telephon, während Eloise zwei Gläser und die Cognacflasche brachte.

„Willst du ihn verdünnt oder pur?" fragte sie mit erzwungener Höflichkeit. Ich bemerkte, daß ihre Hände zitterten.

„Pur", sagte ich fest.

„Gut. Ich weiß nämlich gar nicht, wo alles steht." Sie sah mich unglücklich an, schenkte sorgfältig drei Gläser ein, dann warf sie sich plötzlich auf das Sofa und brach in Tränen aus. Ich setzte mich neben sie und legte ihr den Arm um die Schulter.

„Wenn du kannst, laß dich nicht zu sehr gehn", sagte ich besänftigend. „Robin bringt dich gleich nach Hause, und ich bleibe hier und spreche mit dem Doktor."

„Glaubst du, daß er sterben muß?"

„Keine Rede!" sagte ich mit erkünsteltem Optimismus. „Wahrscheinlich hat er einen Malariaanfall und wird in ein oder zwei Tagen wieder frisch und munter sein."

„Aber das Fieber! Über 40,5°! Das ist doch schrecklich hoch!"

„Hier nicht", log ich. „In England wäre das sehr hoch, aber in unserem Klima bedeutet es nicht annähernd so viel. Trink noch einen Schluck." Ich reichte ihr das Glas. Sie nahm einen Schluck und kramte in ihrem Handtäschchen nach einem Taschentuch.

„Es tut mir so furchtbar leid, daß ich euch mitten in der Nacht aus dem Bett holte, aber ich war vollkommen durcheinander."

„Ich mache dir doch keinen Vorwurf. Du hast das einzig Richtige getan. Du konntest ganz unmöglich allein damit fertig werden."

Da kehrte Robin aus der Halle zurück. „Bowman kommt sofort. In einer Viertelstunde ist er da. Du solltest Eloise heimfahren, ich warte hier solange."

„Wäre es nicht besser, wenn ich warte und du fährst Eloise heim?"

„Warum bleibt ihr nicht beide hier und laßt mich allein nach Haus fahren", schlug Eloise mit wiedergewonnenem Lebensmut vor.

„Weil draußen pechschwarze Nacht ist und du den Weg nicht kennst", sagte ich energisch. „Auf jeden Fall sind Frauen in der Behandlung solcher Dinge erfahrener als Männer."

„Erstaunlich ungenaue Feststellungen leistest du dir da", sagte Robin gelassen und trank einen Schluck Cognac. „Da du anscheinend offiziell die Leitung über das Ganze in die Hände genommen hast, will ich alles tun, was du befiehlst. Los, Eloise, machen wir, daß wir fortkommen!"

Ich ging mit ihnen in die Halle, drehte sämtliche Lichter an und sah zu, wie sie im Kombiwagen abfuhren; dann kehrte ich in Bunnys Zimmer zurück. Noch immer wälzte er sich leise murmelnd unter den Decken hin und her, seine Augen waren geschlossen. Ich richtete das Bett, so gut ich konnte, ohne ihn zu stören, und brachte das Zimmer leidlich in Ordnung. Ich bemerkte, daß er meinen Rat befolgt und alle Schlangen- und Spinnenbilder entfernt hatte; die Wände waren jetzt kahl bis auf einen fleckigen Druck von der alten Mole in Brighton. Auf dem Toilettentisch entdeckte ich eine kleine, blau emaillierte Armbanduhr mit einem E aus Brillanten und einer Krone auf der Rückseite; hastig steckte ich sie in die Tasche. Dann forschte ich nach weiteren kompromittierenden Gegenständen, fand aber nichts. So ging ich auf die Veranda, zündete mir eine Zigarette an, setzte mich und wartete auf Dr. Bowman.

Es war noch dunkel, doch von Minute zu Minute hellte sich der Himmel auf, die Laubfrösche hatten aufgehört zu quaken, gelegentlich piepste schon ein Vogel, und in der Ferne dröhnte gedämpft der Anprall der Wellen am Riff. Sonst war alles still. Plötzlich schlüpfte Bunnys schwarzweiße Katze aus dem Garten herein und schaute mich an. Ich lockte schmeichelnd: „Topsy, Topsy" und „Miez, Miez", sie aber drehte den Kopf ab und begann ihren Bauch zu lecken.

Jetzt hörte ich weit weg das Geräusch eines Wagens und sah auf der unteren Küstenstraße die Strahlen der Scheinwerfer, die die schwarzen Umrisse der Bananenblätter gelb färbten. Ich kehrte ins Haus zurück und wartete an der Tür.

Dr. Bowman ist ein flinker, tüchtiger Mann Anfang Vierzig, seine Frau ist sogar noch flinker und von Beruf Tierärztin, was sich als recht praktisch erweist. Sie errang rühmliches Ansehen, als sie Mrs. Innes-Glendowers Pekinesen operierte, obgleich man schon alle Hoffnung hatte fahren lassen, und ihn der Besitzerin so gut wie neu zurückgab. Dr. Bowman begrüßte mich heiter, und ich führte ihn ins Wohnzimmer.

„Was ist denn los?"

„Ich weiß nicht. Er hat sehr hohes Fieber – über 40,5°."

„Haben Sie die Temperatur gemessen?"

„Nein – eigentlich nicht..." Ich zauderte. „Er hat sich selbst gemessen."

„Und dann rief er Sie an?"

„Ja. Und Robin und ich sind aus dem Bett gesprungen und schleunigst hierhergefahren."

„Gut. Ist ihr Mann da?"

„Nein. Er fuhr wieder heim."

„Ich dachte, es sei sein Wagen, den ich in der Auffahrt sah."

„Nein, das ist meiner. Er fuhr mit dem Kombiwagen zurück."

Dr. Bowman blickte verdutzt auf. „Sie sind in zwei Autos hergekommen?"

„Jawohl", erwiderte ich fest. „Wir meinten, falls Bunny sofort ins Krankenhaus gebracht werden müßte, wäre es besser, unabhängig zu sein."

„Sehr vernünftig", bemerkte Dr. Bowman trocken mit einem leicht spöttischen Zug um die Augen. „Sehen wir uns einmal den Patienten an."

Wir gingen ins Schlafzimmer. Bunny lag nicht mehr auf dem Rücken, sondern saß bolzgerade da und starrte vor sich hin. „Ich bin ein Mann von Ehre", sagte er deutlich. „Und ich schwöre bei meiner Ehre als Froschmann, daß sie wohlbehalten in ihrem Bett zurück sein soll, bevor das Personal aufsteht."

„Hallo, alter Knabe", sagte Dr. Bowman forsch. „Haben Sie etwas dagegen, wenn ich einen Blick auf Ihre Brust werfe?"

„Wenn Sie müssen, so müssen Sie", sagte Bunny müde und schloß die Augen. „Aber das ist der Anfang vom Ende."

Dr. Bowman beugte sich über ihn und öffnete gewandt die Pyjamajacke. Bunnys Brust war mit roten Flecken bedeckt.

„Hab' ich mir gleich gedacht", sagte der Doktor. „Windpocken."

„O je!" Ich starrte ihn verwirrt an. „Das ist doch nicht möglich!"

„Sehen Sie selbst!"

„Aber Windpocken sind doch eine Kinderkrankheit – ich hatte sie mit sieben Jahren. Bunny ist viel zu alt dafür!"

„Dafür ist niemand zu alt. Und je älter man sie erwischt, desto unangenehmer! Hat er jemanden, der sich um ihn kümmert?"

„Nein, nur Cynthia. Sie kommt tagsüber. Sie ist leider nicht besonders helle."

Gerade da öffnete Bunny wieder die Augen. „Hallo, Grizel", sagte er ganz normal. „Was ist denn hier los?"

„Du hast die Windpocken", erwiderte ich. „Das ist los!"

„Ausgeschlossen! Ich bin viel zu betagt für Windpocken. Das ist ja eine Kinderkrankheit!"

„Wenn Sie sie als Kind gehabt hätten, müßten Sie sich wahrscheinlich jetzt nicht damit abplagen", meinte der Doktor. „Können Sie sich besinnen, ob Sie sie gehabt haben?"

„Sicher", sagte Bunny. „Alles wurde für mich getan, als ich ein Kind war, man scheute keine Kosten. Meine Eltern waren unermeßlich reich und – ich kann's nicht leugnen – ziemlich ordinär."

„Am besten messe ich Sie jetzt", sagte Doktor Bowman.

Nach dieser Prozedur sank Bunny auf die Seite und begann wieder vor sich hin zu murmeln. Der Arzt schüttelte das Thermometer herunter und wies mich ins Wohnzimmer. Er folgte mir und schloß behutsam die Schlafzimmertüre hinter sich. Ich setzte mich und schaute erschrocken auf die drei Cognacgläser. Auch Doktor Bowman sah sie, verzichtete aber auf einen Kommentar.

„Sie sollten jetzt lieber heimfahren und ein wenig schlafen", sagte er. „Ich werde telephonisch eine Pflegerin bestellen und hier warten, bis sie kommt."

„Kann ich nichts helfen?"

„Gar nichts. In den nächsten Tagen braucht er eine Nachtschwester und eine Tagschwester. Es hat ihn tüchtig erwischt. Aber das alles bringe ich schon in Ordnung. Das Telephon ist in der Halle?"

„Ja", sagte ich zerstreut und stand auf.

„Ein Glück, daß Ihre drei die Windpocken schon gehabt haben." Dr. Bowman lachte. „Sonst müßte ich über Ihr ganzes Haus eine Quarantäne verhängen."

„Ja, das stimmt." Ich lächelte mühsam. „Wann, glauben Sie, ist er sie wieder los?"

„In zehn bis vierzehn Tagen wird es ihm viel besser gehn, aber bis die Flecken verschwunden sind, dauert's noch länger."

„Armer Bunny!"

„Ja, er hat Pech!" meinte der Doktor munter und führte mich in die Halle und zur Haustür hinaus. Unterdessen war es schon ganz hell geworden, und ich fuhr nachdenklich unter einem knallig rosaroten Himmel heim, der mich peinlich an Bunnys Brust erinnerte.

Als ich zu Hause ankam, fand ich Robin und Eloise auf der hinteren Veranda bei einer Tasse Kaffee.

„Es schien sinnlos, wieder ins Bett zu kriechen", sagte Robin. „Wir dachten, wir warten lieber auf dich und frühstücken ein bißchen vor."

„Was hat der Doktor gesagt?" fragte Eloise. Sie sah blaß und besorgt aus.

„Windpocken", erwiderte ich kurz.

„Aber er ist ja erwachsen!" rief Eloise. „Erwachsene kriegen keine Windpocken!"

„Anscheinend doch." Ich trank einen Schluck aus Robins Tasse. „Jedenfalls hat er sie, und er braucht eine Tagschwester und eine Nachtschwester, und drei Wochen dauert es mindestens, und dann wird er noch leicht gesprenkelt sein."

„Das ist ja schrecklich!" rief Eloise. „Was soll ich bloß tun?"

„Da können wir alle nicht viel tun. Wir müssen uns damit abfinden." Ich griff in meine Manteltasche. „Da ist deine Uhr. Du hast sie auf dem Toilettentisch liegenlassen."

Sie nahm sie. „Danke." Ihre Augen füllten sich mit Tränen. „Ihr beide seid wirklich himmlisch gewesen. Ich kann euch gar nicht sagen, wie dankbar ich euch bin."

„Mach dir darüber keine Sorgen", wehrte ich ab. „Wie wär's, wenn ich dich jetzt hinauf in dein Zimmer begleite und dir ein nettes kleines Seconal gebe? Damit schläfst du bis zum Mittagessen. Die Leute werden bald auf sein, und es bringt sie durcheinander, wenn sie dich um sechs Uhr morgens in einem Abendkleid von Balenciaga hier in Tränen aufgelöst finden."

„In Wirklichkeit ist es nur eine Kopie." Mit einem tiefen

Seufzer stand sie auf. „Ich habe eine großartige alte Schneiderin in der Mount Street gefunden. Sie ist nicht schöpferisch begabt, aber sie kann alles bis auf den letzten Stich nachahmen. Wenn du willst, gebe ich dir ihre Telephonnummer."
„Falls sie noch am Leben sein sollte, wenn wir das nächste Mal nach London kommen, werde ich zu ihr stürzen."
„Direkt vom Flugplatz", meinte Robin.
Sie wandte ihm ihren verlorenen, tränenumflorten Blick zu. „Sie sind ein wahrer Engel gewesen! Daß Sie mich heimgefahren haben und so gut und mitfühlend waren! Das werde ich Ihnen nie, nie vergessen!"
„Los, Eloise!" Ich packte sie beim Arm und führte sie hinauf ins Gastzimmer. Untätig stand ich da, während sie sich auszog und ins Bett ging, dann holte ich aus dem Badezimmer das Seconal. Als ich wiederkam, saß sie im Bett, rauchte eine Zigarette und sah entzückend wehmütig drein. Ich schenkte ein Glas Wasser ein und gab ihr eine Tablette. Sie betrachtete sie nachdenklich.
„Seconal hat eine reizende Farbe. Viel hübscher als Nembutal."
„Viel hübscher", fand ich auch. „Aber Amytal ist am hübschesten. Dieses leuchtende Blau!"
„Für mich zu stark." Sie schluckte die Tablette. „Es macht mich immer beim Aufwachen ganz schwindlig." Sorgsam stellte sie das Glas auf den Nachttisch und zog an ihrer Zigarette. „Am besten wäre es wohl, wenn ich heimfahre."
„Darüber sprechen wir später."
„Ich weiß nur nicht recht, wie ich jetzt gleich weg kann. Das wirkt zu dumm."
„Ruh dich aus. Und mach dir über nichts Sorgen, bis du dich gut ausgeschlafen hast."
„Wenn ich mich nur erinnern könnte, ob ich sie gehabt habe."
„Was?"
„Die Windpocken."
„Ich möchte nicht neugierig oder indiskret sein", sagte ich. „Aber wie weit seid ihr beide denn gekommen?"

„Ziemlich weit. Ich meine, wir sind ins Bett gegangen und so, aber mehr ist nicht passiert, weil er ständig das erstaunlichste Zeug redete. Wahrscheinlich phantasierte er schon, der arme Junge!"

„Fällt dir niemand ein, der wissen könnte, ob du als Kind die Windpocken gehabt hast?"

„Meine Kinderfrau wüßte es natürlich, aber sie ist schon lange pensioniert und lebt zurückgezogen irgendwo in Cumberland, glaube ich."

„Wir könnten ihr im Lauf des Vormittags telegraphieren, wenn du ihre Adresse weißt."

„Die weiß ich nicht", sagte Eloise hoffnungslos. „Ich weiß nicht einmal ihren Namen, denn sie hat inzwischen irgendwen geheiratet."

„Nun, damit fällt sie aus. Aber deine Mutter lebt doch noch?"

„Aber gewiß", erwiderte Eloise heftig. „Sie hat eine abscheuliche Villa auf Cap Martin und zankt sich ohne Unterbrechung mit allen Leuten. Sie hat sich jedenfalls nie um mich gekümmert, als ich klein war. Wären mir beide Beine amputiert worden, sie hätte nichts davon gewußt."

„Dann bleibt uns nichts übrig, als das Beste zu hoffen und abzuwarten. Zunächst schlaf dich mal aus." Ich löschte die Nachttischlampe und zog die Vorhänge zu.

„Ich glaube, das Seconal beginnt zu wirken", murmelte Eloise schläfrig. „Du bist in allem einfach himmlisch gewesen, und das werde ich dir nie vergelten können. Solange ich lebe!"

Ich ging leise hinaus und schloß die Türe.

„Wo ist die Herzogin?" fragte Simon beim Frühstück.

„Wo ich auch gern wäre", erwiderte ich. „Sie liegt im Bett und schläft."

„Warum liegt sie im Bett und schläft? Ist sie krank?"

„Noch nicht", sagte Robin.

„Sie hatte eine ziemlich schlechte Nacht." Ich schenkte mir noch eine Tasse Kaffee ein. „Wahrscheinlich die Aufregung der Reise und das ungewohnte fremde Bett."

„Fremde Betten haben ihre Tücken", sagte Robin. Ich warf ihm einen mahnenden Blick zu, aber er lächelte unschuldig.

„Ich hatte auch eine schlechte Nacht", sagte Nanny mit Märtyrermiene. „Bis zum frühen Morgen konnte ich kein Auge schließen, und als ich endlich einschlief, hörte ich die Autos abfahren. Ich sah auf meinen Reisewecker, es war vier Uhr fünfzehn."

„Mr. Craigie und ich mußten zu Mr. Colville hinüber. Er ist in der Nacht krank geworden und rief uns an."

„Nein, so was! Hoffentlich nichts Ernstes?"

„Nichts Ernstes, aber sehr unbequem", sagte Robin. „Er hat die Windpocken."

„Sie wollen mir wieder einen Bären aufbinden, Mr. Craigie." Nanny kicherte. „Mr. Colville ist viel zu alt für Windpocken." Sie stand auf und strich sorgsam einige Krümel von ihrem Kleid. „Kommt, Kinder, es ist Zeit, und ich muß noch bei der Post vorbei."

„Kriegt er Gelee und Sahne, wie wir damals? Und so weißen Fisch?" wollte Janet wissen.

„Wahrscheinlich, Kind, wenn's ihm ein wenig besser geht."

„Ich mochte Masern lieber als Windpocken", sagte Simon. „Es hat weniger gejuckt."

Als Nanny endlich mit den Kindern verschwunden war, läutete ich Tahali und bestellte noch einen Kaffee. Robin las selbstvergessen im ‚Reaper'.

„Dein Freund, Mr. Seekala, hat sich heute selber übertroffen." Er lachte. „Hör dir das an! Die Schlagzeile lautet: ‚Eine schöne und vornehme Gästin!' Und dann schreibt er: ‚Gestern stieg auf dem Flugplatz von Pendarla Ihre Gnädigkeit, die Herzogin von Fowey, strahlend aus einem Stratosphärenflugzeug der BOAC in den vollen Glanz unseres berühmten samolanischen Sonnenscheins. Mit unbeschreiblicher Huld stellte sie sich den Photos unserer Sonderberichterstatter. Sie wurde von Mrs. Craigie empfangen, bei der sie tropische Ferien zu verbringen gedenkt. Ihre Gnädigkeit ist in England, Schottland und Irland wohlbekannt für ihre hohen und machtvollen Feste, und wir Samolaner in unserem abgelegenen Luxus-Paradies sind überaus geehrt und gereizt, daß wir sie unter unserer Mitte willkommen heißen dürfen, und wir wünschen ihr einen höchst lohnenden und ausgelassenen Aufenthalt.'"

„Gut gebrüllt, Mr. Seekala!"

„Es folgt aber noch etwas weniger gut Gebrülltes!"

„Nur zu!" Ich ahnte Schlimmes.

Robin las weiter: „‚Mrs. Craigie und die Herzogin von Fowey sind alte intime Kameradinnen, und nachdem die beiden Damen sich herzlich bei der Zollabfertigung umarmt hatten, erkundigte sich Ihre Gnädigkeit als erstes zärtlichst nach dem jungen Simon Craigie, dem sie den Kosenamen Binny gegeben hat.'"

„Gott sei Dank hat dieser blöde kleine Kerl kein sehr scharfes Ohr."

„Trotzdem", meinte Robin. „Binny kommt doch der Wahrheit sehr nahe, wenn zufällig jemand Bescheid weiß."

„Da kann man nichts machen", erwiderte ich ärgerlich. „Ich bin allmählich soweit, daß es mir egal ist, ob jemand Bescheid weiß oder nicht. Die ganze verrückte Geschichte hängt mir zum Hals heraus, und wenn wir zwei nicht so schwachsinnig und hasenherzig gewesen wären, hätte das alles nicht passieren müssen."

„Wir sitzen jetzt in der Patsche, ob es uns gefällt oder nicht", sagte Robin philosophisch. „Die Frage ist nur, wie lang, mein Gott, wie lang!"

„Unter allen Umständen muß sie noch eine Weile bleiben. Der Leute wegen. Sandra hat versprochen, sie nächste Woche drei Tage aufzunehmen."

„Ich habe im Grunde nichts dagegen", meine Robin. „Wahrscheinlich stört sie nicht allzusehr, und dekorativ ist sie ganz gewiß. Vielleicht könntest du sie für eine Rolle in eurem Wasserfestspiel vorschlagen. Sie wäre hinreißend, wenn sie auf einem Delphin oder auf sonstwas in Cobbs Bucht einreitet."

„Dessen bin ich gewiß, aber zufällig stehen uns im Augenblick keine Delphine zur Verfügung."

„Das ist das Traurige am Samolanischen Verein für dramatische Kunst", sagte Robin. „Fleißig mögen die Leutchen sein, aber es fehlt ihnen an Phantasie und Voraussicht."
„Sei still, Liebster. Mir zerspringt der Kopf vor Schmerzen!"

14

Im Lauf des Vormittags, als Robin fort war, um die Bananenernte zu beaufsichtigen, rief ich bei Bunny an. Ich erwartete, daß sich Cynthia melden würde, doch eine fremde Stimme antwortete: „Ich bin die Schwester. Ich heiße Nahoona Nahooli. Mit wem, bitte, tue ich sprechen?"

„Hier Mrs. Craigie. Ich möchte wissen, wie es Mr. Colville geht."

„Er schläft."

„Schön. Ist das Fieber immer noch so hoch?"

„Das zu sagen, habe ich nicht das Recht. Das muß der Arzt erzählen."

„Ist der Arzt da?"

„O nein! Er ist im Krankenhaus; aber am Nachmittag wird er kommen."

„Danke", sagte ich geduldig. „Ich hätte nur gern gewußt, ob sich bei Mr. Colville irgendwelche Anzeichen einer Besserung zeigen."

„Er schläft."

„Würden Sie vielleicht dem Doktor bestellen, er möge mich gleich nach der Visite anrufen."

„Das würde ich vielleicht tun", erwiderte sie höflich. „Ade." Damit hängte sie auf.

Ich ging auf die hintere Veranda, setzte mich auf die Hollywoodschaukel und blickte teilnahmslos in den Garten. Ein Mungo lief über den Rasen und verschwand in dem Kasuarinagehölz. Es gibt an sich keine gefährlichen Schlangen auf der Insel, nur da und dort ein paar verschlafene Ringelnattern, aber vor einigen Jahren kam jemand auf die Idee, als Schutz gegen die nicht vorhandenen Schlangen ein Mungopaar zu importieren, das sich seither millionenfach vermehrt hat. Sie stehlen Eier aus den Hühnerfarmen und sind eine arge Plage. Der Garten flimmerte in der Hitze, und ich hätte gern meine Sonnenbrille gehabt, doch sie lag im Schlafzimmer, und ich brachte nicht die Energie auf, sie zu holen. Tahali erschien mit der Post, und ich bat ihn, mir einen Horse's Neck zu mischen. Er fletschte mitfühlend die Zähne und verzog sich wieder. Es waren nur zwei Briefe, einer von Mutter und der andere, nach dem wilden Gekritzel zu schließen, offenbar der obligate Dankbrief von Molly Frobisher. Ich öffnete zuerst Mutters Brief.

Meine liebste Grizel,
Dein letzter Brief ist gut angekommen, und ich hätte Dir schon früher geantwortet, aber ich mußte einige Tage mit einem schrecklichen Schnupfen ins Bett. Zum Glück hat er sich nicht wie sonst auf meine Brust gezogen, und so bin ich jetzt wieder auf und munter.
Daß dieser gräßliche Lausejunge von Chalmers den armen Simon mit einem Lineal geschlagen hat! Ich hoffe aufrichtig, daß er dafür eine tüchtige Tracht Prügel erhalten hat. Ich weiß nicht, was heutzutage in die Kinder gefahren ist, keine Spur von Zucht mehr! Erst vorige Woche brachte Jeannie ihre kleine Großnichte zum Tee, das Kind ist siebeneinhalb, sehr dick und ein wahres Scheusal. Sie verschlang alles, was auf dem Tisch war, ohne ‚bitte' oder ‚danke' zu sagen, warf den Milchkrug um, zum Glück nicht den Sèvres, und mußte ständig aufs WC geführt werden. Dreimal verschwand sie, und dabei war sie kaum anderthalb Stunden hier. Stell Dir so etwas vor! Nachher sagte ich zu Jeannie, dem Kind müsse irgendwas Ernstes fehlen, aber sie sagte nein, die Kleine sitze nur so gern dort! Eleanor Bart-

lett bekommt endlich ein Kind. Sie ist im siebenten Himmel. Hoffentlich geht alles gut, sie haben sich die größte Mühe gegeben, und der arme Walter mußte alle diese greulichen Injektionen durchstehen. Grace Felstead hat mich letzten Donnerstag zu einer Nachmittagsvorstellung des neuen Stücks im Court-Theater mitgeschleppt. Alle Zeitungen fanden es wunderbar, aber das Parkett war lotterleer. Mir hat's nicht besonders gefallen. Das Stück drehte sich natürlich nur um Probleme der unteren Schichten, wie das ja heute so üblich ist, die Ausstattung war nicht der Rede wert, bloß Türen und Fenster, und so wußte man nie, wo wer war. Die Heldin war nicht schlecht, aber zuerst hätte man sie einmal ins Bad stecken sollen. Grace war ganz entzückt und weinte am Ende, als der Mann ins Gefängnis abgeführt wurde. Ich habe nicht geweint, da er meiner Ansicht nach von vornherein dorthin gehörte. Soviel für heute. Jeannie mußte Angus zum Tierarzt bringen, weil ihm ein Hühnerknochen im Hals steckengeblieben war, aber der Tierarzt hat das sehr gut behandelt. Jetzt muß ich wirklich aufhören, mein Kind, weil Jeannie mit dem Mittagessen gekommen ist. Meine herzlichsten Grüße an Robin und die Kinder. Ich umarme Dich!
Deine liebende Mutter
P. S. Im ‹Daily Express› habe ich dieser Tage gelesen, daß Eloise Fowey sich bei Dir erholen will. Ich muß sagen, daß ich nicht wenig erstaunt war. Ich hatte keine Ahnung, daß Du so eng mit ihr befreundet bist. Aber wahrscheinlich stimmt es gar nicht, man darf ja nie glauben, was in den Zeitungen steht.

Mit einem Seufzer steckte ich den Brief wieder in seinen Umschlag und stellte grimmig fest, daß der ‹Daily Express› absolut wahrheitsgetreu berichtet hatte. Mollys Brief war kürzer, aber bedeutungsschwer.

Liebste Grizel,
wir haben uns bei Euch ungemein wohl gefühlt, und hoffentlich sind wir keine Last gewesen. Der Heimflug verlief ausgezeichnet, es war lieb von Robin, uns zum Flugplatz zu bringen;

bestell ihm unsere Grüße und unseren besten Dank. Wir sind jetzt schrecklich aufgeregt, denn es ist etwas Furchtbares passiert. Gleich am Tag nach unserer Rückkehr, ob Du's glaubst oder nicht, hat Mickey sich mit sehr hohem Fieber ins Bett gelegt. Ich dachte schon ganz verzweifelt, er müsse irgendeine greuliche Tropenkrankheit erwischt haben, aber es sind, Gott sei Dank, nur die Windpocken. Unser alter Doktor Akunani hat Quarantäne über das Haus verhängt, und jetzt warten wir angstvoll, ob Timmy und Sylvia sich angesteckt haben oder nicht. Ist das nicht zum Verrücktwerden? Nach diesen schönen, geruhsamen Ferien, und überhaupt? Jetzt muß ich aber wirklich aufhören, weil ich den armen Mickey wieder mit Calominsalbe betupfen muß.
Nochmals vielen Dank und herzlichste Grüße Euch allen! Wie immer Deine   *Molly*

Ich schloß die Augen vor dem Sonnenglast und dachte traurig an den armen Bunny. Hätte er nicht uns alle zum Picknick eingeladen, hätte er nicht diesen verwünschten Mickey aus dem Wasser gezogen und ans Land geschleppt, so wäre er jetzt wahrscheinlich gesund und munter und könnte sich seines illegitimen Liebesabenteuers erfreuen, statt, mit Flecken übersät, schwitzend im Bett zu liegen, von einer samolanischen Pflegerin umzwitschert. Da zeigte sich wieder, daß gute, mildherzige Taten nicht unbedingt ihren verdienten Lohn finden! Es schien mir verdammt ungerecht, daß der arme Bunny, der, keineswegs ein glühender Kinderfreund, sich nur um meinetwillen die geräuschvollen Frobishers aufgehalst hatte, jetzt so empfindlich dafür gestraft wurde.

Tahali erschien mit dem Horse's Neck auf einem Tablett, das er auf einen kleinen Tisch neben mich stellte.

„Ich haben ihn sehr verstärkt", sagte er, „weil die Herrin so müde ausschauen."

„Die Herrin ist auch wirklich müde", erwiderte ich dankbar. „Ich war die ganze Nacht auf."

„Das ich schon wissen." Er kicherte leise.

„Woher weißt du das?"

„Ich nachts von kleinem Fest im Haus meiner Freundin heimkommen und sehen Garagentür offen und beide Wagen fort. Dann ich begegnen meinem Vetter Baiuna heute früh im Geschäft von Mrs. Ching Loo."

„Was, um Himmels willen, hat dein Vetter damit zu tun?"

„Mein Vetter sein ein Fischer", erklärte mir Tahali geheimnisvoll.

„Ich verstehe noch immer nicht."

Tahali blinzelte mir verschmitzt zu. „Er sein nachts draußen am Riff gewesen, gegenüber von Bungalow von Mr. Bunny, und er haben gesehen Lichter hin und her gehen und Wagen hin und her fahren, und er sich gesagt haben, da müssen etwas sehr Aufregendes los sein."

„Da hatte er wahrhaftig recht", sagte ich trocken. „Es war etwas los."

„Und jetzt ich hören von Clementine, die gehört haben von Miss Nanny, daß Mr. Bunny eine Windkrankheit haben. Das sein die Wahrheit?"

„Ja, leider."

„Sein das etwas, wovon er sterben können?"

„Du liebe Zeit, nein! Aber er wird lange recht übel dran sein."

„Das sehr traurig für ihn, und ich sein ganz aufgeregt."

„Das sind wir alle. Sehr aufgeregt!"

„Auch die Herzogin sein aufgeregt", sagte Tahali. „Als Eulalia ihr den Kaffee bringen, sie geweint."

„Das muß Eulalia sich eingebildet haben", sagte ich scharf. „Für die Herzogin besteht gar kein Grund zu weinen."

„Sie nicht auch weinen wegen armen Mr. Bunny?"

„Natürlich nicht! Warum sollte sie? Sie hat ihn ja gestern beim Abendessen überhaupt erst kennengelernt."

Tahali sah verdutzt drein. „Das sein höchst überraschend. Ich gemeint haben, daß sie sein Freunde von langer Dauer."

„Wie kommst du darauf?"

„Weil Cynthia, die bei Mr. Bunny arbeiten und die erste

Cousine sein meines Freundes im Tal, gesehen haben alle Photographien."

„Was für Photographien? Ich weiß gar nicht, wovon du redest."

„Die Photographien, die Mr. Bunny aufbewahren in seinem großen Schreibtisch. Darauf sein die Herzogin in vielen hübschen Ansichten. Auf der einen sie tragen einen kleinen Diamantenhut."

„Hör zu, Tahali!", sagte ich und pflückte, um mich shakespearisch auszudrücken, aus der Nessel Gefahr die Blume Sicherheit. „Du mußt mir hoch und heilig versprechen, davon keiner Menschenseele etwas zu verraten."

Tahali lächelte zutunlich. „Es sein also wahr?"

„Ja, in gewissem Sinn schon. Aber es ist ein tiefes Geheimnis, und wenn es herauskommt, so geraten Mr. Robin und ich in die größten Ungelegenheiten. Was dir auch Eulalia oder Cynthia oder deine Vettern und Tanten und Freunde im Tal erzählen, du mußt mir jetzt und hier feierlich schwören, daß du tun wirst, als wüßtest du von nichts."

Tahali blickte betroffen drein. „Sie böse mit mir?"

„Nicht die Spur, aber ich werde es sein, wenn du nicht einen Eid darauf leistest, daß du tun wirst, was ich von dir verlange."

„Ich nicht genau wissen, was sein ein Eid, aber ich versprechen mit größter Willigkeit. Ich wünschen um keinen Preis der Welt, sein die Ursache von Ungelegenheiten für Sie." Tahali seufzte unglücklich.

„Gut. Das ist also abgemacht." Ich stand auf. „Wir wollen uns die Hand darauf geben." Tahali blickte betroffener drein als je, ergriff meine ausgestreckte Hand und schüttelte sie mit beträchtlichem Eifer. In diesem Augenblick betrat, unangemeldet, Sandra die Veranda. Ich war so beschäftigt gewesen, daß ich ihren Wagen nicht gehört hatte. Tahali ließ meine Hand wie ein Stück glühende Kohle fallen, verbeugte sich tief und verschwand.

Sandra sah mich mißtrauisch an. „Warum drückst du Tahali die Hand? Geht er am Ende weg?"

„Nein, aber ich vielleicht. Ich werde vielleicht weit, weit fortgehn. Diese Anspannung macht mich verrückt."

Sandra setzte sich auf die Hollywoodschaukel. „Diese Schuhe sind eine Teufelsplage!" Sie stieß sie sich von den Füßen. „Ich fühle mich darin wie eine chinesische Konkubine. Wo ist die leichtsinnige Herzogin?"

„Oben! Wo sie, nach Keats, unter Tränen im fremden Kornfeld sitzt."

„,*In* Tränen', glaube ich", sagte Sandra. „Aber ich gehe dafür keine Wette ein. Und was ist das mit Bunny und seinen Windpocken?"

„Du lieber Gott!" Ich sank auf meinen Stuhl zurück. „Woher weißt *du* das?"

„Auf dieser Insel weiß jeder augenblicklich alles. Sie ist eben viel zu winzig. Nun, die Oberschwester im Krankenhaus hat es mir erzählt. Ich mußte heute früh dort die arme Letty Togstone besuchen. Sie hat einen Meniskusriß. Aber es stimmt doch?"

„Nur zu sehr! Und er hat sie natürlich gleich recht heftig, mit hohem Fieber, und seine Brust sieht aus wie ein schlechter Matisse."

„Hast du ihn gesehen?"

„Natürlich. Robin und ich sind die ganze Nacht auf der gräßlichen Straße hin- und hergeholpert. Ich bin restlos erledigt."

„War Eloise dort – in Bunnys Bungalow, meine ich?"

„Ja. Sie hat uns ja angerufen. Sie war völlig verzweifelt."

„Kein Wunder." Sandra lachte herzlos. „Wie weit waren sie denn, sozusagen, im Vergnügen gediehen?"

„Nicht sehr weit, denn Bunny fing zu phantasieren an und die Flecken kamen heraus."

„O Himmel! Du glaubst doch nicht, daß sie die anderen ansteckt?"

„Das können wir absolut nicht feststellen. Sie selber erinnert sich nicht daran, ob sie sie als Kind gehabt hat oder nicht, und der einzige Mensch, der es wissen könnte, ist ihre alte Kinderfrau, die irgendwen geheiratet hat, dessen Namen Eloise vergessen hat, und die in Cumberland lebt."

„Du machst mich ganz wirr!" sagte Sandra. „Jedenfalls kann ich sie unmöglich in die Residenz einladen, bevor wir der Sache sicher sind."

„Doch, das kannst du! Du hast es versprochen!"

„Sie könnte doch zu jenen Bazillenträgern gehören, die alle Welt verseuchen, ohne selbst krank zu sein."

„Vermutlich wirst du in deiner Jugend die Windpocken gehabt haben?"

„Und ob. Ich hatte alles. Meine Kindheit bestand aus einer endlosen Folge von Thermometern, Tabletten, Inhalatoren und Umschlägen. Ich war ein zartes kleines Dingelchen."

„Na, du hast seitdem entschieden aufgeholt."

„Ich will's dir nicht übelnehmen, daß du schnippisch wirst, aber ich erinnere dich daran, daß du das alles selber heraufbeschworen hast. Gut, ich stehe zu meinem Versprechen. Sie kann für drei Tage kommen, mit oder ohne Windpocken. Es bestünde immerhin die Möglichkeit, daß sie Cuckoo ansteckt, und das wäre ein Haupttreffer."

Gerade da tauchte Eloise auf; sie trug saphirblaue Hosen, silberne Sandalen und ein zyklamfarbenes Hemd.

„Nun", sagte Sandra und stand liebenswürdig auf, um sie zu begrüßen, „die vorbeihuschenden Jahre haben dir erstaunlich wenig zugesetzt. Du hast dich kaum verändert!"

„Himmlisch von dir, das zu sagen!" Eloise lächelte wehmütig. „Ich fühle mich wie hundert." Sie wandte sich zu mir. „Ich wußte nicht, ob jemand zu Tisch kommt oder nicht und was ich anziehen sollte. Wenn ich gar zu formlos bin, kann ich rasch in etwas anderes schlüpfen."

„Du siehst reizend aus", sagte ich, „und niemand kommt zu Tisch – außer Sandra will bleiben. Es gibt Curry, glaube ich, und der reicht gewiß für alle."

„Ich bliebe liebend gern", sagte Sandra und setzte sich wieder auf die Hollywoodschaukel, „aber ich kann nicht. Ich habe den alten Sir Albert zum Mittagessen und seine Tochter; zum Glück nicht die spinnige. Und dann kommen noch pünktlich um eins zwei amerikanische Kongreßabgeordnete, die aus unerfindlichen, nur ihnen bekannten Gründen nach Tokio reisen. Und anschließend muß ich um zwei Uhr dreißig im Kunsthaus eine Photoausstellung eröffnen. Der fragwürdige Neffe Lady Fumbasis hat die Kunstwerke aufgenommen, sie sind reichlich nebelhaft und übergeschnappt. Ich selber kapiere gar nichts davon, und George vermutet, der Junge habe sie in einer Dunkelkammer aufgenommen, statt sie dort zu entwickeln, aber ich hab's versprochen und muß eben hin. Und im Moment hätte ich nichts gegen irgend etwas Trinkbares."

Ich stand auf und läutete Tahali.

„Ich erwarte dich nächste Woche für ein paar Tage bei mir", sagte Sandra zu Eloise. „Das genaue Datum kann ich dir noch nicht sagen, weil wir einen Mann vom Handelsministerium mit seiner Frau zu Besuch bekommen, und ein paar Burmesen schweben auch über unseren Köpfen; aber vor Freitag gebe ich dir bestimmt Bescheid."

„Das wird reizend", sagte Eloise. „Schrecklich lieb von dir!"

Ich spürte zwischen Sandra und Eloise jene erzwungene Herzlichkeit, die sich einstellt, wenn zwei Frauen im Grunde nicht viel miteinander anfangen können. Dennoch machte Sandra ehrliche Anstrengungen, und ich war ihr dankbar dafür. Eloise ließ sich im Liegestuhl nieder und zündete eine Zigarette an. Blaß und nach außen hin gefaßt, tat sie mir aufrichtig leid, denn sie befand sich, wie immer man die Sache auch betrachten mochte, in einer peinlichen Lage. Ich wußte nicht, ob sie Bunny so heiß liebte, wie sie behauptete, aber jedenfalls hatte sie offenbar so viel für ihn übrig, daß sie den ganzen langen Weg von England bis hierher flog, um mit ihm beisammen zu sein, obgleich sie die Gefahren kannte, die dabei ihrer gesellschaftlichen Stellung drohten. Und nun saß sie hier fest bei Robin und mir und den Kindern, ohne jede Hoffnung, den Geliebten zu treffen, und ohne jede Möglichkeit, uns zu entrinnen – außer für die wenigen Tage in der Residenz, wo sie, wie ihr ganz klar sein mußte, nicht eigentlich erwünscht war. Meine eigenen Gefühle für sie hatten sich noch nicht richtig geklärt. Bisher war sie in keiner Beziehung lästig oder anspruchsvoll gewesen. Zu den Kindern, zu Nanny, zum Personal zeigte sie sich ungemein liebenswürdig, und sie entwickelte einen beinahe rührenden Eifer, Robin oder mich ja nicht zu stören oder uns, von ihrer Gegenwart abgesehen, irgendwelche Unbequemlichkeiten aufzuerlegen. Wie sich auch immer diese ärgerlichen Umstände lösen mochten, ich beschloß, es ihr trotz meiner Erbitterung über die ganze Affaire möglichst gemütlich zu machen und mich nicht daran zu stoßen, wenn sie Robin und mich ständig Engel nannte und uns versicherte, daß sie uns ewig dankbar sei. Ich beschloß ferner, etwas weniger gütig, mit allen Kräften Bunny von dieser Heirat abzuhalten. So schön, so anziehend, so liebenswürdig Eloise war, ihre angeborene Albernheit konnte Bunny – das sagte mir mein Instinkt – auf die Dauer niemals ertragen. Er war, trotz seinem unbezähmbaren Dilettantismus, intelligent und durchaus nicht der Mensch, Dummheit freudig zu ertragen; sobald der Rummel der Scheidung verebbt und das erste, hemmungslose Entzücken verflogen wären, fände er sich zutiefst unglücklich in einer von gesellschaftlichen Verpflichtungen bestimmten Ehe gefangen, die seinem Charakter keineswegs entsprach. Ich wußte nur wenig von Eloises Lebensstil in England, doch nach den Zeitungsberichten und den Photographien im ‚Tatler' zu schließen, gehörten die Menschen, mit denen sie verkehrte, nicht zu seinem Typ. Sie liefen, soweit ich das feststellen konnte, unter der fragwürdigen Bezeichnung ‚Die Internationale Gesellschaft' – Leute, die ziellos zwischen London, Paris, Rom, Cannes und Deauville hin und her pendelten und ebenso ziellos miteinander in dieses oder jenes Bett stiegen oder sich mit ihren Anwälten vor dem Scheidungsrichter einfanden.

Bunny aber ist, hinter seiner scheinbaren Wurstigkeit, ein überraschend beschlagener Bücherfreund und Teilhaber, wenn auch nur mäßig aktiv, eines ziemlich avantgardistischen Verlags. Wenn er sich in England aufhält, wohnt er nicht allzu bequem in einer umgebauten Wohnung am Lowndes Square, wo ihn eine alte, herzensgute Haushälterin namens Mrs. Turpin liebevoll umhegt. Bei unserer letzten Englandreise lud Bunny Robin und mich zu sich ein. Das Essen war anständig, aber einfallslos, da ihm, wie Sandra, jedes kulinarische Gefühl abgeht; am meisten aber fiel uns die alles beherrschende Atmosphäre soliden, behaglichen Junggesellentums auf. Es schien mir unvorstellbar, daß er ernstlich daran denken sollte, das alles aufzugeben, um sich mit einer Exherzogin häuslich einzurichten, deren geistige Heimat die mondänste Suite im Hotel Dorchester ist.

Meine Erwägungen unterbrach Tahali, der mit den Getränken erschien. Er stellte das Tablett auf den Tisch neben Sandra, und sie betrachtete es nachdenklich.

„Ich bin zwischen einem Gin, der mir wahrscheinlich den ganzen Nachmittag Kopfschmerzen macht, und einem Wodka, von dem ich bestimmt Schluckauf kriegen werde, hin und her gerissen."

„Nimm den Wodka! Er verträgt sich mit allem, und du mußt ja beim Mittagessen Wein trinken."

„Ich muß nicht", seufzte sie, „aber ich werde wohl. Ich brauche etwas Stärkeres als Limonade, um zur Rechten Sir Albert und zur Linken die Kongreßabgeordneten zu überstehen!"

Nachdem wir alle gewählt hatten, schenkte Tahali ein, verbeugte sich, noch immer etwas umdüstert, und zog sich zurück.

„Tahali sieht aus, als hätte es ihm die Petersilie verhagelt", sagte Sandra nach einer kleinen Pause. „Du hast ihn doch nicht abgekanzelt?"

„Keine Spur. Ich gab ihm lediglich eine kurze Lektion, wie man nicht auf Klatsch hören soll."

„Es ist völlig sinnlos, Samolaner zu belehren, daß sie nicht auf Klatsch hören sollen. Klatsch ist ihr Lebenselement. Das Klatschsystem auf der Insel arbeitet wirkungsvoller als der englische Intelligence Service, das amerikanische FBI und das französische Deuxième Bureau zusammengenommen." Sie warf einen Seitenblick auf Eloise, die an ihrem Tomatensaft nippte und ins Leere starrte. „Worüber hat er denn geklatscht?"

„Er selber im Grunde überhaupt nicht. Aber seine Schwestern, Vettern, Kusinen und Tanten tratschten, und ich war entschlossen, das alles im Keim zu ersticken."

„Ach so." Sie warf noch einen Blick auf Eloise und hob fragend die Brauen. „Deswegen habt ihr einander vermutlich so eifrig die Hand geschüttelt, als ich kam. Einen Augenblick lang glaubte ich, du seist übergeschnappt."

„Wir schlossen einen Pakt, gewissermaßen auf Pfadfinderehre. Er mußte mir versprechen, daß er nichts Böses sehen, nichts Böses sagen und nichts Böses hören werde."

„Hoffentlich hält er ihn! Vorderhand bedrückt ihn das sichtlich schwer. Ich habe es längst aufgegeben, unseren sonnigen Inselbewohnern die Ethik der Pfadfinder aufzuzwängen. Sie lachen mich nur verständnislos an und gehen ihre eigenen freundlichen Wege."

„Tahali ist bis ins Mark treu. Die einzige Gefahr droht von seinen samstagabendlichen Amusements. Das ist die Angst, die mich verfolgt."

„O welch verworrnes Web wir weben, wenn einmal wir zu täuschen angefangen!" Sie zwinkerte mir unverblümt zu, murmelte „Scott" und machte sich daran, die Schuhe anzuziehen. „Ich muß jetzt gehn. Der Wodka ist mir zu Kopf gestiegen, und wahrscheinlich werde ich wegen Trunkenheit am Steuer eingesperrt." Sie wandte sich Eloise zu. „Willst du nicht morgen abend mit Grizel auf einen Sprung zu uns kommen? George und ich sind allein; aber kommt früh, so um sechs, weil wir außer Haus zu Abend essen."

„Sehr gern", sagte Eloise mühsam lächelnd. „Wenn es Grizel paßt."

„Wir essen auch auswärts", sagte ich. „Das klappt also ausgezeichnet. Robin und ich wollen Eloise in Kelly's Taverne ausführen. Sie kennt Juanita noch nicht, und das gehört doch dazu."

„Und wie!" meinte Sandra. „Juanita ist großartig und flucht wie ein Droschkenkutscher." Sandra stand auf und stöhnte. „Es hat keinen Zweck, ich muß sie zurückgeben und strecken lassen. Wenn ich sie anbehalte, bin ich mein Leben lang verkrüppelt."

Auch Eloise erhob sich, und Sandra gab ihr – höchst überraschend – einen flüchtigen Kuß auf die Wange.

„Es ist nett, daß du da bist", sagte sie. „Wir werden dir alle Sehenswürdigkeiten zeigen und dafür sorgen, daß du dich hier wohl fühlst. Es ist schon Pech, daß Bunny krank wurde", fügte sie hinzu, „aber du darfst dich deswegen nicht unterkriegen lassen."

Eloise brachte ein trauriges Lächeln auf. „Ich danke dir, ihr seid alle wahre Engel!"

Ich führte Sandra durch das Haus und zur Anfahrt. „Armes Tierchen", sagte sie. „Ob ich will oder nicht – sie tut mir leid. Hoffentlich ist sie ein wenig sonniger, wenn sie zu uns übersiedelt. Dieser schöne, leidende, schmachtende Ausdruck könnte George leicht auf die Nerven fallen. Wir müssen uns alle den Kopf zerbrechen, um irgendeinen anziehenden Lückenbüßer ausfindig zu machen, bis Bunny seine Flecken los ist. Vielleicht Hali Alani?"

„Ich kann mir Hali nicht als Lückenbüßer vorstellen. Wenn je ein Mann ,Alles oder nichts' will, so er. Auch finde ich", setzte ich hinzu, „daß so ein Vorschlag aus dem Mund der Gemahlin Seiner Exzellenz, des Gouverneurs ein wenig fragwürdig klingt."

„Wir müssen das Leben nehmen, wie es ist." Sandra stieg in den Kombiwagen. „Es hat wenig Zweck, sich in moralische Positur zu werfen. Und überhaupt hast du in diesem schmierigen kleinen Liebesspiel die Rolle der Marthe Schwerdtlein, und so ist es an dir, alles einzurenken und dafür zu sorgen, daß jedermann glücklich wird." Sie winkte fröhlich, fuhr davon, und ich kehrte nachdenklich zu Eloise zurück.

Das Mittagessen war von Anfang an eine schwere Prüfung. Robin kam aus diesem oder jenem Grund deutlich schlecht gelaunt von der Pflanzung zurück. Eloise stocherte bekümmert im Curryreis, der nicht so gut war wie gewöhnlich, und antwortete auf alle Fragen einsilbig und mit einem tapferen Lächeln, das nur zu offenkundig ein zerrissenes Herz verbergen mußte. Nanny, die in der Stadt eingekauft und im Tea-Room von Miss Banks Kaffee getrunken hatte, ließ ihrer Zunge freien Lauf.

„Die kleine Broomhead ist gestern auf der Narouchi Road von einem Milchwagen angefahren worden", verkündete sie

strahlend. „Sie fiel vom Rad und mußte ins Krankenhaus eingeliefert werden, das arme kleine Ding. Sie hat eine leichte Gehirnerschütterung, aber zum Glück nichts gebrochen."
„Was ist aus dem Rad geworden?" fragte Robin.
„Völlig kaputt! Und dabei hatte sie's erst seit drei Tagen!"
„Dann hätte sie nicht gerade auf der Narouchi Road radeln sollen."
Nanny rümpfte die Nase und wandte ihre Aufmerksamkeit Eloise zu. „Der Verkehr auf unserer Insel wird immer schlimmer. Ich weiß das nur zu gut, weil ich die Kinder jeden Tag in die Schule und zurück fahren muß. Die Eingeborenen haben überhaupt keinen Verkehrssinn. Sie legen es nur darauf an zu rasen. Es ist wirklich erschreckend. Fahren Sie auch, Fürstin?"
„Ja", sagte Eloise matt, als hätte man sie aus einem geheimen, tragischen Traum gerissen.
Ich warf Tahali einen Blick zu, wie immer, wenn Nanny die Samolaner als ‚Eingeborene' bezeichnet. Das ist ein vertrauliches Zeichen zwischen uns, und er grinst in der Regel rasch zurück. Diesmal aber blinkte kein lustiges Funkeln in seinem Auge, er stand nur da, schaute resigniert vor sich hin und wartete darauf, daß wir unseren Curry aufessen würden. Nach kurzer Pause setzte Nanny ihren Angriff fort.
„In der Queen Street bin ich auf die arme Mrs. Elphinstone gestoßen."
„Hoffentlich haben Sie sie nicht vom Rad geworfen", meinte Robin und füllte seinen Teller noch einmal mit Reis. Ich sah ihn tadelnd an, aber er beachtete es nicht.
„Sie ging gerade auf die Post." Nanny ignorierte die Unterbrechung. „Ihre Tochter ist anscheinend ihrem Mann davongelaufen. Mrs. Elphinstone wirkte sehr bekümmert. Nachdem sie mehr als zwölf Jahre verheiratet waren. Das ist doch wirklich komisch, nicht?"
„Irrsinnig komisch", sagte Robin.
„Nimm noch etwas Curry, Eloise", warf ich hastig ein.
„Nein, danke. Er ist himmlisch, aber ich kann wirklich nicht mehr."

„Wenn sie wenigstens von Natur aus leichtsinnig wäre, könnte man es eher begreifen", fuhr Nanny unbeirrt fort. „Aber das ist sie gar nicht. Sie ist ein ganz unscheinbares kleines Ding. Die beiden waren voriges Jahr hier, sie und ihr Gatte, und schienen sehr aneinander zu hängen. Und jetzt, aus heiterem Himmel, läuft sie nach Kenya davon! Mit einem Mann, der viele Jahre jünger ist als sie! Mrs. Elphinstone kann es einfach nicht verstehen, und ich muß sagen, ich stimme völlig mit ihr überein. Es verrät doch einen Mangel an echtem Gefühl, finden Sie nicht auch?" Abermals wandte sie sich zutunlich zu Eloise.

„Ja, gewiß", hauchte Eloise fast unhörbar und trank einen Schluck Wasser.

„Man kann sagen, was man will", bemerkte Robin, „aber es geht doch nichts über englische Erdbeeren."

Nanny sah erstaunt auf. „Wie meinen Sie das? Ich verstehe nicht recht –"

„Ganz einfach. Die amerikanischen sind viel zu groß, und die französischen sind viel zu klein."

„Die französischen Walderdbeeren sind köstlich!" Ich drehte mich beschwichtigend Nanny zu. „Als wir das letzte Mal in Europa waren, haben wir vierzehn Tage in Paris verbracht und in Walderdbeeren geschwelgt. Es war natürlich Sommer, und man servierte sie in kleinen Körben auf grünen Blättern. Ich finde, wir sollten versuchen, sie hier im Garten anzupflanzen. Dort, beim Wassertank, würden sie bestimmt gedeihen."

„Nie!" erklärte Robin fest. „Das wäre ein krasser Mangel an Patriotismus!"

Nanny schob die Unterlippe vor, sah ihn gekränkt an und versank für den Rest der Mahlzeit in ein beleidigtes Schweigen.

Als Nanny verschwunden und Eloise in ihr Zimmer hinaufgestiegen war, warf Robin sich auf die Hollywoodschaukel und ächzte. „Das muß ein für allemal ein Ende haben! Diese Verbindung von Nannys überentwickelten und Eloises unterentwickelten Konversationskünsten halte ich nicht aus. Noch ein paar solche Mahlzeiten wie dieses Mittagessen, und ich reiche Scheidungsklage ein."

„Mit welcher Begründung?"

„Seelische Grausamkeit natürlich." Robin ächzte wieder. „Die bloße Tatsache, daß du Nanny erlaubst, mit uns zu essen, ist eine wohlberechnete seelische Grausamkeit, und das weißt du genau."

„Es ist ja nur das Mittagessen. Abends ißt sie immer mit den Kindern. Und mittags bloß, wenn wir allein sind. Sobald wir Gäste haben, bekommt sie ein Tablett in ihr Zimmer."

„Wir waren heute *nicht* allein", stieß Robin zwischen den Zähnen hervor. „Und mehr noch, ich habe den Eindruck, daß wir nie wieder allein sein werden. Wir haben, wahrscheinlich auf Monate hinaus, eine verdrossene, zu kurz gekommene Nymphomanin bei uns, nur weil Bunny dich mühelos um den kleinen Finger gewickelt hat."

„Das ist nicht fair. Du hast dich genauso von ihm um den kleinen Finger wickeln lassen. Und es ist nicht nett, Eloise eine Nymphomanin zu nennen. Und sie mag jetzt gerade ein wenig verdrossen sein, das gebe ich zu, aber wer wäre das nicht in ihrer Lage? Wahrscheinlich lebt sie schon in ein paar Tagen wieder auf."

„Gegen eine leichte kleine Nymphomanie habe ich an sich nichts einzuwenden, aber in ihrer melancholischen Form, vermehrt um Nannys albernes Gewäsch, ist sie unerträglich."

„Jedenfalls", erwiderte ich hitzig, „macht es die Dinge nicht besser, wenn du Nanny ständig aufziehst. Du bist heute scheußlich gewesen und hast sie ganz aus der Fassung gebracht. Wahrscheinlich sitzt sie jetzt oben in ihrem Zimmer und weint sich die Augen aus. Warum versuchst du nicht zur Abwechslung, einmal nett zu ihr zu sein?"

„Welche Form von Nettigkeit schlägst du vor?" fragte er grimmig.

„Sei charmant, erweis ihr kleine Aufmerksamkeiten, locke sie aus sich heraus."

„Nanny aus sich herauszulocken, stellt kein Problem dar." Robin steigerte sich in mühsam beherrschte Erbitterung. „Die Schwierigkeit ist, sie dazu zu bringen, daß sie ihre idiotische

Klappe hält." Damit stand er auf und stapfte mißlaunig in den Garten.

Langsam ging ich ins Schlafzimmer hinauf, schluckte zwei Aspirin, zog die Vorhänge zu und legte mich erschöpft auf mein Bett. Mein Kopf war am Zerspringen und mein Herz schwer von bösen Ahnungen. Ich hatte eine Wut auf Robin, aber ich mußte, um gerecht zu sein, auch seinen Standpunkt begreifen. Nanny war beim Mittagessen wirklich aufreizend und Eloise wirklich verdrossen gewesen. Selbst Tahali, sonst in Zeiten höchster Spannung mein Beistand, hatte sichtlich meine Warnung vor Klatsch übelgenommen und seine gute Laune verloren. Ich fühlte mich erschlagen und den Tränen nahe. Ich ahnte, daß diese unglückselige Eloise mehr Unstimmigkeiten heraufbeschwor, als ich erwartet hatte. Natürlich war das nicht ihre Schuld, abgesehen von der grundlegenden Dummheit, überhaupt nach Samolo zu kommen; ebensowenig wie es Bunnys Schuld war, daß er mit Windpocken im Bett lag. Wahrscheinlich würde sie, was ich ja Robin prophezeit hatte, in den nächsten Tagen wieder aufleben, doch selbst wenn sie plötzlich heiter wie eine Grille und Mittelpunkt unseres Kreises werden sollte, änderte das nichts an der Tatsache, daß sie in unserem Nest hier der Kuckuck war und auch, trotz ihrer Schönheit und Umgänglichkeit, sicher bleiben würde. Im Fall Nanny boten sich wohl nur zwei Möglichkeiten. Ich konnte ihr taktvoll vorschlagen, für die Dauer von Eloises Besuch doch lieber in ihrem Zimmer zu Mittag zu essen, was, wie immer sie es äußerlich aufnehmen mochte, ihre Gefühle bestimmt verletzte. Die andere Möglichkeit war, jeden Tag neue Gäste zum Mittagessen einzuladen, so daß sie automatisch keinen Platz hatte. Die Aussicht auf beide Möglichkeiten erfüllte mich mit wahrer Verzweiflung. Der bevorstehende königliche Besuch würde ohnehin die nächsten Wochen mit immer hektischerer Aufregung erfüllen. Ich hatte versprochen, Sandra in jeder Weise zu helfen, und abgesehen von den Sitzungen des Samolanischen Vereins für dramatische Kunst, wartete gewiß eine Menge anderer Dinge auf mich. Angesichts dieses Bergs von Pflichten konnte ich unmöglich noch eine Reihe von großen Mittagessen geben, nur weil Nannys Gesprächigkeit Robin auf die Nerven ging. Ich spielte mit der phantastischen Idee, einen jähen Nervenzusammenbruch vorzuspiegeln und mit einem Haufen Bücher und etlichen Kreuzworträtseln in ein Privatzimmer im Krankenhaus zu übersiedeln, doch ich wußte genau, daß ich das niemals zuwege bringen könnte. Zunächst einmal hätte mich Robin im Nu durchschaut, und selbst wenn er es nicht täte, würde diese drastische Lösung, die sowieso meinem Gewissen zuwiderlief, Eloise allein mit ihm ins Haus sperren. Und diese Vorstellung gefiel mir, obgleich ich von Natur aus nicht eifersüchtig bin, ganz und gar nicht. Ich drehte mich auf die Seite, und in mir wuchs bitterer Groll gegen Robin, Nanny, Eloise, Bunny, Tahali, Frobishers und die ganze ungute, unfreundliche Welt.

Als ich ungefähr um halb fünf erwachte, lagen die Kopfschmerzen immer noch auf der Lauer, aber ich war doch in einer etwas zuversichtlicheren Stimmung. Ich läutete, und nach einiger Zeit kam Eulalia hereingewandelt. Mit einem kummervollen Blick stellte sie das Teetablett erschöpft auf meinem Bauch ab.

„Es sein traurig um Mr. Bunny", sagte sie.

„Sehr traurig", gab ich zu und fühlte mich schuldig, weil ich nach dem Mittagessen nicht wie vorgesehen angerufen hatte.

„Mit dem Fieber es sein besser", berichtete sie. „Aber er sein sehr böse."

„Woher weißt du das?"

„Mein Vetter es mir gesagt." Sie seufzte tief und schlurfte aus dem Zimmer.

Dankbar trank ich meinen Tee – Earl Grey, den Eloise mitgebracht hatte und dessen Rauchgeschmack ich so liebte. Nachher zündete ich mir eine Zigarette an und ging auf die Veranda. Die Sonne brannte noch immer, aber es war nicht mehr drückend, und die Kasuarinabäume warfen gefiederte Schatten über die Anfahrt. Von den Lailanu-Hügeln herüber dröhnte gedämpftes Trommelschlagen, und das bedeutete, daß man dort irgendein Fest feierte, eine Verlobung oder eine Hochzeit oder ein Begräbnis. Wie angenehm, dachte ich neidisch, statt einer englischen eine samolanische Hausfrau zu sein und ein zufriedenes Leben zu führen, frei von gesellschaftlichen und moralischen Hemmungen, unbeschwert von den langweiligen, überzivilisierten ethischen Grundsätzen, die wir uns, mit unserer sogenannten Aufklärung, ganz überflüssigerweise aufgehalst haben. Eine Samolanerin in meinem Alter, verheiratet oder ledig, hätte jetzt allen Trubel überstanden und sich eine gemütlich naturhafte Existenz im Kreise ihrer heranwachsenden Kinder eingerichtet, ohne von Haushaltssorgen geplagt zu werden. Gewiß, da alles relativ ist, hätte sie wohl auch dann und wann ihre Nöte: wenn der Reis knapp wurde oder wenn ihr Mann mit einem Kalakala-Rausch heimkam und sie ein wenig verprügelte; im ganzen aber würde sich ihr Leben sanft dem Grab entgegenneigen und das, allem Anschein nach, mit weit mehr heiterer Gelassenheit als das meine. Ich sehnte mich beileibe nicht danach, daß Robin betrunken heimschwankte und mich verklopfte; auch der Gedanke, es könnte zuwenig zu essen im Hause sein, entzückte mich nicht, doch in meiner augenblicklichen Niedergeschlagenheit konnte ich mich des Gefühls nicht erwehren, mit solchen dramatischen Geschehnissen sei leichter fertig zu werden als mit dem Problem, ob ich Nanny während des Essens in ihr Zimmer verbannen müßte oder nicht, und was ich anfangen sollte, wenn sie in einer Anwandlung weinerlichen Zorns ihre Sachen packte und mich ohne eine Aufsicht über die Kinder, aber mit einem Wasserfestspiel, dem königlichen Besuch und einer herumsitzenden Eloise zurückließ, die Trübsal blies und darauf wartete, aufgeheitert zu werden.

In diesem Augenblick läutete das Telefon, und ich fuhr auf. Als ich mich meldete, schlug mir Daphnes lautes Organ entgegen.

„Ich habe Sie doch nicht aus Ihrem Erholungsschlummer geweckt?"

„Nein, nein; ich bin gerade mit dem Tee fertig.

„Wohl bekomm's! Ich kann die fade Brühe nicht ausstehn."

„Es war Earl Grey", sagte ich zu meiner Verteidigung. „Eloise hat ihn mir von Jackson mitgebracht."

„Chacun à son goût!" Sie lachte krachend. „Wie gefällt's Eloise denn?"

„Sehr gut. Jetzt ist sie in ihrem Zimmer. Wollen Sie sie sprechen?"

„Sie wird sich kaum an mich erinnern. Seit den guten alten Tagen des Transport-Korps habe ich sie nicht mehr gesehen. Aber wenn Sie und Robin für heute abend nichts vorhaben, würden wir uns freuen, wenn Sie vielleicht mit ihr zu uns herüberkommen. Wir wollen am Strand Steaks überm offenen Feuer braten, keine große Party, nur Peter und Esmond und wir. Man sollte natürlich mit seinen Einladungen nicht so ins Haus fallen, aber ich dachte, ich könnte es einmal versuchen."

„Wir kämen bestimmt sehr gern", erwiderte ich vorsichtig. „Doch Robin ist noch nicht zurück, und ich weiß nicht, ob er irgendwelche Pläne hat oder nicht. Kann ich Sie wieder anrufen?"

„Schön! Aber nicht zu spät, weil wir das Fleisch vorbereiten müssen. Oder noch einfacher, wenn wir bis sechs nichts von Ihnen hören, schießen wir los."

„Furchtbar nett! Und wann sollen wir kommen?"

„Zwischen sieben und acht. Um Himmels willen, sagen Sie Eloise, sie soll sich nicht in große Toilette stürzen. Nur Hose und Bluse."

„Sehr schön! Das klingt alles wunderbar."

„Bis dann!" sagte Daphne und legte auf.

Mit leichtem Herzen ließ ich mir ein Bad einlaufen; ich war entschlossen, mit Eloise hinzufahren, auch wenn Robin nicht mitkommen wollte. Der Abend mochte wohl ein wenig geräuschvoll verlaufen, zumal Daphne sicher wie üblich nach der Flasche griff, doch alles schien mir erstrebenswerter als ein Abendessen daheim, bei dem Robin und ich die heitere Unterhaltung bestreiten müßten, während Eloise gegen Tränen ankämpfte.

15

Fisherman's Hole gehört, meiner Ansicht nach, zu den reizvollsten Häusern der Insel: ein langer einstöckiger Bau aus Holz, der in früherer Zeit als Lagerhaus für Kopra diente. Es steht am Rand einer abgeschiedenen Bucht und besitzt seinen eigenen kleinen Halbmond weißen, sandigen Strandes und eine alte, steinerne Mole, von der man ins tiefe Wasser springen kann. Daphne und Lydia haben gemeinsam ein zauberhaftes Heim daraus gemacht. Es gibt vier Schlaf- und Badezimmer, eine große Küche, mit allen Schikanen ausgestattet, die die Anzeigen des ‚Ideal Home' empfehlen, und ein langes, niedriges Wohnzimmer mit einer Holzveranda, die auf Korallenfelsen ruht und von der man über flache Steinstufen zum Strand hinuntersteigt. Der Weg nach Fisherman's Hole führt durch das untere Ende von Stirlings Zuckerplantage, über ein unbenütztes Bahngeleise und durch ein Gehölz von Eisen- und Brotfruchtbäumen und Kasuarinas.

Robin war fügsamer gewesen als erwartet. Eloise hatte den Gedanken, auswärts zu essen, mit schlaffer Ergebung hingenommen, und so verließen wir um halb sieben das Haus und machten einen kleinen Umweg, um nach Bunny zu sehen. Der Besuch war, bei aller guten Absicht, kein voller Erfolg. Die samolanische Schwester empfing uns ziemlich mißtrauisch, führte uns ins Wohnzimmer und zog sich in das Schlafzimmer zurück, aus dem sie nach wenigen Minuten mit der Mitteilung zurückkehrte, Mr. Colville wolle Mrs. Craigie empfangen, sonst aber niemanden. Das verursachte begreiflicherweise bei Eloise einen Tränenausbruch, und Robin schob sie rasch in den Garten, nicht ohne der Schwester fröhlich zugenickt zu haben. Ich ging ins Schlafzimmer und fand den armen Bunny im Bett sitzend vor. Er sah in der Tat schrecklich aus. Sein Gesicht war mit großen, feuerroten Flecken übersät, die man großzügig mit Calominsalbe bestrichen hatte, was ihm eine malvenfarbene Patina verlieh. Seine sehr blauen, aber blutunterlaufenen Augen starrten mich bösartig an.

„Um Himmels willen, laß Eloise nicht herein", krächzte er. „Wenn sie mich so sieht, redet sie nie mehr ein Wort mit mir."

„Schon gut, schon gut. Sie ist mit Robin im Garten." Ich lächelte ihm mitfühlend zu. „Du brauchst dich gar nicht aufzuregen; wir kümmern uns schon um sie. Wie steht's mit deiner Temperatur?"

„Offen gestanden", sagte Bunny, „das weiß ich nicht, und es ist mir auch scheißegal. Meinetwegen kann sie hoch oder mittel oder niedrig sein. Und es ist mir auch scheißegal, ob ich lebe oder sterbe."

„Komm, Kind", sagte ich. „So redet man nicht. Hoffentlich benützt du vor der hübschen kleinen samolanischen Pflegerin keine solchen Ausdrücke."

„Die hübsche kleine samolanische Pflegerin ist ein Teufel in Menschengestalt. Sie ist aufgeweckt, tüchtig, heiter und vollkommen unerträglich. Sie tut nichts, als mit Salben und Thermometern und Mitteln hin und her zu rennen, bis mich die Lust ankommt, ihr die hübschen kleinen samolanischen Zähne in die hübsche kleine samolanische Gurgel zu boxen."

„Du mußt wirklich versuchen, ruhig zu sein", besänftigte ich ihn. „Sonst schlägt es dir auf den Magen und du fühlst dich dann noch schlechter."

„Schlechter könnte ich mich gar nicht fühlen. Es geht mir miserabel und ich sehe aus wie eine bejahrte französische Salondame."

„Das macht die Calominsalbe", tröstete ich ihn. „Aber du mußt die Zähne zusammenbeißen und versuchen, dich nicht zu sehr zu ärgern. Ich weiß, es ist gräßlich für dich, aber man kann nichts tun, als ergeben abzuwarten, bis es besser wird."

Bunny wühlte sich unglücklich in seine Kissen. „Und wie steht's mit Eloise? Geht's ihr gut?"

„Ausgezeichnet", erwiderte ich. „Natürlich regt sie sich wie wir alle auf, weil du krank bist. Sie ist ganz reizend und stört überhaupt nicht. Du sollst dich erholen, sonst gar nichts, und nicht zuviel jammern und klagen."

„Dieser Dummkopf von einem Doktor behauptet, ich müßte noch mindestens acht bis zehn Tage im Bett bleiben."

„Nun, dann tu, was er sagt. Er versteht seine Sache."

„Er soll sich zum Teufel scheren!" Bunny schloß die Augen. „Die ganze gottverdammte Welt soll sich zum Teufel scheren."

„Jetzt hast du für einen Tag genug geflucht. Versuch lieber, ein wenig zu schlafen."

Er öffnete die Augen und blickte mich flehend an. „Du wirst nicht erlauben, daß sie mich sieht! Versprich's mir!"

„Ich finde es recht unfreundlich, sie nicht einzulassen, wenn sie dich besuchen möchte", sagte ich. „Ist es dir aber gar so zuwider, dann werde ich ihr das möglichst taktvoll beibringen."

„Du bist ein guter Kerl!" Er zwang sich einen Hauch von einem Lächeln ab. „Und wenn ich je wieder gesund werde, was höchst unwahrscheinlich ist, kriegst du ein prächtiges Geschenk."

Die Schwester trat ein, gönnte Bunny ein scharfes, berufsmäßiges Lächeln und wandte sich mit unverhohlener Mißbilligung zu mir.

„Der Patient ist sehr müde jetzt", sagte sie. „Er dürfte ordnungsmäßig keine Besuche empfangen."

„Ich gehe schon", erwiderte ich kalt und winkte Bunny. Die Schwester folgte mir in das Wohnzimmer.

„Ich heiße Nahoona Nahooli –", begann sie.

„Ich weiß. Das haben wir schon längst telephonisch erörtert. Ich bin Mrs. Craigie, und ich beabsichtige, den Patienten zu besuchen, wann es mir paßt. Wie hoch war heute das Fieber?"

„Das zu sagen, habe ich nicht das Recht."

„Unsinn!" entgegnete ich gereizt. „Das ist kein Staatsgeheimnis und interessiert niemand, der nicht mit ihm befreundet ist. Ich bin eine seiner besten Bekannten, also sagen Sie mir bitte sofort, wie hoch das Fieber war, und seien Sie nicht so albern."

Von meinem Ton eingeschüchtert, trat sie zwei Schritte zurück. „Um drei Uhr war es 38,5°", sagte sie verdrossen.

„Gut." Ich belohnte sie mit einem frischen Lächeln. „Morgen werde ich wahrscheinlich irgendwann wieder vorbeikommen. Vielen Dank!"

Damit ließ ich sie stehn und ging auf die Veranda, wo ich Eloise und Robin fand. Sie rauchten und schauten mißmutig aufs Meer hinaus. Während wir um das Haus zum Wagen schlenderten, berichtete ich Eloise, es gehe Bunny entschieden viel besser, aber in seinem jetzigen Zustand wolle er sich nicht vor ihr zeigen. Sie nahm das zur Kenntnis, aber in ihrer Stimme schwang ein leicht verdrießlicher Unterton.

„Wenn er dich ins Zimmer läßt, verstehe ich nicht, warum nicht auch mich."

„Unsere Beziehung ist nun einmal von ganz anderer Art. Seine männliche Eitelkeit leidet nicht, wenn ich feststelle, daß er einer bejahrten französischen Salondame gleicht; vor dir fühlt er sich gedemütigt. Das mußt du doch einsehen."

„Was meinst du damit – eine bejahrte französische Salondame?" Eloises wunderschönes Gesicht verzog sich erstaunt.

„Das bewirkt die Calominsalbe", erklärte ich. „Man meint, er sei dick gepudert und lilarot geschminkt."

„Mein armer Schatz!" Sie seufzte tief, wir stiegen in den Wagen und fuhren weiter.

Von Bunnys Bungalow bis Fisherman's Hole sind es nur wenige Kilometer Luftlinie, doch die Straße führt ins Land hinein, macht zahlreiche Kurven, und so braucht man länger, als man denkt. Während der Fahrt hielt ich es für ratsam, Eloise ein wenig auf den Haushalt von Daphne und Lydia vorzubereiten.

„Die beiden bilden ein ziemlich exzentrisches, aber hoch vergnügliches Gespann. Du wirst dich wahrscheinlich vom Transport-Korps her an Daphne erinnern, die ältere der beiden."

„Und ob", sagte Eloise. „Sie hat einmal einen Schraubenschlüssel nach mir geworfen. Aber sicher nur deshalb, weil ich ihr auf die Nerven ging. Ich bin anscheinend jedem beim Transport-Korps auf die Nerven gegangen."

„Du warst erheblich jünger als die meisten von uns", bemerkte ich großmütig.

„Das war's nicht allein." Sie schaute nachdenklich aus dem Fenster. „Es lag daran, daß ich offenbar nie irgendwas ordentlich zuwege brachte. Und dann habe ich dauernd vergessen, im richtigen Moment ‚Madam' zu sagen. Ich erinnere mich, wie Mimsy Wargrave eines Tages vor dem Claridge leichenblaß vor Wut wurde, weil ich sie nicht gegrüßt hatte. Aber das kam mir doch zu albern vor, nachdem wir bis fünf Uhr früh bei derselben Party getanzt und beide einen schrecklichen Kater hatten."

„Sie war deine Vorgesetzte", meinte ich pflichtschuldig.

„Alle waren meine Vorgesetzten. Da lag ja der Hund begraben!"

„Ich bin ganz auf Ihrer Seite", fiel Robin ein. „Ich wurde einmal fürchterlich abgekanzelt, weil ich am Sloane Square meine Tante nicht grüßte. Sie kam, in ein Offizierskoppel gequetscht, mit Riesenschritten um die Ecke gestapft und überrumpelte mich völlig. Ich sagte: ‚Du lieber Gott!', ließ meine Gasmaske fallen und raste in das nächstbeste Warenhaus. Sie, wie ein Blitz hinter mir her, machte mir in der Porzellanabteilung eine schauerliche Szene. Schließlich ließ sie mich zwischen Bergen von Kaffeegeschirr stehn; ich zitterte wie Espenlaub."

„Ich glaube nicht, daß man während des Krieges in einem Warenhaus Kaffeegeschirr bekommen hat."

„Das ist typisch!" sagte Robin. „Immer versuchst du, mich herabzusetzen."

„Immer", sagte ich und kam wieder auf Daphne und Lydia zurück. „Das Haus ist wirklich sehr hübsch, und das Essen wird uns bestimmt schmecken, weil es dort immer schmeckt; sei aber bereit, dich zu verdrücken, sobald ich dir einen Wink gebe. In vorgerückter Stunde verliert Daphne gerne die Selbstbeherrschung."

„Sind die beiden ineinander verschossen?" fragte Eloise.

„Das müssen sie wohl sein, sie leben schon seit Jahren zusammen."

„Merkwürdig", sagte Eloise nachdenklich. „Ich hatte nie Neigungen in dieser Richtung. Was treiben sie denn eigentlich miteinander?"

„Das könnten wir vielleicht bei Tisch besprechen", schlug Robin vor, während wir über das Bahngeleise holperten.

„Ich meine", fuhr Eloise fort, „daß ich nicht begreifen kann, wie einen das körperlich ganz befriedigen soll. Ich meine, es muß doch ziemlich langweilig sein, wenn man nicht irgendwas hat, das man irgendwo hintun kann."

„Ihr Zartgefühl macht Ihnen Ehre", sagte Robin.

Zum erstenmal an diesem Tag lachte Eloise ein bißchen.

Wir schwenkten in eine kleine von Hibiskus und Poinsettien gesäumte Einfahrt ein und hielten vor der Tür, die Daphne gerade öffnete. Sie trug weite Matrosenhosen, ein gestreiftes Fischerhemd und Perlohrringe, in der Hand hielt sie eine große Tranchiergabel. Sie begrüßte uns begeistert.

„Genau zur rechten Zeit!" sagte sie. „In der Sekunde wollen wir die Steaks auflegen." Sie wandte sich zu Eloise und schüttelte ihr herzhaft die Hand. „Da soll mich doch gleich ...!" Sie starrte sie bewundernd an. „Du siehst wirklich phantastisch aus!"

Eloise stöhnte zwar bei dem Händedruck, schaltete aber ihren ganzen Charme wie ein Neonlicht ein. „Wie entzückend, dich nach all den Jahren wiederzusehen!"

„Ich fragte mich, ob du dich überhaupt noch an mich erinnern würdest." Daphne führte uns durch das Haus auf die Veranda. „Es ist höllisch lange her."

Jetzt begrüßte uns Lydia in grünen Hosen und einem rosafarbenen Hemd und stellte uns mit ihrer süßen Flötenstimme ihrem Logiergast vor, Ursula Gannet, die enganliegende schwarze Samthosen, eine schwarze Bolerojacke über einer weißen Hemdbluse trug und um den Hals ein rotes Tuch. Ihr pechschwarzes

Haar war straff aus der Stirne zurückgestrichen und glänzte im Lampenschein wie Lackleder. Sie hatte ein reizendes Lächeln, herrliche Zähne und glich einem nur leicht verweiblichten Stierkämpfer. Peter und Esmond, der eine in Beige, der andere in Marineblau, wurden mit Eloise bekannt gemacht, und wir setzten uns, während Loo Chung, Daphnes chinesischer Hausdiener, Rumpunsch herumreichte.

„Ich weiß nicht, ob dir etwas an diesem zuckrigen Zeug liegt!" Daphne wandte sich Eloise zu. „Es ist eine Spezialität des Hauses und Loo Chungs Stolz und Freude, aber ich bleibe lieber bei Whisky."

„Ich möchte es gerne versuchen." Eloise schenkte unterschiedslos allen ein hinreißendes Lächeln. „Es sieht himmlisch aus." Sie nahm ein Glas von dem Tablett, und Loo Chung stieß ein leises beglücktes Zischen aus.

Auch Robin und ich nahmen unsere Gläser und lehnten uns zurück. Peter und Esmond flatterten um Eloise, brachten ihr Zigaretten und Oliven und kleine Brezeln.

„Gib dich nicht damit ab", sagte Daphne. „Es sind noch heiße Käsedinger unterwegs, auch eine Spezialität von uns; aber sie strotzen vor Knoblauch. Hoffentlich hast du nichts gegen Knoblauch?"

„Ich schwärme dafür", versicherte Eloise strahlend. „Solange alle andern mitessen."

„Darüber braucht man sich in diesem Haus keine Sorgen zu machen", rief Lydia. „Wir leben ja von nichts anderem."

„Das stimmt wahrhaftig", flüsterte mir Ursula Gannet in ihrem tiefen Alt zu. „Ich wache dauernd nachts auf und muß literweise Wasser trinken."

„Es soll sehr gesund sein", sagte ich. „Aber ganz sicher bin ich dessen nie."

„Sie sind ganz und gar nicht, wie ich Sie mir vorgestellt habe", erklärte sie plötzlich. „Die beiden erzählten viel von Ihnen, aber Sie sind völlig anders, als ich dachte." Sie beugte sich näher zu mir und schaute mir ins Gesicht, als suchte sie irgendwelche besonderen Merkmale, an denen sie mich erkennen könnte. Ihre

Augen unter den ausgezupften, gemalten schwarzen Brauen blickten eindringlich, fast hypnotisch, ihr Parfum duftete ein wenig zu stark.

„Wie hatten Sie sich denn mich vorgestellt?"

„Das weiß ich nicht genau, aber irgendwie gelassener, weniger vibrierend."

Ich lachte befangen und trank einen ordentlichen Schluck Punsch. „Gerade heute fühle ich mich leider gar nicht vibrierend. Ich hatte einen ziemlich ermüdenden Tag. Eines kam zum andern."

„Es spielt keine Rolle, was man fühlt, sondern was man ist." Sie lächelte mich durchbohrend an. „Wir alle haben gewisse, in unserem Innern schlummernde Eigenschaften, die, so paradox sie sein mögen, gleich zusammengepreßten Sprungfedern nur darauf warten, gelöst zu werden. Manche Menschen können sie spüren, manche nicht, aber sie sind trotzdem da, mögen wir uns auch bemühen, sie zu verstecken."

„Ich glaube wirklich nicht, daß es in meinem Innern viel gibt, das ich zu verstecken suche. Im Gegenteil – man wirft mir meistens vor, zu extrovertiert zu sein, und häufig lasse ich mich von meiner Geschwätzigkeit hinreißen und sage Dinge, die ich nachher, bei nüchterner Überlegung, lieber ungesagt wünsche."

„Das verstehe ich gut." Sie lächelte wieder. „Aber ich meine etwas ganz anderes. In welchem Monat sind Sie geboren?"

„Im Dezember."

„Aha!" Sie triumphierte. „Ein Schütze! Das erklärt vieles. Ich habe das Gefühl, daß wir Freundinnen werden."

„Das hoffe ich sehr. Sie müssen einmal zu uns herüberkommen. Unser Haus ist nicht annähernd so hübsch wie dieses hier, aber es hat auch seine Vorzüge."

„Ihr Mann hat schöne Hände", sagte sie nach einer kurzen Pause. „Ich bemerkte das gleich, als er eintrat. Spielt er irgendein Instrument?"

„Leider nicht. Ich glaube, er versuchte in seiner Jugend, Saxophon zu spielen, aber das hätte wohl seine Hände nicht besonders geformt."

Hier wurden wir durch Daphne unterbrochen, die ihr Glas geräuschvoll auf den Tisch stellte. „Verdammt!" rief sie. „Ich habe ja die Steaks vergessen. Los, Burschen, helft mir! Ihr könnt eure Gläser mitnehmen!"

Sie holte sich die Tranchiergabel vom Verandageländer und stürzte die Stufen hinunter zum Strand. Esmond und Peter folgten ihr, während Robin eisern sitzenblieb.

Unterdessen war das letzte Licht am Himmel verglüht, und die Leuchtkäfer tanzten auf und nieder.

Loo Chung schleppte aus dem Haus ein zweites Tablett mit Punschgläsern heran; dann erschien eine hübsche Samolanerin, die zwei zugedeckte Schüsseln trug. Lydia sprang auf und nahm ihr eine ab. „Endlich!" sagte sie. „Ich glaubte schon, irgendwas Schreckliches wäre geschehen." Sie bot Eloise die Schüssel an. „Passen Sie auf, sie sind wahrscheinlich sehr heiß." Eloise nahm ein kleines Käsetörtchen und biß behutsam hinein. „Mit dem Knoblauch hatten Sie recht", verkündete sie heiter. „Aber die Dinger sind wirklich himmlisch!"

Wir bedienten uns, und Ursula Gannet beugte sich zu Robin. „Ich habe mich mit Ihrer Frau unterhalten", sagte sie ernst. „Sie ist ein seltener Mensch."

„Das sagen alle, wenn sie sie kennenlernen", erwiderte Robin mit vollem Mund. „Aber nach Tische hört man's anders."

„Sie ist der ungewöhnlichste Mensch, dem ich je begegnet bin", erklärte Eloise, auf die der Rumpunsch offenbar schon seine Wirkung ausübte. „Seit ich angekommen bin, ist sie zu mir ein wahrer Engel gewesen."

Lydia wandte sich zu Robin und mir. „Ich bin ganz ihrer Meinung. Wir sehen euch beide viel zuwenig. Ihr müßt viel öfter herüberkommen."

„Schrecklich gern." Ich unterdrückte ein verlegenes Kichern, denn ich fühle mich immer unbehaglich, wenn man mir Komplimente macht. Ich höre sie natürlich gerne an, aber sie machen mich befangen. In der letzten Viertelstunde hatte man mir gesagt, ich sei vibrierend, ich besäße tief in mir verborgen paradoxe Eigenschaften, die zusammengepreßten gespannten Federn gleich nur darauf warteten, gelöst zu werden, ich sei ein ungewöhnlicher Mensch und ein Engel. All das, zusammen mit sehr starkem Rumpunsch, stieg mir zu Kopf und brachte mich durcheinander. Entschlossen, so rasch wie möglich dem Rampenlicht zu entfliehen, zermarterte ich mir das Gehirn, um ein anderes naheliegendes Gesprächsthema zu finden, als ein lautes ‚Hallo' vom Strand her ertönte und Lydia zum Geländer der Veranda eilte und schrie: „Gut, gut, wir kommen!" Sie wandte sich zu Eloise. „Daphne kann einen Tobsuchtsanfall kriegen, wenn wir nicht pünktlich bei ihren kostbaren Steaks eintreffen", sagte sie. „Will jemand noch aufs Klo oder sonstwohin, bevor wir hinuntersteigen?"

Eloise fand das eine gute Idee, und Lydia gab Ursula einen Wink: „Zeig ihr den Weg, während ich vorangehe und Madame Boulestin besänftige."

Ursula Gannet führte Eloise ins Haus, und Robin und ich folgten Lydia über die Steinstufen zum Strand. Dort sah es höchst romantisch aus, kleine Sturmlampen ruhten im Sand, und unter einem Mandelbaum war ein Tisch aufgestellt. Daphne, Peter und Esmond hopsten wie Derwische um einen großen Rost. Plötzlich brach das Gelächter aus mir heraus, das seit langem drohte.

„Bitte, bleib einen Augenblick stehn", sagte ich schwach zu Robin. „Ich kriege einen Lachkrampf!"

Robin fügte sich willig. „Reiß dich zusammen, altes Haus", redete er mir zu. „Wir haben noch einen weiten Weg vor uns. Der Abend beginnt ja erst."

Lydia hüpfte vor uns her, und ich lehnte mich an einen Felsen und dachte an traurige Dinge, die mich nur noch mehr zum Lachen brachten. Ich suchte in meinem Täschchen nach einem Taschentuch. Robin zündete eine Zigarette an und reichte sie mir. Dankbar zog ich dran und wischte mir die Augen.

„Wer ist dieser Stierkämpfer?" fragte er. „Die hat mir einen tödlichen Schrecken eingejagt."

„Ich weiß nicht. Eine Freundin von Lydia, glaube ich. Sie hat mir gesagt, ich sei vibrierend!"

„Das sagt sie vermutlich jedem weiblichen Wesen, dem sie begegnet."

Langsam gingen wir die Stufen hinunter zum Strand.

„Jeder setzt sich, wohin es ihm paßt", schrie Daphne, deren Wangen vom offenen Feuer gerötet waren. „Hier gibt's kein Zeremoniell."

Nachdem Eloise und Ursula Gannet wieder aufgetaucht waren und wir schließlich alle saßen, fand ich mich zwischen Lydia und Esmond Templar. Der Mond stieg eben über den Horizont und warf einen Pfad von goldenem Licht über die Lagune. Weit draußen auf dem Riff flackerten einige Fackeln der unermüdlichen samolanischen Fischer, die mit dem Speer auf Tintenfische Jagd machten. Früher hatte ich das mit Robin auch ein- oder zweimal unternommen: es ist unterhaltend, aber sehr aufregend, weil ich mich immer davor fürchte, daß ein Zitterrochen aus einem Loch im Riff herausschießen und mich angreifen könnte, wozu sie sehr wohl imstande sind, wenn man sie reizt. Und dann bleibt noch die greuliche Aufgabe, die arme Krake zu töten, wenn man sie aufgespießt hat. Das bringe ich nie über mich, und im allgemeinen reiche ich meine Beute vorsichtig dem nächsten Samolaner, wende mich ab und schaue fest auf die andere Seite, denn die samolanische Methode ist schnell, wirksam und zutiefst ekelerregend. Sie packen die Tiere und beißen ihnen, ohne auf die Fangarme zu achten, die nach allen Richtungen zucken und zappeln, mit fröhlicher Unbekümmertheit die Augen aus. Im Nu ist der Fall erledigt, der zitternde Körper wird in einen Eimer geworfen, und die Jagd geht weiter. Krake oder Tintenfisch, so genau kann ich es nicht unterscheiden, gelten bei den Inselbewohnern als große Leckerbissen. Ich habe sie gelegentlich gegessen, à la Meunière oder mit Reis als eine Art Risotto, aber ohne besonderes Vergnügen, weil ich den Geschmack von heißem Gummi nun einmal nicht schätze.

In all den Jahren, die ich hier lebe, konnte ich mich nie mit den bevorzugten samolanischen Gerichten wirklich befreunden; einige davon, wie Bananenpüree, gebratene Brotfrucht und ‚paupis', kleine Fladen aus Langusten und Kokosnuß, schmecken köstlich, aber die Mehrzahl ist abscheulich. Robin hält mir häufig Strafpredigten und beschuldigt mich, sklavisch der englischen Küche mit ihrem Nierenfettpudding anzuhängen, und das stimmt in der Tat, aber ich habe bemerkt, daß er selber, sobald ihm eine landesübliche Speise droht, unweigerlich kalten Schinken verlangt.

Das Essen an jenem Abend wies keine fremdartigen Nebentöne auf und war über jedes Lob erhaben. Zu den tadellos gebratenen Steaks hatte Daphne eine besonders delikate, ziemlich scharfe Sauce ersonnen. Der Salat, von Lydia mit kundiger Hand angerichtet, die Gemüse, ein Brotfruchtpüree und frische, in Minze gekochte Erbsen, der Nachtisch, ein Kompott aus eisgekühlten, in Cherry Brandy eingelegten Ananas und Bananen, der Käse, der Wein – alles schmeckte wie Nektar und Ambrosia, und schließlich lehnte ich mich gesättigt, wohlwollend und ein wenig schläfrig in meinem Stuhl zurück.

Die allgemeine Unterhaltung während des Essens hatte viele Gebiete gestreift. Esmond und Peter erkundigten sich bei Eloise eifrig nach der laufenden Londoner Theatersaison, wovon sie nicht viel zu berichten wußte, da sie nur ‚My fair Lady' und ein weiteres Stück gesehen hatte, auf dessen Titel sie sich nicht mehr besann. Dann folgte eine hitzige Diskussion über den neuesten amerikanischen Sex-Bestseller, ‚Die Lautensaite reißt', der die erotischen Träumereien einer alten Jungfer aus New England schildert, die sich in einen Dackel verliebt. Das Buch hatte offenbar begeisterte Rezensionen erhalten, ferner einen Kritikerpreis und war in Boston verboten worden. Peter, Esmond und Ursula Gannet hatten als einzige am Tisch den Roman gelesen, während Lydia sich an eine Notiz darüber im ‚New Yorker' erinnerte.

„Es hat Dimensionen", verkündete Ursula Gannet im Ton des Delphischen Orakels. „Und es sind Momente darin, die mich tief ergriffen haben."

„Uns war es widerlich; nicht wahr Peter?" sagte Esmond. „Ein Freund von uns in New Orleans schenkte es uns zu Weihnachten."

„Ich muß sagen", dröhnte Daphne vom Ende des Tisches, „für mich klingt das ganze etwas kläglich. Ich verstehe nicht, wie die Leute über solches Zeug schreiben können."

„Solches Zeug ist die Liebe!" Ursula Gannet heftete einen kalten Blick auf sie. „Das Buch ist eine brillante Analyse der Einsamkeit des menschlichen Herzens."

„Nun, wir fanden es schauerlich", beharrte Esmond unerschrocken. „Dieses finstere alte Weibsbild und der arme Hund!"

„Der Hund war nur ein Symbol", blitzte Ursula.

„Symbol oder nicht – er hat ein Hundeleben geführt; das müssen Sie doch zugeben."

„Nicht wen man liebt oder was man liebt, ist von Belang", erklärte Ursula. „Auf die *Fähigkeit* zu lieben kommt es an."

„Selbst dann", mischte sich Robin ein, „glaube ich, daß ich die Dackel aus dem Spiel ließe. Es sei denn, natürlich, ich wäre selber ein Dackel", setzte er hinzu.

„Sind Dackel die Hunde, die einen Knauf anstelle des Schwanzes haben?" fragte Eloise.

„Nein, meine Liebe", antwortete ich. „Du denkst an die kleinen Waliser Hunde."

„Die Amerikaner beschäftigen sich mit diesen Dingen anscheinend viel mehr als wir", bemerkte Lydia. „Ich meine, alle Bücher, die sie heutzutage schreiben, sind bis an den Rand mit Sex vollgestopft."

„So oder so sind wir wohl alle mit Sex vollgestopft", sagte Peter. „Aber ich glaube nicht, daß wir uns so viel damit abgeben wie die Amerikaner. Dieser Freund in New Orleans ist geradezu ein Sex-Märtyrer. Nach jedem kleinen Techtelmechtel kommt er ganz aus dem Häuschen und rennt zum Psychoanalytiker. Das kostet ihn ein Vermögen."

„Er ist wohl invertiert?" forschte Ursula Gannet.

„Sind wir das nicht alle?" rief Esmond und brach in schallendes Gelächter aus.

„Nicht unbedingt alle", warf ich mild ein.

„Du hast einen Schwips, mein Lieber", sagte Peter zu Esmond. „Vergiß nicht, daß du in Damengesellschaft bist."

An diesem Punkte lenkte ich, ungewollt, vom Thema ab, weil ich mich verschluckte und husten mußte. Daphne sprang auf und stürzte auf mich zu.

„Soll ich Ihnen auf den Rücken klopfen?" fragte sie.

„Nein, lieber nicht", keuchte ich. „Es ist gleich vorbei."

„Trinken Sie einen Schluck Wasser", riet Daphne.

„Essen Sie ein Stück Brot", riet Lydia.

„Huste ruhig weiter", meinte Robin, „das reinigt die Luft."

Das löste bei mir einen neuen Hustenanfall aus, der einige Minuten dauerte. Als ich mich schließlich wieder gefaßt hatte und meine tränenden Augen wischte, beugte Ursula Gannet sich über den Tisch zu mir.

„Bravo!" flüsterte sie mit geheimnisvollem Lächeln. „Je genauer ich Sie kenne, desto mehr bewundere ich Sie!"

Ich erwiderte mühsam das Lächeln und warf einen Blick auf Robin, der ganz unschuldig über das Meer schaute und leise ‚Auf in den Kampf, To-re-he-he-he-ro!' summte. Zum Glück schlug Daphne jetzt vor, wir sollten zum Kaffeetrinken umsiedeln, damit das Personal den Tisch abräumen könnte.

Auf dem Sand, wenige Fuß vom Wasser entfernt, waren im Halbkreis um einen niedrigen Bambustisch mit zwei Sturmlaternen und dem Kaffeetablett Stühle aufgestellt. Der Mond stand hoch am Himmel, und die Mandelbäume und Kokospalmen warfen tintenschwarze Schatten über den Strand. Kein Windhauch regte sich, und die Kerzen in den anmutigen Glasschirmen brannten ruhig und ohne zu flackern. Die Bucht, das Festland und die fernen Berge hoben sich leuchtend von dem dunkleren Himmel ab, und die Wellen, die zu unseren Füßen plätscherten, durchzogen glitzernde Phosphorstreifen. Ich setzte mich neben Eloise, die besorgt ihr Gesicht im Taschenspiegel musterte, und zündete mir eine Zigarette an.

„Du mußt zugeben", sagte ich, „daß Samolo sich für dich anstrengt!"

Sie lächelte zerstreut. „Alles ist wirklich himmlisch. Und die Menschen sind alle wahre Engel."

Ich sah sie neben mir im Mondlicht sitzen und dachte, ohne

Groll, über die seltsame Unparteilichkeit der Natur nach. Warum hatte sie Eloise Fowey, geborene Eloise Fox-Barron, von Anfang an mit jedem denkbaren äusserlichen Vorzug ausgestattet, den ein Frauenherz nur ersehnen kann? Ihre Figur war von vollkommenem Ebenmaß, schlank, wo sie schlank, gerundet, wo sie gerundet sein sollte; die Beine lang und wohlgeformt, die Hände elegant, die Haut makellos. Die Modellierung ihres Gesichts konnte sichtlich den Verheerungen der Zeit unbegrenzten Widerstand entgegensetzen. Ihr prachtvolles aschblondes Haar würde sich mit dem Alter reizvoll silbern färben, ihre Haut mußte wohl runzlig werden, doch die unzerstörbare Schönheit bliebe unbeeinträchtigt bis ins hundertste Lebensjahr erhalten. Ein wenig boshaft hoffte ich, daß sich bis dahin im Verlauf der Jahre ihr Sprachschatz vielleicht etwas erweitert haben mochte, doch da sie jetzt Ende Dreißig oder höchstens Anfang Vierzig war und kein spürbarer Fortschritt sich eingestellt hatte, gab ich ihr keine großen Chancen. Nicht daß sie durch und durch dumm gewesen wäre. Gelegentlich blitzte es in ihren herrlichen Augen verschmitzt auf, und sie vermochte auch von Zeit zu Zeit ganz amüsante Dinge zu äußern, doch dabei handelte es sich, wie ich deutlich erkannte, vor allem um einen von ihr angenommenen Jargon. Ihr Humor, soweit man davon sprechen konnte, war eher Nachahmung als Eigenwuchs. Sie lebte schon so lange unter Menschen, die auf eine bestimmte Weise redeten und scherzten, daß sie sich, ohne Absicht und ohne Überlegung, deren besondere Gemeinplätze, Übertreibungen und sprachliche Schrullen zu eigen gemacht hatte. Wenn Bunny am Ende wirklich so töricht sein sollte, sie zu heiraten, wie lange würde er brauchen, um das zu entdecken? Wie lange würde sein wacher, kritischer Sinn von seinem körperlichen Verlangen nach ihr unterjocht bleiben? Das wußte natürlich niemand. Die ganze Weltgeschichte zeigt, daß hochintellektuelle Männer sich viel länger als wünschenswert von schönen, aber dummen Frauen versklaven ließen: Nelson und Emma Hamilton, Napoleon und Josephine, Bothwell und Maria Stuart, obgleich das ziemlich bald in die Binsen ging. Antonius und Kleopatra strich ich von meiner Liste, denn kein

Mensch konnte Kleopatra als dumm bezeichnen. Sie war ein ‚unvergleichliches Frauenzimmer' und spitzer als ihre Nadel. Auch Pelleas und Melisande rechnete ich nicht mit, weil sie dem Reich der poetischen Erfindung angehören, wenn auch für reine, unverfälschte Dummheit die arme Melisande den Preis davonträgt. Mit ihr verglichen verwandelte sich Eloise unwillkürlich in eine Mischung von Germaine de Staël und Madame Curie.

Ursula Gannet kam zu mir herüber und brachte mir eine Tasse Kaffee.

„Sie sehen so versonnen drein. Woran denken Sie denn?"

„An schöne Frauen", erwiderte ich, und schon wünschte ich, das nicht gesagt zu haben.

Sie reichte mir feierlich die Zuckerdose, und ich nahm nervös zwei Stück. „Sie und ich, wir müssen bald einmal ein langes Gespräch miteinander führen." Sie lächelte mir geheimnisvoll zu und verzog sich.

„Bei der läuft mir eine Gänsehaut den Rücken hinunter", sagte Eloise. „Sie hat so eine komische Art, einen anzusehen. Woher kommt sie wohl?"

„Ich glaube, sie hat ein Häuschen in Kent."

„Es gibt eine Menge von der Sorte in Kent." Eloise lachte leise. „Ich war vor kurzem ein Wochenende bei Marjorie Pratt in Lyminge, und sie nahm mich zu den dortigen Pferderennen mit. Meine Liebe, auf dem Sattelplatz wimmelte es von ihnen! Sie stapften in Kordhosen herum und klopften einander auf die Schulter. Marjorie hat sich köstlich darüber amüsiert – du kennst doch Marjorie?"

„Nein – leider nicht."

„Sie ist ein Engel. Wenn du wieder nach England kommst, mußt du sie kennenlernen. Ihr werdet glänzend zusammenpassen. Sie brannte vor ein paar Jahren mit Bogey Pickard nach Venedig durch, was alles in den Zeitungen ausgewalzt wurde. Droopy schätzt sie nicht besonders, weil sie ihn unbarmherzig neckt und nach Tisch gerne ein wenig über die Stränge schlägt."

„Das klingt reizend", sagte ich mechanisch, es fiel mir auf, daß sie, zum erstenmal seit ihrer Ankunft auf der Insel, den ver-

lassenen Herzog erwähnt hatte. „Wie geht's Droopy übrigens?"
Sie zog eine Schnute und zuckte die Achseln. „Wie gewöhnlich." Sie seufzte. „Darin liegt ja das Elend mit dem armen Engel; er ist immer wie gewöhnlich."

„Was meinte er, als du ihm gesagt hast, du würdest die weite Reise hierher machen, um mich zu besuchen?"

„Nicht viel." Sie schaute blicklos auf das Meer hinaus. „Er sagt nie besonders viel über irgendwas."

„Hat er nicht Verdacht geschöpft, daß du eigentlich Bunny besuchen wolltest?"

„O nein! Nicht in tausend Jahren schöpft er irgendeinen Verdacht."

„Liebt er dich noch?"

Eloise runzelte die Stirn. „Wie verrückt! Aber reden wir nicht davon. Es ist mir schrecklich unangenehm."

„Hast du dich schon entschlossen, was du tun willst – im Falle daß, meine ich?"

„Nein." Sie rührte in ihrem Kaffee und sah ein wenig verdrossen drein. „Bunny und ich fingen neulich davon zu reden an, aber nur ganz beiläufig, denn wir hatten einander ja so lange nicht gesehen, und irgendwie schien es nicht der richtige Augenblick für Pläne und Verschwörungen. Auch hatte er schon Fieber, obgleich wir das damals nicht wußten, und so kam nicht viel Gescheites dabei heraus."

„Das alles hat sich sehr unglücklich getroffen", sagte ich mitfühlend.

„Ja – nicht wahr?" Sie verstummte. „Ich weiß nicht, was ich ohne dich und Robin getan hätte. Ihr seid –"

Ich beugte mich vor und drückte fest ihre Hand. „Nicht", wehrte ich ab. „Bitte nicht! Ich weiß ganz genau, was wir gewesen sind. Wir sind wahre Engel gewesen."

Sie blickte überrascht auf. „Gerade das hatte ich sagen wollen."

„Ich weiß. Aber es stimmt wirklich nicht. Wir haben uns bloß unter ziemlich unerwarteten Umständen wie normale Menschen benommen. Jeder andere hätte das gleiche getan."

„Nein, gewiß nicht! Ihr seid Engel gewesen, und ihr könnt es gar nicht abstreiten."

In diesem Augenblick ging Ursula Gannet vorbei mit einer Tasse Kaffee für Robin. Schuldbewußt zog ich meine Hand aus Eloises Hand, aber es war zu spät. Ursula nahm meine verstohlene Geste mit einem raschen Heben der gemalten Brauen zur Kenntnis und warf mir einen derartig durchdringenden Blick zu, daß ich meinen Kaffeelöffel in den Sand fallen ließ.

Als ich ihn aufgehoben hatte und sie weitergegangen war, lachte ich auf.

„Was hast du denn?" fragte Eloise.

„Ach, nichts. Nur der Wein und die Lichter und die Musik!"

„Aber es gibt gar keine Musik."

„Doch, man muß sie nur hören können", sagte ich ein wenig ausgelassen. „Da ist zunächst einmal die Musik der Sphären, dann das Dröhnen der Brandung gegen das Riff und die Laubfrösche und die Grillen, gar nicht zu reden von dem schrillen Schwirren der Erregung rund um uns her."

„Du mußt unbedingt Marjorie Pratt kennenlernen", sagte Eloise. „Sie wird begeistert von der Art sein, wie du sprichst."

Daphne kam vom Kaffeetisch zu uns herüber und kauerte sich mit untergeschlagenen Beinen zu unseren Füßen.

„Wer ist für eine Blitzfahrt mit dem Motorboot durch die Bucht?" fragte sie. „Gerade nur, um die Weinblätter aus dem Haar zu blasen."

„Würden wir dabei nicht ziemlich naß?" Eloise sah bedenklich drein.

„Auf dem Vordersitz bleibst du knochentrocken, und die See ist flach wie ein Pfannkuchen."

„Ach, Daphne, nicht *jetzt!*" rief Lydia mißgelaunt. „Laß uns doch bitte unser Essen verdauen und uns ausruhen!"

„*Du* mußt ja nicht mitkommen, wenn du keine Lust hast." In Daphnes Stimme klang ein gefährlicher Unterton. „Ich habe Eloise und Grizel aufgefordert."

„Ich glaube, ich bleibe lieber, wo ich bin", sagte ich. „Ich habe zuviel gegessen und bin ein wenig schläfrig."

Daphne legte die Hand auf Eloises Knie und sah flehend zu ihr auf.

„Bitte, komm", bettelte sie. „Nur für zehn Minuten!"

„Also gut." Widerstrebend stand Eloise auf. „Aber ich muß etwas über mein Haar tun."

„Prima!" rief Daphne, sprang auf und schüttelte ungestüm den Sand ab wie ein Schäferhund, der aus dem Wasser kommt. „Du kannst mein Tuch haben." Sie packte Eloise an der Hand und führte sie den Strand entlang zur Mole. Aus dem Augenwinkel bemerkte ich, daß Ursula Gannet einen entschlossenen Blick auf den leeren Stuhl neben mir warf, und so winkte ich hastig Peter Glades, der herzueilte und sich setzte, bevor sie Zeit gefunden hatte, den Platz zu erobern.

„Was gibt's Neues vom Wasserfestspiel?" fragte ich.

„Derzeit komplettes Chaos." Er grinste. „Kerry Stirling hat mehrere Kilometer der blanksten Blankverse geschrieben, und Inky Blumenthal, der tagelang an seinem verstimmten alten Bechstein klebte, sagt, für die Begleitmusik, die er schreibt, habe alles einen ganz falschen Rhythmus. Sie führten deswegen anscheinend am Samstagabend bei Alma eine schreckliche Szene auf, und Inky schlug wütend die Türe hinter sich zu. Doch seither haben Alma und Ivy literweise Öl nach allen Richtungen über die Wogen gegossen, es gab eine feierliche Versöhnung, und jetzt arbeiten sie so friedlich zusammen wie Gilbert und Sullivan. Ich bezweifle, daß das von Dauer sein wird, denn ich selber hielt Kerry nie für den richtigen Mann. Der Umstand, daß er ein paar recht dilettantische Kriminalromane verbrochen hat und die langweilige Geschichte von Samolo, die kein Mensch zu Ende liest, beweist keineswegs, daß er Verse schreiben kann. Pico Whitaker hätte das viel besser gemacht. Zum mindesten ist er jung und hat moderne Ideen. Und er ist ein echter Dichter."

„Darin kann ich Ihnen absolut nicht zustimmen", sagte ich. „Pico ist ein netter Junge, und ich mag ihn ganz gern, aber ich habe nie ein Wort von dem kapiert, was er schreibt. Sie müssen doch zugeben, daß die kleinen Gedichtschnipsel, die er ohne große Buchstaben und ohne Versmaß im ‚Reaper' veröffentlicht, völlig unverständlich sind."

„Sie sind voller Atmosphäre."

„Atmosphäre genügt nicht. Sie haben ganz recht, er ist jung, und er mag sich eines Tages zu einem echten Dichter entwickeln; vorläufig finde ich, daß er sich zu sehr in die Modernen versenkt und nicht genug in die Alten."

„In den guten alten Wordsworth vermutlich?" In Peters Stimme schwang ein verächtlicher Klang.

„Ganz gewiß, in den guten alten Wordsworth und den guten alten Keats und Shelley und Milton und Pope und Shakespeare, wenn er schon dabei ist."

„Sie sind ein liebes, altmodisches Stück", sagte Peter. „Aber die Zeit schreitet voran, verstehen Sie."

„Das ist eines der dümmsten Schlagworte in unserer von Schlagwörtern besessenen Epoche. Nichts verbürgt uns, daß die Zeit voranschreitet. Soviel wir davon wissen, kann sie genausogut stillstehn. Ja, viele hochgebildete Köpfe der Wissenschaft behaupten, sie schreite sogar rückwärts. Aber nichts von all dem", fügte ich hinzu, „hat irgend etwas mit der Frage zu tun, wer den Text für das Wasserfestspiel schreiben soll."

Peter wieherte vor Lachen. „Wenn Sie im Zug sind, werden Sie wirklich großartig. Ich könnte Ihnen stundenlang zuhören."

„Offenbar genau wie Marjorie Pratt."

„Wer, zum Kuckuck, ist Marjorie Pratt?"

„Ich kenne sie nicht persönlich, aber sie brannte mit Bogey Pickard nach Venedig durch, und nach Tisch schlägt sie gerne ein wenig über die Stränge."

Die nächtliche Ruhe wurde jetzt durch ein lautes Dröhnen zerrissen, als das Motorboot von der Mole losbrauste und auf seiner Fahrt in die Bucht hinaus eine Furche phosphoreszierenden Schaums aufwirbelte. Wenige Sekunden später huschte es nur noch als schwarzer Fleck über den Pfad des Mondes.

„Mein Gott, die arme Herzogin", sagte Peter. „Sie wird keinen heilen Knochen mehr im Leib haben. Daphne ist einmal mit Esmond und mir in diesem gräßlichen kleinen Boot nach

Nooneo und zurück gefahren, und drei Tage lang konnten wir uns nicht aus dem Bett rühren."

„Sie hat angeboten, es uns für das Wasserfestspiel zu leihen."

Er sah mich entsetzt an. „Was sollen denn wir bloß damit anfangen?"

„Das weiß ich nicht. Es könnte am Ende ganz brauchbar sein, um die ‚tapfere neue Welt' zu symbolisieren, wenn die Royal Shropshires auf dem Strand hin und her stapfen und der Kirchenchor mit ‚Land der Hoffnung, Land des Ruhmes' loslegt."

„Nein, meine Liebe, das würde die Gäste zu sehr ablenken. Es macht ja einen entsetzlichen Spektakel."

„Das tut der Kirchenchor auch."

Esmond kam zu uns herüber und setzte sich in den Sand. „Worüber lacht ihr zwei denn?"

„Über das Wasserfestspiel."

„Nicht doch!" Esmond erschauerte. „Dieses verdammte Wasserfestspiel wird uns alle zum Wahnsinn treiben."

„Bei der Ausschußsitzung platzten Sie fast vor Begeisterung über die Idee."

„Nun, jetzt nicht mehr. Alma ruft uns zu jeder Tages- und Nachtzeit an und bombardiert uns mit immer neuen Einfällen. Als Neuestes schlägt sie vor, der arme Keela solle, als Geist der Insel, plötzlich splitternackt aus dem Meer auftauchen."

„Nicht splitternackt", meinte Peter. „Das Entscheidende würde geziemend verhüllt sein."

„Ich finde das eine großartige Idee. Er hat einen Körper wie ein griechischer Gott. Aber ich weiß nicht recht, wie er es so lange unter Wasser aushalten soll, um dann im richtigen Augenblick aufzutauchen."

„Mit einem Tauchgerät", sagte Esmond. „Alma hat sich das alles schon überlegt. Er muß regungslos unter dem Felsen liegen, der rechts von der Bucht aufragt, und wenn er sein Stichwort bekommt, an die Oberfläche schießen."

„Wie soll er aber unter Wasser sein Stichwort bekommen?"

„Diese Frage haben wir noch nicht erörtert."

„Und was meint Keela selber dazu?"

„Ach, der ist durchaus bereit. Sie wissen ja, wie nett und entgegenkommend er immer ist. Und als guten Taucher hat ihn die Geschichte mit dem Tauchgerät wahnsinnig begeistert."

„Ich kann mir den Geist von Samolo eigentlich nicht gut mit einem Tauchgerät ausgerüstet vorstellen."

„Oh, das legt er ab, ehe er an die Oberfläche kommt. Ihm macht nur Sorge, daß er sozusagen nackt vor der Königin auftreten soll."

„Das wird sie ihm bestimmt nicht verübeln", sagte ich. „Sie ist so sehr daran gewöhnt, auf der ganzen Erdkugel Kriegstänze, Volkstänze und seltsame Eingeborenenfeste anzusehen. Ich könnte mir denken, daß ein einziger nackter Samolaner nach den Haufen zappelnder Ureinwohner geradezu eine Erlösung für sie wäre."

In diesem Augenblick schwankte Loo Chung über den Strand mit einem mächtigen Tablett voll Getränken, das er behutsam auf den Kaffeetisch stellte. Robin, der von Ursula Gannet in ein tiefes und inniges Gespräch verwickelt worden war, sprang eifrig auf. „Lassen Sie mich das machen, Lydia", sagte er. „Wer will was?" Jeder wollte etwas anderes, und in dem folgenden Wirrwarr warf ich einen Blick auf Lydia, die sich in ihrem Stuhl zurücklehnte und angestrengt auf das Meer hinausspähte. Ihre Finger trommelten auf die Armlehnen. Peter folgte meinen Augen und bemerkte es auch.

„Du meine Güte", sagte er leise. „Wenn Daphne diese reizvolle Herzogin nicht bald zurückbringt, endet der Abend in Tränen."

Robin brachte mir einen milden Whisky-Soda, sah flüchtig auf seine Uhr, als er ihn mir reichte, und hob fragend die Brauen.

„Ich weiß", seufzte ich. „Aber jetzt können wir unmöglich fort!" Auch Robin seufzte und ging weiter.

„Kennen Sie sie schon lange – die Herzogin, meine ich?" fragte Esmond.

„O ja, seit vielen Jahren. Seit Kriegsbeginn."

„Sie ist wahrlich hinreißend." Er lachte leise. „So ein Pech für sie, daß Bunny Colville die Windpocken kriegte."

„Und warum sollte das ein Pech für sie sein?" Ich schlürfte meinen Whisky mit einer, wie ich hoffte, entwaffnenden Unbefangenheit.

„Sie sind doch vernarrt ineinander. Wußten Sie das nicht?" Esmond sah mich mit ungeheuchelter Überraschung an.

„Natürlich nicht", sagte ich ziemlich scharf. „Und mehr noch, ich höre mir nie müßigen Klatsch an."

„Das ist kein Klatsch, sondern pure Wahrheit. Die Affaire dauert schon eine Ewigkeit. Den August verbrachten sie miteinander in Capri. Angus und Ian waren zur gleichen Zeit dort und haben uns ausführlich darüber geschrieben und berichtet. Mitten auf der Piazza gurrten sie wie Turteltauben."

„Ich weiß nicht, wer Angus und Ian sind, aber sie sollten sich schämen, so bösartiges Geschwätz zu verbreiten."

„Angus und Ian sind die nettesten Menschen, die es gibt, und Sie wären von ihnen begeistert, wenn Sie sie kennen würden. Sie entsprechen genau Ihrem Geschmack." Meine Mißbilligung beeindruckte Esmond sichtlich nicht. „Sie leben jetzt seit fünfzehn Jahren zusammen, und kein Tag davon ist ihnen zuviel gewesen. Sie besitzen eine himmlische Villa in Florenz, angefüllt mit den fabelhaftesten Cinquecento."

„Dann sollten sie in ihrer Villa bleiben und nicht herumziehen und Unfug anrichten."

„Donnerwetter!" Esmond lachte. „Bei uns wird jemand aber recht patzig."

„Ich bin kein bißchen patzig."

„Doch, doch, Sie sind's", sagte er heiter. „Sie befinden sich ganz und gar in der Defensive, was nur beweist, daß Sie alles wissen und entschlossen sind, es geheimzuhalten."

„Gar nichts beweist das. Gewiß bin ich in der Defensive, weil ich Klatschen verachte. Und wenn Sie und Peter diesen idiotischen Unsinn über Eloise und Bunny auf der ganzen Insel ausposaunen, dann spreche ich mit euch beiden kein Wort mehr."

„Liebste Grizel!" Zärtlich klopfte er mir auf das Knie. „Es nutzt nichts, mir gegenüber diesen gouvernantenhaften Ton anzuschlagen. Der Schaden ist bereits geschehen, ohne daß Peter und ich einen Finger gerührt haben. Mütterchen Innes-Glendower hörte es aus London von ihrer Schwester in Ennismore Gardens. Maisie Coffrington und Michael haben es von Lulu Bailey, die ein fragwürdiges kleines Restaurant in der Davies Street führt und von allen Leuten alles weiß. Mich überrascht einzig und allein, daß die Geschichte nicht von Radio Pendarla verbreitet wurde."

„Ich finde das alles sehr langweilig", sagte ich mit einer Erhabenheit, die ich bei weitem nicht empfand. „Und ich möchte kein Wort mehr über die Sache verlieren."

Esmond krähte vor Lachen und sprang auf. „Feigling, Feigling", rief er. „Trinken wir noch ein Tröpfchen." Er nahm mir das Glas aus der Hand, ging an den Tisch, wo die Getränke standen, und ließ mich vor Erbitterung zitternd zurück. Vor Erbitterung über mich selbst, über Bunny und Eloise und über die Welt im allgemeinen. Ich sehnte mich nach Robin, aber er bildete mit Peter, Lydia und Ursula Gannet eine Gruppe. Eine alberne Gans war ich gewesen, als ich mir auch nur einen Moment lang vorgestellt hatte, eine solch auffallende Schönheit wie Eloise könnte eine außereheliche Beziehung unterhalten, ohne daß eine Menge Menschen etwas merkten. Von Anfang an wußte ich, daß es in London ein ziemlich offenes Geheimnis war; ich hatte aber nicht damit gerechnet, daß die Nachricht so schnell zu unserer abgelegenen Kolonie dringen würde. Ich verfluchte meine törichte Vogel-Strauß-Haltung und wünschte glühend Eloise auf den Grund des Meeres. Mit etwas Glück, erwog ich grimmig, könnte sie jetzt durchaus dort liegen, doch diese Hoffnung zerstörte das Motorboot, das dröhnend um das Vorgebirge bog.

„Da sind die schlimmen Ausreißer", sagte Esmond, als er mir mein Glas brachte. „Ich glaube, der Augenblick ist gekommen, die Zigaretten auszudrücken und die Sicherheitsgürtel anzuschnallen."

Die Unterhaltung verstummte, wir alle beobachteten schweigend, wie Daphne mit bewunderungswürdiger seemännischer Geschicklichkeit an der Mole anlegte, mit einem Seil heraussprang, es festmachte und dann, mit der stilvollen Ritterlichkeit eines Admirals aus dem achtzehnten Jahrhundert, Eloise beim Aussteigen half. Lydia sprang auf und eilte ihnen entgegen. Sofort setzte wieder die allgemeine Unterhaltung ein, doch diesmal spürte ich eine untergründige nervöse Spannung.

Lydia, Daphne und Eloise trafen sich und blieben bei der Treppe zur Mole stehn. Sie waren zu weit entfernt, als daß wir hören konnten, was sie sagten, und wir alle mühten uns redlich, den Eindruck zu erwecken, daß wir auch gar nicht versuchten zu lauschen. Sie hielten sich endlos lang dort auf, und einmal hob sich Lydias von Natur aus hohe Stimme zu schrillem Diskant.

„So bellt in ‚Peter Pan' Nana, wenn sie Gefahr wittert", flüsterte Esmond.

Wir sahen, wie Eloise sich von Daphne und Lydia abkehrte und langsam auf uns zukam. Sie löste das Tuch von ihrem Haar. Dann sank sie dankbar in den Stuhl, den Robin ihr hinschob, und strahlte uns mit überirdischem Lächeln an.

„Das war einfach himmlisch", sagte sie. „Ich wurde ein wenig durchgeschüttelt, als wir das Riff hinter uns ließen, aber ich genoß jede Minute."

„Trinken Sie einen Whisky-Soda", meinte Robin. „Das können Sie sicherlich brauchen."

„Mit Genuß", sagte Eloise. „Man friert doch ein ganz klein wenig, wenn man mitten in der Nacht so schnell fährt."

Während Robin ihr ein Glas mixte, kam Daphne herüber, dicht gefolgt von Lydia. „Lydia sagt, ich sei verdammt unhöflich gewesen und hätte meine Gäste vernachlässigt", begann sie mürrisch. „Wenn's stimmt, kann ich nur sagen, daß es mir verflucht leid tut."

Wir alle wehrten das geziemend höflich ab und versicherten, es mache gar nichts und wir hätten uns großartig unterhalten. Lydia warf sich in einen Stuhl und zündete mit zitternder Hand eine Zigarette an. Sie kochte sichtlich vor Wut.

„Ich sagte bloß, wenn du die halbe Nacht draußen bleiben wolltest, so hättest du uns das wenigstens vorher mitteilen können." Sie schnaubte verdrossen.

„Das ist durchaus nicht alles, was du mir vorgeworfen hast", erwiderte Daphne. „Und das weißt du verdammt gut."

„Nur ich bin schuld, daß wir so lange weggeblieben sind", mischte Eloise sich versöhnlich ein. „Es war so himmlisch draussen beim Mondschein, und ich wollte noch um das nächste Vorgebirge fahren, um das hinter diesem hier, und die Lichter der Stadt sehen."

„Sie müssen ja voll blauer Flecke sein."

„Oh, wir fuhren nicht die ganze Zeit schnell", entgegnete Eloise meiner Ansicht nach unbedacht. „Einmal hat Daphne den Motor abgestellt, und wir saßen ganz still da und schauten hinauf zu den Sternen."

„Ach, wie romantisch", bemerkte Lydia mit einem häßlichen kurzen Lachen.

Robin reichte Eloise das Glas und wandte sich zu Daphne. „Darf ich Ihnen auch einen Drink mischen?" fragte er mit unbefangenem Lächeln.

„Bestimmt dürfen Sie das", sagte Daphne mit unheilverkündender Miene. „Und zwar einen steifen."

„An deiner Stelle würde ich das lassen." Lydia lachte wieder. „Du hast beim Abendessen eine Menge Wein getrunken und du weißt, daß es dir nie bekommt, Rebensaft mit Gerstenmalz zu mischen."

„Ich weiß selber, was mir bekommt und was nicht. Dazu brauche ich deinen Rat nicht. Du kannst ruhig den Mund halten."

„Kein Grund, wie ein Wilder zu toben!"

„Ich muß mich für Lydia entschuldigen", sagte Daphne zu Eloise. „Sie macht gern Szenen wegen nichts und wieder nichts."

„Ich verstehe überhaupt nicht, was los ist", meinte Eloise.

„Gehen wir doch lieber ins Haus", schlug Ursula Gannet vor. Rasch stand ich auf. „Wir jedenfalls müssen jetzt leider aufbrechen." Ich warf Robin einen warnenden Blick zu. „Trink dein Glas aus, Eloise; es ist schrecklich spät geworden."

„Um Himmels willen, bleibt noch eine Weile", sagte Daphne und nahm einen tiefen Schluck aus dem Glas, das Robin ihr gereicht hatte. „Die Nacht ist noch jung."

„Das mag sein", erwiderte ich. „Aber ich bin's nicht, und ich habe morgen einen harten Vormittag. Ist nicht eine Ausschußsitzung vorgesehen, Peter?"

„Punkt elf."

Eloise leerte ihr Glas und erhob sich anmutig. „Vielen Dank für diesen wahrhaft himmlischen Abend." Sie ergriff Daphnes Hand. „Du bist ein Engel gewesen – ja, alle beide." Sie schloß auch die schmollende Lydia in ihr allumfassendes Lächeln ein.

Höflich reichte ich Ursula Gannet die Hand. „Ich habe mich sehr gefreut, Sie kennenzulernen. Und Sie müssen Daphne und Lydia veranlassen, Sie einmal zu uns mitzubringen."

„Wenn ich zu Ihnen komme, komme ich allein", sagte sie eindringlich.

„Dann muß ich Ihnen eine kleine Landkarte schicken. Wir sind nicht ganz leicht zu finden, wenn man einmal von der Hauptstraße abgebogen ist."

„Ich danke Ihnen für alles", sagte sie. „Und vor allem dafür, daß Sie *Sie* gewesen sind." Sie drehte sich um und schritt langsam und majestätisch ans Wasser. In diesem Augenblick explodierte Daphne, die ihr Glas hinuntergeschüttet hatte, wie eine Bombe. „Der Teufel soll's holen!" schrie sie und ging drohend auf Lydia zu, die noch immer träge in ihrem Stuhl ruhte. „Du hast wie immer den ganzen Abend verdorben. Und ich sage dir jetzt und hier, daß ich das satt habe."

„*Ich* hätte den ganzen Abend verdorben?" fragte Lydia beherrscht. „Ich muß schon sagen – das ist gut!"

Daphne ging schwer atmend auf Lydia los, um sie zu schlagen, doch da sprang Esmond mit löblicher Geistesgegenwart vor und schlang die Arme um sie.

„Nun, nun, nun!" Er rang mit ihr. „Nichts mehr von diesem Unsinn. Denk daran, was das letzte Mal passiert ist!"

„Laß mich in Ruhe und kümmere dich um deine eigenen Angelegenheiten!" Daphne stieß ihn mit solcher Kraft zurück, daß er beinahe zu Boden fiel. „Der Teufel soll mich holen, wenn ich mir in meinem eigenen Haus befehlen lasse!"

Lydia sprang hoch. „Und ich lasse mich weder in deinem noch

in anderer Leute Haus beleidigen und demütigen. Du führst schon wieder eine widerliche Szene auf. Schäm dich."

„Du hast angefangen, mein Kind", sagte Peter. „Das weißt du ganz genau. Alles, was recht ist. Du hast Daphne stundenlang gequält wie eine freche kleine Mücke. Und jetzt kommt und gebt euch einen Kuß und seid wieder gut miteinander. Es ist schrecklich spät, und wir müssen alle nach Hause." Er drehte sich Daphne zu. „Bitte, meine Liebe, du mußt dir wirklich abgewöhnen, so schnell derart zu toben; es tut deinem Stoffwechsel ganz und gar nicht gut."

Lydia wählte diesen Augenblick, um in Tränenfluten auszubrechen. „Immer ist es das gleiche", schluchzte sie. „Ich kann es nicht länger ertragen. Ich kann's einfach nicht!" Damit wandte sich sich ab, sprang laut weinend die Stufen hinauf und verschwand im Haus.

Nach einer kurzen Pause verlegener Unentschlossenheit folgten Robin, Eloise und ich ihr stumm und überließen es Peter und Esmond, sich mit Daphne zu beschäftigen. Ursula Gannet stand noch immer majestätisch am Strand und schaute über das Meer.

„Nun", sagte Eloise, nachdem wir in den Wagen gestiegen und abgefahren waren, „das alles war doch sehr merkwürdig, nicht?"

„Ein Jammer, daß Frauen, die gern Männer sein möchten, sich selten wie Gentlemen benehmen", meinte Robin.

16

DIE ZEHN TAGE zwischen dem Abendessen in Fisherman's Hole und Eloises Besuch in der Residenz verliefen ohne besonderen Zwischenfall, doch strapazierten sie Robin und mich außerordentlich. Eloise gewährte der Presse zwei Interviews, eines Mr. Seekala für den ‚Reaper' und das andere einer langweiligen, mischblütigen Dame für den ‚Evening Argus', das Blatt der Opposition. Sie wurde auch mit ihrem strahlenden Lächeln photographiert, und zwar überall, im Haus und im Garten, was eine Sensation für die Kinder war und das ganze Stromnetz drei Stunden lang lahmlegte. Die Interviews und die Photographien erschienen termingemäß und waren glücklicherweise harmlos. Mr. Seekala, sehr spürbar verliebt, überschlug sich vor Superlativen und versank in einem Meer überschwenglicher Vergleiche. Die Dame vom ‚Argus', obwohl durch die Stellung des Blattes genötigt, einige gehässige Bemerkungen über die ‚reichen Müßiggänger' und die ‚dekadente Aristokratie' einzuflechten, war offensichtlich ebenso um den Finger gewickelt worden wie Mr. Seekala. Und so ging es allen. Pflichtschuldig führten wir Eloise ungefähr jeden Abend aus: in Kelly's Taverne, wo uns Juanita entzückt mit Champagner und Kaviar vollstopfte, zu Buddha und Dusty, zu Bimbo und Lucy, zur alten Mrs. Innes-Glendower, die zu Ehren Eloises ein Abendessen für zwanzig Personen gab. Und zum guten, aber keineswegs weniger ermüdenden Schluß schleppten wir uns auf einen endlosen Galaabend im Royal Samolan, wo Siggy Rubia uns auf einem roten Teppich empfing und Eloise mit einer Ansprache und einem großen Lilienstrauß begrüßte. Anschließend mußten wir ein ohrenbetäubendes samolanisches Kabarett über uns ergehen lassen, das bis zwei Uhr morgens dauerte. Durch all das segelte Eloise mühelos und triumphal, und binnen kürzester Zeit war sie der erklärte Liebling der Insel. Der arme Bunny, den ich besuchte, wann immer ich Zeit dazu fand, verfolgte im ‚Reaper' diesen gesellschaftlichen Hokuspokus und wurde zunehmend mürrischer. Fieber hatte er nicht mehr, aber er durfte weder schwimmen noch in der Sonne liegen, er bot noch immer einen schrecklichen Anblick und konnte sich noch immer nicht entschließen, vor Eloise zu erscheinen, bevor die Flecken verschwunden waren. Von Zeit zu Zeit telephonierten sie miteinander, doch da sie mir versprechen mußten, sich nur sehr zurückhaltend über harmlose Dinge zu unterhalten, waren diese Gespräche für keinen von beiden ein großer Trost.

Unterdessen stampfte das Wasserfestspiel schwerfällig seiner ersten Probe entgegen. Kerry Stirling war mit dem Textbuch fertig und las es uns bei einer eigens zu diesem Zweck einberufenen Sitzung vor. Es wurde vom Ausschuß mit gedämpfter Begeisterung aufgenommen, allein Alma schien entzückt davon. Ich selber fand es unsäglich banal, aber da mir als einzig konstruktiver Vorschlag bloß einfiel, das ganze Stück von Anfang bis Ende von einem anderen Autor neu schreiben zu lassen, hielt ich es für klüger zu schweigen. Die Zeit verstrich, nur noch drei Wochen trennten uns von dem königlichen Besuch, da blieb nichts übrig, als sich zu beeilen und zu hoffen, daß die Schönheit der Kulisse und der Glanz des historischen Anlasses die Mittelmäßigkeit der Dichtung ausgleichen würden. Man durfte auch hoffen, daß Inky Blumenthal, der während der Lesung stumm und unglücklich dabeigesessen war, die Situation durch eine zündende Musik rettete. Er hatte offenbar drei Viertel seiner Partitur fertig, aber keiner von uns sollte einen Ton hören, bevor die letzte Note auf dem Papier stand. Da ich im Lauf der Jahre einige von Inkys Kompositionen bei verschiedenen lokalen Festlichkeiten vernommen hatte, war ich nicht allzu optimistisch. Er besaß wohl ein echtes Talent für Melodik, dem er gleichzeitig in einer pseudo-intellektuellen Manier mißtraute. Sooft man meinte, in einer liebenswürdigen Kantilene zu entschweben, bumste plötzlich ein verlegener Mißklang dazwischen, der die Tonfolge auseinanderbrach und in eine ganz andere Richtung lenkte. Ich erhebe keinen Anspruch auf musikalische Fachkenntnisse und meine Vorliebe reicht kaum weiter, als daß mir gefällt, was ich nachsummen kann, aber in unserem besonderen Fall schien mir das einzig Richtige eine dramatische, fortreißende Melodie mit möglichst wenig harmonischen Tricks. Ob Inky uns damit versorgen wollte oder konnte, würde man ja sehen oder vielmehr hören, allerdings erst im letzten Augenblick, wenn er die Partitur orchestriert hatte und die Kapelle der Royal Shropshires zu blasen begann.

Pflichtgemäß berichtete ich Sandra darüber am Abend der Gesellschaft bei Mrs. Innes-Glendower. Wir hatten uns nach Tisch in den Garten zurückgezogen, während die anderen Frauen sich auf der Veranda ergingen und die Männer noch im Eßzimmer saßen.

„Wenn du alles so negativ beurteilst, warum hast du dann den Mund nicht aufgemacht? Man kann nicht Mitglied eines Ausschusses sein und bloß dasitzen."

„Was hätte ich denn Konstruktives vorschlagen sollen?"

„Genau das, was du mir jetzt erzählt hast; daß die ganze Sache zum Sterben langweilig ist und von A bis Z neu geschrieben werden muß."

„Wir haben keine Zeit mehr, das Stück neu schreiben zu lassen. Und nicht nur das, es gibt auch niemand, der das tun könnte."

„Du besitzt keine Spur von Zivilcourage. Da liegt der Hund begraben. Du läßt dich von jedem x-Beliebigen einschüchtern und beschwatzen."

„Das ist ungerecht, und das weißt du ganz genau", erwiderte ich hitzig. „Ich kann mutig wie ein Löwe sein, wenn man mich dazu aufruft. Aber man hat mich nicht aufgerufen. Man hat mich bei diesen vertrottelten Ausschußsitzungen nie ermuntert, etwas zu sagen. Alle wissen ganz genau, daß ich nur dabei bin, weil du darauf bestanden hast. Dilettantenvorstellungen sind und waren ohnehin nicht mein Fall."

„Wirklich? Du warst großartig als Lady Macduff! Ich habe nie in meinem Leben so gelacht!"

„Ich habe die Lady Macduff im letzten Augenblick nur übernommen, weil Jane Yalding von der Generalprobe weg mit einer Blinddarmentzündung ins Krankenhaus geschafft werden mußte. Und gar so komisch bin ich nicht gewesen."

„Die Szene mit dem Jungen war's, die mich so aus der Fassung brachte." Sandra schwelgte in Erinnerungen. „Du sahst so schrecklich erbost aus."

„Das war ich auch. Und innerlich wie versteinert dazu."

„Dann hättest du die Rolle von vornherein nicht übernehmen sollen."

„Es war sonst niemand da. Und Alma bestürmte mich."

„Na bitte! Du hast dich wie gewöhnlich einschüchtern und beschwatzen lassen."

„Wenn du meinst. Ich bin eben eine rückgratlose Molluske. Und wenn du das nächste Mal von mir verlangst, in einem Ausschuß als Spionin der Residenz zu sitzen, kannst du dir jetzt schon meine Antwort denken."

„Natürlich!" Sandra klapste mir zärtlich auf den Arm. „Du wirst ‚ja' sagen."

Ich ließ das alles mit einem leisen Seufzer über mich ergehn, weil ich über jeden Zweifel hinaus wußte, daß Sandra tausendmal recht hatte, zum mindesten soweit es sie anging. Für mich hat Sandra im kleinen Finger mehr unvergänglichen Charme als sämtliche Eloisen der Welt miteinander. Sie gehört zu den seltenen Frauen, die Autorität ausüben, ohne daß man es merkt; die von ihren Freunden unbeschwert Gehorsam, Treue und jede Dienstleistung verlangen können, ohne anspruchsvoll und lästig zu wirken. Sie ist eine wohlwollende Autokratin – vermutlich seit ihren ersten Erdentagen. Ich wußte aber auch, daß ich in jeder Krise, in jeder Drangsal mich an sie als erste wenden würde. Wir gingen wieder auf das Haus zu.

„Du bist so versonnen", sagte sie. „Woran denkst du?"

„An dich", erwiderte ich. „Und an die schamlose Art, wie du die Menschen ausnützt."

„Unsinn. Du bist genauso schlecht wie ich. Hast du mir nicht Eloise für drei Tage und drei Nächte aufgehalst? Wenn das nicht ‚die Menschen ausnützen' heißt, was denn sonst."

„Es wird nicht so schlimm sein, wie du glaubst. Sie ist ganz fügsam und verursacht keinerlei Umtrieb." Ich lachte. „Nachdem sie Ballkönigin geworden ist, werden natürlich ihre Anbeter die Residenz überschwemmen. Aber dazu ist sie ja schließlich da. Jedenfalls ist es nur korrekt und richtig, daß Eloise eine Zeitlang bei dir wohnt."

„Ich verstehe nicht, warum die Residenz die offizielle Freistatt für ehebrecherische Herzoginnen bilden soll. Wäre sie vom armen Droopy begleitet in aller Ehrbarkeit hergekommen, hätte die Sache ganz anders ausgesehen. Selbstverständlich hätte ich sie dann gebeten, bei uns zu wohnen. Da sie aber den weiten Weg nur hergeflogen ist, um sich in die Arme ihres Liebhabers zu stürzen, halte ich es für höchst unschicklich, daß ich ihr auch nur einen Tomatensaft anbiete. Und wenn du mich nicht derartig traktiert hättest, wäre es auch nie so weit gekommen."

„Dummerweise läßt du dich immer so leicht einschüchtern und beschwatzen. Du solltest fest auftreten und etwas mehr Rückgrat zeigen."

„Gewonnen", meinte Sandra. „Aber es war ein kläglicher kleiner Sieg."

Wir stiegen die Verandastufen hinauf und gesellten uns zu den andern.

Zwei Tage später übersiedelte Eloise in die Residenz, und mein eigenes Haus genoß ein paar Tage normale Zeiten. Der erste Morgen nach ihrem Auszug war wohltuend alltäglich. Die Kinder schwatzten beim Frühstück drauflos und spielten sich nicht wie bisher auf, um Eloise zu imponieren. Nannys Konversation plätscherte angenehm gedämpft dahin und entbehrte glücklicherweise des halbwahren Klatsches über die hohe internationale Gesellschaft, mit dem sie uns in diesen Tagen beglückt hatte, und das Telephon läutete von acht Uhr morgens bis zum Mittagessen nur ein einziges Mal, und da war es Lucy Chalmers, die die Kinder für den nächsten Sonntag zu einem Strandpicknick einlud. Robin und ich aßen friedlich allein zu Mittag. Am Nachmittag ließ ich mir im Royal Samolan die Haare richten, weil Robin und ich abends bei Sandra und George eingeladen waren und sie – die Haare meine ich – aussahen, als hätte ich drei Wochen in einer feuchten Höhle gehaust. Dann suchte ich in der King Street Madame Alice zur Anprobe auf, denn ich hatte zu Ehren des königlichen Besuchs leichtsinnigerweise drei Kleider bestellt. Madame Alice ist das unverschämteste Pseudonym, das ich je gehört habe. Sie ist eine Vollblutsamolanerin, auf der Insel geboren und aufgewachsen, und bewegte sich in Richtung Frankreich nie weiter als bis zur äußersten Spitze von Bakhua Point. In Wirklichkeit heißt sie Lalua Nalikowa, und das bedeutet ‚Blume vom Tal‘. Aber, Pseudonym hin oder her, sie ist eine ungemein tüchtige und gewandte Schneiderin und kopiert auch ohne jeden Skrupel alles. Die prächtigen Modezeitschriften aus Paris und New York landen bei ihr Wochen bevor irgend jemand auf der Insel Gelegenheit hat, einen Blick hineinzuwerfen. Ich werde mich nicht weiter über die Kleider verbreiten, die ich bestellt hatte, denn es gibt keine langweiligere Lektüre als Berichte darüber, was eine Tausende von Meilen entfernte Frau trägt, zumal wenn man keine Ahnung hat, wie diese Frau aussieht. Es genüge die Mitteilung, daß zwei von ihnen, eines für die Ankunft des erlauchten Paares und eines für die gardenparty, von Balmain – soi-disant – stammten und das Abendkleid reinster Balenciaga – ebenfalls soi-disant – war. Nach der Anprobe, die wie immer heiß und ermüdend war, kutschierte ich gemächlich nach Hause und schlief tief und fest eine Stunde. Robin und ich tranken zu zweit unseren Cocktail auf der hinteren Veranda, betrachteten die Leuchtkäfer und die ersten Sterne, und dann fuhren wir, ziemlich widerstrebend, zur Residenz. Wir trafen früh ein und fanden Eloise mit Chris Mortlock im Salon. Sie trug ein madonnenblaues Kleid und stickte glücklich an ihrem Petit-point. Chris schaute sie mit jenem berauschten Ausdruck an, der uns in der letzten Zeit nachgerade vertraut geworden war. Bald erschienen Sandra und George und dann die übrigen Gäste, Maise Coffrington, Michael Tremlet, Juanita und ein amerikanisches Ehepaar, dessen Namen ich nicht verstand. Sandra war wie gewöhnlich heiter und zu jedermann voll Liebenswürdigkeit, und das Essen überraschte uns angenehm. Nachher saßen wir auf der Terrasse, bis wir es angebracht fanden, uns zu verabschieden. Alles in allem ein angenehmer, ereignisloser Abend. Nichts Peinliches war geschehen, nichts Bedeutungsvolles gesagt worden, und Robin und ich fuhren nach einem der ersten friedlichen Tage, deren wir uns seit Wochen erfreuten, entspannt und schläfrig heim.

Auch der nächste Tag verlief erfreulich unkompliziert. Es war ein ›Bananentag‹, und ich fuhr früh am Morgen mit Robin ans Dock, um beim Verladen der Bananen dabeizusein. Dieses Schauspiel entzückt mich jedesmal, und obgleich ich es Hunderte von Malen gesehen habe, wird es mir nie zuviel. Gewöhnlich beginnt das Verladen beim ersten Morgenlicht oder kurz nachher, wenn das Meer blaß wie ein Opal schillert und die Kokospalmen noch schwarz gegen den dämmrigen Himmel stehen.

In meiner Kinder- und Jugendzeit und anfangs auch als Erwachsener habe ich Bananen mit größter Gleichgültigkeit betrachtet. Ich erinnere mich, daß es mir früher viel Spaß machte, sie langsam, Streifen für Streifen, zu schälen, doch dann kam die Enttäuschung: eine langweilige gelbe Frucht mit braunen Flecken an der Außenseite, im Innern fahl und trocken und fad. Wäre mir damals gesagt worden, Bananen bildeten später einen wichtigen Bestandteil meines Lebens, hätte ich verächtlich gelacht. Doch im liebenswerten, aber kühlen Europa hat man ja keine Vorstellung von einer richtigen Banane. Dort ist sie kaum mehr als eine komische Frucht, auf deren Schale man ausrutscht und die mehrere Schlagertexter inspiriert hat. Auf einem fernen Vorposten des Britischen Weltreichs wie Samolo aber ist sie nichts weniger als ein Anlaß für Schlager und Scherze, sondern von ungeheurer, ehrfurchteinflößender Bedeutung. Die Banane spielt in unserem Dasein eine wichtige Rolle. Ist die Ernte gesund und gut und erzielt sie die höchsten Preise, dann hebt sich auch unsere Stimmung. Wenn aber ein kleines, unverantwortliches Insekt aus dem Nichts auftaucht und die ganze Pflanzung verwüstet, oder wenn plötzlich ein Taifun über die See tobt und unsere heranwachsende Pflanzenwelt zu Boden streckt, dann versinken wir in tiefste Verzweiflung und unser Leben gerät so lange aus den Fugen, bis, jung und grün und hoffnungsvoll, die nächste Ernte aus den Trümmern aufschießt. Und noch etwas zeichnet die verschmähte Banane aus – sie besitzt an ihrer natürlichen Wohnstatt die denkbar lieblichste Farbe, ein leuchtendes Smaragdgrün. Sie hat auch eine obszöne, einem umgedrehten Phallus gleichende Blüte in hellem Magenta-Rot, Blau und Schiaparelli-Rosa, die hinunterhängt und, was ich selber versuchte, gar nicht schwer zu malen ist. Zu bestimmten Zeiten des Jahres muß man die ganze Ernte mit einem hyazinthenblauen Insektenmittel bespritzen. Lagen und Lagen dieser Farbe, abgesetzt gegen die verschiedenen üppigen Nuancen von Grün, blenden das Auge und erheben das Gemüt. Wenn ich ein wenig zu romantisch von Bananen schwärme, muß man mir zugutehalten, daß mein Mann sie pflanzt und pflegt und schließlich verkauft und daß sie mir darum in mehr als einer Beziehung am Herzen liegen. Doch selbst wenn ich nichts mit ihnen zu tun hätte und überdies ihren Geschmack unerträglich fände, könnte ich dem Anblick nicht widerstehn, wenn sie im frühen Morgenlicht auf rotgemalte Kähne geladen und von schönen jungen Samolanern zu einem mächtigen weißen Schiff gerudert werden, das im Sonnenschein draußen in der Bucht vor Anker liegt.

Sobald an diesem Morgen das Einladen beendet war, fuhren wir zum Frühstück heim. Die Kinder und Nanny hatten bereits gegessen und waren zur Schule gefahren, und so saßen wir allein auf der hinteren Veranda.

Gerade als Robin mit Jock im Kombiwagen weggebraust war und ich in der Küche mit Clementine eine mehr oder weniger gelassene Auseinandersetzung über den Haushalt überstanden hatte und mich ein bißchen hinlegen und mit dem Kreuzworträtsel in der ‚Times' beginnen wollte, hörte ich auf der Anfahrt einen Wagen, und Bunny spazierte herein. Er war blaß und sah ein wenig mitgenommen aus, aber sein Gesicht zeigte keine Flecken mehr. Zerstreut gab er mir einen Kuß auf die Wange, und dann warf er sich auf die Hollywoodschaukel, die fürchterlich quietschte.

„Das Ding sollte geschmiert werden", sagte er.

„Ich weiß." Ich legte die ‚Times' hin. „Und eines Tages geschieht das auch. Unterdessen wird es weniger Lärm machen, wenn du still liegst und nicht auf und ab hopst."

„Dieses Möbel ist doch dazu da, daß man darauf hin- und herschaukelt und dabei die geplagten Nerven besänftigt."

„Du kannst deine geplagten Nerven dort drüben in dem Schaukelstuhl neben der Lampe besänftigen. Er arbeitet verhältnismäßig geräuschlos."

„Offen gesagt, nichts kann mich heute besänftigen", sagte er. „Ich habe eine irrsinnige Wut!"

„Das hast du seit mehr als zwei Wochen. Es ist höchste Zeit, daß du dich von ihr befreist."

„Ich könnte Sandra mit den bloßen Händen erwürgen."

„Warum? Was, um Himmels willen, hat Sandra angestellt?"

„Sie ist großschnäuzig und unangenehm und viel zu eingebildet. Dieser verdammte königliche Besuch muß ihr zu Kopf gestiegen sein."

„Sie ist nichts von alldem, und nichts steigt ihr je zu Kopf. Sei nicht so töricht. Trink etwas und beruhige dich." Ich stand auf und läutete Tahali.

„Ich bin bereit, einen Horse's Neck in dem Geiste anzunehmen, in dem er mir angeboten wird, aber ich kann nicht versprechen, mich zu beruhigen." Er zündete sich eine Zigarette an und schaute mißgestimmt in den Garten.

„Am besten erzählst du mir in Ruhe, was eigentlich los ist." Ich setzte mich wieder.

„Ich rief sie an und fragte sie sanft und höflich, ob ich heute abend zu Tisch in die Residenz kommen dürfe, und, du kannst es glauben oder nicht, sie hat mir das rundheraus abgeschlagen."

„Pflegst du auch sonst Sandra anzurufen und dich zum Essen einzuladen?"

„Natürlich nicht."

„Findest du nicht, daß es dann recht auffällig war, es jetzt zu tun, wenn Eloise bei ihr wohnt?"

„Mag sein, aber sie weiß ja genau Bescheid. Sie weiß, daß ich Eloise liebe und daß ich eine scheußliche Zeit voll Entbehrung hinter mir habe."

„Jeder Mensch weiß, daß du Eloise liebst", entgegnete ich scharf. „Die ganze Insel widerhallt von der großen Neuigkeit."

„Unmöglich!" Bunny blickte verwirrt drein. „Seit ihrer Ankunft hat uns niemand beisammen gesehen."

„Du vergißt, daß ihr ziemlich viel zusammen gesehen worden seid, bevor sie hierherkam. Zum Beispiel letzten Sommer von Angus und Ian, als ihr in Capri herumgestreift seid."

„Wer, zum Teufel, sind Angus und Ian?"

„Freunde von Esmond Templar und anscheinend große Briefschreiber. Dann gibt's noch Mrs. Innes-Glendowers Schwester, die in Ennismore Gardens wohnt, nicht zu reden von einer fragwürdigen Dame namens Lulu und noch irgendwas, die ein Restaurant in der Davies Street führt. Sie alle haben sich an ihre Schreibtische gesetzt und losgekritzelt wie Madame de Sévigné. Überdies hat deine Cynthia, die zufällig die Cousine von Tahalis Freund im Tal ist, lebhafte Schilderungen der Photographien verbreitet, die du in der Schreibtischlade aufbewahrst. All das fügt sich zu der unbestreitbaren Tatsache zusammen, daß eure Liebesgeschichte genauso geheim ist wie der Nürnberger Prozeß."

„Das kann ich gar nicht glauben! Du hast das alles erfunden." Tahali erschien mit einem Tablett, auf dem zwei Gläser mit Cognac und Ginger-Ale standen. Er stellte es sorgsam auf den Tisch neben mir.

„Ich wissen, daß Mr. Bunny gern Horse's Neck trinken", sagte er mit strahlendem Lächeln. „Und so, wie ich gehört haben seine

Stimme und die Glocke läuten, ich sie haben doppelt schnell fertiggemacht. Er wandte sich zu Bunny. „Mr. Bunny sein lustig und froh und haben keine Windflecken mehr?"

„Vielen Dank, Tahali. Es geht mir viel besser", brummte Bunny finster. „Nur auf dem Rücken sind noch einer oder zwei übriggeblieben."

„Das ich wissen, weil mein Freund im Tal es mir erzählt haben, aber er sagen, daß sie schon besser sein."

„Gut, gut, Tahali", winkte ich ab, woraufhin er sich verbeugte und abzog.

„Der Teufel soll mich holen!" Bunny sprang auf und ging auf der Veranda hin und her.

„Hier ist dein Glas." Ich reichte es ihm. „Du kannst beide haben; ich trinke jetzt nichts."

Er nahm es mir ab und setzte seine Wanderung fort. „Wer, zum Teufel, ist dieser Freund im Tal?"

„Das weiß ich nicht, aber man sollte ihn auf jeden Fall Lord Beaverbrook empfehlen. Seine Reportertalente liegen hier brach."

Bunny setzte sich wieder; diesmal in den Schaukelstuhl. „Weiß Sandra, daß alle Leute Bescheid wissen?"

„Vermutlich. Ich habe sie nicht gefragt. Jedenfalls solltest du begreifen, daß sie dich nicht empfangen kann, solange Eloise in der Residenz wohnt. Wenn die Bombe platzt und Droopy alles erfährt, was meiner Ansicht nach bald der Fall sein muß, wäre es sehr unangenehm für Sandra, irgendwie in den Skandal verwickelt zu werden. Ich finde es außerordentlich nett von ihr, Eloise unter diesen Umständen überhaupt bei sich aufzunehmen."

„Verdammter Mist! Ich wäre lieber tot und auf dem Grund des Meeres!"

„Versuch doch, ein wenig auf den Meeresgrund zu tauchen", riet ich. „Du weißt, das heitert dich immer auf."

„Es ist wenig nett von dir, Witze reißen zu wollen; du merkst doch, wie elend mir zumute ist."

„Ich versuche gar keine Witze zu reißen. Ich meine es durchaus ernst. Du bist jetzt gesund genug für ein bißchen Tiefseejagd. Nimm dein Tauchgerät und schau dir ein paar hübsche Barracudas an. Das wäre erheblich klüger, als zu schmollen und zu stöhnen und die arme Sandra zu beschimpfen. Schließlich kommt Eloise schon morgen hierher zurück."

„Ich weiß." Bunny trank einen Schluck. „Und deswegen bin ich auch hier."

„Was meinst du damit?"

„Ich möchte, daß du sie morgen nacht zu mir läßt."

„Die ganze Nacht? O Bunny – wirklich!" Plötzlich stieg in mir der Ärger hoch.

„Es hat keinen Zweck, mich mißbilligend und erbost zu mustern. Ich liebe sie, und ich möchte sie bei mir haben. Das ist doch nur natürlich, nicht?"

„Ja", erwiderte ich müde. „Gewiß."

„Du läßt sie also zu mir?"

„Ich habe keine Möglichkeit, sie zu hindern, wenn sie zu dir kommen will. Ich bin nicht ihr Kerkermeister. Jetzt aber, da die ganze Insel eure illegale Liebesgeschichte auswendig kennt, finde ich es, vorsichtig ausgedrückt, unbesonnen. Kannst du nicht noch ein wenig warten?"

„Wenn ich noch länger warte, werde ich verrückt."

„Ich glaube, du bist schon verrückt geworden." Ich sagte das sehr scharf, denn ich verlor allmählich die Geduld.

Bunny warf mir sein bezauberndes Lächeln zu, doch es war erzwungen und überzeugte nicht.

„Anscheinend habe ich dich gerade bei schlechter Laune erwischt."

„Schlechte Laune steckt an. Ich war sehr vergnügt, bis du hereingestapft bist und über Sandra losgelegt hast. Doch eines möchte ich dir hier und jetzt auseinandersetzen: Es ist meine wohlbedachte Überzeugung, daß du dich unsterblich blamierst. Eloise mag schön wie der Tag und das entzückendste Betthäschen sein, aber in Wirklichkeit paßt sie nicht zu dir und wird nie zu dir passen, und wenn du ernstlich daran denkst, den Rest deines Lebens mit ihr zu verbringen, so ist das der reine Wahnsinn. Ich weiß, ich sollte dir das alles nicht sagen, und ich weiß auch, daß es ohne die geringste Wirkung bleibt, aber es muß aus mir heraus, sonst platze ich. Ich verkenne nicht, daß alles bei dir schiefgegangen ist, daß du eine scheußliche Zeit voll Entbehrungen und Elend hinter dir hast mit den Windpocken und allem übrigen, und das tut mir natürlich leid. Aber ich hatte doch gehofft, du würdest in den langen Stunden, da du dich mit deinen Flecken in deinem einsamen Bett gewälzt hast, ein paar Minuten lang die Situation nüchtern betrachten und deine eigenen Gefühle richtig einschätzen. Nachdem du das offenbar nicht getan hast, lasse ich es bei diesem Hinweis bewenden. Es geht mich nichts an, und du hättest mich sowieso nie in die Affäre verwickeln dürfen. Da es dir aber gelang und ich bis zum Hals darin stecke, werde ich mein Versprechen halten und dir weiterhin helfen, so gut ich kann. Eloise kehrt morgen nach dem Mittagessen hierher zurück. Ich schlage vor, daß du sie um sechs Uhr abholst. Du brauchst dir nicht die Mühe zu nehmen, sie in aller Frühe wieder hierherzubringen; das Personal ist vollkommen im Bild, niemand muß mehr hinters Licht geführt werden. Wenn sie kommt, werde ich ihr sagen, daß sie gar nicht erst auszupacken braucht. Ich schlage sechs Uhr nur deshalb vor, weil sie sich vielleicht ein wenig ausruhen will, bevor sie eilfertig in deine Arme fliegt. Sollte sie früher hinüber wollen, rufe ich dich an. Und wenn du noch einen letzten Rat hören willst: Setz ihr ein möglichst genießbares Abendessen vor. Sie ist in diesen Wochen schrecklich verwöhnt worden, und die abrupte Begegnung mit Cynthias Kochkünsten könnte sie entmutigen."

„Ich habe nicht gewußt, daß du derart abscheulich sein kannst", sagte Bunny. „Das ist eine große Enttäuschung."

„Du solltest jetzt lieber gehn." Ich stand auf. „Auch für mich ist alles eine große Enttäuschung, und mir ist miserabel zumute."

Bunny erhob sich und legte mir die Hände auf die Schultern. „Verzeih mir", bat er und schüttelte mich sanft. „Ich schäme mich, ehrlich, ich schäme mich, weil ich dich in das alles hineingezerrt habe."

„Nun – das ist nicht..." Ich versuchte, mich zu befreien, aber er hielt mich fest.

„Was kann ich tun, um dich wieder zu versöhnen und deine Stimmung zu heben?" fragte er leise. „Willst du vielleicht die Flecken auf meinem Rücken sehen, die noch übriggeblieben sind?"

„Geh, Bunny, und laß mich in Frieden!"

Er gab mich frei, drückte einen flüchtigen Kuß auf meine Wange und schlenderte pfeifend ins Haus. Gleich darauf hörte ich seinen Wagen abfahren.

Als ich am nächsten Nachmittag einige Datura-Lilien in eine Vase zu quetschen versuchte, die viel zu klein für sie war, kam Eloise um halb vier aus der Residenz zurück.

„Wie schön, wieder daheim zu sein!" Sie umarmte mich. „Mir ist, als wäre ich jahrelang von hier fort gewesen!"

„Hast du dich gut amüsiert?"

„O ja – in gewissem Sinn schon. Sandra war schrecklich nett; sie ist nicht annähernd so patzig wie früher, nicht wahr? Und Seine Exzellenz ist ein wahrer Engel. Aber ich freue mich, daß ich wieder hier bin."

„Du wirst leider nicht sehr lange hier sein. Bunny holt dich um sechs Uhr ab."

„Heute abend?" Sie riß die Augen weit auf, und in den azurnen Tiefen bemerkte ich einen leisen Hauch von Besorgnis.

„Ja, ich fürchte, er ist in einer richtigen Romeostimmung. Du solltest auspacken und eine kleine Tasche herrichten."

„Und was wird aus der Cocktail-Party bei Hali Alani?" fragte sie leise klagend.

„Ich werde dich damit entschuldigen, daß du nach den drei anstrengenden Tagen in der Residenz erschöpft bist und dein Abendessen auf einem Tablett ans Bett kriegst."

„Wird er nicht außer sich sein – Hali, meine ich?"

„Nicht annähernd so sehr wie Bunny, wenn du einer Cocktail-Party zuliebe auf das lang ersehnte Beisammensein mit ihm verzichtest."

„Ja – da hast du wohl recht." Sie seufzte, und eine kleine Furche grub sich in ihre Stirn. „Ach Gott –"

„Willst du denn nicht zu Bunny?"

„Natürlich will ich! Ich habe die Tage gezählt – nur –"

„Was?" fragte ich unbarmherzig.

„Nun, das kommt alles so plötzlich – ich meine, ich hatte ja keine Ahnung, daß Bunny sich schon wohl genug fühlt – so rasch. Glaubst du wirklich, daß er sich wohl genug fühlt?"

„Gestern nachmittag wirkte er gesund und munter. Er hat noch ein paar Flecken auf dem Rücken, aber Tahalis Freund im Tal behauptet, daß die auch rasch verschwinden."

„Tahalis Freund im Tal?" Eloise sah mich verdutzt an.

„Das erkläre ich dir später. Ich habe Bunny gesagt, ich würde ihn anrufen, wenn du früher zu ihm kommen wolltest. Wahrscheinlich sitzt er in dieser Minute am Telephon, kaut an seinen Nägeln und stöhnt."

„Du bist heute in einer komischen Stimmung! Du bist doch nicht wegen irgendwas böse?"

„Nicht die Spur! Ich habe gar keinen Grund, böse zu sein. Willst du früher fort oder paßt dir sechs Uhr?"

„Sechs Uhr paßt mir ausgezeichnet, und du bist ein Engel." Zerstreut küßte sie mich und verschwand ins Haus.

Ich setzte meinen ungleichen Kampf mit den Datura-Lilien fort, bis es mir schließlich gelang, sie alle in der Vase unterzubringen. Das Ergebnis entsprach nicht ganz meiner Vorstellung. Sie sahen zerdrückt und unfroh aus, und kummervoll bedachte ich, daß Lucy oder Dusty oder so ziemlich alle, die ich kannte, in einem Viertel der Zeit ein viel reizvolleres Resultat erzielt hätten. Nun, mochten sie bleiben, wo sie waren; ich brachte sie ins Wohnzimmer und stellte sie dort mit leisem Schauder ab.

Auf der Veranda machte ich es mir wieder im Liegestuhl bequem, zündete eine Zigarette an und gab mich einer Reihe angenehmer stiller Gedanken hin, die die Erinnerung an Eloises Mienenspiel versüßten, als ich ihr mitteilte, daß Bunny sie um sechs holen wolle. Ich hatte sie seit der Katastrophe mit den Windpocken genau beobachtet und festgestellt, daß sie, begreiflicherweise, zunächst sehr enttäuscht und eine kurze Zeit lang recht unglücklich gewesen war, daß aber der eifrige gesellschaftliche Feldzug, den Robin und ich entfesselt hatten, ihre erschlafften Lebensgeister wieder belebte. Jedermann verwöhnte sie, man umwarb sie, und sie genoß das wohltuende Bewußtsein, uneingeschränkten Erfolg einzuheimsen, wo immer sie auftrat. Sie war, das schien mir sicher, tieferer Empfindungen überhaupt nicht fähig, und wenn ich ihr auch gerne glaubte, daß sie Bunny so sehr liebte, wie sie eben lieben konnte, hätte ich doch gewettet, daß sie, durch eine Kraftprobe zu einer Entscheidung gezwungen, Bunny opfern würde. Diese Hypothese tröstete mich zwar, doch litt sie darunter, daß es, wenn die Krise eintrat, bereits zu spät sein konnte. Ich kannte Droopy nicht persönlich, aber allen Berichten zufolge war er trocken, phantasielos und nicht selten hochtrabend. Ich konnte nicht feststellen, ob er Eloise wirklich so liebte, wie sie behauptete. Wenn er tatsächlich nichts von ihrem Abenteuer mit Bunny ahnte, was bei dem allgemeinen Getratsche rund um den Erdball höchst unwahrscheinlich war, dann mochte ihn die jähe Erkenntnis der Situation zur Rache treiben. Jedenfalls blieb mir nichts übrig, als Bunny gegenüber mein Versprechen zu halten und unermüdlich für eine Nebelwand zu sorgen, obgleich ich wußte, daß früher oder später die scharfen Winde des Klatsches sie gründlich fortblasen würden.

Das Telephon läutete, und ich ging ins Haus und nahm ab. Es war Sandra.

„Nun, ich habe meine Pflicht getan", sagte sie. „Und du bist hoffentlich entsprechend dankbar."

„Natürlich bin ich das", erwiderte ich mit einer leidlich gelungenen Nachahmung von Eloises Stimme. „Du bist ein wahrer Engel gewesen."

„Dieses Wort will ich nie wieder hören. Mich schauderte sogar am Sonntag in der Kirche. Ist sie wohlbehalten bei dir angekommen?"

„Ja. Vor ungefähr einer halben Stunde."

„Und jetzt ist sie nicht da? Bei dir, meine ich?"

„Nein. Sie ist oben und packt."

„Packt? Heißt das, daß sie fortfährt?"

„Ja. Aber nicht sehr weit. Nur sieben Meilen."

„Aha!" Sandra lachte. „Ich laß ihr sagen, sie soll ihre Stickerei nicht vergessen. Bei uns kam sie ihr sehr gelegen."

„Wie ist der Besuch verlaufen, alles in allem?"

„Nicht schlecht. Jedenfalls besser, als ich erwartet hatte. Chris fiel natürlich um wie ein Kegel, das wußte ich im voraus. Er folgte ihr auf Schritt und Tritt wie ein blöder roter Setter und schleppte fortwährend etwas herbei. Vorgestern kam Hali zum Abendessen, und die Wirkung ließ nicht auf sich warten. Sie weiß wahrhaftig sehr genau, wie man das anfängt, nicht wahr?"

„Es ist mehr Instinkt als Wissen. Ich glaube nicht, daß sie wirklich eine Ahnung hat, wie man irgend etwas anfangen soll."

„Unsinn! Das ist wohlstudierte Technik, wie sie im Buch steht. Und die Stickerei ist natürlich ein Meisterstreich. Sie gibt ihr die Gelegenheit, die Augen langsam zu ihrem Gegenüber zu heben, und glaub mir, wenn sie diese großen Augen langsam hebt, so ist es um die Männer geschehen."

„Wie hat George reagiert?"

„Spöttisch. Er ist ja ein verschlagener alter Fuchs. Aber ein- oder zweimal sah ich doch in seinen Augen eine leichte Lüsternheit aufblitzen."

„Robin war bis jetzt in Ordnung; aber ich passe auch auf wie ein Schießhund."

„Ich muß schon sagen", fuhr Sandra fort, „sie war nicht so trübsinnig, wie ich das in Anbetracht ihrer unglücklichen Liebesgeschichte angenommen hatte. Wie lange bleibt sie denn – du weißt schon wo?"

„Nur heute nacht. Wir müssen noch immer den Schein wahren."

„An deiner Stelle würde ich sie einfach machen lassen. Es weiß ohnehin jeder Bescheid!"

„Aber Sandra – doch nicht jeder!"

„Genug Leute, um die Lawine ins Rollen zu bringen. Esmond Templar und Peter Glades leben geradezu davon. Sie haben anscheinend irgendwelche zweifelhaften Freunde in Capri, die –"

„Das alles ist mir nur zu bekannt", erwiderte ich gereizt. „Ich bin auch über Mrs. Innes-Glendowers Schwester und Lulu Dingsda in der Davies Street informiert."

„Deswegen brauchst du mich ja nicht anzufahren. Ich wollte dich nur warnen."

„Sicher, Sandra, und ich finde es sehr aufmerksam von dir, wenn auch ein wenig überflüssig. Es ist mir völlig klar, daß ich bei dieser Geschichte im schlechtesten Licht dastehe und für die ganze Insel eine Zielscheibe des Spottes sein werde. Aber jetzt ist's viel zu spät, um irgendwas dagegen zu unternehmen. Ich hätte Lust, Esmond Templar und Peter Glades den Hals umzudrehen. Ich würde auch gern Bunnys und Eloises Köpfe aneinanderschlagen. Da ich aber weder das eine noch das andere tun kann, ohne mich noch lächerlicher zu machen, als ich ohnehin schon bin, bleibt mir nichts anderes übrig, als bis zum bittern Ende durchzuhalten und vorzutäuschen, alles sei einwandfrei und unschuldig und über jeden Vorwurf erhaben.

„Bravo!" rief Sandra. „Wie spricht der Dichter? ,Halt du den Kopf hoch, wenn alle ihn verlieren und dir die Schuld aufbürden...'"

„Rudyard Kipling", erwiderte ich müde. „Geboren 1865, gestorben 1936."

„Richtig! Komm morgen zum Mittagessen, und ich will dich mit Blumen erquicken und mit Äpfeln laben, wie das Hohe Lied sagt."

„Schön. Das wird wenigstens eine Abwechslung nach den Käsemakkaroni sein."

„Touché!" sagte Sandra heiter und hängte auf.

Bunny traf pünktlich um sechs ein, war sehr sanft und eine Spur verlegen. Robin mischte ihm einen Drink, und wir plauderten ein wenig zu betont unbefangen, bis Eloise mit einem Köfferchen und ihrem Nähbeutel erschien. Bunny sprang auf, nahm ihr beides ab und verstaute es im Wagen. Als er wiederkam, wurde die gezwungene Unterhaltung noch eine Weile fortgesetzt, bis ich es nicht länger ertragen konnte und taktvoll anregte, nun sollten sie lieber fahren, Robin und ich müßten uns für die Cocktail-Party bei Hali Alani umziehen. Bunny stimmte bereitwillig zu, dagegen stellte ich recht befriedigt in Eloises Gesicht einen leicht verdrossenen Zug fest. Robin und ich begleiteten sie zum Wagen und winkten ihnen freundlich nach, als sie in den Sonnenuntergang hinausfuhren. Wir blickten einander stumm und schuldbewußt an, und dann zuckte Robin die Achseln.

„Der Seelen Tod in schimpflicher Zerstörung", zitierte er, und dann gingen wir schweigend hinauf, um uns umzuziehen.

17

Hali Alanis Villa liegt hoch oben in den Bergen, nicht weit vom Lailanu-Paß. Die Straße dorthin kann einem, zumal im letzten Teil, Angst einjagen, aber das Abenteuer lohnt sich. Das Haus, ursprünglich eine samolanische Farm, war ungefähr 1830 gebaut worden und hat, obgleich es seither zahlreiche Veränderungen erfuhr und ein wenig aufs Geratewohl modernisiert wurde, noch immer viel von seinem Zauber bewahrt. Es ist aus Pareandaholz gebaut, das mit den Jahren ein mildes Graugrün angenommen hat, und Hali besitzt genug Geschmack, es nicht streichen zu lassen. In der Mitte der roh gepflasterten Terrasse wächst ein alter Banyanbaum, dessen tiefere Äste mit kleinen zyklamenfarbenen Orchideen behangen sind, und von hier aus hat man einen der schönsten Blicke der Insel. Bei Tag sieht man, wenn es klar ist, bis Nooneo und zu zahlreichen andern Inseln, die wie kleine Wolken am Horizont lagern. Abends ist das Panorama noch eindrucksvoller. Zur Linken blinkt in der Ferne der Leuchtturm von Paiana Head, der in regelmäßigen Abständen seinen Strahl über das dunkle Meer sendet. Siebenhundert Meter unter dem Beschauer breitet sich glitzernd Pendarla aus, und zur Rechten wölbt sich der weite Halbmond von Narouchi Beach, dahinter ragt die Kette der Lailanu-Berge auf, die mit den kahlen Klippen von Pounakoyia endet. Hinter dem Haus klettert der wild wuchernde Garten bis zu einer höher gelegenen Terrasse, wo ein Wasserfall ein palmengesäumtes Schwimmbecken speist.

Robin und ich ließen den Wagen am untern Ende der Anfahrt stehen und gingen durch ein Pimentgehölz einige Steinstufen zur Terrasse hinauf. Hali, in einen scharlachfarbenen Sarong gekleidet mit weißem Seidenhemd und bunter Schärpe, kam uns entgegen. Er reichte uns beiden den Arm und führte uns zu Sandra und George, die unter dem Banyanbaum einen Kalakala-Fizz schlürften. Das brachte mich in Verwirrung, denn jetzt mußte ich meine wohleinstudierte Ausrede für Eloise im Beisein von Sandra vorbringen, die sich an jeder meiner Lügen erlaben würde. Nun, ich riß mich zusammen und stürzte mich kopfüber in einen Redeschwall. Da ich nicht, wie ursprünglich geplant, vorgeben konnte, Eloise sei von den drei anstrengenden Tagen in der Residenz völlig erschöpft, flunkerte ich einiges zusammen und endete schließlich mit einer nicht sehr überzeugenden Geschichte von einer plötzlich eingetretenen Migräne. Sie habe sich augenblicks ins Bett legen müssen.

„Hoch merkwürdig", sagte Sandra boshaft, als ich fertig war. „Beim Mittagessen war sie munter wie eine Grille."

Ich schoß ihr einen bösen Blick zu. „Nun, jetzt ist sie es gewiß nicht. Sie liegt flach auf dem Rücken, völlig erschöpft."

„Schon?" Sandra sah mir direkt in die Augen und schmunzelte.

„Was ist, bitte, eine Grille?" fragte Hali, der seine unverkennbare Enttäuschung hinter einem bezaubernden Lächeln verbarg.

„Das weiß ich nie genau", antwortete Sandra. „Entweder ein kleiner Aal oder eine Heuschrecke. Ich will daheim im Lexikon nachschlagen und Ihnen Bescheid geben."

„Es ist wirklich bedauerlich, daß die Herzogin in ihrem Bett liegt", sagte Hali. „Ich hatte mich aufrichtig darauf gefreut, sie hier in meiner bescheidenen Behausung begrüßen zu dürfen."

„Was Behausungen anlangt", meinte Sandra, „so muß ich sagen, daß ich schon bescheidenere gesehen habe."

Hali lachte. „Lady A. verspottet mich wegen meines schlechten Englisch, und wenn sie das tut, so bin ich besonders erfreut, denn ich weiß, daß sie in ihrer aufgeräumtesten Laune ist."

„Lieber Hali!" Sandra klopfte ihm liebevoll auf den Arm. „Ich liebe Ihr schlechtes Englisch wie wir alle, wenn ich auch gar nicht sicher bin, ob Sie es nicht jeden Morgen sehr sorgfältig einstudieren."

„Mein Vater schilt mich immer deswegen, aber für ihn ist das leicht, denn er hatte den Vorzug, die Schule in Eton und das College in Oxford zu durchlaufen."

„Das ist mehr, als ich je erreichte", bemerkte der Gouverneur. „Ich besuchte die Oberschule in Huddersfield."

„Schon gut, Liebster, schon gut", sagte Sandra. „Wir wissen, daß du ein Mann aus dem Volk bist. Aber du mußt das wirklich nicht immer betonen; es klingt so versnobt!"

„Nicht in meinen wildesten Träumen würde ich Seiner Exzellenz Snobismus vorwerfen", sagte Hali. „Er ist der unbeschwerteste und umgänglichste Kamerad."

„Unsinn!" erwiderte Sandra. „Er ist ein Emporkömmling vom Scheitel bis zur Sohle, nicht wahr, Liebling?" Sie hakte bei ihm ein und lachte. „Aber mit umgekehrten Vorzeichen. Ich bin überzeugt, er glaubt, unter seinem Stand geheiratet zu haben."

„Das glaube ich nicht", meinte Seine Exzellenz trocken, „das weiß ich."

Als Sir George Shotter nach Samolo kam, hatte es viel Murren und Kopfschütteln gegeben. Sein Vorgänger, Sir Hilary Blaise, war, äußerlich wenigstens, ganz das gewesen, was man sich unter dem Gouverneur einer Kolonie vorstellte. Aristokratisch, distinguiert, konservativ bis ins Mark, hatte er seine Amtszeit mit großer Würde hinter sich gebracht, hatte ständig nach der rechtsgerichteten Regierungspartei geschaut und die samolanische Linke so vollständig ignoriert, daß Buddha einmal respektlos bemerkte, der Gouverneur müsse chronisch an einem steifen Hals leiden. Diese Edwardianische Haltung, den wechselnden Werten einer wechselnden Zeit den Rücken zu kehren, war wohl recht stilvoll gewesen, hatte aber einen Mangel an administrativer Aktivität zugedeckt, der in einer weniger gemütlichen und politisch regsameren Kolonie als Samolo zur Katastrophe hätte führen können. Sir George bewies ganz anderes Kaliber. Er war in seinen ersten Jahren in der Politik als begeisterter Sozialist bekannt gewesen, und es ließ sich auch nicht leugnen, daß sein Vater in Huddersfield Gemüse verkauft hatte. Gewiß, dieser gesellschaftliche Mangel war durch seine Heirat mit der Tochter eines Herzogs einigermaßen ausgeglichen worden, doch hatten die Radstones, der alte Sir Albert, Mrs. Innes-Glendower und andere eingefleischte Konservative auf der Insel seine Ernennung nichtsdestoweniger mit großem Mißtrauen aufgenommen.

Zum Entsetzen aller änderte er als erstes die Politik des Gouverneurs gegenüber den Samolanern von Grund auf. Unter dem Regime Blaise wurden selbst die prominentesten Eingeborenen nur bei hochoffiziellen Anlässen wie der garden-party am Geburtstag des Königs oder dem feierlichen Empfang nach der Eröffnung des Parlaments in die Residenz eingeladen. An sich schlug Sandra in diese Mauer die erste Bresche. Schon wenige Tage nach ihrer Ankunft, bevor sie noch Zeit gefunden hatte, die Sessel im Salon neu zu beziehen, veranstaltete sie eine zwanglose Cocktail-Party, zu der sie alle Frauen des Gesetzgebenden Ausschusses und des Abgeordnetenhauses sowie die Frauen der angesehenen Kaufleute in Pendarla und die führenden Mitglieder des Frauenvereins in die Residenz bat. Dieses Volksfest, dem auch ich pflichtschuldig beiwohnte, war ein sensationeller Erfolg, und man sprach stolz noch monatelang vom ‚Hennentreffen'.

Von da an ging es, nach Ansicht der alten Reaktionäre, immer mehr vollends bergab: Die Residenz konnte nicht länger als behagliches Bollwerk des chauvinistischen Mittelstands gelten, die Türen standen weit offen, und die Schranken waren gefallen. Und als gar im ‚Daily Reaper' gemeldet wurde, Seine Exzellenz und Lady Alexandra hätten Sonntagabend einer Einladung Koga Swalus Folge geleistet, des Hauptes der Sozialistischen Nationalpartei und Führers der Opposition, da glaubte man, der Anfang vom Ende sei angebrochen. Der Anfang von welchem Ende gemeint war, wurde nie ganz geklärt, doch nach wenigen Monaten, als die Beliebtheit Georges und Sandras auf politischem und gesellschaftlichem Gebiet ständig wuchs, verstummten die Unkenrufe, und selbst der alte Sir Albert und Mrs. Innes-Glendower stellten ihre düsteren Prophezeiungen ein.

Während ich Halis Gäste betrachtete, überlegte ich, welche Fortschritte wir seit dem Regime des früheren Gouverneurs erzielt hatten. In jenen Zeiten wäre eine so zufällig gemischte Gesellschaft undenkbar gewesen. Zunächst hätten Sir Hilary und seine Gemahlin, wenn sie wider alle Wahrscheinlichkeit zu solch einer Party gegangen wären, sich in große Gala geworfen und von mindestens einem Protokollchef und zwei Adjutanten vor jeder näheren Berührung mit dem Plebs sorgfältig abschirmen lassen. Dann wären sie wie angewurzelt auf einem Fleck stehengeblieben, um sich mit den vorbeiparadierenden Gästen zu unterhalten. Und schließlich hätten sie selber die Runde gemacht, sich mit einem passenden Wort für jedermann verabschiedet und wären in ihrem Daimler weggefahren, während die Versammlung ehrerbietig strammstand.

Ich stellte fest, daß Hali Schafe und Böcke mit heiterer Gleichgültigkeit gegenüber Rassenunterschieden gemischt hatte. Da waren der arme Fritzi Witherspoon, der seit mehreren Jahren mit Verlust das Gasthaus am Narouchi Beach führte; Sir Noka Grualugi, ehemaliger Präsident der Zement-Gesellschaft von Samolo, mit seiner Frau Ninette, die aussah wie ein ockerfarbenes Seidenäffchen nach eingehender kosmetischer Behandlung; Lucy und Bimbo Chalmers, Alma Peacock mit einer Art Federkrone, von der man erwartete, sie werde sich im nächsten Augenblick aufschwingen und auf einem der Pimentbäume niederlassen; auch die Brüder Fumbasi waren da, denen das Eisenwarengeschäft in der King Street gehörte und die sich, obgleich Zwillinge, denkbar wenig glichen. Kuna, der um sieben Minuten ältere, war hochgewachsen, schlaff, vorgebeugt und, erstaunlicherweise, ein begeisterter Sportler. Er hatte bei Tennis-, Cricket-, Fußball- und Golfmatches so viele Trophäen erbeutet, daß sein Haus oberhalb des Hafens der ‚Silberladen' genannt wurde. Nilo, der jüngere, ein dunkler, untersetzter, robuster

Typ, sammelte chinesische Jade. Gemeinsam hatten sie offensichtlich allein zwei Reihen makelloser Zähne, die sie freudig entblößten, als George und Sandra, Robin und ich uns der Gruppe näherten. Wir sanken in tiefe Sessel, ließen uns eisgekühlte Getränke reichen und unterhielten uns über dieses und jenes, bis Ivy Poland in Begleitung von Esmond Templar, Peter Glades, Kerry Stirling und Inky Blumenthal ankam. Dann allerdings, nachdem man sich höflich begrüßt und auch ihnen ihre Getränke serviert hatte, steckten wir im Nu bis zum Hals im Wasserfestspiel.

„Ivy hat eine *sensationelle* Idee!" rief Esmond. „Wir haben während der ganzen Fahrt hierher darüber gesprochen."

„Und die wäre?" fragte Alma nicht ohne Argwohn. Mochte auch das Wasserfestspiel vor allem Ivys Einfall gewesen sein, so bekundete Alma doch offenbar wenig Neigung, das Pflänzchen gar zu üppig aufschießen zu lassen.

„Los!" ermunterte Peter Ivy. „Erzählen Sie! Alma wird genauso begeistert sein wie wir."

Ivy trank einen Schluck und beugte sich vertraulich vor. „Es ist gar nichts Besonderes", sagte sie mit gezierter Bescheidenheit. „Die Jungens übertreiben. Aber ich glaube, die Idee könnte ziehen."

„Gleichgültig, was es ist, hoffentlich greift es nicht in den Ablauf der Vorstellung ein", sagte Alma. „Im derzeitigen Stadium käme das keineswegs mehr in Frage."

„Schießen Sie los, Ivy!" Esmond wand sich förmlich vor Ungeduld. „Diese Spannung wirkt absolut tödlich!"

„Es ist nur eine Anregung", sagte Ivy. „Aber ich habe sie tagelang gründlichst erwogen. Das ganze Unternehmen ist viel größer und anspruchsvoller geworden als ursprünglich beabsichtigt, und da meine ich, wir sollten nicht riskieren, es der Königin und Prinz Philip vorzuführen, ehe wir selber uns ein Bild von der Wirkung auf das Publikum machen können. Darum schlage ich vor, daß wir zwei Tage vor der Ankunft unserer Gäste gewissermaßen eine öffentliche Generalprobe veranstalten, so daß wir Zeit haben, alles zu korrigieren, was etwa nicht klappen sollte. Ich meine auch", fügte sie unter Almas eisigem Blick hinzu, „daß wir, falls Seine Exzellenz und Lady Alexandra gütigerweise dieser Generalprobe beiwohnten, ziemlich hohe Preise für die Eintrittskarten verlangen und den Ertrag unserem Fond zuweisen könnten – glauben Sie mir, er hat das Geld bitter nötig – oder ihn an verschiedene wohltätige Einrichtungen verteilen. Sagen Sie bitte, daß Sie die Idee für halbwegs ausführbar halten!" Sie endete ziemlich überstürzt und sah besorgt erst George und Sandra und dann Alma an, die den Mund spitzte und die Stirn kraus zog. Es folgte ein unbehagliches Schweigen, währenddessen Sandra hastig in ihrem Täschchen nach einem Taschentuch wühlte; ein Zeichen, daß sie nahe daran war, herauszuplatzen. Endlich setzte Alma an und sprach mit der erzwungenen Ruhe eines Feldmarschalls, dem aus heiterem Himmel von einem übereifrigen Leutnant ein ungebetener Rat in hoher Strategie erteilt wird.

„Ich fürchte", sagte sie, „daß diese Idee nicht einmal *halbwegs* ausführbar ist."

„Ach, Alma", klagte Esmond, „seien Sie doch nicht so verschnupft. Warum denn nicht?"

„Aus dem einfachen Grund, weil wir unmöglich zur rechten Zeit fertig sein können."

„Sowohl Kerry als auch Inky glauben, daß es sich machen ließe", sagte Peter und wandte sich hilfesuchend an die beiden. „Nicht wahr?"

„Was mich angeht – ja." Inky nickte bedeutungsvoll. „Die Orchestrierung wird vielleicht noch nicht ganz fertig sein, aber es reicht für einen leidlich angenehmen Lärm, hoffe ich." Er kicherte glucksend und versank in Schweigen.

„Meine Mädchen sind bereit", rief Ivy. „Sie haben sich abgerackert wie Sklavinnen."

„Ihre Mädchen sind stets bereit", entgegnete Alma zermalmend. „Aber leider Gottes genügt das nicht ganz. Man muß auch die Royal Shropshires berücksichtigen."

„Ich habe heute mittag Oberst Shelton angerufen", sagte Ivy. „Und *er* begrüßte die Idee entschieden. Er meinte, für seine

Leute sei das eine willkommene Gelegenheit, den Festspieldrill einzupauken."

Alma schaute sekundenlang nach dem Himmel, als suchte sie göttlichen Beistand. „Ich glaube wirklich, liebste Ivy", sagte sie mit einem vernichtenden Lächeln, „daß es nicht nur klüger, sondern auch korrekter gewesen wäre, sich mit mir zu verständigen, *ehe* Sie die Frage mit Oberst Shelton besprachen."

„Es tut mir aufrichtig leid", sagte Ivy lebhaft. „Aber wenn Sie es schon wissen müssen – ich habe auch mit Mrs. Garinuaga wegen des Kirchenchors und mit Finch und Faber wegen des Aufbaus der Tribünen gesprochen, und alle versicherten mir, von ihnen aus sei es zeitlich durchaus möglich."

Alma erhob sich majestätisch. „Es ist nicht sehr höflich, unserem Gastgeber und seinen werten Gästen diesen Streit zuzumuten", sagte sie mit dem letzten Aufgebot ihrer Selbstbeherrschung. „Ich schlage darum vor, daß wir die weitere Diskussion der Frage bis zu unserer nächsten Ausschußsitzung vertagen."

„Die nächste Ausschußsitzung ist aber erst Freitag", meinte Esmond. „Und da werden Tage vergeudet, in denen wir vom Fleck kommen könnten. Ich glaube im Ernst, liebste Alma, daß Sie die Geschichte ein wenig sabotieren. Schließlich war doch die ganze Aufführung Ivys Idee. Ich schlage vor, gleich hier an Ort und Stelle abzustimmen; es sind genügend Mitglieder da, um den Ausschuß beschlußfähig zu erklären." Eifrig wandte er sich zu George. „Was halten Sie davon, Sir? Sagen Sie doch, bitte, daß Sie unsere Meinung teilen!"

„Ich fürchte", erwiderte George mit einem leichten Aufblitzen in den Augen, „daß meine Frau und ich nicht in der Lage sind, eine unvoreingenommene Meinung zu äußern. Formell muß ich mich Almas Ansicht anschließen, daß Ivys Verhalten zweifellos energisch, aber höchst unkorrekt gewesen ist. Dieses Urteil mag allerdings ein wenig von der Überlegung überschattet sein, daß wir, falls Ihre Partei siegt, gezwungen sind, diese ganze verdammte Vorstellung zweimal über uns ergehn zu lassen." Nach diesen Worten brachen die Brüder Fumbasi und Hali in schallendes Gelächter aus. George lächelte Alma zu, zuckte die Achseln und zündete sich eine Zigarette an. Nun artete die Unterhaltung in ein allgemeines Zanken aus, bei dem alle zugleich redeten. Wie ein gestelltes Tier, die scharfe Witterung der drohenden Niederlage in den Nüstern, ließ sich die arme Alma schwer in ihren Stuhl fallen, und Hali labte sie unverzüglich mit einem starken Whisky-Soda. Sandra packte Robin beim Arm und zog sich in den Schatten zurück, und ich sah ihr von hinten an, daß das seit langem drohende fou rire jetzt schließlich mit voller Kraft ausbrach. Als endlich alle Gläser frisch gefüllt waren und die Aufregung sich ein wenig beruhigte, eilten Esmond und Peter herbei und knieten zu beiden Seiten von Almas Stuhl nieder, wie besorgte Höflinge zu Füßen einer unglücklichen Herrscherin. Ich beobachtete verstohlen, wie sie gestikulierten und auf sie einsprachen. Ivy hielt sich abseits und beredete erstaunlich gelassen mit Sir Noka Grualagi und Ninette die jüngste Tätigkeit des Frauenvereins. Hali, der sich mit Fritzi, Bimbo und Lucy unterhalten hatte, setzte sich zu mir.

„Sir George", flüsterte er vertraulich, „ist meiner Ansicht nach ein verteufelt humorvoller Kerl. Hätte er nicht mit solcher Leichtigkeit und solchem Spaß gesprochen, so wäre mein bescheidenes kleines Fest zum Schauplatz eines wüsten Dramas geworden."

„Das finde ich auch. Doch die Gefahr ist noch nicht ganz gebannt." Ich nickte zu Alma hinüber, die mit steinerner Ruhe Esmonds und Peters Suada anhörte.

„Alma und Ivy sind zwei prächtige Damen", fuhr Hali fort, „und ich bewundere ihre Leistungen für das Theater aus ganzem Herzen, aber ich fühle, daß zwischen ihnen eine gewisse Kratzbürstigkeit herrscht."

Ich lachte. „Das stimmt gewiß; und nach dieser Szene wird sie sich erheblich steigern."

„Glauben Sie, daß es eine Wohltat für Ihre Majestät und für Seine Königliche Hoheit sein wird, sich dieses Wasserfestspiel anzusehen?"

„Ich habe nicht die leiseste Ahnung. Ich weiß nur, daß ich selber es kaum erwarten kann."

„Ist es wahr, daß mein Freund Keela Alioa splitternackt vor den königlichen Herrschaften erscheinen wird?"

„Nicht ganz. Ein Tauchgerät dürfte er wohl bei sich haben."

„Er ist sehr besorgt und ruft mich beständig an. Mir scheint, er möchte lieber, wenn Sie das anregen könnten, als Froschmann auftreten. Er ist schließlich ein großer, kräftiger Kerl und geniert sich entsetzlich, ganz ohne Kleider dazustehn. Sie werden vielleicht bei der nächsten Sitzung den Froschmann vorschlagen?"

„Ich will mein möglichstes tun", erwiderte ich hilflos, „aber ich glaube wirklich nicht, daß sich der Geist der Insel so utilitaristisch verkleiden kann."

„Ich verstehe nicht recht, was ,utilitaristisch' zu bedeuten hat."

„Das macht nichts, Hali. Wie gesagt – ich will mein möglichstes tun, aber es gehört wirklich nicht in mein Ressort."

Da trat Sandra mit Robin auf uns zu. Ihr Gesicht zeigte noch Spuren ihres Heiterkeitsausbruchs, aber sie wirkte durchaus gefaßt.

„Jetzt ist mir besser", sagte sie. „Aber vorhin war es schrecklich. Hat man über die brennende Frage abgestimmt?"

„Nein. Und ich vermute, daß es nie dazu kommt. Das Schlimmste ist vorüber. Sieh nur!" Ich wies auf Alma, die, von Esmond und Peter flankiert, hoheitsvoll auf Ivy zuschritt. Die Unterhaltung um sie herum verstummte, erwartungsvolle Stille trat ein. Ivy wandte sich von Sir Noka und Ninette ab und stand Alma gegenüber; ihr Mund zuckte leicht, doch ein trotziger Ausdruck in ihrem Blick verriet, daß sie bereit war, auf Leben und Tod zu kämpfen.

Alma sprach mit einer von großherzigem Verzicht trächtigen Stimme. „Wir können auf eine Abstimmung verzichten, liebste Ivy", sagte sie. „Esmond und Peter haben mich überredet, ein wenig gegen meinen Willen, wie ich zugeben muß, Ihrem Vorschlag beizustimmen. Immerhin meine ich, wir sollten für morgen nachmittag eine dringende Ausschußsitzung einberufen, um die Frage in allen Einzelheiten zu erörtern. Es wird ein ungeheures Maß an Mehrarbeit mit sich bringen, und wir alle müssen bereit sein, uns mit den Schultern gegen die Räder zu

stemmen und den Karren gemeinsam aus dem Dreck zu ziehen."
Ivy, die ihren Sieg gesichert wußte, wollte sich nicht an Großherzigkeit übertreffen lassen; sie wechselte rasch von Trotz zu demütiger Bewunderung und nahm Almas Hände in die ihren. "Ich hatte kein Recht, so zu handeln", sagte sie. "Ich bin gedankenlos und unüberlegt vorgegangen, aber ich möchte es jetzt und hier aussprechen, daß der Samolanische Verein für dramatische Kunst ohne die Phantasie und Großmut seiner Leiterin nicht wäre, was er ist." Damit küßte sie Alma auf beide Wangen und wandte sich schnell ab, offenbar von heftiger Rührung überwältigt. Alma erlaubte sich ein müdes Lächeln, und Esmond klatschte entzückt in die Hände.

"Hurra!" rief er und trällerte "Nach Regen scheint Sonne!"

Ivy schüttelte den Kopf. "Wirklich, Esmond", sagte sie, "Sie benehmen sich zu lächerlich!"

Als Sandra, George, Robin und ich uns verabschiedet hatten und durch den Garten zu unseren Wagen gingen, hakte Sandra bei mir ein.

"Du spinnst ja, wenn es dich verdrießt, in diesem Ausschuß zu sitzen", sagte sie. "Ich beneide dich von ganzem Herzen!"

18

In derselben Nacht saß Robin gegen halb zwölf im Bett und las aus dem amerikanischen Nachrichtenmagazin ‚Time' vor, während ich mein Gesicht mit Coldcream einrieb und mich beklommen fragte, ob es die Mühe lohne oder nicht.

„Es wird dich interessieren", sagte er, „daß Kahlkopf Kendrick Claybourn (52) sich von temperamentvollem Exmodell Claudia (40) wegen seelischer Grausamkeit scheiden ließ."

„Ich bin mehr als interessiert. Ich bin entsetzt."

„Es war seine vierte und ihre dritte Ehe", fuhr Robin fort. „Und mehr noch, sie verließ den Gerichtssaal in Tränen aufgelöst am Arm ihres ältesten Sohnes aus ihrer ersten Ehe mit Bandleader Zippy (Hi Fi) Jackson."

„Armes Ding!" sagte ich, überließ mein Gesicht seinem Schicksal und legte mich ins Bett. „Was soll nur aus ihr werden?"

„Ferner wirst du freudig vernehmen, daß Altfilmstar Coop Hagerty von seiner fünften Gattin, Exstarlet der Warner Brothers (21), in ihrem Heim in San Bernardino eine sieben Pfund schwere Tochter geboren wurde. Coop, Vater von sechs Söhnen aus drei früheren Ehen, jubelte, als er die Nachricht erfuhr. ‚Ich habe mir immer ein Mädchen gewünscht', rief er. ‚Und, bei Gott, jetzt habe ich eines!'"

„Was beweist, daß Ausdauer schließlich doch zum Ziel führt."

„Gestorben", las Robin weiter, „Clevelands Urgangster Ricky

(Heißfinger) Pinolo (84) in seiner Luxusvilla in Trenton, New Jersey, an beidseitiger Lungenentzündung. Seine Frau und seine Familie waren am Sterbebett versammelt."

„Hör bloß auf", bat ich. „Ich werde kein Auge schließen können."

In diesem Augenblick läutete das Telephon. Ich streckte die Hand nach dem Hörer aus.

„Laß es läuten", meinte Robin. „Kein Mensch, der um diese Zeit anruft, verdient eine Antwort."

„Ich kann es doch nicht läuten lassen; das macht uns verrückt!" Ich nahm ab und fragte scharf: „Wer ist dort?" Dann aber sank mein Herz, denn Bunny meldete sich, und ich hörte seinem drängenden Ton an, daß wieder etwas schiefgegangen war.

„Es tut mir leid, wenn ich euch geweckt habe", sagte er. „Aber ich hatte keine andere Wahl."

„Was ist denn los?"

„Eloise – sie ist krank. Ich habe sie eben gemessen! Sie hat über 39° Fieber."

„Ach, Bunny, das geht zu weit!" Plötzlich fühlte ich mich zu müde, um meine Gereiztheit zu verhehlen.

„Um Himmels willen, sei nicht böse. Ich brauche eure Hilfe."

„Hat sie schon Flecken?"

„Nein", erwiderte er düster. „Aber die werden wahrscheinlich bald herauskommen. Was soll ich tun?"

Hoffnungslos sah ich zu Robin hinüber und antwortete, so gelassen ich konnte: „Dann bring sie sofort hierher zurück."

„Das kann ich nicht. Meine verdammte Batterie ist leer, der Wagen rührt sich nicht vom Fleck. Seit einer Stunde versuche ich, den Motor anzukurbeln."

„Mit einem Wort – wir sollen hinüberfahren und sie holen?"

„Mir fällt keine andere Lösung ein. Ich könnte das Royal Samolan anrufen und ein Taxi bestellen, aber dann macht die Geschichte morgen früh die Runde über die ganze Insel."

„Das tut sie sowieso", sagte ich schonungslos. „Wir wollen uns doch darüber nicht hinwegtäuschen."

„Bitte kommt! Ich werde wirklich nicht allein mit der Sache fertig."

Ich blickte zu Robin hinüber, der heftige Zeichen der Mißbilligung von sich gab, und schüttelte den Kopf.

„Es hat keinen Zweck." Ich hielt die Hand über den Hörer. „Einer von uns muß fahren. Eloise ist krank und Bunnys Wagen kaputt." Ich sprach wieder ins Telephon. „Ich komme so rasch wie möglich." Dann legte ich auf.

Zehn Minuten später jagten Robin und ich, bewaffnet mit drei Decken und einem Kissen, im Kombiwagen über die Küstenstraße. Robin, der wie ich einen Mantel über dem Pyjama trug, saß grimmig am Lenkrad und lehnte brüsk die Zigarette ab, die ich ihm anbot. Ich konnte ihm seine schlechte Laune nicht verübeln, aber ich wäre viel lieber alleine gefahren und hätte gerne auf seine ritterliche Begleitung verzichtet. In drückendem Schweigen sausten wir durch die Dunkelheit, und ich bedachte niedergeschlagen die Probleme, vor die uns diese neue Situation stellte. Zunächst beschloß ich, gleich am Morgen Nanny mit den Kindern fortzuschicken. Obwohl sie alle die Windpocken schon gehabt hatten, wollte ich es nicht riskieren, daß sie sie ein zweites Mal erwischten, und damit mußte ich rechnen, wenn Eloise fleckenübersät bei uns lag. Sekundenlang dachte ich daran, Eloise einfach ins Krankenhaus von Pendarla zu stecken, aber ich wußte, daß alle Privatzimmer besetzt waren, und ich hatte nicht das Herz, sie rücksichtslos in der Quarantäneabteilung abzuliefern. Völlig verzweifelt und den Tränen nahe, zündete ich mir mit zitternder Hand noch eine Zigarette an.

„Du rauchst viel zuviel", sagte Robin. „Das nächste Unglück, das uns trifft, wird eine Nikotinvergiftung sein."

„Sie wäre mir sehr willkommen."

„In dieser Minute dürfte das Innere deiner Lungen mit einem dunkelbraunen Pelz besetzt sein."

„Ich kann mich derzeit nicht mit dem Innern meiner Lungen beschäftigen. Ich muß an viel zu viele andere Dinge denken. Meinetwegen sollen sie mit Binsen bedeckt sein."

„Glaubst du wirklich, daß sie die Windpocken hat?"

„Natürlich! Was denn sonst?"

„Es könnte auch etwas Harmloseres sein; vielleicht Grippe."

„Oder etwas Schlimmeres; zum Beispiel die Schwarze Pest", sagte ich bissig. „Aber ich wette, daß sie die Windpocken hat. Und wir müssen die Kinder augenblicklich aus dem Haus schaffen."

„Warum denn? Sie haben sie doch schon gehabt."

„Ich möchte nicht Gefahr laufen, daß sie sie noch einmal bekommen."

„Du bist durch und durch hysterisch!"

„Und du bist durch und durch ekelhaft! Wir wissen also, woran wir miteinander sind. Nicht wahr?"

Robin grunzte und klopfte mir aufs Knie. „Gib mir eine Zigarette", sagte er. „Und sitz nicht da, als hättest du Bauchweh."

Ich steckte eine Zigarette an und reichte sie ihm schweigend. Wir holperten über ein besonders tiefes Schlagloch.

„Diese Straße ist eine Sauerei", sagte er leichthin. „Bunny sollte etwas dagegen unternehmen."

„Es ist nicht seine Sache, sich um die Straße zu kümmern."

„Wenn er auch nur eine Spur Gemeinschaftsgeist hätte, würde er an den Stadtrat schreiben."

„Das können wir erörtern, solange wir miteinander Eloise in die Decken wickeln."

Jetzt bogen wir in Bunnys Auffahrt ein und fuhren an der Haustüre vor, wo er uns erwartete. Er war in Hemd und Hosen, und in der Hand hielt er einen sehr dunklen Whisky-Soda.

„Ich habe zur Flasche gegriffen", sagte er statt einer Begrüßung. „Ich beabsichtige, mich restlos zu besaufen, sobald ich kann."

„Eins nach dem andern", erwiderte ich streng. „Wo ist sie?"

„Liegt auf dem Bett und stöhnt. Ich habe sie in Decken gehüllt und ihr eine Wärmflasche gegeben."

„Gut. Wir haben noch ein paar Decken mitgebracht, sie sind hinten im Wagen. Ich gehe mal zu ihr."

„Trinkt erst ein Glas", sagte Bunny, „die Flasche steht auf der Veranda bereit. Wir müssen doch zunächst alles besprechen."

„Da gibt's wohl nicht viel zu besprechen. Eloise hat offenbar auch die Windpocken, und da läßt sich gar nichts anderes machen, als sie so rasch wie möglich zu uns in ein weniger kompromittierendes Bett zu bringen."

„Meinst du, ich hätte Dr. Bowman holen sollen?"

„Nein", sagte ich müde. „Es ist viel besser so. Ich rufe ihn morgen früh gleich an."

„Bitte, trinkt doch ein Gläschen mit mir", bettelte Bunny. „Mir ist so jämmerlich elend."

Ich seufzte und sah Robin an, der nickte; dann folgten wir schweigend Bunny durch das Haus auf die Veranda. Das Meer war spiegelglatt, und die Hibiskushecke oberhalb des Strandes flimmerte von Leuchtkäfern. Bunny goß uns Whisky und Soda ein und hockte sich auf das Verandageländer, den Rücken der schönen Aussicht zugekehrt.

„Ich brauche euch nicht zu sagen, wie schrecklich leid es mir tut. daß ich euch in all das hineingerissen habe", begann er.

„Nein, das brauchst du nicht", erwiderte ich heftig. „Es wäre reine Zeitvergeudung."

„Noch wie unendlich dankbar ich euch für eure Treue bin."

„Schreib uns einen Brief", sagte ich. „Wir werden ihn uns später vorlesen, wenn wir alt und grau und sterbensmüde sind."

„Ich meinerseits", sagte Robin, „fühle mich schon jetzt alt und grau und sterbensmüde."

„Ich habe über alles nachgedacht." Bunny trommelte mit den Absätzen gegen das Geländer und sah uns düster an. „Und ich bin zu dem Schluß gekommen, daß ich mich wie ein reiner Idiot aufgeführt habe. Die ganze Geschichte war von Anfang an verfahren."

„Kopf hoch! Der Strom der wahren Liebe soll ja nie sehr sanft plätschern."

„Daran liegt's ja." Bunny hörte auf zu trommeln und trank einen Schluck. „Ich vermute allmählich, daß es nicht wahre Liebe ist und wahrscheinlich auch nie war."

„Ausgezeichnet", sagte ich herzlos. „Du machst Riesenfortschritte. Was ist passiert? Habt ihr Krach gehabt?"

„Ja." Bunny ließ den Kopf hängen. „Einen ausgewachsenen Mordskrach!"
„Weswegen?"
„Eigentlich wegen allem. Mit dem Abendessen fing es an."
„Bis dahin sind meine Sympathien auf Eloises Seite. Was hast du ihr denn vorgesetzt?"
„Eine köstliche schwarze Bohnensuppe, dann Curry und zum Abschluß eine Guavacreme."
„Curry mit Huhn, Hammel oder Ziege?"
„Ich weiß nicht genau. Ich fand es recht gut."
„Wie ich Cynthia kenne, war es Ziege."
„Was kann man gegen Ziegencurry einwenden?"
„Viel, sozusagen alles, wenn Cynthia kocht."
„Ziegencurry ist einer der bekanntesten Leckerbissen der Insel."
„Von Cynthia gekocht, wirkt es tödlich. Ich habe es gekostet."
„Laß Cynthia endlich in Frieden. Sie hat ihr Bestes gegeben."
„Cynthias Bestes genügt aber nicht. Du mußt verrückt gewesen sein, als du versucht hast, ein leidenschaftliches Wiedersehen auf Cynthias Ziegencurry zu gründen. Warum hast du Eloise nicht etwas Einfaches, Ungefährliches vorgesetzt, kaltes Roastbeef und Salat etwa?"
„Weil nichts davon im Haus war. Und eigentlich lag es gar nicht am Essen, das war nur ein Vorwand. Sie hatte sich vorgenommen, widerwärtig zu sein; das spürte ich schon im Auto. Pausenlos erzählte sie mir, wie außer sich Hali Alani sein werde, weil sie nicht zu seiner verdammten Cocktail-Party gehen könnte." Bunny sprang vom Geländer herab und mischte sich noch ein Glas. „Und als wir hier anlangten, stürzte sie zwei Martinis hinunter und schimpfte über das Haus. Sie sagte, es sehe aus wie eine Turnhalle."
„Da hat sie ganz recht", pflichtete ich bei. „Nur die staubigen Muscheln passen nicht ganz dazu."
„Das bringt uns nicht weiter", meinte Robin ungehalten. „Sollten wir nicht lieber die Leiche einpacken und nach Hause schaffen?"

„Erzähl noch ein wenig von eurem Krach", sagte ich zu Bunny, wobei eine unwürdige, doch mit echter Erleichterung durchsetzte Freude über den Stand der Dinge in mir aufstieg. Wenn seine Illusionen wirklich zerstoben und die Schuppen wirklich von seinen Augen gefallen waren, dann leuchtete uns die Zukunft rosiger, als ich zu hoffen gewagt hatte.

„Ach, da ist nicht viel zu berichten." Bunny zog sich sachte in seine Schale zurück. „Wir stritten ungefähr drei Stunden lang und sagten einander vieles, was wir nicht hätten sagen dürfen."

„Zum Beispiel?"

„Hör auf mit dem Kreuzverhör, Grizel!" Er sah mich vorwurfsvoll an. „Du freust dich ein wenig zu sehr und zu offenkundig."

„Ganz richtig", sagte ich fest. „Wenn du wirklich noch zur Vernunft gekommen bist, kann ich mich gar nicht genug darüber freuen. Wie endete die Geschichte?"

„Sie endete überhaupt nicht eindeutig. Eloise versicherte mir ständig, sie wünschte, sie wäre nie hierher gekommen, und sie habe diese Heimlichkeiten und dieses Versteckspielen satt, und dann sagte ich, da im Augenblick keiner von uns beiden der Sache irgendeine Chance gäbe, wäre es am besten, wenn ich sie gleich zu euch zurückbringen würde. Und dann ging ich zum Wagen, aber das verflixte Ding wollte nicht anspringen, und als ich wieder ins Haus trat, lag sie auf dem Sofa und weinte und erklärte, sie wolle mich nie wieder sehen und ihr sei übel geworden."

„Das war wahrscheinlich der Curry", meinte Robin. „Erbrechen ist kein typisches Symptom für Windpocken."

„Um Himmels willen, hört mit dem verdammten Curry auf!" schrie Bunny, der sich nicht länger beherrschen konnte.

„Brüll nicht", sagte Robin gelassen. „Du weckst die Kranke."

„Los!" Ich stand auf. „Wir bringen sie jetzt heim! Hol bitte die Decken aus dem Wagen, Robin!"

Robin sprang bereitwillig die Verandastufen hinunter und verschwand im Dunkeln, während Bunny und ich ins Haus zum Schlafzimmer gingen. Die arme Eloise lag mit geschlossenen

Augen auf dem Bett. Ihr Gesicht glühte, die Decken hatte sie zurückgeschoben. Ich sah recht erleichtert, daß sie angezogen war, was uns die Mühe ersparte, sie noch in ihre Kleider zu zwängen. Ich beugte mich über sie und legte die Hand auf ihre heiße Stirn. Sie öffnete die Augen und stöhnte leise.

„Schon gut, Liebes", sagte ich. „Robin und ich sind da und bringen dich heim."

„Ihr seid Engel", murmelte sie heiser. „Wahre Engel!"

„Glaubst du, daß du dich aufsetzten kannst?"

„Nein, aber ich will es versuchen."

Ich half ihr. Sie schwankte ein wenig und hob die Hand an die Stirn.

„Ich fürchte, mir wird wieder schlecht."

„Halt dich an mir fest, wir gehen ins Badezimmer." Mühsam erhob sie sich und stützte sich schwer auf meinen Arm. So gelangten wir gerade noch zur rechten Zeit ins Badezimmer. Als alles vorüber war, nahm ich ein Handtuch, das aus Pappe gemacht zu sein schien, tauchte es in kaltes Wasser und betupfte ihr damit Kopf und Hals. Als wir ins Schlafzimmer zurückkehrten, hatte Robin bereits die Decken gebracht, wir wickelten sie ein, und dann schleppte sie sich, halb geführt, halb getragen, zum Auto. Bunny folgte uns hilflos mit der Wärmflasche im Arm, die nur noch lau war.

„So hat sie keinen Wert mehr", sagte ich gereizt. „Füll sie mit kochendem Wasser."

„Geht nicht. Mir ist beim letztenmal der Boden des Kessels durchgebrannt."

Nachdem wir Eloise auf dem Hintersitz in ein Nest aus Kissen und Decken gebettet hatten, stiegen wir ein, und Robin ließ den Motor an; Bunny stand verloren auf der untersten Stufe der Veranda und winkte uns müde mit der Wärmflasche zu, als wir in die Dunkelheit hineinfuhren.

19

Der nächste Tag war schauerlich, ein passendes Vorspiel zu den drei folgenden Wochen. Gleich am Morgen rief ich Dr. Bowman an, der, wie ich vermutet hatte, Windpocken feststellte, wenn auch nur in milder Form, allerlei Salben und Medikamente verschrieb und energisch verkündete, zum mindesten in den ersten Tagen brauche Eloise eine gelernte Pflegerin. Er ordnete an, die Kinder müßten bis Mittag aus dem Haus sein. Als er fort war, telephonierte ich mit Juanita, die erklärte, Kelly's Taverne sei überfüllt, aber sie könne es schon irgendwie einrichten und ich solle mir keine Sorgen machen. Um halb elf, während ich Nanny half, die Sachen für die Kinder zu packen, die sich diebisch freuten, weil sie nicht in die Schule mußten, und um uns herumsprangen und wie Dampflokomotiven kreischten, erschien Tahali und meldete, ich würde dringend am Telephon verlangt. Gereizt ging ich hinunter und nahm ab – Keela Aloia.

„Verzeihen Sie, daß ich Sie störe", sagte er. „Aber ich habe mit Hali Alani gesprochen, und er sagt, er habe mit Ihnen gesprochen über mein splitternacktes Auftreten vor Ihrer Majestät."

„Sie müssen mich entschuldigen, Keela." Ich bezähmte meine Ungeduld, so gut ich konnte. „Aber gerade jetzt bin ich derart mit häuslichen Sorgen überhäuft, daß es mir völlig egal ist, ob Sie in rosa Seidenchiffon vor Ihrer Majestät auftauchen oder in einem Waschbärmantel."

„Was, bitte, ist ein Waschbärmantel?"

„Das erkläre ich Ihnen bei der nächsten Ausschußsitzung."

„Also heute nachmittag."

„Ach, mein Gott, richtig! Ich hatte es ganz vergessen."

„Da habe ich Sie wohl in einem ungünstigen Moment erwischt?"

„Ja, lieber Keela, das haben Sie. Die Kinder fliegen fort, der Hausfreund ist im Krieg und Pommerland ist abgebrannt."

Keela lachte verständnisvoll. „Sie haben immer einen Scherz auf Lager, Mrs. Craigie. Ich sehe Sie also bald."

„Ja, wenn ich noch am Leben bin."

„Sie vergessen nicht, was Hali Alani Ihnen gesagt hat. Daß ich lieber das Kostüm eines Froschmannes anlegen möchte."

„Ich glaube, Sie würden schauerlich darin aussehen, und die Königin würde sicher entsetzt sein."

„Was soll ich denn tun?" Seine Stimme schnappte verzweifelt über.

„Wir besprechen das alles bei der Sitzung, wenn wir uns eine Sekunde verdrücken können. Aber nicht jetzt!"

„Die Sache macht mir große Sorgen. Ich habe die ganze Nacht nicht geschlafen."

„Ich auch nicht", sagte ich wild. „Und *ich* würde mich mit Vergnügen in das Kostüm eines Froschmannes zwängen und mich für mehrere Jahre auf den Grund des Meeres zurückziehen."

„Sie scherzen schon wieder!" meinte er vorwurfsvoll. „Und wenn ich doch so unglücklich bin, ist das gar nicht nett von Ihnen."

„Machen Sie sich nichts draus, Keela. Bei der Aufführung wird alles in bester Ordnung sein." Ich hängte brüsk auf und kehrte zu Nanny und den Kindern zurück.

Nachdem feuchte Badeanzüge eingesammelt, verlorenes Spielzeug gefunden und die Koffer gepackt waren, brachte Nanny, gottergeben, aber mit tiefer Mißbilligung, um halb zwölf die Kinder im Wagen weg, und ich konnte auf der hinteren Veranda ein wenig verschnaufen. Ich stieß mir die Schuhe von den Füßen, legte mich flach auf die Hollywoodschaukel und schloß die Augen. Fast unmittelbar darauf erschien Tahali und meldete, die Schwester vom Krankenhaus sei gekommen und wünsche mich zu sprechen. Müde setzte ich mich auf, zog die Schuhe an und nahm mir eine Zigarette.

„Führ sie lieber hierher", sagte ich. „Es ist nicht dieselbe, die Mr. Bunny gepflegt hat?"

„Nein, nein." Tahali lächelte. „Das hier sein eine breite weiße Dame mit einer Stimme, die sehr seltsam tönen. Ich sie gleich holen." Er verbeugte sich, ging und kam in der Sekunde wieder, gefolgt von einer umfangreichen, heiteren Frau in den Fünfzig mit durchdringenden blauen Augen und einem unordentlichen Vogelnest von grauem Haar, auf dem ein winziges weißes Häubchen thronte.

„Einen schönen guten Morgen", sagte sie mit breitem irischem Akzent, legte eine kleine braune Tasche auf die Hollywoodschaukel und schüttelte mir kräftig die Hand. „Ich hielt es für das beste, ein paar Worte mit Ihnen zu wechseln, bevor ich die Patientin übernehme. Ich habe immer gefunden, daß es sich bei der Hauspflege lohnt, so rasch wie möglich das Terrain zu sondieren, wie man sagen könnte. Das erspart einem nachher viel Gerede und Mißverständnisse. Ich heiße Duffy, Maureen Duffy."

„Guten Tag", sagte ich und fügte etwas unpassend hinzu: „Es war sehr freundlich von Ihnen, zu kommen."

„Keine Spur! Ich gehe, wohin man mich schickt, und bleibe, bis die Sache vorüber ist." Sie fingerte in einer Tasche und brachte ein kleines Notizbuch und einen Bleistift zum Vorschein. „Ich wäre Ihnen sehr verbunden, wenn sie so freundlich sein wollten, mir einige Fragen zu beantworten."

„Gewiß." Ich wies auf einen Stuhl. „Nehmen Sie Platz."

„Danke." Sie übersah den Stuhl und setzte sich auf die Hollywoodschaukel. „Dieses technische Wunderwerk könnte ein paar Tropfen Öl brauchen, nicht wahr?"

„Ja, allerdings. Ich habe das seit langem im Sinn." Ich setzte mich wieder und wartete, während sie aus einer andern Tasche eine Brille hervorzog. Sie schob sie auf die Nase und öffnete das Notizbuch.

„Ich habe vom Doktor gehört, daß die arme Seele die Windpocken hat?"

„Ja, leider."

„Sind Kinder im Haus?"

„Nicht mehr. Ich habe sie in Kelly's Taverne gesteckt."

„Heilige Mutter Gottes! Das ist kein Ort für die Kleinen!" Sie sah mich über die Brillengläser an. „Dort werden sie mit allerlei Gesindel zusammenkommen."

„Mrs. Kelly ist eine alte Freundin von mir", sagte ich kalt. „Sie bot mir gütigerweise an, die Kinder bei sich aufzunehmen, und ich bin ihr sehr dankbar dafür."

„Sie ist ein warmherziges Geschöpf, zugegeben, aber ihre Ausdrücke schon lassen einem das Mark in den Knochen gefrieren. Ich habe sie einmal bei einer Grippe gepflegt, und Sie können mir glauben, daß ich weiß, wovon ich rede."

„Meine Kinder werden sie wahrscheinlich nicht pflegen müssen, und so dürfte ihr Knochenmark seine normale Temperatur behalten."

„Das gefällt mir!" Sie lachte herzlich. „Sie haben Sinn für Humor, und ich sage immer, Humor ist das halbe Leben. Und jetzt kommen wir zur Sache. Wie nimmt sie's auf?"

„Wer nimmt was wie auf?"

„Die Patientin natürlich. Wie reagiert sie auf ihre Krankheit? Verdrossen? Matt? Hysterisch? Ich weiß diese Dinge gern im voraus, damit ich meine Marschroute festlegen kann."

„Da bin ich leider überfragt. Ich habe sie heute früh noch nicht gesehen. Ich hatte alle Hände voll zu tun, die Kinder fortzuschaffen."

„Schön. Das werde ich zweifellos bald selber herausfinden." Sie hielt inne und musterte mich aufmerksam. „Sie haben die Windpocken schon gehabt?"

„Ja", antwortete ich fest und ließ mich von ihrem durchdringenden Blick nicht einschüchtern. „Als Kind. Ich hatte auch Masern, Keuchhusten, Heuschnupfen und Mumps; überdies bin ich mit fünf Jahren von einem schottischen Schäferhund in die Wade gebissen worden."

„Schottische Schäferhunde können sehr unberechenbar sein."
Sie kritzelte eifrig in ihrem Notizbuch. „Aber sie sind nicht annähernd so unzuverlässig wie deutsche Schäferhunde. Da weiß man nie, woran man ist. Und jetzt zu meinen Mahlzeiten! Wo werde ich essen?"

„Wo Sie wollen. Das Haus ist ziemlich groß."

„Gibt es einen Raum neben dem Zimmer der Patientin?"

„Ja, aber das ist ein WC. Sie würden sich im Kinderzimmer wahrscheinlich wohler fühlen. Es ist gleich am Ende des Korridors."

„Ich muß meine Mahlzeiten sehr pünktlich einnehmen, weil ich zuckerkrank bin."

„Zuckerkrank?" Ich starrte sie verständnislos an.

„Kein Grund zur Aufregung!" Sie lachte vergnügt. „Solange nur Zucker bei der Hand ist. Ich bin seit mehr als zwanzig Jahren zuckerkrank. Man gewöhnt sich an alles. Ich muß mir jeden Tag Insulin einspritzen. Für den Notfall habe ich den ganzen Krempel in meiner Tasche."

„Das freut mich."

„Nur vor einem muß ich mich hüten", fuhr sie munter fort, „vor einem Koma nämlich."

„Haben Sie das häufig?"

„Nur ab und zu, wenn ich übermüdet bin und nicht regelmäßig gegessen habe. Man muß mir dann nur etwas Zucker in den Mund stopfen, und im Hui fühle ich mich wieder springlebendig."

„Was passiert, wenn niemand in der Nähe oder kein Zucker greifbar ist?"

„Gott sei Dank ist das bisher noch nie vorgekommen – unberufen. Aber Sie sollten den Dienstboten Bescheid sagen, damit sie im Notfall zur Stelle sind."

„Danke, das werde ich nicht versäumen."

„Es kann sein, daß ich mich anfangs ein wenig wehre; wir Diabetiker sind störrisch wie Maulesel, doch sagen Sie Ihren Leuten, sie sollen das nicht beachten und ruhig weitermachen. Wenn meine Zähne zufällig fest zusammengebissen sind und ich keinen Zucker annehme, dann tut es auch ein Schluck sehr süßer Kaffee."

„Hat diese – diese Eigentümlichkeit Sie bei Ihrem Beruf noch nie gestört?"

„Du großer Gott, nein, nicht im geringsten. Im Gegenteil. Manchmal erweist es sich bei widerspenstigen Patienten als sehr nützlich. Das gibt den armen Wesen Gelegenheit, über etwas anderes nachzudenken und ihre eigenen Sorgen zu vergessen."

Mir schien unser gemütliches Plauderstündchen lange genug gedauert zu haben, und ich stand auf. „Ich werde den Dienstboten alles Nötige sagen. Haben Sie wegen der Diät besondere Wünsche?"

„Von Kohlehydraten abgesehen –", auch sie erhob sich und griff nach ihrer Handtasche, „esse ich, was man mir vorsetzt. Ich esse wie ein Roß."

„Auch das werde ich ihnen sagen." Ich führte sie in Eloises Zimmer.

Mittags kam Robin von der Pflanzung heim, und wir aßen auf der hinteren Veranda wie meistens, wenn wir allein sind. Tahali servierte, und seinem Ausdruck merkte ich an, daß er gewaltsam ein Lachen unterdrückte. Zuvor hatte ich ihn und Clementine und Eulalia in der Küche versammelt und sie beschworen, in den nächsten Tagen nie ohne Zucker in der Tasche herumzugehn. Das brachte sie verständlicherweise aus der Fassung, und als ich ihnen dann, so gut ich mich erinnerte, den Grund dafür auseinandersetzte, stimmten alle drei ein solch hemmungsloses Gelächter an, daß ich rasch die Küchentür schloß aus Angst, der Lärm könnte bis ins Krankenzimmer hinaufdringen.

„Was hat er denn?" fragte Robin, als Tahali einen Blick mit mir wechselte und hustend in die Küche trabte.

„Die neue Pflegerin. Sie hat einen starken irischen Akzent und Diabetes."

„Guter Gott!" murmelte Robin entsetzt. „Ist das nicht ziemlich ungeschickt?"

„Ich weiß nicht. Sie sieht gesund und munter aus und nimmt es gelassen hin. Seit zwanzig Jahren schleppt sie es mit sich herum und ist, wie sie sagt, daran gewöhnt. Wir müssen bloß alle Zucker bei der Hand haben und sie mit Luchsaugen beobachten, falls plötzlich ein Koma eintreten sollte."

„Weiß Eloise davon?"

„Jetzt bestimmt. Zurückhaltung zeichnet Schwester Duffy nicht gerade aus."

„Findest du es nicht merkwürdig von Bowman, ohne einen Hinweis zuckerkranke Schwestern in fremde Häuser zu schicken?"

„Es gibt wohl nur eine mit dieser Spezialität, und ich muß sagen, sie scheint sehr tüchtig zu sein. Wahrscheinlich hatte er keine andere, denn das Krankenhaus ist überfüllt. Jedenfalls mag ich sie lieber als das Weibsbild, das Bunny pflegte. Sie ist zum mindesten fidel und umgänglich."

„War Bunny da?"

„Nein. Er rief an und meldete, daß er einen überdimensionalen Kater habe und weit hinaus auf die Inseln zum Fischen fahre und sich die ganze elende Situation überlegen wolle, wenn er zurückkäme."

„Des Lebens Ängsten, er wirft sie weg, hat nicht mehr zu fürchten, zu sorgen."

„Ich glaube kaum, daß Eloise sich besonders gern mit des Lebens Ängsten identifiziert."

„Du verstehst gut, was ich meine", sagte Robin. „Was sollen wir jetzt machen?"

Nicht viel – abwarten, bis sie wieder gesund ist. Wir haben sie nun einmal auf dem Hals!"

„Sollten wir nicht lieber vertuschen, daß sie die Windpocken hat? Ich meine, wenn sich das herumspricht, werden die Leute auf der Insel wohl zwei und zwei zusammenzählen."

„Das können sie ohnehin", sagte ich. „Und falls wir uns auf einen noch komplizierteren Schwindel einlassen, schnappe ich über."

„Könnten wir nicht vorgeben, sie hätte eine schlimme Erkältung? Oder eine Grippe? Oder einen kleinen Nervenzusammenbruch? Was sie wirklich hat, weiß vorderhand ja niemand außer Bunny und uns."

„Und Dr. Bowman und Schwester Duffy und die Dienstboten. Ich vermute, daß Tahalis Freund im Tal sich eben in dieser Minute über ihre Symptome ausläßt."

„Warum entfesseln wir keine Flüsterkampagne: sie habe sich mit dem Ziegencurry vergiftet."

„Wem wollen wir das zuflüstern? Und das würde auch keineswegs erklären, warum wir die Kinder in Kelly's Taverne untergebracht haben."

„Wir könnten sagen, sie sahen kränklich und angegriffen aus und brauchten ein wenig frische Meeresluft."

„Sei nicht so töricht! Zunächst ist die Luft hier oben viel frischer als an der Küste, und dann sehen die Kinder ungefähr so kränklich aus wie Freistilringer."

„Dennoch! Wir müssen uns irgendwas ausdenken! Es sieht dir gar nicht ähnlich, im kritischen Augenblick weich zu werden."

„Der kritische Augenblick dauert schon viel zu lang und hängt mir zum Hals heraus."

„Warum soll sie nicht ein unheimlicher tropischer Virus angesteckt haben, von dem kein Mensch etwas weiß, weswegen man sie unter Beobachtung hält?"

„Ich finde es nicht besonders taktvoll, drei Wochen vor der Ankunft der Königin das Gerücht auszusprengen, auf der Insel grassierten geheimnisvolle Krankheiten."

„Unter keinen Umständen", Robin stand auf, „darf bekanntwerden, daß sie die Windpocken hat. Du solltest Dr. Bowman ins Vertrauen ziehen und mit ihm irgendwas aushecken. Wir sind so gründlich in diese Intrige verwickelt, daß wir alles daransetzen müssen, sie erfolgreich zu Ende zu führen." Er küßte mich flüchtig und verschwand im Haus.

Ich zündete mir eine Zigarette an und ging zur Hollywoodschaukel, während Tahali den Tisch abräumte. Er hatte wenigstens äußerlich seine Haltung wiedergewonnen, warf mir jedoch ständig Seitenblicke zu, und sein Mienenspiel verriet, daß ihm die Situation das größte Vergnügen bereitete.

„Es sein sehr traurig mit der Herzogin!" Er blieb vor mir stehn und balancierte ein volles Tablett auf der rechten Hand.

„Sehr", erwiderte ich kurz.

„Und sie haben die Windkrankheit wie Mr. Bunny?"

„Nein, Tahali!" Unbeirrt hielt ich seinem Blick stand. „Es ist etwas ganz anderes, nämlich ein unheimlicher tropischer Virus, von dem noch kein Mensch etwas weiß."

„Was, bitte, sein ein unheimlicher tropischer Virus?"

„Ein Virus ist viel kleiner als eine Bazille oder eine Mikrobe, ja, er ist so klein, daß man ihn nicht einmal im Mikroskop sehen kann. Er gerät in den Blutstrom des Menschen und verursacht Fieber. Deswegen ist Dr. Bowman so besorgt und hält die Herzogin unter Beobachtung, bis er festgestellt hat, was es eigentlich ist."

„Oh!" Tahali sah mich skeptisch an und schob das Tablett auf die linke Hand.

„Wenn du gefragt wirst, wiederholst du genau das, was ich dir eben erklärte."

„Cynthia haben dem Vetter von Eulalia erzählt, daß die Herzogin und Mr. Bunny gestern abend haben sehr laute Worte ausgestoßen und miteinander geschrien."

„Sag nur Eulalia, sie soll ihrem Vetter sagen, er soll Cynthia sagen, daß ihre Kochkünste jedermann zum Schreien bringen können."

„Cynthia sein sehr faul und irritierend", sagte Tahali mit breitem Grinsen. „Sie haben gearbeitet im Gasthaus in Narouchi, aber Mister Witherspoon sie hinausgeworfen."

„Wo hast du bloß das ,irritierend' aufgeschnappt?"

Tahali sah mich bestürzt an. „Das sein doch kein böses oder unsauberes Wort?"

„Nein, aber ich wüßte gern, wo du es herhast!"

„Sie selber es haben gebraucht zu Jock, wenn Sie ärgerlich über den Garten."

„Wenn ich es gebraucht habe, dann war das noch geschmeichelt. Geh jetzt, Tahali, du stiehlst mir die Zeit, und ich habe sehr viel zu tun. Und vergiß nicht, was ich dir über den tropischen Virus sagte. Du könntest es einmal deinem Freund im Tal zuflüstern. Es wird ihn sicher ungemein interessieren."

Tahali verbeugte sich höflich und verschwand mit dem Tablett.

Bevor ich zur Ausschußsitzung ging, besuchte ich Eloise. Sie lag immer noch krebsrot und mit geschlossenen Augen in den Kissen. Schwester Duffy saß neben dem Bett, strickte eifrig und summte halblaut vor sich hin. Als ich eintrat, schaute sie auf und nickte mir lächelnd zu. Ich wollte mich gerade wieder entfernen, da öffnete Eloise die Augen.

„Bleib", sagte sie schwach. „Ich habe nur gedöst."

„Wie geht's dir?"

„Es juckt. Auf meinem Rücken kommen die Flecken heraus. Morgen werde ich wohl von oben bis unten damit übersät sein."

„Nun, nun, nun", sagte Schwester Duffy aufmunternd. „Solche Reden wollen wir gar nicht hören! Es wird schlimmer, bevor es besser wird, aber es hat keinen Zweck, sich deshalb zu Tode zu grämen."

„Wie soll ich mich nicht zu Tode grämen?" fragte Eloise verdrossen, „wenn ich weiß, daß ich wochenlang mit häßlichen roten Flecken bedeckt sein werde, die mich wahrscheinlich fürs ganze Leben entstellen?"

„Nicht die Spur!" Schwester Duffy legte ihr Strickzeug nieder, stand auf und schüttelte mit sanfter Hand die Kissen zurecht. „Sie haben die Windpocken nur in einer milden Form, wie der Doktor Ihnen ja bereits sagte, und das Fieber ist schon um einen halben Grad herunter. Jetzt müssen Sie nur philosophisch abwarten und den Mut nicht sinken lassen." Sie wandte sich zu mir. „Wenn Sie mich einige Minuten entschuldigen wollen! Ich möchte nur hinunter und frischen Tee holen. Je mehr Flüssigkeit sie zu sich nimmt, desto besser wird's ihr gehn." Sie verließ energisch das Zimmer und schloß die Tür hinter sich.

„Sie ist wirklich ein Engel", flüsterte Eloise. „Aber zuckerkrank."

„Ich weiß. Sie hat es mir schon vor dem Mittagessen gesagt."

„Das ist aber nicht ansteckend, nicht wahr?"

„Natürlich nicht."

„Sie trägt eine Injektionsspritze in der scheußlichen kleinen

Handtasche herum. Sie hat sie mir heute morgen gezeigt. Mir lief's kalt den Rücken hinunter."

„Tut nichts. Versuch, nicht daran zu denken!"

„Was soll ich anfangen, wenn sie plötzlich einen Anfall kriegt und zusammenbricht oder so was?"

„Einfach läuten! Das ganze Personal ist unterrichtet und steckte sich die Taschen voll Zucker."

„Ich werde mir nie, nie verzeihen, daß ich dir und Robin all diese Scherereien mache. Ich wollte, ich wäre tot."

„Lieber nicht", erwiderte ich. „Dann hätten wir noch viel mehr Scherereien. Begräbnisse auf unserer Insel sind schrecklich kompliziert; des Klimas wegen müssen sie blitzschnell erfolgen."

Eloise lächelte matt. „Du nimmst alles von der heiteren Seite, Grizel." Sie streckte die Hand aus und holte sich eine Zigarette aus der Schachtel auf dem Nachttisch. „Ich weiß, ich sollte eigentlich nicht rauchen, und es schmeckt auch scheußlich, aber es ist doch wenigstens eine Beschäftigung."

„Willst du noch ein paar Bücher?" Ich gab ihr Feuer. „Oder das Kreuzworträtsel der ‚Times' oder sonst etwas?"

„Nein, danke. Ich kann mich nicht länger als wenige Minuten auf ein Buch konzentrieren, und Kreuzworträtsel habe ich in meinem ganzen Leben nie gelöst. Ich werde daraus nicht klug. Es ist alles in Ordnung, wenn nur die verdammten Flecken nicht auch mein Gesicht überziehen. Du siehst noch keine Anzeichen?"

Ich musterte sie gründlich. „Nein. Keine Spur. Aber selbst wenn sich ein oder zwei Flecken zeigen sollten, darfst du dich davon nicht unterkriegen lassen. Sie vergehen sehr schnell wieder."

„Das Ganze ist ein jämmerlicher Fehlschlag gewesen, nicht wahr?"

„Darüber zerbrich dir jetzt nicht den Kopf."

„Es war verrückt von mir, überhaupt hierherzukommen. Ich hätte es wissen müssen!"

„Was?" Tapfer versuchte ich, einen jubilierenden Ton zu unterdrücken.

„Daß die Sache keine Chance hatte", seufzte sie. „Bunny ist in vieler Beziehung ein Schatz und wahnsinnig attraktiv. Aber es wäre nicht gut gegangen. Ich meine, ich glaube nicht, daß wir miteinander dauernd glücklich geworden wären. Was meinst du?"

„Das kann ich nicht beurteilen", erwiderte ich vorsichtig. „Ich sehe wohl, daß ihr sehr verschieden seid und offenbar nicht viel gemeinsam habt, abgesehen von – nun, eurer Verliebtheit. Aber man weiß doch nie, wie es in anderen Menschen aussieht."

„Gestern nacht haben wir schrecklich gestritten. Natürlich gab's schon früher kleine Zänkereien, aber so etwas noch nie. Ich ahnte nicht, daß er so heftig werden kann. Einmal glaubte ich, er werde mich schlagen!"

„Mein Gott!" sagte ich und fügte scheinheilig hinzu: „Womit fing denn das Ganze an?"

„So genau erinnere ich mich nicht." Mit halbgeschlossenen Augen sah sie dem Rauch ihrer Zigarette nach. „Wir saßen unendlich lang in diesem greulichen, kahlen Zimmer, bis das Essen fertig war, und stritten uns schon über dieses und jenes. Und als das Essen endlich aufgetischt wurde, schmeckte es so schauerlich, daß ich kaum einen Bissen hinunterbrachte. Wahrscheinlich war mir schon nicht mehr wohl. Und dann legte er los: ich sei ein Luxusweibchen und durch und durch verdorben und ich könne nicht erwarten, daß man mich ständig mit Kaviar und Schnepfen und Champagner traktiere, schlichte, gesunde Kost täte mir viel besser, und gerade da latschte das Mädchen herein mit dem grausigen grauen Curry, der aussah wie Chinchilla, und – ach, ich weiß nicht – mit einemmal war mir jämmerlich zumute, und ich hatte die ganze Geschichte über und sagte, ich wünschte, ich wäre nie gekommen, und ich wolle nach Hause. Und da begann er, mich anzuschreien, und der Krach ging weiter, bis er aus dem Haus stapfte und den Motor nicht in Gang brachte. Wahrscheinlich bin vor allem ich schuld, weil ich mich in aller Eile hinüberfahren ließ, obwohl ich nicht in Stimmung war. Du weißt, wie gräßlich ein tête-à-tête ist, wenn man sich nicht in Stimmung fühlt. Jedenfalls zeigte mir diese Tragödie eine Seite seines Charakters, die ich überhaupt nicht kannte; und damit ist schließlich auch etwas gewonnen, nicht?"

„Warte, bis es dir wieder besser geht, bevor du dich endgültig entscheidest!" Ich hoffte, daß meine Stimme mitfühlend und überzeugend klang. „Vielleicht wird die alte schwarze Magie erneut wirken, wenn du gesund und munter bist. Jetzt mach dir jedenfalls keine Sorgen. Bunny ist ohnehin zum Fischen ausgefahren."

„Ja? Wirklich?" Sie sah mich scharf an. „Meinetwegen kann er in einem Bötchen rund um die Welt rudern!"

„Ich muß gehn", sagte ich. „Man hat eine außerordentliche Sitzung einberufen, um sich darüber zu einigen, ob eine öffentliche Generalprobe des Wasserfestspiels stattfinden soll oder nicht."

„Ich bewundere dich, Grizel, ja, im Ernst. Du bist immer so beschäftigt und vergnügt und voller Tatkraft. Ich weiß gar nicht, wie du das schaffst, nein, wirklich nicht. Dagegen schein' ich bloß herumzusitzen. Ich bin wie eines dieser gräßlichen Dinger, die an den Felsen kleben."

„Napfschnecken?"

„Nein, Liebste, doch etwas hübscher. Ich glaube, ich meine Seeanemonen."

„Gut, dann sei eine vernünftige Seeanemone, tu, was Schwester Duffy sagt, und versuch, dir alle Sorgen aus dem Kopf zu schlagen; dann wirst du im Nu wieder auf den Beinen sein."

„Wenn ich eine wirklich vernünftige Seeanemone wäre, würde ich mir einen guten, festen Felsen suchen, an den ich mich anklammern kann, und mich nicht von Ebbe und Flut hin und her treiben lassen", dachte sie laut. „Ich habe mich bei der ganzen Geschichte vollkommen idiotisch aufgeführt, und das hier ist der Lohn; und es geschieht mir ganz recht."

„Es nützt nichts, sich mit Selbstvorwürfen zu quälen." Ich brachte ein Lächeln zuwege, das tröstlich wirken sollte, und ging zur Tür. „Es ist reine Energieverschwendung und treibt bloß dein Fieber hinauf. Kann ich dir etwas in der Stadt besorgen?"

„Nein, ich glaube nicht. Höchstens, wenn du zufällig zyklamenfarbene Wolle siehst. Ich habe nur noch einen Knäuel übrig."

„Zyklamenfarbene Wolle pflegt man in Pendarla kaum zufällig zu sehen. Aber ich will einmal bei Carianeega nachfragen, was sie haben. Soll ich nicht ein Stückchen mitnehmen zum Vergleichen?"

„Du bist ein Engel", sagte Eloise mechanisch. „Mein Nähbeutel hängt gleich dort drüben am Stuhl neben dem Toilettentisch."

Ich kramte in dem Beutel, fand die Farbe, die sie haben wollte, und ging. Sie winkte mir wehmütig zu, als ich die Tür schloß.

Die Ausschußsitzung war heiß, langweilig, ereignislos. Alma und Ivy hatten offenbar einen Waffenstillstand geschlossen und überboten sich gegenseitig an Höflichkeit. Cuckoo Honey, der man nichts von dem Plan der öffentlichen Generalprobe gesagt hatte, beschloß zu opponieren und hielt eine Reihe kurzer, scharfer Reden, die zumeist mit den Worten begannen: „Aber ich kann *wirklich* nicht einsehen..." Schließlich wurde sie überstimmt und mußte sich damit begnügen, halblaut vor sich hin zu schimpfen und in einem Notizblock zu kritzeln. Die Frage, ob Keela nackt, halb bekleidet oder ganz in eine Art Gummianzug gehüllt auftreten sollte, wurde fast drei Viertelstunden lang hitzig erörtert, bis ich es nicht länger aushielt und mich unauffällig verdrückte, um die Wolle zu besorgen, bevor die Läden schlossen.

Am späten Nachmittag in Pendarla Einkäufe zu machen, heißt in einem Chaos untertauchen, zumal in der Unterstadt beim Hafen, wo die meisten guten Geschäfte sind und sich die Menschen in den engen Gassen drängen. Da ich wußte, wie hoffnungslos es war, den Wagen auf einem der üblichen Parkplätze unterzubringen, fuhr ich zum Royal Samolan, sagte dem Portier, er solle ihn einstellen, wo er wolle, und ging zu Fuß. Und das war richtig, denn in der ganzen Länge der King Street, die sich vom Royal Samolan zum Zollhaus und zur Anlegestelle der Fähre windet, stockte der Verkehr. Um die Verwirrung voll zu machen, hatte man bestimmte Stellen gesperrt, um dort Tribünen für den königlichen Besuch zu errichten. Das bevorstehende Ereignis schien die ganze Stadt auf den Kopf zu stellen; wer an die samolanische Lässigkeit gewöhnt war, fiel von einem Erstaunen ins andere. Selbst die Verkehrspolizisten auf ihrer kleinen Plattform unter dem gestreiften Sonnenschirm, sonst träge bis zur Lethargie, schwenkten schmissig die Arme und ließen ihre Pfeifen mit solcher Hingabe schrillen, daß gelegentlich Gruppen von begeisterten Passanten stehenblieben und entzückt Beifall klatschten.

Ich kämpfte mich durch die Menge auf dem Trottoir und quetschte mich schließlich zu Carianeega hinein. Carianeegas Warenhaus im amerikanischen Stil ist Samolos Stolz und Freude, für mich aber ein reines Inferno, seit es vor drei Jahren zum erstenmal seine gräßlichen automatischen Türen öffnete. Zunächst einmal erreicht die Klimaanlage annähernd den Gefrierpunkt, so daß man beim Betreten des Geschäfts einen fast ebenso heftigen Schock erleidet wie beim Hinausgehen. Dann hindert einen die – wahrscheinlich – waschechte amerikanische Verkaufstechnik daran, in weniger als einer halben Stunde auch nur eine Zahnbürste zu erstehen. Und schließlich schlägt Carianeega dank üppiger Verwendung von Chrom, harten Böden und unablässig kreischenden Rolltreppen in puncto Lärm jedes Stahlwerk.

Dieser Lärm nimmt ohrenbetäubende Ausmaße an, da zudem die Radio- und Schallplattenabteilung zentral im Erdgeschoß liegt, während die Rolltreppen an den Außenwänden hinauf- beziehungsweise herunterrattern. Sie sind das Entzücken der Samolaner, die häufig stundenlang verklärt rechts hinauf- und links herunterfahren, ohne die leiseste Absicht, auch nur einen Bleistift zu kaufen.

Nachdem ich endlich die Stoffabteilung im dritten Stock erreicht hatte, verbrachte ich aufreibende zehn Minuten damit, eine schöne, aber geistig völlig abwesende samolanische Verkäuferin anzuschreien und Eloises zyklamenfarbene Wolle vor ihren Augen zu schwenken. Sie stöberte träge in etlichen Schachteln und kramte am Ende zufällig die ersehnte Farbe aus. Dann wappnete ich mich für die unvermeidliche Wartezeit von einer halben Stunde, während der das gute Mädchen mühsam eine Rechnung ausstellte, das Geld in Empfang nahm, es samt der Rechnung in eine kleine Holzkugel preßte, die sie mit einem Schups auf eine Drahtrinne stieß, um dann langsam, sehr langsam die Wolle einzupacken. Zum Glück fand ich unweit einen leeren Stuhl und setzte mich. Ich zündete mir eine Zigarette an, schloß kurz die Augen und stellte mir vor, ich säße bei Harrods, draußen herrschte kaltes, graues Wetter und der weniger schrille Lärm des Londoner Verkehrs rollte durch die Brompton Road. Wenn man ständig in den Tropen lebt, leidet man plötzlich unter so kleinen Anfällen von Heimweh. Sowohl Lucy wie Dusty neigen dazu, und erst unlängst blieb Lucy auf den Stufen des Postamts verträumt stehn, bis ein Fremder sie ansprach und fragte, ob ihr schlecht sei. Da öffnete sie jäh die Augen und sagte, nein, sie sei ganz wohl, sie warte nur auf den Bus nach Knightsbridge!

Das heißt nicht, daß man ungern auf einem abgelegenen Vorposten des Weltreichs lebt, zumal wenn er so bezaubernd ist wie Samolo; aber den Engländern haftet die Gewohnheit an, in den nebensächlichsten Augenblicken von Erinnerungen übermannt zu werden. Ich bin nicht so nationalistisch, daß ich glaubte, die Engländer hätten das Heimweh gepachtet. Sicher packt die Franzosen in Guadeloupe, die restlichen Belgier in Leopoldville, die Italiener in Tripolis und selbst die Russen in Earl's Court oft genug schmerzliche Sehnsucht nach Notre-Dame, nach der Brüsseler Oper, nach dem Schiefen Turm von Pisa oder nach dem Kreml. Das alles hängt mit Atavismus und Verwurzelung und tiefer, unterbewußter Unzufriedenheit zusammen und mit der guten, alten menschlichen Schwäche, immer anderswo sein zu wollen, als man gerade ist. Ich habe diesen Absatz noch einmal gelesen und vermute, daß der gute Henry James nichts weniger als glücklich mit ihm wäre; da jedoch viele seiner Absätze mich gleichfalls nichts weniger als glücklich machen, lasse ich ihn stehn.

Endlich hatte die Verkäuferin meine Wolle eingepackt, sie stand da, betrachtete das Paket und kratzte sich nachdenklich mit einem gelben Bleistift hinter dem Ohr. Ich fragte mich, woran diese hübsche Samolanerin mit der honigfarbenen Haut und dem schwarzblauen Haar wohl denken mochte, während sie so in sich ruhend ein rosa Päckchen mit so leeren Blicken anstarrte. Sie merkte nicht, daß ich sie beobachtete, sondern holte einen kleinen Handspiegel aus ihrer Rocktasche, verzog ihren Mund zu einem breiten Grinsen und betrachtete eingehend ihre Zähne. Da, ein Surren, ein Klicken, und die kleine hölzerne Kugel purzelte mit meinem Kleingeld zurück. Ich stand auf, steckte es ein, griff nach meinem Paket und marschierte davon. Als ich mich noch einmal, knapp bevor ich auf die linke Rolltreppe hüpfte, umschaute, musterte sie noch immer hingegeben ihre Zähne.

Ich ging durch die King Street zurück zum Royal Samolan und beschloß, da ich erhitzt und staubig war, eine Tasse Tee zu trinken, ehe ich den Wagen holte und heimfuhr. Ich fand auf der inneren Terrasse einen leeren Tisch, bestellte meinen Tee und schaute über den Garten aufs Meer hinaus. Eben schob sich langsam ein Frachtdampfer der Blue Funnel Line quer über die Bucht, vor ihm zappelte ein kleines Lotsenboot wie ein Terrier – ich wartete nur darauf, daß es zu bellen anfing. Als mir der Kellner den Tee brachte, tauchte, sehr zu meinem Leidwesen, die mit Paketen beladene Cuckoo Honey auf und ließ sich mir gegenüber in einen Stuhl fallen.

„Ich dachte mir gleich, daß Sie es sind", sagte sie atemlos. „Von der anderen Seite der Terrasse aus habe ich Ihren Hut erkannt."

„Ich wußte gar nicht, daß er so auffallend ist."

Sie lachte schallend. „Er ist himmlisch", sagte sie und lud ihre Pakete auf dem Stuhl neben sich ab. „Ich hatte voriges Jahr einen ganz ähnlichen, allerdings schwarz und nicht rot. Ist das eisgekühlter Tee?"

„Ja."

„Das nehme ich auch; meine Kehle ist wie ausgedörrt. Boy!"
Sie klatschte so laut in die Hände, daß die Leute am Nebentisch sich erstaunt umdrehten. Als der Kellner ihre Bestellung entgegengenommen hatte, beugte sie sich über den Tisch und starrte mich an.

„Sie sehen müde aus", sagte sie. „Ich habe es schon bei der Sitzung gedacht."

Da ich aus Erfahrung wußte, daß die einzige Möglichkeit, mit Cuckoo fertig zu werden, ein frontaler Gegenangriff war, schoß ich zurück: „Sie auch. Ganz erschöpft. Ist irgendwas bei Ihnen nicht in Ordnung?"

„Du lieber Gott, nein! Bei mir ist immer alles in Ordnung! Das ganze Jahr nicht einmal ein Schnupfen."

„Dann muß es die Hitze sein", fuhr ich erbarmungslos fort. „Sie macht uns alle recht bleich."

„Ich werde nur froh sein, wenn dieser Besuch vorbei und überstanden ist." Sie wechselte brüsk das Thema. „Die ganze Insel steht Kopf. Wissen Sie, daß die Harbour Street eine Woche lang für den Verkehr gesperrt bleibt, solange man die Tribünen und Fahnenstangen aufrichtet?"

„Ja, das habe ich in der Zeitung gelesen."

„Ich persönlich", schwatzte sie weiter, „finde den Plan für die Rundfahrt um die Insel sehr töricht angelegt. Ich dachte daran, Sandra ein Wort zu sagen, aber sie ist in den letzten Wochen immer empfindlicher geworden und fährt einem bei dem nichtigsten Anlaß über den Mund."

„Sie hat derzeit sehr viel auf dem Buckel."

„Ich kann es nicht leiden, wenn man etwas falsch anpackt. Ich meine, es ist einfach verrückt, um halb neun aufzubrechen und am Vormittag über den Lailanu-Paß zu fahren, jeder Mensch weiß, daß es um diese Zeit oben dunstig ist und fast nie vor dem Nachmittag *wirklich* aufklart. Und dann das Mittagessen für die Gäste ausgerechnet bei *Juanita!*"

„Kelly's Taverne serviert bei weitem das beste Essen auf der Insel", sagte ich. „Und Juanita wird sicher alles großartig herrichten."

„Ich weiß, Sie und ich sind in diesem Punkt nicht gleicher Meinung." Cuckoo rümpfte hochmütig die Nase. „Gewiß, Juanita führt das Hotel ausgezeichnet und soll ja auch schrecklich amüsant sein, aber ich für mein Teil finde sie abstoßend und ordinär. Ich meine, man weiß nie, was sie in der nächsten Minute sagen wird. Sie müssen doch zugeben, daß ihr gerne das Temperament durchgeht und sie immer über die Leute herfällt."

„Ich glaube kaum, daß sie sich gehenlassen und über die Königin und Prinz Philip herfallen wird."

„Natürlich nicht. *So* habe ich es auch nicht gemeint. Aber mir mißfällt das ganze Arrangement. Es wäre viel besser gewesen, wenn der Gouverneur und Sandra ihren ursprünglichen Plan aufrechterhalten und das Mittagessen bei Sir Albert in Bingall's Bay veranstaltet hätten."

„Diese Ansicht teile ich absolut nicht. Der alte Sir Albert ist ein langweiliger Phrasendrescher und zudem stocktaub, und sein Haus ist ein Albtraum."

„Wie können Sie so etwas sagen, Grizel! Er ist eine der vornehmsten Persönlichkeiten auf Samolo und zum mindesten durch und durch englisch, während Juanita bekanntermaßen einen starken farbigen Einschlag hat."

„Wenn die Königin eine Reise durch die Dominions und Kolonien unternimmt", erwiderte ich gelassen, „dann ist sie vermutlich darauf vorbereitet, da und dort farbigem Einschlag zu begegnen. Hier ist Ihr Tee", sagte ich, als der Kellner erschien. „Sie sollten ihn gleich trinken; er wirkt sehr beruhigend."

Cuckoo rümpfte wieder die Nase und goß den Tee in das mit Eis gefüllte Glas. So beschränkt sie war, sie hatte offenbar doch in meinen Augen ein gefährliches Aufblitzen bemerkt und ließ für einige Minuten das Thema des königlichen Besuchs fallen. Dafür widmeten wir uns jenem banalen Frage- und Antwortspiel, das die Menschen miteinander führen, die sich nicht sehr viel zu sagen haben.

„Wie geht's den Kindern?" erkundigte ich mich.

„Ausgezeichnet. Bis auf Michael. Der arme Kerl hat leichte Ohrenschmerzen."

„Wahrscheinlich vom Tauchen."

„Ausgeschlossen. Er ist noch zu klein zum Tauchen."

„Sie sollten ihm, sooft er im Wasser gewesen ist, die Ohren mit reinem Alkohol ausspülen."

„Das habe ich versucht, aber er schreit, daß die Wände wakkeln", seufzte Cuckoo.

„Was sagt Dr. Bowman?"

„Ich habe kein Vertrauen zu Dr. Bowman. Er ist mir zu selbstgefällig. Wir ziehen den alten Dr. Radcliffe vor."

„Ist der nicht leicht verblödet? Er muß doch weit über achtzig sein."

„Er ist tüchtig und zuverlässig und zum mindesten ein Gentleman", verteidigte sich Cuckoo. „Und er behandelte Cynthia wunderbar, als das arme Ding an Weihnachten die geschwollenen Drüsen unter dem Arm hatte. Und wie geht's den Ihren?"

„Drüsen oder Kindern?"

„Kindern natürlich."

„Wie dem Fisch im Wasser. Sie verbringen ein paar Ferientage am Meer, damit sie mir während Eloises Krankheit aus dem Weg sind."

Cuckoos Mienen erhellten sich merkbar, ich hätte mir die Zunge abbeißen können. „Eloise ist krank?" Eifrig beugte sie sich vor. „Was hat sie denn?"

„Das weiß niemand genau. Dr. Bowman meint, vielleicht habe sie irgendeinen tropischen Virus aufgelesen. Er probiert es mit verschiedenen Mitteln und hält sie unter Beobachtung", setzte ich wagemutig hinzu.

„Um Himmels willen!" Cuckoo zitterte in erwartungsvoller Aufregung, wie einer von Dr. Pavlovs Hunden, wenn jäh eine Glocke seinen wohldressierten Instinkten anzeigt, daß das Futter naht. „Was, glauben Sie, kann es denn sein?"

„Sicher nichts Gefährliches. Sie hat kaum Fieber."

„Nun –", Cuckoo zündete eine Zigarette an und richtete einen abgrundtiefen Blick auf mich. „Das wird sie wenigstens abhalten, Unfug zu treiben."

Ich lachte. „Unfug? Was meinen Sie bloß damit, Cuckoo?"

Sie zog die Stirne kraus, als kämpfte sie hart mit sich, ob sie sprechen oder für immer schweigen sollte. Da sie nun einmal Cuckoo war, sprach sie natürlich.

„Ich habe mich gefragt, ob es richtig ist, Ihnen etwas zu sagen oder nicht. Es beschäftigt mich schon seit einiger Zeit, aber außerhalb der Sitzungen sahen wir uns ja kaum. Und ich bin nie ganz sicher, wie Sie etwas aufnehmen. Sie sind darin ein bißchen wie Sandra –", sie kicherte leise, „unberechenbar!" Ich hob die Brauen, und sie redete schnell weiter. „Ich meine, Sie beide können explodieren, wenn man etwas sagt, das Ihnen nicht gefällt."

„Ist das nicht eine ziemlich verbreitete Schwäche? Was tun denn *Sie,* wenn jemand etwas sagt, das *Ihnen* nicht gefällt?"

Sie warf den Kopf zurück. „Ich bin für unbedingte Aufrichtigkeit und sage geradeheraus, was ich auf dem Herzen habe", erwiderte sie. „Das ärgert die Leute manchmal, aber auf die Dauer geht nichts über Ehrlichkeit. Finden Sie nicht auch?"

„Ich bin mir nie ganz sicher. Allzuviel Aufrichtigkeit im falschen Augenblick kann erheblichen Schaden anrichten. Was bewegt Sie denn?"

„Es handelt sich um Eloise."

„Ja. Das habe ich begriffen."

„Ich weiß nicht, was Sie wissen und was nicht, aber als alte Freundin habe ich das Gefühl, daß es meine Pflicht ist, Sie in einer bestimmten Angelegenheit zu warnen."

„Schön, Cuckoo." Ich sah recht auffällig auf meine Armbanduhr. „Warnen Sie drauflos und hören Sie mit dieser Geheimniskrämerei auf. In einer Minute muß ich weg."

„Vor zehn Tagen erhielt ich einen Brief von meiner Schwester Veronica."

„Ist das die Geschiedene oder die auf der Insel Wight?"

„Die Geschiedene. Sie reist sehr viel."

„Das finde ich sehr vernünftig von ihr. Es hat keinen Zweck, daheim zu sitzen und Trübsal zu blasen."

„Letzten Sommer traf sie Eloise in Capri bei einem Abendessen auf einer Jacht. Sie war mit Bunny Colville beisammen!"

Ich lächelte freundlich. „Das nehme ich Veronica keineswegs übel. Bunny ist ein ganz reizender Mensch."

Cuckoo drang schwerfällig weiter vor: „*Eloise* war mit Bunny beisammen. Sie hatte ganz offenkundig ein Verhältnis mit ihm."

„Wollen Sie damit sagen, die beiden hätten öffentliches Ärgernis erregt?"

„Lachen Sie nur, aber die Sache ist wirklich ernst. Das Verhältnis dauert offenbar schon länger als ein Jahr." Sie hielt inne. „Und wenn Sie mich fragen, ich glaube, der wahre Grund für ihre Reise nach Samolo war, daß sie hier mit ihm zusammensein wollte. Ich bestreite keineswegs, daß sie sehr an Ihnen und Robin hängt, ich weiß, Sie sind alte Freundinnen vom Transport-Korps her, aber ich meine, Sie sollten wissen, wie die Dinge tatsächlich liegen."

„Vielen Dank, Cuckoo", sagte ich. „Ich bin Ihnen für diesen Wink außerordentlich verbunden."

„Glauben Sie, daß es stimmt?"

„Ich habe keine blasse Ahnung." Ich stand auf und winkte dem Kellner. „Es stimmte vielleicht in Capri, hier habe ich keine Anzeichen bemerkt. Seit ihrer Ankunft kam sie ein einziges Mal mit Bunny zusammen."

„Ja, aber er hatte die Windpocken."

„Nun, wenn sie so toll in ihn verliebt wäre, hätte sie ihn doch besucht und ihm Obst oder Blumen gebracht. Aber sie hat ihn seit Wochen nicht gesehen, und jetzt ist er auf die Inseln zum Fischen gefahren."

„Oh!" Cuckoo blickte enttäuscht. Doch dann hellten sich ihre Züge wieder auf. „Glauben Sie nicht, daß ihre geheimnisvolle Krankheit ebenfalls die Windpocken sind und daß er sie angesteckt hat?"

„Cuckoo, Sie sind unverbesserlich." Ich lachte überzeugend.

„Sie mögen keine hohe Meinung von Dr. Bowman haben, aber Sie müssen doch zugeben, daß er einen Fall von Windpocken eindeutig zu erkennen vermag."

„Veronica schreibt, in London sei es ein offener Skandal gewesen und alle Welt habe darüber geredet. Nun, mich geht die

Geschichte ja nichts an. Ich bin gewiß nicht prüde und kümmere mich nicht darum, was die andern Leute tun und treiben. Dennoch ist mir der Gedanke gekommen, daß es doch wohl nicht das Richtige wäre, wenn die Herzogin von Fowey gerade zur Zeit des Besuchs der Königin und des Prinzen Philip hier ein illegitimes Verhältnis unterhält. Das könnte uns doch alle in die peinlichste Lage bringen. Finden Sie nicht auch?"

„Ja, es wäre katastrophal", sagte ich heiter. „Nie wieder könnten wir einander in die Augen sehen." Ich nahm das Päckchen mit der Wolle. „Jetzt muß ich aber wirklich weg; ich habe versprochen, um halb sieben zu Hause zu sein, wenn Dr. Bowman kommt und uns das Ergebnis von Eloises Blutuntersuchung mitteilt."

„Vielen Dank für den Tee", sagte Cuckoo matt. „Ich wollte nicht, daß Sie für uns beide bezahlen."

„Nicht der Rede wert! Es war ganz reizend, Sie wiederzusehen, unser kleiner Schwatz hat mir viel Spaß gemacht. Wir sollten uns häufiger treffen!" Ich warf ihr eine Kußhand zu und eilte zum Wagen, während sie nachdenklich am Tisch vor ihrem leeren Glas sitzenblieb und sich auf die Lippen biß.

Daheim brachte ich zuerst den Wagen in die Garage; da der Kombi nicht an seinem Platz stand und Robin also noch nicht zurück war, ging ich leise nach oben, um mich ein paar Minuten hinzulegen. Ich war erhitzt und staubig und müde und jetzt obendrein noch gereizt. Ich schüttelte die Schuhe von den Füßen, zog mein Kostüm aus, schlüpfte in meinen Schlafrock, legte mich aufs Bett und verdrängte entschlossen das Bild Cuckoos mit ihren farblosen, ein wenig vorquellenden Augen und ihrer unheimlichen Gabe, mich zum Wahnsinn zu treiben. Ich versuchte, mich völlig zu entspannen und einzuschlafen. Als mir das gerade gelingen wollte und ich bereits jenes herrlich prickelnde Gefühl spürte, das bei den Füßen beginnt und, wenn man sich still genug verhält, langsam aufwärts steigt, bis man urplötzlich nach einer halben Stunde des Vergessens warm und behaglich und erfrischt aufwacht – gerade da schreckte mich ein lauter Krach auf, dem ein unterdrückter Schrei aus dem Gastzimmer folgte.

Das riß mich aus meinem schönen Dämmerzustand, als hätte jemand eine Handgranate durch das Fenster geschmissen, und ich rannte barfuß durch den Gang. Die Tür von Eloises Zimmer stand auf, sie saß mit weit aufgerissenen Augen im Bett und stöhnte leise und angstvoll, während ihre rechte Hand heftig auf den Klingelknopf drückte. Auf dem Boden verstreut erkannte ich die Reste meines schönsten Teeservices. Der Milchkrug war in zwei Stücke zerbrochen, die Teekanne ein Scherbenhaufen, ein Strom von Earl Grey ergoß sich über den blauen Teppich und wurde alsbald aufgesaugt. Inmitten dieser Verheerung lag Schwester Duffy ausgestreckt, ihr Kopf ruhte auf einer Konfitüreschale aus Kristall, sie atmete röchelnd und sah aus, als wäre sie Madame Tussauds Wachsfigurenkabinett entsprungen. Der Heldin eines Romans gleich, erfaßte ich die Situation mit einem Blick, kniete nieder auf ein Stück Butterbrot und schüttelte die Schwester sanft. Doch sie grunzte nur, und ihr Kopf rollte von der Konfitüreschale auf den Boden.

„Zucker!" schrie ich. „Zucker – schnell!"

„Ich glaube nicht, daß Zucker da ist", sagte Eloise bebend. „Sacharin würde es wohl nicht tun?"

„Natürlich nicht!" Ich stand auf, eilte aus dem Zimmer und sprang die Treppe hinab. Unten stieß ich auf Tahali, der, gefolgt von Eulalia und Clementine, aus der Küche stürzte. „Zucker!" schrie ich ihnen zu. „Schnell etwas Zucker!" Tahali zog einen grauen Zuckerklumpen aus der Tasche seines Hausrockes.

„Das taugt nichts", sagte ich verzweifelt. „Das kriegen wir nie in ihren Mund hinein." Ich wandte mich zu Eulalia und Clementine. „Holt Puderzucker oder Sandzucker oder Rohrzucker und bringt ihn nach oben; und dann macht, so rasch ihr könnt, einen starken schwarzen Kaffee." Sie rasten in die Küche zurück, und ich jagte wieder die Treppe hinauf, Tahali hinterdrein. Wir knieten bei Schwester Duffy nieder, Tahali hob ihr den Kopf, während ich versuchte, ihr das Zuckerstück in den Mund zu stopfen, doch sie biß ihre schimmernden falschen Zähne fest aufeinander, knurrte nur ärgerlich und schlug mir den Zucker aus der Hand.

„Probier's doch mit Himbeerkonfitüre!" riet Eloise, die ans Fußende des Bettes gekrochen war, um genauer sehen zu können. „Besser als nichts wird es schon sein."

Ich griff nach einem Teelöffel, füllte ihn mit Konfitüre und stieß ihn Schwester Duffy zwischen die Lippen. Sie murrte leise, schien die Konfitüre aber zu schlucken. Ich füllte den Teelöffel noch einmal und wiederholte die Prozedur. In diesem Augenblick erschienen Eulalia und Clementine mit zwei vollen Zuckerschalen.

„Rasch!" sagte ich. „Löst, soviel ihr könnt, in einem halben Glas Wasser auf!"

Eulalia schlenderte ins Badezimmer und kehrte mit einem halbgefüllten Zahnputzglas zurück. Sie und Clementine schütteten eine Menge Zucker hinein und rührten ihn mit einer Nagelfeile um, die Eloise ihnen vom Nachttisch reichte, und dann hockten wir alle, Eloise ausgenommen, auf dem Boden rund um Schwester Duffy, als nähmen wir an einem seltsamen religiösen Ritual teil. Tahali stützte ihren Kopf, während ich ihr die süße Flüssigkeit in den Mund goß. Das meiste floß über ihr Kleid, aber wir ließen nicht locker, bis wir alle fast aneinanderklebten. Gerade da trat Robin ein, in der einen Hand hielt er ein kleines Bündel smaragdgrüner Bananen, in der andern eine Reitgerte.

„Was, zum Kuckuck, geschieht denn da?" fragte er.

„Im Augenblick gar nichts", erwiderte ich gereizt. „Aber wie du dir denken kannst, ist einiges geschehen."

Plötzlich schlug Schwester Duffy die Augen auf und setzte sich bolzgerade auf. „Heilige Mutter Gottes!" rief sie. „Hier sieht's aus wie auf einem Schlachtfeld!"

„Ja, so ähnlich." Hoffnungslos betrachtete ich das zerbrochene Porzellan, die verstreuten Brotscheiben, die geborstene Teekanne und den Riesenfleck auf dem Teppich.

„Das ist alles meine Schuld, und ich könnte mir die Haare einzeln ausreißen!" Sie bemühte sich aufzustehen, aber ich hielt sie zurück.

„Bleiben Sie lieber noch ein paar Minuten, wo Sie sind." Ich drehte mich nach Tahali um. „Schieb den Stuhl dort für die Schwester her, damit sie sich anlehnen kann."

Das tat Tahali, und ich schickte Eulalia und Clementine hinunter, um den Kaffee zu holen. Unterdessen ruhte Schwester Duffy neben dem Stuhl; sie atmete wohl noch schwer, schien aber sonst wieder ganz normal.

„Geben Sie mir einen Löffel Rohrzucker", sagte sie, „und ich bin im Hui wieder munter wie ein Spatz." Nachdem ich ihr den Zucker gereicht hatte, wandte sie sich zu mir und schnalzte mit der Zunge. „Ich bitte um Entschuldigung. Was soll ich sonst sagen? Ich habe heute früh verschlafen und bin wie eine verbrühte Katze aus dem Haus gerannt, ohne richtig zu frühstücken, und vom Mittagessen fischte ich mir gerade nur ein paar Brocken, weil ich Blähungen hatte. Ich schäme mich zu Tode wegen meiner verdammt pflichtvergessenen Nachlässigkeit."

„Fühlen Sie sich jetzt wieder wohl?"

„Frisch wie ein Fisch im Wasser; nur noch ein wenig benommen." Sie stand mühsam auf. „Die Schweinerei da räume ich eigenhändig weg", sagte sie lebhaft. „Das ist das mindeste, was ich tun kann, nachdem ich mich so blödsinnig danebenbenommen habe."

Als eine halbe Stunde später Schwester Duffy ihren Kaffee getrunken hatte, das Zimmer wieder in Ordnung war und die arme Eloise sich erschöpft in ihre frisch aufgeschüttelten Kissen zurücklegte, ging ich mit Robin auf die hintere Veranda hinunter, wo ich einen leichten hysterischen Anfall erlitt.

20

Die Wochen, die dem ersten unbehaglichen Tag von Eloises Krankheit folgten, haben im Rückblick etwas von einer Filmmontage an sich. Alles geschah zur selben Zeit, aber auf verschiedenen Ebenen. Die Vorbereitungen für den königlichen Besuch, die sich bisher zumeist in Sitzungen und Diskussionen erschöpft hatten, kamen plötzlich in Schwung und beherrschten unser ganzes Dasein. Selbst Sandra mit ihrer unerschöpflichen Energie erlahmte ein wenig unter den Strapazen. Die Residenz wurde sozusagen unbewohnbar, denn der ganze erste Stock mußte frisch gestrichen, tapeziert und zum Teil umgebaut werden, während man im Garten eine Estrade für die Musikkapelle errichtete und zwei riesige Markisen für den Fall, daß ein übelwollendes Schicksal just über der garden-party einen Wolkenbruch entfesseln würde.

Zuerst sollte ja das vielerörterte Vorstellen auf einem mit roten Kordeln abgesonderten Teil der unteren Terrasse stattfinden. Diese Idee ließ man aber fallen, als Sandra darauf hinwies, daß die Vorgestellten unmöglich Hofknickse machen und sich rückwärtsgehend zurückziehen könnten, ohne Hals über Kopf drei Steinstufen hinunterzupurzeln. Dann wurde vorgeschlagen, die Königin und Prinz Philip durch den Garten zu führen und dabei die auf verschiedene strategische Punkte verteilten Auserwählten vorzustellen. Das erforderte einen Unterausschuß, mit Cuckoo als Vorsitzende, der diese Bürger in kleine Gruppen zusammenfaßte und darauf achtete, daß sie im bestimmten Augenblick an bestimmten Plätzen bereitstanden, um ohne Zeitverlust aus der Menge herausgeholt, vorgestellt und nachher wieder zurückgeschickt zu werden. Es versteht sich von selbst, daß Cuckoo mit ihrer gewohnten unheimlichen Geschicklichkeit schon bei der ersten Sitzung jedes Ausschußmitglied zu kränken wußte und daß der ganze Plan in einem Chaos unterging. Schließlich überließ man die Vorbereitungen der Vorstellungszeremonie vier Offizieren der Royal Shropshires, unterstützt durch Chris Mortlock und zwei zusätzliche Adjutanten.

In der Zwischenzeit retteten sich die Proben für das Wasserfestspiel unverdrossen von Krise zu Krise. Eine Hauptnixe Ivy Polands trat, als sie neckisch durch das seichte Wasser hüpfte, auf einen Stachelrochen und mußte ins Krankenhaus eingeliefert werden. Keela Aloia ertrank um ein Haar, da sein Sauerstoffgerät aussetzte, und seinen ersten Auftritt mußte man völlig umbauen. Alma, Ivy, Kerry Stirling und Inky Blumenthal gerieten in einen wüsten Streit, bei dem die Funken stoben und jeder die andern beschuldigte, die Aufführung aus persönlicher Eifersucht absichtlich zu sabotieren. Diese Szene legte vorerst alles lahm, und ich nahm es auf mich, insgeheim Sandra zu verständigen, die ganz plötzlich wie eine strafende Gottheit bei einer Probe erschien und Alma, Ivy, Kerry und Inky in einer verdrossenen Gruppe um sich versammelte und sie vor allen Mitwirkenden mit scharfen, aber wunderbar gewählten Worten verdonnerte: Falls man weiterhin Zeit mit Zänkereien verlieren und die Sache nicht vorantreiben und auf Kosten einer patriotischen Pflicht kleinlichen Eifersüchteleien nachhängen würde, lasse sie die ganze Vorstellung sofort absagen und die Schuldigen offiziell von der garden-party ausladen. Bei dieser Aussicht brach Alma in heftiges Schluchzen aus und mußte von Ivy in ein Kokospalmengehölz geführt werden; einige der weniger wichtigen Mitspieler klatschten zaudernd Beifall und verstummten, als Sandra, ohne mir auch nur einen Blick zuzuwerfen, kehrtmachte, energisch durch den Sand auf ihren Wagen zustapfte und davonfuhr. Während der Probe, die eine halbe Stunde später in einer Atmosphäre bedrückter Mißstimmung fortgesetzt wurde, schlich ich mich unbemerkt zu meinem Wagen und folgte ihr.

Unterdessen war auch unser Haus, dank Eloises sensationeller Genesung, praktisch unbewohnbar geworden. Nach einer fieberfreien Woche im Bett gestattete ihr Dr. Bowman, täglich einige Stunden herunterzukommen und sich auf der hinteren Veranda niederzulassen. Zum Glück hatte sich ihr leichter Anfall von Windpocken vor allem auf Rücken und Brust beschränkt und nur wenige Flecken bedeckten die Kinnpartie und den Hals. Diese verbarg sie einfallsreich, indem sie, wie eine Haremsdame, den Kopf in einen hyazinthenblauen Schal hüllte, so daß nur ihre schönen Augen geheimnisvoll und trauerumflort daraus hervorschauten. Sie lag auf einer von Tahali aus ihrem Schlafzimmer heruntergeschafften Chaiselongue unter einer reichgemusterten chinesischen Seidendecke, die Robin mir vor Jahren aus Honolulu mitgebracht hatte. Die Wirkung, das brauche ich kaum zu sagen, war überwältigend.

Mit Erfolg hielten wir die Fiktion aufrecht, daß Eloise an einer leichten, aber unbekannten Tropenkrankheit litt. Dr. Bowman war von mir entsprechend bearbeitet worden und hatte sich mit einem, wie mir schien, ein wenig spöttischen Lächeln bereit erklärt, seine Rolle in der Komödie zu spielen. Jeden Nachmittag zwischen vier und sieben empfing Eloise den Strom ihrer Besucher. Unter ihnen zeichneten sich vor allem Chris Mortlock aus, der sie sehnsüchtig anschmachtete, Hali Alani, der sie weniger regelmäßig, aber gleich verzückt umwarb, Lucy und Bimbo, Dusty und Buddha, Oberst Shelton und einige Offiziere der Royal Shropshires, beladen mit riesigen Blütenketten und Blumensträußen und Obstkörben, ferner die Brüder Fumbasi, die ihr Geschenke aus Jade und Alabaster zu Füßen legten. All das brachte natürlich den üblichen Gang des Haushalts in Unordnung. Die Dienstboten zeigten sich der Lage großartig gewachsen, und Tahali, obgleich bis zum Zusammenbrechen überarbeitet, bewahrte Ruhe, Tüchtigkeit und eine beinahe übermenschliche gute Laune. Nicht so Robin, den die Situation zunehmend erbitterte. Ich begriff ihn gut. Für den, der den Unterhalt verdiente und nach einem langen Arbeitstag müde und erhitzt von der Pflanzung heimkam, war es, gelinde gesagt, aufreizend, jeden Abend auf der eigenen Veranda eine Art Cocktail-Marathon vorzufinden. Als wir nach ein paar Tagen erkannten, daß der Betrieb nicht nachlassen und die Zahl der Besucher eher wachsen als abnehmen würde, richtete ich auf unserer Schlafzimmerveranda die Erfrischungen her, so daß wir die Sonnenuntergänge relativ friedlich genießen konnten. Doch dieser Friede war wirklich nur relativ, denn die Veranda ging auf die Anfahrt, und wir mußten uns ständig ducken, um von den kommenden und scheidenden Gästen Eloises nicht gesehen zu werden.

Seit dem Beginn von Eloises Erkrankung radelte jeden Morgen pünktlich um halb zehn ein junger Samolaner an, der eine einzige, in Zellophan gehüllte Gardenie brachte und wieder davonfuhr. Dieser tägliche Tribut trug weder Brief noch Karte angehängt, und mich übermannte die Neugier, und ich erkundigte mich bei Eloise. Sie errötete und hüstelte verlegen.

„Sie stammen von Daphne und Lydia", sagte sie. „Es ist doch wirklich himmlisch von ihnen, nicht wahr?"

„Sehr aufmerksam!" Ich unterdrückte einen Lachkrampf. „Niemand kann bestreiten, daß du auf dieser Insel allseits eingeschlagen hast."

„Ich muß zugeben, alle Leute sind schrecklich nett zu mir gewesen." Sie lächelte müde; dann verhärteten sich ihre Züge. „Alle, bis auf Bunny. Von ihm habe ich überhaupt kein Lebenszeichen erhalten."

„Er ist zum Fischen weggefahren."

„Auch dann hätte er ein Telegramm oder sonst was schicken können."

„Es ist schwierig, auf einem abgelegenen Atoll Telegramme aufzugeben."

„An der ganzen verfahrenen Geschichte trägt einzig und allein er Schuld", sagte sie verdrießlich.

„Wie sind denn deine Gefühle – Bunny gegenüber, meine ich."

„Ich weiß nicht." Sie wandte den Kopf ab. „Mir ist manchmal miserabel zumute, wenn ich an ihn denke, und ich wünsche, alles wäre schön und lustig und romantisch wie voriges Jahr in Capri. Dann aber, wenn ich mich an dieses schreckliche Haus erinnere und an sein greuliches Benehmen mir gegenüber, bin ich wie betäubt, und es läßt mich völlig kalt, ob ich ihn je wiedersehe. Jedenfalls habe ich beschlossen heimzufahren, sobald ich mich wohl genug fühle. Ich bin dir und Robin schon viel zu lange zur Last gefallen."

„Unsinn!" sagte ich. „Es war reizend, dich hier zu haben; du hast die ganze Gegend aufgemöbelt."

„Engel", flüsterte sie schwach, warf mir eine Kußhand zu und schloß die Augen. Leise verließ ich das Zimmer.

Ungefähr eine Woche nach dieser Unterhaltung wollte ich eines Morgens zu Kelly's Taverne fahren, um mit den Kindern zu Mittag zu essen, als Daphne mit halsbrecherischer Geschwindigkeit in einem M.G.-Kabriolett heranbrauste. Sie trug scharlachfarbene Hosen, eine weiße Hemdbluse und um den Kopf ein buntes Tuch. Es fehlten nur noch goldene Ohrringe und ein grüner Papagei auf der Schulter, um die Ähnlichkeit mit einem wetterharten, allerdings ungewöhnlich breithüftigen Piraten zu vervollständigen.

Nachdem sie mir die Hand mit hartem Griff zerquetscht hatte, führte ich sie durch das Haus auf die hintere Veranda. Eigentlich hätte ich stilgerecht ‚Johoho!' rufen und ihr eine Pulle Rum anbieten sollen. Sie begnügte sich jedoch zu meiner Überraschung mit einem Glas Tomatensaft, setzte sich auf das Verandageländer und ließ die Beine baumeln.

„Ich dachte, ich könnte einmal herüberkommen und sehen, wie's der Patientin geht", sagte sie. „Hat eigentlich irgend jemand festgestellt, was ihr fehlte?"

„O ja." Ich lächelte vertraulich. „Es handelte sich um eine sehr seltene Virusinfektion mit einem komplizierten Namen. Dr. Bowman nannte ihn erst gestern, aber er ist mir glatt entfallen. Zum

Glück erwischte es Eloise außerordentlich leicht, und sie erholt sich geradezu rapid. Wollen Sie zu ihr hinaufgehn?"

„Nicht, bevor ich mit Ihnen gesprochen habe." Sie sprang vom Geländer, schaute über den Garten und pfiff nonchalant durch die Zähne. „Sie müssen ja mit all dem Kram eine saumäßige Zeit hinter sich haben. Ein Patient im Haus ist sowieso kein Spaß!"

„Nein, ein Spaß ist es kaum."

„Und wie geht's der epileptischen Krankenschwester?"

„Sie ist fort und war nicht epileptisch, sondern zuckerkrank."

„Schlimme Sache bei einer Schwester, das eine wie das andere."

„Sicher, aber als Pflegerin bewährte sie sich ausgezeichnet. Und das arme Wesen hatte nur einen einzigen Anfall."

„Ich weiß. Eloise erzählte es mir am Telephon." Sie hielt inne. „Weswegen ich eigentlich hier bin –", wieder machte sie eine Pause und räusperte sich. „Ja, ich hätte einen Vorschlag. Wäre es für Sie nicht eine Erleichterung, wenn Eloise eine Weile nach Fisherman's Hole herüberkäme? Ich wollte sie nicht auffordern, ohne vorher mit Ihnen gesprochen zu haben, aber ich könnte mir denken, daß sie zur Abwechslung gerne einmal unmittelbar am Meer wäre und daß sie das wahrscheinlich ein wenig aufmuntern würde. Was halten Sie davon?"

„Ich halte das für eine ausgezeichnete Idee, wenn sie einverstanden ist." Ich versuchte, die Begeisterung in meiner Stimme zu dämpfen. „Und es ist wirklich sehr lieb von Ihnen. Haben Sie ihr noch gar nichts davon gesagt?"

„Nur andeutungsweise." Daphne sah beinahe geziert zu Boden. „Und sie schien nicht völlig abgeneigt zu sein. Aber ich möchte natürlich meine Nase nicht ungebeten in fremde Angelegenheiten stecken, schließlich ist sie ja bei Ihnen zu Gast. Ich meinte bloß –", wieder räusperte sie sich, „daß es bei Ihrem jetzigen Trubel vielleicht eine gewisse Erleichterung für Sie wäre, Ihren Logiergast loszuwerden."

„Was sagt Lydia dazu?" fragte ich und bedauerte das sogleich, weil es allzu vertraulich und ein wenig unverschämt klang. Doch diese Besorgnis erübrigte sich, denn Daphne lachte herzlich.

„Ach, Lydia ist Feuer und Flamme. Wissen Sie, wir haben die gute Ursula noch mindestens zwei weitere Wochen bei uns, und ganz unter uns gesagt, sie geht uns nach und nach auf die Nerven. Sie hat eine Neigung, sehr intensiv zu sein."

„Ja", erwiderte ich mit Nachdruck. „Das habe ich auch bemerkt."

„Und wenn Eloise im Haus ist", fuhr Daphne fort, „wird sich die Atmosphäre ein wenig entspannen – Sie verstehen, was ich meine."

„Gewiß. Eloise ist der ideale Blitzableiter. Aber Sie müssen sich auf ihre Anbeter gefaßt machen. Die Stoßzeit dauert im allgemeinen von vier bis sieben."

„Damit werden wir schon fertig." Daphne lachte wieder. „Sind besondere medizinische Vorschriften zu beachten?"

„Nein, nein", sagte ich gedankenlos, „die Schorfe sind alle abgefallen, und die ganze Sache verläuft sich erstaunlich rasch."

„Schorfe?"

„Von Dr. Bowmans Injektionen", erwiderte ich hastig. „Er hat sie mit einem speziellen Serum behandelt, das zwei kleine Narben am Arm hinterläßt. Ungefähr wie bei einer Impfung, wenn sie wirkt. Aber jetzt sind sie beinahe verheilt, und in ein oder zwei Tagen wird man überhaupt nichts mehr sehen."

„Großartig", sagte Daphne. „Gehen wir jetzt nach oben und fragen wir sie!"

Zwei Tage darauf erschien Daphne abermals in ihrem Kabriolett und entführte Eloise, die uns aus einer Staubwolke anmutig zuwinkte. Dann wanderte ich von Zimmer zu Zimmer wie Madame Ranjewskaja im ‚Kirschgarten', nur daß sie von ihrem Haus Abschied nimmt und ich das Gefühl hatte, meinem nach langer Abwesenheit wieder zu begegnen.

Robin und ich aßen selig und allein auf der hinteren Veranda zu Mittag, und nachmittags, nachdem er auf die Pflanzung zurückgefahren war, streiften Tahali und ich entschlossen die Überzüge von der Hollywoodschaukel und schmierten sie aus Leibeskräften. Das dauerte ziemlich lange, doch als wir es geschafft und die Ölflecken vom Boden weggewischt und Überzüge und Kissen wieder an Ort und Stelle gebracht hatten, zog Tahali sich triumphierend in die Küche zurück, während ich mich lautlos mit einem Fuß schaukelte und zu dem Gewebe aufblickte, das die Bäume auf den Himmel zeichneten.

Um halb fünf kehrte Nanny mit den Kindern zurück, die braungebrannt und toll ausgelassen waren. Wir feierten das Zusammensein beim Tee unter dem Pareandabaum, und sie überhäuften mich mit den Erzählungen ihrer Abenteuer am Meer. Ein Amerikaner in einem Hemd mit Ananas darauf hatte sie in einem Motorboot hinausgefahren; Simon hatte von Kokoano, Juanitas Chefbademeister, den Kopfsprung gelernt, Cokey und Janet hatten beim Bau einer Sandburg ein goldenes Zigarettenetui mit der brillantenbesetzten Inschrift ‚Für Baba jetzt und auf immer' gefunden. Auf Nannys Betreiben lieferten sie es im Hotel ab, wo die Besitzerin – voraussichtlich jene ‚Baba' –, eine Mrs. Garsch aus Omaha, Nebraska, als sie das Etui erkannte, laut aufschrie, um dann in Tränen auszubrechen und schließlich Cokey und Janet an ihren Busen zu pressen. Später, als die Aufregung sich gelegt hatte, erschien sie plötzlich im Bungalow der Kinder, die gerade beim Abendessen saßen, überschüttete beide mit Küssen und schenkte jedem eine große Schachtel mit schokoladebezogenen Pfefferminzbonbons. Zu all diesen Sensationen hatte Juanita auch noch ein Mondschein-Picknick für sie und einige andere Kinder aus dem Hotel arrangiert. In einer wenige Kilometer entfernten Bucht hatten sie ein großes Feuer angezündet und Mais geröstet und Simon war es schlecht geworden. Am Ende dieser Berichte räumte Tahali das Teegeschirr ab, und wir spielten unter großem Geschrei Verstecken, bis es für die Kinder Zeit war, hinaufzugehn und zu baden.

Erschöpft, aber glücklich kehrte ich zu der geräuschlosen Hollywoodschaukel zurück und überflog die Abendpost, die Eulalia auf den Tisch gelegt hatte. Es waren drei Rechnungen, eine Quittung, eine Postkarte für Robin von seiner Schwester in Schottland und ein Brief von Mutter. Als ich ihn öffnete, fiel ein Zeitungsausschnitt auf den Boden. Ich hob ihn auf und las entsetzt die Schlagzeile: ‚Herzogin in Tropenparadies erkrankt!'

Der Artikel lautete kurz und sachlich: ‚Die Herzogin von Fowey, die derzeit zu Besuch bei Freunden auf den samolanischen Inseln weilt, ist von einer heftigen, aber noch unbekannten Tropenkrankheit befallen worden. Den Spezialisten gelang es bisher noch nicht, die Krankheit zu diagnostizieren; die Patientin ist unter ständiger Beobachtung. Der Herzog von Fowey, der in Kemberton, dem Schloß seiner Vorfahren in Cornwall, angerufen wurde, äußerte sein Erstaunen über diese Nachricht. Sie sind der erste, der mir davon berichtet, sagte er. Auf die Frage, ob etwas an dem Gerücht wahr sei, daß er und die Herzogin eine Trennung beabsichtigten, verweigerte er jede Auskunft.' Ich legte mit zitternder Hand den Ausschnitt weg und griff nach Mutters Brief.

Meine liebste Grizel,
um Himmels willen, was ist denn los? Jeannie entdeckte diese Meldung heute morgen in der Zeitung, und ich habe sie ausgeschnitten und sende sie Dir auf der Stelle. Ich kann mir nicht vorstellen, daß Du nicht gekabelt hättest, wenn es etwas wirklich Ernstes wäre, aber ich bin doch sehr beunruhigt, das muß ich sagen. Du und die Kinder, seid ihr ganz gesund? Wie langweilig, daß dieses dumme Frauenzimmer eine Tropenkrankheit aufliest, und wie idiotisch von den Ärzten, nicht herauszufinden, was es ist! Vermutlich sind alle so faul und rückständig wie der schreckliche Inder mit der Fistelstimme, den die arme Lavinia in Ceylon hatte und der ihr nichts als Reis und Knoblauch zu essen gab und sie beinahe umbrachte. Cynthia kam Dienstag zum Mittagessen und erzählte mir eine ganze Menge über die Foweys. Sie kennt sie anscheinend recht gut und sagt, daß sie, Deine Eloise, immer mit Männern anbandelt. Voriges Jahr soll sie sich mit einem gewissen Bunny Dingsda abgegeben haben, der jetzt in Samolo lebt. Das alles klingt mir sehr verdächtig, und ich kann nur hoffen, Liebling, daß Du Dich in keiner Weise in irgend etwas hast hineinziehen lassen. Du weißt, wie leicht man Dich beschwatzen kann. Ich werde nie vergessen, wie Du die alberne Gladys Hokeby ermutigt hast, mit Bluey Duckworth

nach Kenya durchzubrennen. Und sieh sie Dir jetzt an! Da sitzen sie ohne einen Penny und von Mau-Maus umzingelt! Ich weiß, Du hältst mich wahrscheinlich für eine törichte alte Frau, die einer anderen Generation angehört, aber ich kann nur sagen, daß ich froh darüber bin, wenn ich sehe, wie die Leute sich heutzutage aufführen. Ellen Fennel kam für eine Woche von Exeter nach London, und wir genossen diese Tage sehr. Sie ist wirklich fabelhaft munter, trotz allem. Wir gingen zweimal ins Kino und auch zu einer Matinee des Königlichen Balletts in Covent Garden, die großartig war. Diese Margot Fonteyn könnte ich einfach auffressen! Sonst nichts Neues. Bitte, schreib mir, sobald Du diesen Brief erhältst. Ich habe keine Minute Frieden, bevor ich nicht weiß, daß alles in Ordnung ist. Liebe Grüße an Robin und die Kinder. Sei tausendmal umarmt von Deiner Dich liebenden
Mutter
P.S. Jeannie war heute bei ihrer verheirateten Nichte in Chislehurst, und stell Dir vor, alle Kinder lagen mit Windpocken im Bett! Zum Glück können Erwachsene sie nicht bekommen, sonst wäre ich sehr beunruhigt!

21

DIE NÄCHSTEN TAGE verliefen, soweit es mein Haus betraf, angenehm ereignislos; für die Insel Samolo allerdings waren sie höchst ereignisreich.

Zwei riesige Schiffe gingen im Hafen vor Anker und spien über das ohnehin schon zappelnde Pendarla Hunderte eifriger amerikanischer Touristen aus, die die Hotels, die Restaurants und den Strand bis zum Platzen füllten, die alles knipsten, was vor die Linse kam, einschließlich sich selber, und die, wie Buddha vorausgesagt hatte, die Preise in astronomische Höhen trieben. Hinchcliffes Firma ‚Samolotour' war so schlau gewesen, schon einige Wochen vorher eine große Anzahl gewaltiger Cadillacs und Chevrolets von Honolulu zu importieren, die mit schwitzenden Touristen vollgestopft in riesigen Staubwolken über einst friedliche Straßen fegten, die Luft von dem Lärm ihrer Hupen erzittern ließen und erheblich zu der bis ins Wahnsinnige gesteigerten Verwirrung beitrugen, die sich der ganzen Insel bemächtigt hatte. Genau nach Buddhas Prophezeiung flatterten Journalisten jeder Art und Herkunft von allen vier Ecken der Welt aus der Luft herab. Sie machten nicht nur Hotels, Restaurants und den Strand unsicher, nein, sie erzwangen sich auch den Eintritt in verschiedene Privathäuser und entlockten den verschüchterten Bewohnern Interviews und ‚Geschichten, die das Leben schrieb'. Diese drahteten sie dann ihren Redaktionen in

London, Paris, New York und Hollywood, womit sie den lokalen Post-, Telephon- und Telegraphendienst völlig lahmlegten und das normale Geschäftsleben in ein Chaos verwandelten.

Sandra und Seine Exzellenz gaben widerwillig, aber mit freundlichem Lächeln auf den Lippen im Ballsaal der Residenz einen offiziellen Presseempfang. Robin und ich, Dusty und Buddha, Lucy und Bimbo, Hali Alani und noch etwa dreißig andere prominente Inselbewohner waren zu Hilfe gerufen worden, und wir versammelten uns frühzeitig, um die eindringenden Horden zu begrüßen. Die ganze Veranstaltung war glänzend organisiert, im Patio standen reihenweise die Tische mit dem kalten Büfett, und auf der frisch errichteten Estrade blies herzhaft die Musikkapelle der Royal Shropshires Melodien von Gilbert und Sullivan. Die Gäste bildeten eine buntscheckige Gesellschaft, doch alle schienen sich ungemein wohl zu fühlen.

Es war mir gelungen, mich taktvoll von einer eifrigen amerikanischen Dame mit einer randlosen, doppelt geschliffenen Brille zu befreien, die mich unerbittlich über die soziale Kinderwohlfahrt in Samolo ausgequetscht hatte; ich bahnte mir einen Weg durch die wogende Menge und ging auf den Patio hinaus, um Luft zu schnappen. Hinter einem Pfeiler fand ich einen leeren Stuhl, ließ mich dankbar hineinsinken und zündete mir eine Zigarette an. Mein Friede währte jedoch nicht lange, denn alsbald überfiel mich ein junger Mann, der die Krawatte eines Garderegiments und einen zerdrückten Anzug trug und von einem verstaubten Frauenzimmer in Grün begleitet war.

„Sind Sie Mrs. Craigie?" Er sprach mit einem nur schlecht verhüllten Cockney-Akzent.

„Ja." Ich nickte liebenswürdig.

„Ich bin Korrespondent des ‚Daily Express'. Mein Name ist Hodge. Und das ist meine Kollegin, Miss Becker, vom ‚Evening Standard'."

Ich erhob mich und schüttelte beiden die Hand. Mr. Hodge zog aus seiner Brusttasche ein Notizbuch.

„Sie haben hoffentlich nichts dagegen, wenn ich einige Fragen an Sie richte?"

„Nicht im geringsten." Ich setzte mich wieder. „Was möchten Sie wissen?"

„Wie ich höre, leben Sie hier in Samolo?"

„Ja. Mein Mann besitzt eine Bananenpflanzung."

„Was bringt das jährlich ein?" Er musterte mich forschend.

„Ich kann mir nicht vorstellen, daß die Leser des ‚Daily Express' sich für die Vermögenslage meines Mannes interessieren sollten." Ich lächelte möglichst überzeugend. „Jedenfalls wäre es schwer, eine genaue Antwort zu geben. Das jährliche Einkommen hängt von der Ernte ab, die Ernte vom Wetter und das Wetter vom Allmächtigen."

„Ausgezeichnet." Er kritzelte in sein Notizbuch. „Das ist wirklich ausgezeichnet."

„Wie ich höre, ist Ihr Haus ein Mittelpunkt des gesellschaftlichen Lebens auf der Insel", sagte Miss Becker.

„O nein, wir geben wenige und nur kleine Einladungen."

„Stimmt es, daß die Herzogin von Fowey derzeit Ihr Gast ist?"

„Jawohl."

„Sie war schwerkrank, nicht wahr?"

„Nein." Ich schüttelte den Kopf. „Sie hatte einige Tage lang leichtes Fieber, aber jetzt ist sie wieder wohlauf."

„Ist etwas Wahres an dem Gerücht, daß sie und der Herzog an eine Scheidung denken?"

„Soviel ich weiß, nicht das geringste."

„Wenn es aber zuträfe, dann würde ihre Lage hier doch sehr bedenklich."

„Warum?"

„Nachdem die Königin und Philip zu Besuch kommen."

„Welcher Philip?" fragte ich unschuldig.

Mr. Hodge sah mich erstaunt an. „Der Herzog von Edinburgh natürlich."

„Ach so." Ich verstummte und schaute ausdruckslos an ihnen vorbei in den Garten. Das Tageslicht war jetzt fast verblichen, und die Musiker packten ihre Instrumente ein.

Mr. Hodge merkte, daß die Atmosphäre sich abgekühlt hatte; er lächelte zutunlichst und wechselte das Thema.

„Kann man sagen, daß das Rassenproblem in dieser Kolonie sozusagen nicht existiert?"

„Vollkommen richtig."

„Besteht unter den Eingeborenen irgendein verstecktes Ressentiment?"

„Nein. Soviel mir bekannt, hätten sie auch gar keinen Grund dazu."

„Ich dachte jetzt an den königlichen Besuch."

„Das tun wir alle!" sagte ich begeistert. „Wir freuen uns riesig darauf."

„Ihres Wissens hat es also hier nie zum Beispiel Rassenunruhen gegeben?"

„Gelegentlich schon."

„Aha!" Mr. Hodges Augen glänzten erwartungsvoll.

„Aber nur zwischen amerikanischen Touristen. Und dann lediglich bei Gala-Abenden in den größeren Hotels."

„Jetzt ziehen Sie mich auf!" Er kicherte.

„Wohnt nicht Mr. Bunny Colville unmittelbar in Ihrer Nähe?" fragte Miss Becker.

„Doch, gewiß. Er hat ein reizendes Haus direkt am Meer und ist ein leidenschaftlicher Tiefseetaucher."

„In der Fleet Street munkelt man, daß er und die Herzogin von Fowey intim befreundet sind." Sie hüstelte vielsagend, bevor sie das Wort ‚intim' aussprach.

„So? Wirklich?" Ich sah sie kühl an.

„Ist etwas Wahres daran?"

„Er ist kürzlich zum Fischen weggefahren." Ich stand auf. „Fragen Sie ihn doch, wenn er zurückkommt; seine Nummer finden Sie im Telephonbuch." Ich reichte den beiden die Hand. „Entschuldigen Sie bitte, wenn ich Sie jetzt verlasse, aber ich muß meinen Mann suchen. Leben Sie wohl. Hoffentlich gefällt es Ihnen in Samolo." Ich neigte den Kopf und ging in den Ballsaal zurück.

Es war halb acht, und die Damen und Herren von der Presse hatten sich der letzten, vielleicht anfangs einmal vorhandenen Hemmungen entledigt und begannen, sich auszutoben. Um acht zogen Sandra und der Gouverneur, immer noch ein gezwungenes Lächeln auf dem Gesicht, sich hilflos nach oben in ihre Wohnräume zurück. Kurz darauf erwischte ich Robin, und auch wir verdrückten uns, gingen zum Wagen, den wir bei den Stallungen geparkt hatten, und fuhren heim.

Am nächsten Morgen schickte Madame Alice mein Kleid für die garden-party, und von Eulalia und Clementine unterstützt, die sich vor Aufregung kaum fassen konnten, probierte ich es sofort an nebst Hut und Handschuhen, die dazugehörten. Alles in allem überraschte mich der Effekt angenehm. Der Hut wirkte pompöser, als ich ihn von der Probe im Laden her in Erinnerung hatte, und wackelte auch noch, da er ein wenig zu groß war, aber dem ließ sich rasch abhelfen, indem wir ihn mit etwas Watte auspolsterten. Langsam schritt ich die Treppe hinunter, um auf der hinteren Veranda einige Hofknickse zu probieren. Dort stieß ich auf Tahali, der aus den Wirtschaftsräumen kam. Entzückt klatschte er in die Hände und rief: „Wunderschön! Wunderschön! Mistress sehen umwerfend aus!" Eulalia und Clementine, die mir nach unten gefolgt waren, stimmten in seine Begeisterung ein, und selbst Jock, der die Hibiskushecke vor dem Verandageländer beschnitt, gab ein heiseres Hurra von sich. Davon ermutigt, knickste ich graziös vor einer imaginären Monarchin und ihrem Prinzgemahl und schwebte zur Hollywoodschaukel, um einen Blick in die Morgenpost zu werfen. Eulalia und Clementine verschwanden in die Küche, Jock widmete sich wieder der Hecke, und Tahali ging an die Haustür, denn es läutete. Ich öffnete gerade ein Paket mit zwei Nummern des ‚Spectator' und einer von ‚Time and Tide', als er wiederkam. Aus seinem ganzen Benehmen und dem schlecht verhüllten Aufblitzen in seinen Augen schloß ich, daß er Erstaunliches zu verkünden hatte.

„Da sein ein Herr, der Sie zu sprechen wünscht, Mistress."
„Ein Herr? Wer denn?"
„Er mir aufgetragen zu sagen, er sein der Herzog von Fowey."
Rasch sprang ich auf, wobei ich mit dem Kopf an die Markise der Hollywoodschaukel stieß und meinen Hut schief übers Ohr schob.

„Ich lasse bitten", sagte ich mit erstickter Stimme, rückte meinen Hut zurecht und versuchte gleichzeitig, die Handschuhe abzustreifen. Tahali verschwand und war sofort wieder da. Lauter als unbedingt nötig meldete er: „Der Herzog von Fowey!" Dann trat er mit einer tiefen Verbeugung zur Seite, und Droopy kam aus dem Haus. Er trug einen beigen rohseidenen Anzug und einen Strohhut und wirkte ziemlich nervös.

„Es tut mir außerordentlich leid, daß ich so unangemeldet bei Ihnen hereinplatze", sagte er. „Ich wollte telegraphieren, aber es reichte nicht mehr. Ich habe mit Müh und Not noch das Flugzeug erwischt."

Es gelang mir, mich rechtzeitig vom rechten Handschuh zu befreien, um dem Herzog die Hand zu geben.

„Welch eine reizende Überraschung!" sagte ich ein wenig außer Atem. „Ich freue mich sehr, Sie kennenzulernen. Setzen Sie sich doch und trinken Sie eine Tasse Kaffee oder sonst etwas; Sie müssen ja todmüde sein."

„Es ist zwar etwas früh für einen Drink, aber einen Whisky-Soda würde ich nicht ablehnen." Ich nickte Tahali zu, der sich abermals verbeugte und verschwand. Der Herzog setzte sich und legte seinen Hut auf den Tisch.

„Die Landung war ein wenig holprig", sagte er. „Wahrscheinlich wegen der Berge."

„Ja", stimmte ich zu und lachte fröhlich ohne jeden Grund. „Das wird's gewesen sein." Er sah mich leicht verdutzt an, und ich fuhr rasch fort: „Ich muß Ihnen erklären, daß ich für gewöhnlich morgens nicht so aufgetakelt herumlaufe. Ich machte nur eine kleine private Anprobe für die garden-party. Sie wissen ja wahrscheinlich, daß wir übermorgen die Königin und den Herzog von Edinburgh erwarten, und da sind wir alle ziemlich überdreht." Ich nahm den Hut ab, warf ihn auf einen Stuhl und zupfte mein Haar zurecht.

„Ich habe mich um Eloise gesorgt", sagte er. „Wie geht's ihr denn?"

„Sie ist wieder ganz gesund. Wirklich kein Grund zur Sorge."

„Ist sie hier?"

„Nun, jetzt gerade nicht." Mit mäßigem Erfolg bemühte ich mich, einen verlegenen Ton in meiner Stimme zu unterdrücken. „Momentan hält sie sich in Fisherman's Hole, einem Haus an der Küste, auf."

„Ist das Bunny Colvilles Haus?" Keinerlei Erregung zitterte in seiner Frage, und er sah mich ganz unbefangen an.

„Nein. Es gehört Daphne Gilpin. Sie und Eloise waren anfangs des Krieges zusammen beim Transport-Korps. Dort haben wir uns kennengelernt."

Tahali kam mit einem Glas Whisky-Soda, reichte es dem Herzog und blickte mich fragend an.

„Ja, Tahali!" Ich glaubte, ich müßte ersticken. „Mir bitte auch ein Glas." Ich setzte mich auf die Hollywoodschaukel, und Droopy und ich musterten uns eine Weile schweigend. Wir waren einander bisher nie begegnet, aber ich erinnerte mich an Bilder von ihm im ‚Tatler'. Er hatte eine tadellose Figur, lichtes blondes Haar, das langsam grau wurde, seine tiefliegenden blauen Augen verrieten eine gewisse Verwundbarkeit. Die schwächste Partie seines Gesichts war das Kinn, das wohl nicht gerade zurückwich, aber aussah, als könnte es sich jede Minute dazu entschließen. Als ich ihm da gegenübersaß, überfiel mich ein panisches Schuldgefühl. In seinen Augen mußte ich als durch und durch minderwertiges Subjekt dastehn. Bitter verwünschte ich Bunny, der mich in diese widerwärtige Lage gebracht hatte, doch noch viel mehr verwünschte ich mich selber, weil ich von Anfang an so idiotisch nachgiebig gewesen war. Schon zu Beginn der Geschichte waren unbestimmte Ahnungen von Skandal und Scheidung in mir aufgestiegen, doch hatten sich diese im allgemeinen Rahmen gehalten, ohne direkten Zusammenhang mit mir. Nie, auch nicht in den Stunden unbehaglichster Bedenken, war mir der Gedanke gekommen, ich müßte eines Tages dem Opfer, dem armen Betroffenen, gegenübersitzen, einem vollendet höflichen und liebenswürdigen Mann, an dessen Täuschung ich mich so schamlos mitschuldig gemacht hatte. Die Situation war unerträglich, und ich spürte, wie ich bis zu den Haarwurzeln errötete. Vielleicht übertrug sich etwas von dem

Aufruhr in meinem Innern auf den Herzog, denn er sah mich über den Rand seines Glases an und sagte augenzwinkernd:
„Kopf hoch!"
„Ich weiß leider nicht, was Sie meinen." Mühsam brachte ich ein starres Lächeln zuwege. „Ich bin ganz vergnügt, mir ist nur ein bißchen heiß." Ich drückte die Hand auf mein glühendes Gesicht und wünschte, die Erde möchte sich öffnen und mich verschlucken.
„Mir auch", sagte er. „Hätten Sie etwas dagegen, wenn ich das Jackett ausziehe?"
„Natürlich nicht. Machen Sie sich's bitte bequem." Er stand auf, zog das Jackett aus und hängte es sorgsam über die Lehne seines Stuhls. Dann setzte er sich wieder.
„Eine Cousine von mir, Jennifer Trout, war mit Daphne Gilpin ziemlich dick befreundet", sagte er. „Sind Sie ihr mal begegnet?"
„Leider nicht." Ich bot ihm eine Zigarette aus einer abscheulichen Dose an, welche die Arbeiter auf der Pflanzung Robin zu seinem letzten Geburtstag geschenkt hatten, und bemerkte, daß meine Hand zitterte. „Was für ein seltsamer Name!"
„Sie war auch ein seltsames Frauenzimmer." Der Herzog nahm eine Zigarette. „Rannte immer in Reithosen herum und fuhr Motorrad. In der Familie lief sie unter dem Namen ‚Das Roß'."
„Ach!" seufzte ich und fing an zu lachen.
„Ich habe sie jetzt aus den Augen verloren." Der Herzog zündete seine Zigarette an und lehnte sich zurück. „Als letztes hörten wir, daß sie mit einer mexikanischen Schriftstellerin irgendwo auf einem Berg herumkletterte. Wie ist denn diese Daphne Gilpin? Ich habe sie nie kennengelernt."
„Auf ihre Art ganz spaßig. Sie hat ein sehr schnelles Motorboot", fügte ich ziemlich sinnlos hinzu.
Der Herzog hob eine Braue. „Von der Sorte also?"
„Nun..." Ich zauderte. „Sie steht im Ruf, etwas exzentrisch zu sein. Sie und Lydia French leben schon seit einigen Jahren hier. Sie besitzen ein reizendes Haus; es ist auf die Felsen gebaut,

genau über dem Meer. Robin und ich sind vor kurzem mit Eloise dort zum Abendessen gewesen, und Eloise gefiel es dort ganz ungemein, und als Daphne vorschlug, sie sollte sich doch ein paar Tage bei ihnen erholen, packte sie natürlich die Gelegenheit beim Schopf." Ich endete ziemlich überstürzt und ertrug standhaft seinen Blick.

„Wie krank war sie denn tatsächlich?"

„Nicht sonderlich. Sie hatte irgendeinen tropischen Virus und etwas Fieber, aber der Doktor kurierte sie sehr rasch."

„Schön." Der Herzog lächelte freundlich und trank einen Schluck. „Ich finde es äußerst liebenswürdig von Ihnen und Ihrem Mann, daß Sie sich die ganze Zeit so um sie gekümmert haben."

„Ihr Besuch war uns ein Vergnügen. Sie ist ein wahrer Engel gewesen."

„O Gott", sagte der Herzog und lachte.

In diesem Augenblick kam Tahali mit meinem Whisky. Ich nahm das Glas und wandte mich zum Herzog.

„Möchten Sie nicht eine Kleinigkeit essen? Ein Sandwich vielleicht? Es wäre gleich fertig."

„Nein, danke. Ich erhielt im Flugzeug das übliche Pappdeckelfrühstück." Tahali verbeugte sich und ging. Der Herzog hob sein Glas. „Auf Ihr Wohl!"

Ich würgte meinen Dank hervor, hob mein Glas und nahm einen Riesenschluck. Meine Gedanken rasten. Wieviel wußte er tatsächlich von Eloise und Bunny, und wieviel erriet er nur? Auf meinen Bescheid, Eloise sei in Fisherman's Hole, hatte er nonchalant gefragt: „Ist das Bunny Colvilles Haus?", als nähme er es für selbstverständlich, daß sie sich dort aufhielt. Warum aber war er so plötzlich hierhergeflogen? Am Ende, weil er sich wirklich wegen Eloises Krankheit sorgte? Oder stürzte er so unerwartet vom Himmel, um die schuldigen Liebenden auf frischer Tat zu ertappen? Er wirkte vollkommen ruhig, während er mir da gegenübersaß, und in seinen Augen schimmerte kein Argwohn, weit eher ein milder Humor. Woher sollte ich wissen, ob diese offenkundige Gelassenheit nicht nur Fassade war und einen inneren Aufruhr von gekränktem Stolz und Eifersucht verbarg, die unerbittlich verlangten, um jeden Preis die beleidigte Ehre zu rächen? Wenn ich ihn ansah, mußte ich allerdings zugeben, daß er in diesem Fall vollendet Komödie spielte, denn er wirkte durchaus entspannt und sorgenfrei und betrachtete anerkennend über den Garten hinweg die Aussicht. Die Bananenblätter auf der anderen Seite der Schlucht leuchteten in der Morgensonne, und die fernen Berge hoben sich dunstig blau von einem wolkenlosen, blassen Himmel ab.

„Ein wunderbares Stück Erde", sagte er. „Ich war bisher noch nie richtig in den Tropen. Madeira zählt ja nicht, oder?"

„Nein." Ich rang noch immer verstört um eine eindeutige Marschroute für mein Verhalten. „Ich glaube nicht."

„Wie heißt denn dieser riesige Baum dort mit den roten Blüten?"

„Flamboyant oder Ponciana, wie Sie wollen. Hier hat alles mehrere Namen. Die Samolaner nennen ihn Raki-Tali, Rotbaum. Wenn er nicht blüht, hängt er voll von großen braunen Schoten, die wie Pantoffeln aussehen."

„Sie fragen sich wohl, warum ich so plötzlich und ohne Ankündigung hier hereingeschneit bin?" sagte er unvermittelt.

„Nun", ich schnappte nach Luft, „ja, allerdings."

„Glauben Sie, daß Sie mir ein kurzes Résumé der Lage geben könnten, wie sie sich Ihnen im Augenblick darstellt?" fragte er sanft.

„Die Lage?" Ich hielt seinen Blick aus und spürte, daß ich wieder rot wurde.

„Selbstverständlich, ohne das Vertrauen anderer zu verraten." Er lächelte leicht zerstreut und trank einen Schluck.

„Momentan scheint fast alles, was man mich fragt, irgend jemandes Vertrauen zu verraten", erwiderte ich. „Das bedrückt einen nachgerade."

„Sie wissen wohl, daß die Zeitungen Gerüchte über eine Scheidung von Eloise und mir verbreiteten?"

„Ja, das erfuhr ich aus einem Brief meiner Mutter. Sie erwähnte, daß sie etwas im ‚Daily Express' gelesen hätte." Ich wich seinem ruhigen Blick aus und zündete mir, so unbefangen ich nur konnte, eine Zigarette an. „Hoffentlich ist nichts Wahres daran?"

„Nun, in gewissem Sinn ja und in gewissem Sinn nein. Ich meine, es hängt jetzt von Eloise ab. Ich selber bin nicht darauf versessen, da ich die Gute sehr gerne mag. Aber ich kann unmöglich für alle Ewigkeit zusehen, wie sie herumstreunt und sich einbildet, ich wüßte von nichts. Ich mache mich ja absolut lächerlich damit." Er seufzte ohne jeden Groll und fuhr fort: „Sehen Sie, über die Affäre mit Bunny Colville bin ich schon lange im Bild, ja, von Anfang an. Als sie sagte, sie wolle zu Ihnen fahren, durchschaute ich das ganze abgekartete Spiel und zweifelte nicht daran, daß sie in Wirklichkeit hierherkam, um mit ihm beisammenzusein. Eigentlich wollte ich offen mit ihr reden, bevor sie wegfuhr, beschloß dann aber, die Entwicklung der Dinge abzuwarten. Es hat ja keinen Zweck, offen mit jemandem zu reden, der in einen anderen verschossen ist. Das führt nur zu Szenen, und Szenen sind mir ein Greuel."

„Das gilt für die meisten Menschen." Plötzlich packte mich ein gelinder Zorn; ich stellte mein Glas etwas wuchtiger hin als beabsichtigt und sah meinem Gegenüber gerade ins Auge. „Wenn ich das sagen darf, ich glaube, mit einigen Szenen zur richtigen Zeit in den ersten Jahren Ihrer Ehe wäre es überhaupt nicht zu der jetzigen Lage gekommen."

„Ich erlebte mit meiner ersten Frau genügend Szenen zur richtigen Zeit. Sie schwelgte gewissermaßen in Szenen. Einmal warf sie mir im Claridge einen Suppenteller an den Kopf", sagte der Herzog erinnerungsschwer. „Nur wegen der beiden Jungen befreite ich mich nicht viel früher von ihr. Nun, schließlich brannte sie mit einem Posaunisten nach Kairo durch, und so war alles aufs beste geregelt."

„Was will ein Posaunist ausgerechnet in Kairo?"

„Wahrscheinlich seine dämliche Posaune blasen", erwiderte der Herzog. „Er war ohnehin Araber."

„Und Ihnen wurden wohl die Kinder zugesprochen?"

„Du liebe Zeit, ja. David, der jüngere, ist noch in Eton und entwickelt sich, wenn ich recht orientiert bin, zu einem fürchterlichen Lausejungen. Der ältere, Nigel, studiert in Oxford. Nächsten Monat wird er einundzwanzig. Ich will ihm zu Ehren ein Fest in Kemberton veranstalten – mit Festtafeln im Freien und allen Pächtern und dem ganzen Zauber. Hoffentlich kommt Eloise bis dahin zurück. Nigel wäre sonst schwer enttäuscht. Er vergöttert sie."

„Und Sie?"

Er hob eine Braue. „Wie meinen Sie das?"

„Vergöttern Sie sie auch?"

Der Herzog spitzte die Lippen, blies einen Raucherring in die Höhe und betrachtete, wie er sich in der Luft drehte. „Das dürfte wohl ein wenig übertrieben sein", sagte er. „Als wir 1946 heirateten, war ich natürlich völlig vernarrt in sie, aber das nützte sich, wie überall, mit der Zeit ab. Die Schwierigkeit mit Eloise liegt darin, daß sie so verdammt dekorativ ist. Ich meine – man sieht den Wald vor lauter Bäumen nicht."

„Jetzt müßten Sie aber allmählich wissen, wie es mit dem Wald bestellt ist."

„Ja, das sollte ich wohl." Er lachte gutgelaunt. „Dabei ist es nicht einmal ein richtiger Wald; nur ein hübsches kleines Gebüsch. Und dazu hin und wieder recht schattig", fügte er hinzu und lachte wieder.

„Liegt Ihnen wirklich daran, daß sie zu Ihnen zurückkommt, oder nicht?"

„Ja, gewiß! Wie ich vorher schon sagte – ich habe sie aufrichtig gern. Ich weiß, sie ist eitel wie ein Pfau und in vieler Hinsicht schrecklich töricht; wenn sie sich jedoch in Form befindet und nicht gerade eine neue Eroberung im Kopf hat, kann sie ungemein nützlich sein und die lustigste Kameradin der Welt."

„Glauben Sie, daß es Eloise, bei ihrem Aussehen und ihrem Charme, befriedigt, ungemein nützlich und die lustigste Kameradin der Welt zu sein?"

„Das vielleicht nicht. Aber der Tag wird kommen, da es ihr genügen muß. Sie ist schließlich kein Küken mehr."

„Das sind wir alle nicht." Ich platzte plötzlich heraus.

„Warum lachen Sie?"

„Ich weiß nicht. Wahrscheinlich mehr aus Erleichterung als aus irgendeinem andern Grund."

„Wo hält sich Bunny zur Zeit auf?"

„Er ist zum Fischen weggefahren. Seit vierzehn Tagen haben wir kein Wort mehr von ihm gehört."

„Oh." Der Herzog blickte nachdenklich vor sich hin.

„Sie kennen ihn doch?"

„Ach Gott, ja. Seit Jahren. Wir haben bei White oft miteinander Karten gespielt."

„Mögen Sie ihn?"

„Natürlich." Der Herzog sah mich erstaunt an. „Er ist ein ganz reizender Kerl."

„Und wie stehen Sie jetzt zu ihm? Das heißt, seit Sie über ihn und Eloise Bescheid wissen?"

„Das kann ich nicht genau sagen. Vermutlich nicht anders als vorher. Natürlich gab es Stunden, da mich alles ziemlich erbitterte, doch das hat wenig Zweck. Ich kann ihm nicht gut einen Vorwurf daraus machen, daß er sich in Eloise verliebt hat. Das tun viele. Damit mußte ich rechnen, als ich sie heiratete. Ich hatte nie in dem Wahn gelebt, sie lange ganz für mich behalten zu können."

„Eine ziemlich resignierte Haltung, nicht?"

„Damals schien es mir die reine Vernunft. Und im Grunde geht's mir heute genauso."

„Du liebes bißchen!" Ich fand keine Worte.

„Für Sie klingt das wohl pflaumenweich?" fuhr der Herzog fort. „Vermutlich mangelt es mir an Talent zur Eifersucht, mehr nicht. Jedenfalls ist Bunny nicht der einzige, mit dem sie schäkerte; nur glaube ich, daß es diesmal tiefer reicht als bei den andern. Und natürlich bin ich allein aus diesem Grund hierhergeflogen. Ich wollte feststellen, ob dies den endgültigen Bruch bedeutet oder nicht."

„Ich verstehe."

Hilflos sah ich ihn an und fragte mich, wieviel von seiner

geradezu klinischen Distanziertheit echt und wieviel vorgespiegelt war, um andere, ja vielleicht auch sich selbst zu täuschen.

„Ich heiratete Eloise vor vierzehn Jahren", sagte er ruhig. „Sie war eines der begehrtesten und reizendsten jungen Mädchen von England. In den ersten Jahren trübte kein Wölkchen den Himmel unseres Glücks. Dann aber änderten sich unvermeidbar die Verhältnisse. Ich wäre ein Esel gewesen, wenn ich es nicht hätte kommen sehen. Von da an beließ ich es dabei, mich der Lage anzupassen, so gut ich konnte. Dieser Prozeß war bisweilen schmerzhaft, aber gewiß nicht so schlimm, wie wenn ich mich in wütende Eifersucht hineingesteigert, wenn ich Szenen gemacht und alles in Stücke zerschlagen hätte. Ich bin wohl nicht mehr in Eloise verliebt, aber ich bin stolz auf sie und hänge an ihr, und ich habe das Gefühl, daß sie auf lange Sicht mit mir glücklicher sein wird als mit irgendeinem andern. Im Grunde ist sie gar nicht so liebeshungrig und enthemmt, wie sie tut. Sie will nur angebetet und begehrt werden. Und ein Mann allein genügt da nicht." Er hielt inne und beugte sich mit einem bittenden Blick nach vorn. „Sie haben mir meinen Wunsch von vorhin noch nicht erfüllt."

„Sie meinen das kurze Résumé der Lage, wie sie sich mir im Augenblick darstellt?"

„Ja. Ich wüßte gern, woran ich bin. Ganz ehrlich."

„Nun", sagte ich sanft, „die Lage hat sich entschieden gebessert – von Ihrem Standpunkt aus betrachtet, meine ich. Sie ist gar nicht so schlecht, wie Sie glauben. Dank einer Anzahl völlig unvorhergesehener Umstände sind die mächtigen dunklen Sinnbilder der Liebe bei Eloise beträchtlich zusammengeschrumpft."

„Wie meinen Sie das?" fragte er mit glänzenden Augen.

„Das ist ein Roman, reich an Zwischenfällen, aber ich verspreche Ihnen, ihn später mit allen Einzelheiten zu erzählen. Glauben Sie mir, daß ich es wirklich kaum erwarten kann, mein Gewissen zu erleichtern, und, auch das dürfen Sie mir glauben, mein Gewissen hat in diesen letzten Wochen schwere Zeiten durchgemacht. Aber das alles ist wirklich viel zu verwickelt, als daß ich es Ihnen so rasch auseinandersetzen könnte. Ich habe tausenderlei zu erledigen, unter anderem diesen lächerlichen Aufzug loszuwerden; und dann muß ich um elf an einer Ausschußsitzung teilnehmen. Wo wohnen Sie denn?"

„Nirgends", erwiderte er betrübt. „Auf dem Weg hierher fragte ich in vier Hotels nach, aber alle waren randvoll besetzt."

„Wo steht Ihr Gepäck?"

„Ich habe nur einen Handkoffer. Er ist draußen im Taxi."

„Mein Gott! Wollen Sie damit sagen, daß die ganze Zeit über draußen ein Taxi wartet?"

„Ich sagte dem Fahrer, er könne den Motor abstellen", verteidigte sich der Herzog. „Ich wußte ja nicht genau, ob Sie zu Hause sind oder wie lange ich hier sitzen würde."

„Sie müssen auf jeden Fall ein oder zwei Nächte hier bleiben. Es besteht nicht die leiseste Aussicht, daß Sie in einem Hotel unterkommen, ehe die königlichen Gäste wieder fort sind."

„Das ist wirklich furchtbar lieb von Ihnen, aber ich kann mich Ihnen doch nicht derart aufdrängen."

„Unsinn. Es gibt kein anderes Quartier, und Sie können doch nicht am Strand nächtigen. Sie bekommen Eloises Zimmer. Und wenn sie zurückkehrt, müssen Sie es eben teilen."

„Das wird ihr vielleicht nicht recht sein."

„Eloise muß lernen, die Dinge zu nehmen, wie sie sind", sagte ich energisch. „Es ist übrigens ein sehr breites Bett, und so brauchen Sie sich nicht gegenseitig im Weg zu sein. Was mir noch einfällt, haben Sie schon die Windpocken gehabt?"

„Windpocken?" Der Herzog schaute verdutzt auf. „Ja, ich glaube schon, als Kind. Warum?"

„Das erkläre ich Ihnen später. Auch das gehört zum Roman. Zahlen Sie das Taxi, Tahali wird unterdessen Ihren Koffer hinaufbringen. Bitte, ruhen Sie sich aus, machen Sie sich's gemütlich. Sie können auch baden gehen, wenn Sie Lust haben. Tahali wird Ihnen den Swimmingpool zeigen. Er wirkt mit den Fröschen nicht gerade verlockend, fürchte ich; aber er ist tadellos sauber und hübsch und kühl. Ich werde nicht länger als anderthalb Stunden fortbleiben. Wenn Robin – mein Mann – vor mir zum Mittagessen heimkommt, so sagen Sie ihm, wer Sie sind, und beobachten Sie, wie er darauf reagiert. Das könnte sehr spaßig sein. Jetzt muß ich mich aber wirklich umziehen."

Er nahm meine Hand und schüttelte sie herzlich. „Ich kann Ihnen nie genug dafür danken, daß Sie mich so freundlich und so verständnisvoll aufgenommen haben."

„Mein lieber Herzog –", begann ich, wieder ein wenig nervös, aber er unterbrach mich.

„Bei meinen Freunden bin ich als ‚Droopy' bekannt", sagte er. „Ein Spitzname aus der Zeit, als ich noch sehr jung und sehr dünn war. Er blieb an mir hängen."

„Lieber Droopy!" Dankbar spürte ich, daß mir ein Stein vom Herzen fiel, und ich unterdrückte nur mühsam den Wunsch, ihn zu umarmen. „Willkommen in Samolo!"

Dann eilte ich die Treppe hinauf.

22

Die Ausschussitzung verlief zunächst ereignislos und befaßte sich hauptsächlich mit dem Kartenverkauf für die öffentliche Generalprobe. Die Nachfrage war enttäuschend gewesen, weil die meisten Leute sich natürlich die Festvorstellung in Anwesenheit der Königin und des Prinzgemahls ansehen wollten. Nach längerer Diskussion wurde beschlossen, fünfzig aktive Mitglieder des Frauenvereins mit Gatten oder einem Verwandten einzuladen; damit waren wenigstens die hinteren Reihen besetzt. Alma und Ivy, Sandras Strafpredigt noch im Ohr, gurrten miteinander wie Turteltauben. Cuckoo aber, geschwellt von moralischer Entrüstung, beschloß aus völlig unerfindlichen Gründen, ein ‚Problem‘, wie sie es nannte, zur Sprache zu bringen, das wir alle, in stillschweigendem Einverständnis, hatten ignorieren wollen. Das ‚Problem‘ bestand darin, daß bei einer der letzten Abendproben ein Sergeant Hancock von den Royal Shropshires in ziemlich mäßig bekleidetem Zustand hinter den Tribünen mit einer von Ivy Polands Nixen erwischt worden war. Daß die betreffende Nixe, eine üppige, der Minderjährigkeit längst entwachsene Samolanerin, sich gelegentlich mit den jungen Helden von Pendarla abgab, blieb niemand verborgen, und Cuckoos nachdrückliches Verlangen, daß etwas geschehen müsse, daß das Mädchen strafweise zu entnixen und der ruchlose Sergeant seinem Vorgesetzten anzuzeigen und in die Kaserne einzusperren sei, wurde sehr kühl aufgenommen. Zunächst einmal war das Mädchen eine der besten Tänzerinnen und geradezu eine lokale Berühmtheit; ihr Ausschluss erforderte neue Proben, für die die Zeit fehlte. Dann aber hatte Sergeant Hancock sich als schmissiger Piratenhäuptling hohe Verdienste erworben, ihn beim jetzigen Stand der Vorbereitungen zu ersetzen, würde riesige Verwirrung stiften und die wichtigsten Szenen des ersten Teils umschmeißen. Doch keine dieser praktischen Erwägungen konnte Cuckoo von dem erwählten Pfad moralischer Selbstgerechtigkeit abbringen. Wir saßen finster und erbittert um den Tisch, während sie ihre Gründe in einem Strom von Gemeinplätzen hervorsprudelte und dabei immer röter wurde, bis schließlich Esmond Templar aufsprang und sie hart anfuhr.

„Um Himmels willen, regen Sie sich ab, mein Kind", rief er. „Sie vergeuden Ihre und unsere Zeit. Wir wissen alle, daß Sie die Frau des Kolonialsekretärs sind, aber das heißt noch lange nicht, daß Sie das Recht haben, uns wie eine alte Gouvernante anzuöden. Wir wissen alle, daß Tauhua Tali und der gute Albert Hancock sich *nicht* hinter der Estrade hätten vergnügen sollen, und daß die ganze Geschichte *abscheulich* und *unmoralisch* und *asozial* barbarisch ist. Aber wir wissen auch, daß Burschen Burschen und Mädchen Mädchen sind und daß Sex Sex bleibt; daran ändern sämtliche hochmoralischen Bauchschmerzen der Welt nichts. Zudem geht der besagte Zwischenfall, um das klarzustellen, weder Sie noch uns etwas an. Wenn Albert Hancock und Tauhua Lust haben, auf dem Sand herumzuhopsen, bis die Hähne krähn, so ist das ausschließlich *ihre* Privatangelegenheit, solange sie es nicht während der Vorstellung tun, und das ist sehr unwahrscheinlich, denn Inky hat keine passende Musik dazu komponiert. Und so wollen wir ein für allemal mit diesem Quatsch aufhören und uns an unsere Arbeit machen." Damit setzte er sich energisch auf seinen Platz, und Peter, der neben ihm saß, tönte laut „Hört! Hört!"

Cuckoo sprang auf, bleich vor Wut. „Wie können Sie es wagen, so mit mir zu sprechen?" rief sie zitternd. „Wie können Sie es wagen!"

„Ruhe, bitte, Ruhe!" Alma schlug mit dem Hammer auf den Tisch.

„Ruhe! Das gefällt mir, das muß ich schon sagen!" Cuckoo blitzte Alma zornig an und ihre Stimme schnappte in einem schrillen Diskant über. „Sie, Alma, als Vorsitzende, wagen Ruhe zu fordern, nachdem Sie stumm dagesessen sind und zugelassen haben, daß ich vor dem ganzen Ausschuß beleidigt wurde. Da bleibt mir keine andere Wahl als zurückzutreten, und das tue ich hiermit. Mehr habe ich nicht zu sagen."

Sie schob ihren Stuhl so kräftig zurück, daß er krachend umfiel, griff nach ihrer Handtasche, stelzte aus dem Zimmer und schlug dröhnend die Tür hinter sich zu.

Tiefes Schweigen folgte ihrem Abgang, bis Alma mit zusammengepreßten Lippen und steinernen Zügen den Hammer wieder auf den Tisch hieb und gebrochen erklärte, die Sitzung sei vertagt.

Wegen dieser Szene, die unser Zusammensein weit über die gewohnte Dauer verlängert hatte, kam ich viel später als beabsichtigt nach Hause. Statt den Wagen wie gewöhnlich in die Garage zu fahren, stellte ich ihn vor die Haustür und ging auf die hintere Veranda, wo ich Robin und Droopy gemütlich vor ihren Gläsern sitzend fand. Droopy trug ein Paar von Robins Shorts, dazu ein gelbes Polohemd und verschossene rosa Leinensandalen. Höflich sprangen sie auf, als ich erschien, und ich ließ mich auf der Hollywoodschaukel nieder, während Robin mir auch einen Drink mixte.

„Du bist sehr spät dran", sagte er. „Wir fürchteten schon, du seist einem schrecklichen Unfall zum Opfer gefallen."

„Dieser Gedanke scheint dich ja nicht gerade sehr umgetrieben zu haben", bemerkte ich sanft. „Ist das Mittagessen fertig?"

„Das Mittagessen war schon vor mindestens einer Dreiviertelstunde fertig", sagte Robin. „Jetzt ist es vollkommen verdorben."

„Kaum möglich, da es nur kaltes Fleisch und Salat gibt." Ich wandte mich zu Droopy. „Wie sind Sie miteinander ausgekommen? War Robin geziemend verlegen, als er Sie hier vorfand?"

„Er weiß nicht, wer ich bin", sagte Droopy. „Ich wollte Ihnen den Spaß nicht verderben und erzählte ihm, ich hieße Mullion und sei von Ihrer Frau Mutter an Sie empfohlen."

„Wie verfielen Sie gerade auf Mullion?"

„Das ist eine Bucht in Cornwall, wo wir als Jungen gepicknickt haben."

„Wovon redet ihr beiden eigentlich?" Robin reichte mir das Glas und musterte uns scharf.

„Das ist der Herzog von Fowey, Schatz", sagte ich. „Er flog herüber, um zu sehen, wie es Eloise geht."

„Mein Gott!" Robin starrte Droopy mit offenem Mund ungläubig an.

„Das ist eine durchaus befriedigende Reaktion", sagte ich. „Aber jetzt darfst du dich fassen und jede feige Furcht und Heuchelei aus deinem Herzen bannen. *Er weiß alles!*"

Robin sank schwer in einen Stuhl. „Verdammt und zugenäht! Alles?"

„Nun, vielleicht nicht *alles*. Das heißt, nicht alle Einzelheiten. Ich hatte, ehe ich ging, keine Zeit, ihm die ganze Story zu erzählen. Doch das Wesentliche beurteilt er völlig richtig."

„Entschuldigen Sie das Pseudonym", sagte Droopy versöhnlich. „Es war nur ein kleiner Scherz. Ihre Frau und ich haben uns heute früh sehr lange unterhalten, und ich glaube, wir verstehen uns."

„Der Teufel soll mich holen!" Robin sah immer noch ein wenig verdutzt drein. „Und wie steht's mit Eloise? Weiß sie, daß Sie da sind?"

„Noch nicht", antwortete Droopy. „Ich wollte sie später anrufen." Er wandte sich zu mir. „Dieses Fisherman's-Dingsda hat vermutlich Telephon?"

„Fisherman's Hole", sagte ich. „5032."

In diesem Augenblick erschien Tahali und meldete, daß angerichtet sei, und so gingen wir selbdritt, unsere Gläser in der Hand, ins Eßzimmer. Während des Essens hielten wir uns strikt an die Regel ‚Pas devant les domestiques!' und sprachen vom Staatsbesuch, von gemeinsamen Freunden und anderen unverfänglichen Dingen. Später machten wir es uns auf dem Rasen unter dem Pareandabaum bequem, und als Tahali den Kaffee gebracht und sich zurückgezogen hatte, berichtete ich Droopy alles, was von dem Morgen an vorgefallen war, da Bunny mich überredet hatte, Eloise als Logiergast aufzunehmen. Robin schaltete da und dort eine Bemerkung ein, und Droopy lauschte gespannt meiner Erzählung, ohne eine Miene zu verziehen und ohne eine Gemütsbewegung zu verraten. Taktvoll mied ich die Versuchung, bei den zahlreichen komischen Aspekten der Geschichte länger zu verweilen, denn ich spürte instinktiv, daß es ihm zwar offensichtlich nicht an Humor fehlte, daß seine tieferen Empfindungen aber dennoch weit mehr angerührt waren, als er uns merken lassen wollte. Als ich geendet hatte, herrschte langes Schweigen. Droopy zündete eine Zigarette an, lehnte sich im Stuhl zurück und beobachtete nachdenklich Westinghouse, der auf der Jagd nach Eidechsen blitzschnell durch die Hibiskushecke hin und her flitzte.

Ein überwältigendes Gefühl der Erleichterung bemächtigte sich meiner. Noch immer drückte mich das Bewußtsein meiner Schuld, noch immer wünschte ich glühend, nie in die Affäre hineingezogen worden zu sein, doch jetzt war ich von jeder Verantwortung gegenüber Bunny und Eloise erlöst. Ich brauchte mich nicht weiter mit den Albträumen einer Entdeckung, eines öffentlichen Skandals zu quälen, mußte keine schrecklichen Verwicklungen befürchten, die der nächste Tag bringen konnte. Jetzt war es Droopys und Eloises Sache, das Problem zu lösen, wie sie es für richtig hielten. Dabei vermutete ich, daß von dem Problem eigentlich kaum etwas übriggeblieben war. Aus den Augenwinkeln schielte ich zu Droopy hinüber. Er rauchte noch immer seine Zigarette und schaute ins Leere. Robin rutschte unbehaglich auf seinem Stuhl herum und hüstelte.

„Ich möchte hinzufügen", begann er, denn auch ihn bedrückte das Schweigen allmählich, „daß Grizel und ich unser Verhalten in der ganzen Angelegenheit nicht sonderlich glücklich finden." Er räusperte sich erneut. „Es fing damit an, daß Bunny ein alter Freund von uns ist und wir ihn nicht im Stich lassen wollten. Später natürlich, als Eloise ankam und die Geschichte immer verwickelter wurde, merkten wir, daß wir uns erheblich tiefer eingelassen hatten, als je unsere Absicht gewesen war. Ihrer Position trugen wir natürlich nur wenig Rechnung, denn Sie waren tausend Meilen entfernt, und keiner von uns hatte Sie je kennengelernt. Ich weiß, jetzt kommt es ein bißchen spät, wenn wir erklären, daß es uns leid tut, aber es tut uns wirklich leid – verdammt leid. Und ich kann bloß hoffen, daß sich alles für Sie und Eloise zum besten wendet und daß Sie uns, wie immer es ausgehn mag, nicht zu sehr grollen." Robin, dem sichtlich heiß wurde, verstummte.

„Aber wozu sich denn entschuldigen?" Droopy sah uns mit einem leicht verzerrten Lächeln an. „Ich mache Ihnen beiden nicht den geringsten Vorwurf. Wahrscheinlich hätte ich an Ihrer Stelle genauso gehandelt. Nein, ich mache niemandem einen Vorwurf – höchstens vielleicht mir selber; aber das ist meine Sache, nicht?" Er zuckte die Achseln und warf die Zigarette fort. „Jetzt muß nur entschieden werden, was als nächstes geschieht. Ich bitte um Vorschläge."

„Möchten Sie, daß ich Eloise anrufe?" fragte ich. „Wir könnten aber auch hinüberfahren und sie holen, wenn Sie wollen."

„Ich weiß nicht recht." Er seufzte schwer. „Im Augenblick fühle ich mich ein wenig knieweich, und das Herz schlägt mir bis zum Hals."

„Ich glaube, ich sollte anrufen und ihr mitteilen, daß Sie hier sind." Ich stand auf. „Ich werde es ihr schonend beibringen."

„Schön. Ganz wie Sie meinen." Er lächelte wieder, aber die Augen verrieten Kummer, und mit einemmal hatte ich Mitleid mit ihm. Ich ließ ihn und Robin unter dem Brotbaum sitzen und ging quer über den Rasen ins Haus. Als ich die Bibliothek betrat, läutete das Telephon und ich nahm gereizt den Hörer ab. Wahrscheinlich wollten Lucy oder Dusty einen kleinen Plausch halten, oder Esmond oder Peter verspürten das Bedürfnis, mit mir den Verlauf der Sitzung und Cuckoos Rücktritt breitzuwalzen. Doch es war weder Lucy noch Dusty, weder Esmond noch Peter, es war Lydia French.

„Grizel!" schrie sie hysterisch. „Ach Grizel, sind Sie's?"

„Ja." Mir schwante Schlimmes. „Natürlich bin ich's."
„Sind Sie allein?"
„Ganz allein. Lieber Himmel, was gibt's denn?"
„Ist Eloise bei Ihnen?"
„Natürlich nicht. Soviel ich weiß, ist sie doch bei euch."
„Ach Gott!" Lydia brach in heftiges Schluchzen aus.
„Nehmen Sie sich zusammen", fuhr ich sie ziemlich scharf an. „Und erzählen Sie, was passiert ist!"

Nach einer kurzen Pause sagte sie mit erstickter Stimme: „Es hat eine schreckliche Szene gegeben, und ich habe Daphne geschlagen."

„Das ist nur recht und billig", erwiderte ich ungerührt. „Sie hat Sie oft genug verprügelt. Womit haben Sie sie geschlagen?"

„Mit einer Flasche Crème de Menthe", wimmerte Lydia. „Und jetzt hat sie eine Gehirnerschütterung und Ursula schickte nach Dr. Bowman."

„Was ist mit Eloise los?"
„Ich habe sie auch geschlagen, und sie ist weggerannt."
„Gott sei Dank, daß sie dazu noch imstande war", sagte ich wütend. „Und ich meine, Sie und Daphne könnten langsam ein wenig Selbstbeherrschung lernen. Sich in eurem Alter wie zwei angegraute Halbstarke aufzuführen, ist absolut blöd – ihr sollt euch schämen!"

„Das tu ich ja!" jammerte Lydia. „Ich schäme mich schrecklich! Darum rufe ich an. Um Eloise zu sagen, wie furchtbar leid es mir tut und wie sehr ich sie um Verzeihung bitte. Wenn Sie aber sagen, daß sie nicht bei Ihnen ist – dann weiß man ja gar nicht, wo sie steckt! Sie kann eine Gehirnerschütterung haben und irgendwo gestürzt sein – und alles durch meine Schuld!"

„Seien Sie nicht so töricht! Wenn sie sich noch wohl genug fühlte, um aus dem Haus zu rennen, ist es unwahrscheinlich, daß sie nachher plötzlich ohnmächtig umfällt. Nun, wir können nur warten, bis sie wieder auftaucht. Ich rate Ihnen, bis dahin drei Aspirin zu schlucken, ihr einen Entschuldigungsbrief zu schreiben und endlich Vernunft anzunehmen. Auf Wiederhören."

Ich hängte auf und ging ins Vorzimmer. Im selben Augenblick kreischten Bremsen, und Daphnes M.G.-Kabriolett hielt ein paar Zentimeter vor der Haustür. Eloise stellte den Motor ab, winkte mir heiter zu und schlängelte sich vom Führersitz. Sie trug rosa Hosen und ein hellgelbes Hemd – ein toller Anblick.

„Ich wäre schon früher hier gewesen." Sie küßte mich flüchtig auf die Wange. „Aber der Verkehr auf der Küstenstraße ist entsetzlich. Wie am Tag des Derbys."

„Geht's dir gut?" fragte ich besorgt.

„Glänzend! Aber ich habe etwas gelernt. Leute dieser Art sind wirklich nicht mein Fall, damit muß ich mich abfinden. Entschuldige, wenn ich dir so ohne Warnung wieder ins Haus falle, aber ich konnte es wirklich nicht länger aushalten. Stell dir vor, Lydia, diese dumme Gans, schlug mit einer Flasche nach mir!"

„Das weiß ich bereits." Ich führte sie in die Bibliothek. „Sie hat mich, völlig aufgelöst, gerade angerufen."

„Zum Glück duckte ich mich, und so traf sie nur die Schulter." Eloise nahm eine Zigarette aus einer Schachtel, zündete sie an und setzte sich auf das Sofa. „Aber ich entschied, es sei an der Zeit zu verschwinden, holte Daphnes Wagen aus der Garage, und hier bin ich nun. Irgendwie müssen wir ihr den Wagen wohl zurückbringen."

„Sie soll ihn holen lassen", erwiderte ich kalt. „Geschieht ihr ganz recht."

„Arme Daphne!" Eloise lachte auf. „Ich kann nicht anders, sie tut mir leid. Im Augenblick ist sie bewußtlos. Lydia hat ihr einen furchtbaren Schlag versetzt, und sie kippte um wie ein Sack Kartoffeln. Zum Glück blieb die Flasche heil."

„Womit hat es denn angefangen?"

„Mit mir vermutlich." Eloise seufzte nachdenklich. „Aber es braute sich schon ziemlich lange zusammen, eigentlich seit ich hinkam. Verstehst du, Daphne war immer hinter mir her und fuhr mich ständig in ihrem Motorboot herum, und Lydia wurde natürlich von Tag zu Tag saurer, bis heute beim Mittagessen der Krach ausbrach und sie sich in die Haare gerieten. Sie hatten schon, jede, drei Glas Whisky und eine Menge Rotwein in sich. Wir gingen dann alle zum Kaffee ins Wohnzimmer, denn auf der Veranda war es zu heiß. Und kaum hatte der Boy den Kaffee gebracht und sich wieder verzogen, ging es abermals los, und die Stierkämpferin mischte sich ein, um Frieden zu stiften, und da fuhr Daphne auf *sie* los und schrie, sie solle sich um ihre eigenen Angelegenheiten scheren. Dann war es eine Weile ruhig, und ich dachte, ich könnte in mein Zimmer hinaufflitzen und mich hinlegen, aber Lydia merkte meine Absicht, kriegte eine Mordswut und schrie nun mich an. Und jetzt brach das Chaos herein. Daphne sprang auf, um mich zu verteidigen, und gab Lydia eine Ohrfeige. Lydia packte die Flasche Crème de Menthe und schlug damit Daphne nieder. Die Stierkämpferin kreischte laut auf und versuchte, Lydia die Flasche zu entreißen, aber Lydia befreite sich, schlug nach mir, und da suchte ich das Weite." Eloise sah mich bittend aus ihren schönen Augen an. „Du darfst nicht glauben, ich hätte Daphne irgendwie ermutigt; nein, das habe ich wirklich und wahrhaftig nicht getan. Aber man kann doch auch nicht gar zu hart sein, wenn jemand ganz vernarrt in einen ist. Oder?"

„Nein", sagte ich trocken. „Vermutlich nicht."

„Gestern abend fuhren wir nach dem Essen mit dem Motorboot hinaus, und da wurde es mir ein wenig zuviel." Eloise seufzte wieder, und ihre Stirne kräuselte sich anmutig. „Ich mußte ihr ganz offen sagen, daß das alles nicht nach meinem Geschmack sei, heute nicht und früher nicht. Und sie nahm das ganz reizend hin."

„Ein Glück für sie!" sagte ich. „Und ich bin froh, daß du wieder hier bist, denn ich habe eine Überraschung für dich."

„Eine Überraschung?" Argwöhnisch sah sie mich an. „Hat es irgendwas mit Bunny zu tun?"

„Nein, mit Bunny nicht."

„Ist er zurückgekehrt?"

„Nicht daß ich wüßte."

Eloise atmete auf. „Gut so. Ich glaube nicht, daß ich noch mehr Szenen ertragen könnte. In den letzten Tagen habe ich viel über uns nachgedacht und beschlossen, ihn zunächst lieber nicht wiederzusehen. Ich könnte morgen oder übermorgen nach Hause fliegen. Man müßte doch während des Besuchs der Königin ohne Schwierigkeiten eine Flugkarte bekommen. Was meinst du?"

„Sicher, ohne weiteres. Wenn du wirklich abreisen willst."

„Ich könnte Droopy telegraphieren, er soll mich in London abholen. Er ist bestimmt in Kemberton."

„Darauf würde ich keine Wette eingehen."

„Was heißt das?" Sie starrte mich erstaunt an.

„Das heißt", sagte ich sehr sanft, „daß ich es für einen Fehler halte, auf irgendwas oder irgend jemand allzu sicher zu bauen."

„Oh!" Sie nagte an ihrer Unterlippe und sah mit einemmal niedergeschlagen aus. „Da wirst du wohl recht haben. Was ist das für eine Überraschung, von der du gesprochen hast?"

„Ich will jetzt gehn und sie vorbereiten." Ich stand auf.

„Vorbereiten? Es ist doch nichts zu essen?"

„Nein, bestimmt nicht." Ich lächelte beruhigend. „Wenn du zwei Minuten hierbleibst, ohne dich zu rühren, schicke ich sie dir herein."

„Du wirst mir doch kein Geschenk gekauft haben?"

„Ich habe dir gar nichts gekauft. Aber ein Geschenk ist es gewissermaßen doch. Eine Art Abschiedsgeschenk", fügte ich hinzu.

„Grizel, du bist ein Engel", sagte Eloise. „Ja, im Ernst! Ein wahrer Engel!"

Ich verließ leise das Zimmer und schloß die Tür hinter mir.

23

D̲IE ÖFFENTLICHE GENERALPROBE des Wasserfestspiels sollte um acht Uhr beginnen, und so verließen Droopy, Eloise, Robin und ich das Royal Samolan pünktlich um halb acht. Droopy hatte darauf bestanden, uns zu einem Abschiedsessen einzuladen, für das er keine Mühe und Kosten scheute. Am Vormittag hatten er und Robin eine lange Diskussion mit Siggy Rubia, und das Ergebnis war ein für das Royal Samolan wahrhaft göttliches Mahl. Wir begannen mit Wodka und Kaviar, dann gingen wir zu Cocomaneya über, einer der wirklich leckeren samolanischen Spezialitäten; sie besteht aus grünen Kokosnüssen, die man aushöhlt und mit Hühnerfricassée, süßem Mais, kleingewürfeltem Speck, Zwiebeln, Knoblauch und dem Fleisch der Kokosnuß füllt, mit einem Mehlteig verschließt, im heißen Ofen backt und dramatisch dampfend aufträgt; dazu wird trokkener weißer Reis und Chutney gereicht. Dem folgte die übliche Fülle exotischer samolanischer Früchte und eine Papayia-Eiscreme, was alles, nebst dem reichlich fließenden, köstlichen Champagner, uns, gelinde ausgedrückt, in Hochstimmung versetzte. Wir stiegen in den Kombiwagen und brausten zu allem bereit unter gewaltigem Gelächter ab.

Sandra hatte uns am Nachmittag liebenswürdigerweise vier große rosa Eintrittskarten geschickt, die uns nicht nur neben ihr und Seiner Exzellenz einen Platz in der Königsloge sicherten, sondern uns überdies erlaubten, bis in die Bucht zu fahren. So mußten wir den Wagen nicht auf dem Parkplatz lassen und zu Fuß hinuntergehn.

Cobbs Bucht gehört in ihrem natürlichen Zustand zu den Sehenswürdigkeiten der Insel. Sie bildet einen vollkommen ebenmäßigen Halbmond aus weißem Korallensand, nur wenige hundert Meter im Durchmesser, und ist von zwei felsigen Vorgebirgen umschlossen, die, von sanften Wellen umspült, steil in das tiefe Wasser abfallen. Wirkliche Brandung herrscht natürlich erst anderthalb Kilometer weiter draußen, und die donnert ständig mit gedämpftem Dröhnen gegen das Riff. Dieses Geräusch ist uns allen, die wir hier leben, so vertraut, daß wir es fern der Insel richtig vermissen und plötzlich auffahren und meinen, mit unseren Ohren stimme irgend etwas nicht.

Hinter dem Strand steigt sachte ein Kokospalmengehölz zur Straße auf, und zur Linken ergießt sich ein tiefer, klarer, kühler Bach in die warme See.

Finch und Faber, unterstützt von den Brüdern Fumbasi und der Pendarlaischen Elektrizitätsgesellschaft, hatten in wochenlanger Arbeit Tribünen und Bänke aufgerichtet und die Beleuchtung installiert und dabei tatsächlich Großartiges geleistet, doch der wahre Zauber des Ortes war begreiflicherweise unter diesen Mühen zerstoben. Da Sandra und Seine Exzellenz noch auf sich warten ließen, setzten wir uns vorne in die Loge, wo in wenigen Tagen das königliche Paar, die Ärmsten, würde Platz nehmen müssen. Es ging schon sehr geschäftig zu. Die Sitzreihen rechts und links der Estrade füllten sich rasch, und aus einer geräumigen, von Bambus und Bananenblättern geschützten Umfriedung – wahrscheinlich die Garderobe der Mitwirkenden – tönte Gekicher, das dann und wann ein Kreischen unterbrach. Wie bei allen samolanischen Festen tummelten sich überall Kinder, die auf dem Sand umherhüpften. Ein halbes Dutzend schmuck uniformierter Polizisten, die an den strategischen Punkten längs des Strandes Ordnung zu halten hatten, scheuchten sie wieder zu ihren Angehörigen zurück. In der Reihe direkt unter unseren Plätzen hatte sich, in großer Gala, die Crème der Gesellschaft von Pendarla eingefunden. Eloise, in einem weißen Kleid von Dior mit einem schwarzen Chiffonschal, erregte bei ihrem Erscheinen eine kleine Sensation. Ihre Verehrer, vorneweg Hali Alani, der ihr leidenschaftlich über das Geländer hinweg die Hand küßte, umdrängten sie und erkundigten sich glühend nach ihrem Befinden. Droopy, offenbar an solches Gebaren längst gewöhnt, strahlte selbstgefällig, und in seinen Augen blitzte Besitzerstolz auf.

Als die Erregung ein wenig verebbte, stimmte die Kapelle der Royal Shropshires, die sich für mein Gefühl recht unsicher auf einer hölzernen Estrade unter dem Laubdach wilder Mandelbäume zusammenpferchte, ihre Instrumente; die Trompeten und Holzbläser übten ihre Triller und Glissandos, dazwischen dröhnten kurz die Trommeln auf. Seit ich mit neun Jahren zum erstenmal zu einer Pantomime mitgenommen wurde, verzaubern mich diese Klänge. Sie wecken sehnsüchtige Erinnerungen an Wärme, Plüsch und Gold; an Sixpencestücke, die man in einen Schlitz quetscht, um ein winziges Opernglas zu erhalten; an jähes erregendes Dunkel, durchbrochen vom Aufleuchten der Rampe, die den roten Samtvorhang anstrahlt, an fiebernde Erwartung, an entzücktes Herumzappeln, an Schokolade in Silberpapier. Nie bin ich dieser besonderen Freude entwachsen, obgleich die modernen Theater in unserem Wohlfahrtsstaat sie erheblich vermindert haben und uns nur dürftig auf das glanzvolle Spiel vorbereiten, indem sie entweder ganz auf Musik verzichten oder sich mit einem elektrischen Apparat behelfen, der in dem leeren Orchesterraum, von staubigen Blattpflanzen verhüllt, etwas herunterkrächzt. Immerhin gelang es mir, einen leisen Hauch davon wieder zu verspüren, als ich in Cobbs Bucht saß und auf das dunkle Meer hinaussah, solange die Kapelle vor sich hin dudelte und in den Bäumen die Lichter glänzten.

Eloise, die mindestens zehn Minuten lang an der Brüstung ihre Verehrer ‚empfangen' hatte, setzte sich schließlich und glättete ihren Schal. „Du mußt zugeben, Liebling", sagte sie mit einem zaghaften Lächeln zu Droopy, „daß die Leute hier nicht netter sein könnten. Sie sind wirklich himmlisch zu mir gewesen."

„Ich kann's ihnen nicht verdenken", meinte Droopy. „Du siehst überwältigend aus!"

In diesem Augenblick erschien ein Programmverkäufer und überreichte ihr eine einzelne, in Zellophan verpackte Gardenie, daran mit einer Nadel befestigt eine Karte steckte. Eloise las sie. „Du meine Güte", sagte sie, als müßte sie sich entschuldigen, und reichte mir die Karte. Ich erkannte im Nu die klare und feste Schrift mit ihrem ausgesprochen männlichen Duktus. Die anonyme Botschaft war kurz und sachlich. ‚Fahr wohl, du bist zu kostbar, daß ich's wäre, der dich besitzt.'

Ich gab Eloise die Karte zurück und sagte: „Warum versprachst du ihr den schönsten Tag und hast sie ohne Mantel ziehen lassen?"

Eloise, in Shakespeares Sonetten nicht eben beschlagen, starrte mich mit aufgerissenen Augen an. „Was redest du da für Zeug?"

Plötzlich erscholl von der Estrade der Musiker langanhaltender Trommelwirbel, und sechs Trompeter sprangen auf und bliesen einen nicht ganz sauberen Tusch. „Das erkläre ich dir später. Da kommt Seine Exzellenz, der Gouverneur."

Wir alle erhoben uns, und nach ein oder zwei Minuten erschien der Gouverneur mit Sandra in der Loge, gefolgt von Chris Mortlock und einem feschen jungen Mann, den die Royal Shropshires als zweiten Adjutanten abgestellt hatten.

„Wir haben so ein albernes Huhn überfahren", tuschelte Sandra mir zu, „mußten anhalten, uns entschuldigen und bezahlen. Daher die Verspätung. Die Sache hat mich ganz nervös gemacht." Hastig begrüßte sie Robin, Eloise und Droopy, dann trat sie neben den Gouverneur an die Logenbrüstung. Das Publikum klatschte, und wir alle standen stramm, während die Kapelle die Nationalhymne spielte. Nachdem das vorüber war, winkte Sandra Droopy an ihre rechte Seite und wies Eloise den Platz zu Georges Linken an; Robin und ich und die Adjutanten saßen dicht dahinter. Das Publikum machte es sich schnatternd wieder auf Stühlen und Bänken bequem, bis die Kapelle frischfröhlich ein Potpourri aus Sullivans ‚Piraten von Penzance' intonierte.

„Ach, die guten Royal Shropshires", sagte Sandra, „zeigen sich doch immer auf der Höhe der Situation!"

„Inky Blumenthals Ouvertüre ist noch nicht instrumentiert", sagte ich und beugte mich vor. „Zur Auswahl standen noch ‚Indisches Liebeslied', der ‚Gondoliere' oder, landschaftlich sehr passend, ‚Wilhelm Tell'."

„Wahrscheinlich kriegen wir das alles noch zu hören, bevor der Abend um ist."

Sandra holte ihre Brille aus dem Täschchen und studierte das Programm. „Das gibt eine lange Geschichte, fürchte ich!"

Nach dieser Ouvertüre erloschen alle Scheinwerfer in den Bäumen bis auf einen einzigen, der unentwegt Mrs. Innes-Glendower bestrahlte, die in einem buntgemusterten chinesischen Mantel und mit einem glitzernden spanischen Kamm im leuchtend blauen Haar in der ersten Reihe saß. Sie rückte im hellen Lichtkreis unbehaglich hin und her und beschattete die Augen mit der Hand. Neben gedämpften Rufen tönte Almas Stimme gebieterisch aus dem Dunkeln: „Wenn er nicht von selber ausgeht, muß jemand hinaufklettern und ihn ausdrehen!" Nach einer kurzen Pause setzte erneutes Getuschel ein, bis schließlich ein kleiner Junge den Strand hinuntersprang, affenartig den Baum erkletterte und tapfer mit dem Scheinwerfer kämpfte. Es gelang ihm, ihn langsam hin und her zu drehen, so daß er Mann für Mann die erste Reihe bestrahlte, nicht zuletzt den alten Sir Albert, der sich auf seinem Sitz zusammenkauerte und ein Taschentuch über seinen Kopf breitete. Endlich schüttelte der arme Junge, offenbar von Angst übermannt, den Scheinwerfer so heftig, daß er aus seiner Fassung brach und mit dumpfem Knall in den Sand fiel, wo ihn zwei Polizisten aufhoben und damit im Dunkeln verschwanden. Der kleine Junge glitt unter lautem Beifall vom Baum, und die Kapelle stimmte die ersten Klänge von Inky Blumenthals Wassermusik an.

Währenddessen schalteten Hauptmann Gedge und Leutnant Proctor von den Royal Shropshires, die jahrelange Erfahrung mit militärischen Schaustellungen besaßen, auf beiden Seiten der Bucht zwei große Scheinwerfer ein und strahlten Keela Alioa an, der uns den Rücken zukehrte und die Arme zu den Sternen emporstreckte. Kleine Wellen spülten über seine Füße, er drehte sich langsam und ungemein graziös um und schritt in seiner kurzen silbernen Tunika aus dem Wasser auf uns zu. In dem grellen Licht glänzte seine dunkle Haut wie poliertes Mahagoni. Er begann zu sprechen, doch die ersten Worte verloren sich in einem Beifallssturm. Wir alle wußten, daß Keela schön war, aber der Anblick des prachtvollen jungen Samolaners, wie er sich da vom Dunkel abhob, verschlug einem tatsächlich den Atem.

„Nun", sagte Sandra und applaudierte kräftig, „es beginnt auf jeden Fall mit einem erotischen Knalleffekt!"

Keela sprach den Prolog klangvoll und gut, doch leider entsprach die Qualität der Verse keineswegs der Qualität seines Vortrags. Obgleich Kerry Stirling, der literarische Löwe von Samolo, eine Anzahl erfolgreicher, von Lokalkolorit triefender Romane geschrieben hatte, war er offenbar mit der Muse der Dichtkunst nur sehr flüchtig bekannt. Seine Verse, die unbehaglich zwischen Walter Scott, Macaulay und der furchtbaren amerikanischen Dichterfabrik Ella Wheeler Wilcox pendelten, erreichten im besten Fall knappes Mittelmaß und im schlimmsten eine beinahe peinliche Banalität. Sie wimmelten von schwerfälligen Allegorien, da und dort untermengt mit blumigen Reimereien:

Lang ist es her, im Morgengrau'n der Zeit verloren,
daß dieses Eiland ward in Feuersglut geboren.
Feuer und Wasser dann mühten sich Hand in Hand
und schufen unverzagt an diesem öden Strand,
wo niemals noch zuvor ertönt des Vogels Lied,
die seltsamste Musik. Erstaunt der Himmel sieht,
wie sich im blauen Meer ein Wunder offenbart,
von dem Korallenriff vor Wogenprall bewahrt,
da steigen sie herauf, noch unbelebt und kahl,
in Neptuns Schoß gezeugt, die Inseln ohne Zahl,
und diese Perlenschnur, so schimmernd und so froh,
ist unser Paradies, ist unser Samolo!

„Man stelle sich Neptun mit Schoß vor", flüsterte Sandra. „Ich sah ihn eigentlich immer als recht männlichen Typ."

Am Ende des Prologs schritt Keela, die Arme immer noch beschwörend erhoben, ins Meer und verschwand mit einem anmutigen Kopfsprung. Die Scheinwerfer erloschen, und in das Schweigen nach dem dröhnenden Beifall zischte deutlich Almas Stimme: „Jetzt!" Im Dunkeln wisperte und scharrte es vernehmlich, die Lichter flammten wieder auf, und über die Stege zu beiden Seiten der Tribüne hüpften Ivy Polands Nixen auf den Strand, wo sie sich, ein wenig atemlos, zu einem wohlstilisierten Bild ordneten. Sie waren in durchsichtige, meergrüne Chiffongewänder gekleidet und trugen Ketten aus rosa Muscheln und lange, herabflutende grüne Perücken, die Seetang darstellen sollten. Tapfer blieben sie lange als lebendes Bild stehn und warfen nur dann und wann ängstliche Blicke auf die Kapelle, die sich entmutigend stumm verhielt. Endlich setzten nach unüberhörbaren Pfiffen in Richtung Musikempore die Royal Shropshires ein, und die Nixen konnten ihren Tanz beginnen. Er war reizend, wenn auch nicht rasend originell, und sie führten ihn auch sehr hübsch aus, aber die Sache belebte sich doch erst richtig, als plötzlich Tauhua Tali wie eine pfauenblaue Libelle aus der Dunkelheit hervorschoß und einen bezaubernden Pas de deux mit Kokoano, Juanitas Diener, hinlegte, der nur eine vergoldete Badehose anhatte und wie ein dunkler griechischer Gott aussah, von Gauguins Pinsel retouchiert. Sie ernteten stürmischen Beifall und wurden immer wieder herausgerufen.

„An Sergeant Hancocks Stelle", sagte Sandra, „würde ich gleich beide heiraten und geradewegs zu Ninette de Valois in die Ballettschule bringen."

„Woher weißt du etwas von Sergeant Hancock?"

„Meine Spione sind überall!" Damit wandte sie sich wieder der Vorstellung zu.

Eine Hauptschwierigkeit bei der Vorbereitung des Festspiels bot die ziemlich monotone Ereignislosigkeit der samolanischen Geschichte. Während andere Inseln im Stillen Ozean ihren vollen Anteil an Kriegen, Invasionen, Menschenopfern und Blutvergießen gehabt hatten, schmorte der samolanische Archipel seit Jahrhunderten friedlich und heiter unter seiner ewigen Sonne. Gewiß, im Jahre 1791 wurde sachte über eine mögliche Revolution geflüstert, als man es für ratsam hielt, König Kopalalua III. die Abdankung nahezulegen, doch das hatte sich sehr schnell durch die freudige persönliche Mitwirkung Kopalaluas von selbst erledigt, der, nach einem drei Tage und drei Nächte währenden Fest, eine Proklamation an seine Untertanen richtete. Diese Proklamation stellte unbefangen und würdig fest, daß der König, da er keine Freude am Umgang mit dem andern Geschlecht fand, nur wenig zur Zukunft der Dynastie beitragen könne und es darum für klüger halte, sich mit seinem Gefolge nach der Insel Tunaike zurückzuziehen und die Herrschaft über Samolo seinem Neffen, dem jungen Prinzen Kefumalani, zu übergeben, der, obgleich noch nicht zwanzig, doch schon seine Fähigkeit zur Erhaltung der Dynastie über jeden Zweifel hinaus bewiesen hatte.

Esmond Templar und Peter Glades waren begeistert dafür eingetreten, dieses historische Geschehnis auch im Festspiel festzuhalten, doch sie wurden von den übrigen Ausschußmitgliedern klar überstimmt.

Man hatte die Aufführung in zwei Teile geteilt, von denen der erste entweder reinweg erdichtet war oder sich auf die alten Sagen stützte, darunter auch die vom berühmten Ausbruch des FumFumBolo. Das bot wohl technische Schwierigkeiten, ging aber ganz glatt und verfehlte seine Wirkung nicht. Tauhua Tali und Kokoano spielten FumFum, die Göttin des Feuers, beziehungsweise Bolo, den Gott des Wassers. Ein riesiges Floß mit dem Vulkan darauf wurde unter dem Schutz der Dunkelheit hinter dem linken Vorgebirge hervorgezogen und spie, von Scheinwerfern jäh erhellt, durchaus zufriedenstellende Mengen Flammen und Asche. Als der Beifall verhallt war, richteten die Scheinwerfer ihre Strahlen wieder auf den Strand, und die Royal Shropshires trampelten, malerisch als Seeräuber verkleidet, brüllend und johlend über die beiden Stege, fielen mit Piken und Entermessern in einem furchtbaren Kampf übereinander her und ließen, als endlich die Lichter erloschen, unzählige Leichen auf dem Strand zurück. Das machte nicht nur dem Publikum großen Spaß, sondern vor allem den Royal Shropshires selbst.

Das Finale des ersten Teils bildete die historische Landung des Kapitäns Evangelus Cobb mit seiner Ladung Missionare und ihr Empfang auf dem Strand durch König Kefumalani und seinen Hofstaat. Ursprünglich hatte man sich überlegt, auch den Schiffbruch des ‹Guten Samariters› zu zeigen, der an den Klippen auseinanderbersten sollte, doch nahm man davon Abstand, als Peter Glades darauf hinwies, daß ein Schiffbruch auf einem völlig unbewegten Meer nicht nur kostspielig und schwierig darzustellen wäre, sondern unvermeidlich auch ein ungünstiges Licht auf die nautischen Künste des heldenhaften Kapitäns Cobb werfen müßte. Darum war beschlossen worden, man müsse eben voraussetzen, der Schiffbruch habe außer Sichtweite hinter dem Vorgebirge stattgefunden und die Überlebenden eines gleichfalls vorausgesetzten Sturms kämen zerlumpt und erschöpft in einem Rettungsboot aus dem Dunkeln angefahren.

Das alles klappte planmäßig, nur daß die arme Letty Togstone, die in der letzten Saison als Frau Alwing in den ‹Gespenstern› einen eindrücklichen Erfolg errungen hatte, diesmal von einem böswilligen Geschick um den sicher scheinenden Triumph betrogen wurde. Als Mrs. Brunstock, die Führerin der Missionare, sollte sie, in ein langes weißes Hemd gehüllt und den Kopf mit einer blutbefleckten Binde umwunden, auf den Bug des Bootes springen, sobald es das Ufer bis auf wenige Meter erreicht hatte, um, die Arme weit ausgestreckt, jauchzend zu deklamieren:

> *Land, Land! Der Sturm hat ausgetobt!*
> *Des Ew'gen Güte sei gelobt.*
> *Gerettet hast Du uns aus schwerer Not,*
> *Den Inseln bringen wir Dein Wort, Herr Gott.*

Dieser dramatische Augenblick, von Alma Peacock sorgfältig einstudiert, hatte bei den letzten Proben, während die Kapelle

‚Näher, mein Gott, zu dir' in Moll spielte und Letty Togstone die ganze Fülle ihrer Stimme entfaltete, zahlreiche Zuschauer, darunter Madame Alice und die Brüder Fumbasi, zu Tränen gerührt. An diesem Abend jedoch berechnete sie vielleicht aus Nervosität den Sprung falsch und schwankte bedrohlich auf dem Bootsrand. Michael Tremlet, der vom Heck aus das Boot vorsichtig mit einem abgedeckten Außenbordmotor steuerte, erkannte plötzlich Lettys mißliche Lage und schaltete in der besten Absicht, ihr zu helfen, blitzschnell den Rückwärtsgang ein, woraufhin Letty das Gleichgewicht endgültig verlor und kopfüber ins Wasser fiel. Selbst dann wäre die Situation noch zu retten gewesen, hätte sie nicht laut „Herr Gott!" wiederholt, bevor sie untertauchte.

Das Publikum stöhnte entsetzt auf, dann aber, als Letty wieder hoch kam, brach stürmisches Gelächter los. Sie ignorierte es mit großartiger Geistesgegenwart, watete an die Küste und sank anmutig zu den Füßen König Kefumalanis nieder, der sich vorbeugte, um sie aufzuheben, sie jedoch bei dieser Gelegenheit heftig auf den Kopf schlug. Mit einem lauten Schmerzensschrei fiel sie auf den Strand zurück, und von nun an ging alles drunter und drüber. Michael Tremlet, der durch seine fatale Rettungsaktion völlig den Kopf verloren hatte, gab Vollgas, das Boot schoß vorwärts und grub sich mit solcher Kraft in den Sand, daß Kapitän Cobb und die Missionare übereinanderpurzelten. Die Zuschauer tobten und brüllten vor Lachen, die Kapelle spielte einen dröhnenden Tusch, und alle Lichter erloschen. Unglücklicherweise gingen sie sofort wieder an und enthüllten die Missionare, die aus dem Boot kletterten, Letty Togstone, die in Tränen schwamm, und Alma Peacock, die in einem Kleid aus Goldlamé bis zu den Knien im Wasser stand und wütend Michael Tremlet zufuchtelte.

Nach dieser Katastrophe gab es eine Pause von zwanzig Minuten, während der wir uns in das Vorzimmer hinter der königlichen Loge zurückzogen; dieser ungedeckte Raum war mit rotweißblauem Flaggentuch umfriedet und mit einigen Stühlen, Sofas und einem Serviertisch möbliert, auf dem Getränke und

Brötchen standen. Sandra, deren Selbstbeherrschung bei Letty Togstones Kopfsprung bereits ziemlich Schaden genommen hatte, sank in einen Stuhl und konnte sich nicht mehr halten vor Lachen.

„Reiß dich zusammen", sagte Seine Exzellenz streng. „Es darf wirklich niemand sehen, wie du dich aufführst!"

„Ich kann nicht mehr ... die arme Letty ... ach Gott!" Sie wieherte erneut los.

„Trink rasch einen Schluck. In einer Minute sind alle da!" Seine Exzellenz drückte ihr ein Glas Champagner in die Hand.

Robin, Droopy, Eloise und ich formten getreulich einen Kreis, um sie zu decken, während sie ihr Gesicht richtete und mit großer Mühe um Fassung rang. Hali Alani trat ein, ihm folgten Mrs. Glendower und der alte Sir Albert, Bimbo und Lucy, die Brüder Fumbasi, Dusty und Buddha und mehrere andere. Zuletzt erschien Admiral Turling mit der Prinzessin. Er verzog sein ziegelrotes Gesicht in bedenkliche Falten.

„Henry ist beunruhigt." Die Prinzessin legte eine warme Klaue um mein Handgelenk. „Henry ist sehr beunruhigt."

„Warum? Was ist denn los?"

Der Admiral, in einen weißen Smoking gezwängt, deutete vielsagend nach dem Himmel.

„Gefällt mir gar nicht", sagte er.

Ich schaute hinauf und bemerkte, daß keine Sterne mehr zu sehen waren. Ich stieß Robin an. „Der Admiral ist beunruhigt!"

Robin hob gleichfalls den Kopf und murmelte: „O weh!"

„Ich habe gewarnt!" Der Admiral heftete ein durchbohrendes blaues Auge auf mich. „Vor Wochen schon habe ich gewarnt. Das ist eine unzuverlässige Jahreszeit, Regen seit etwa zehn Tagen überfällig."

Da die Wettervorhersagen des Admirals im allgemeinen unheimlich genau eintrafen, wurde mir bang zumute.

„Glauben Sie nicht, daß es sich noch hält? Ein paar Tage? Gerade nur über den Besuch?"

Der Admiral grunzte und legte den Kopf zur Seite, als stünde er in unmittelbarer Verbindung mit den Elementen.

„Das Barometer fällt", sagte er. „Sah ich schon, als wir wegfuhren. Und der Wind frischt auf. Hören Sie hin!"

Ich lauschte, und tatsächlich, in den Bäumen raschelte es unheilverkündend. Dusty und Buddha traten zu uns.

„Wie lang dauert der zweite Teil?" fragte Buddha. Und auch in seiner Stimme schwang Besorgnis mit.

„Ziemlich lang. Mindestens anderthalb Stunden."

Er wandte sich zu Dusty. „Was meinst du? Sollen wir's riskieren und dableiben?"

„Bisher sind so herrliche Dinge passiert", meinte Dusty, „daß ich um keinen Preis irgendwas versäumen möchte. Und wenn wir jetzt gehen, redet Ivy nie wieder ein Wort mit uns. Sie hockt auf einem Schemel unter der Musikestrade und späht mit Luchsaugen nach uns."

„Wenn wir uns jetzt nicht verziehen, wird sie nie mehr mit uns sprechen können, da wir wahrscheinlich naß bis auf die Haut werden und uns eine doppelseitige Lungenentzündung holen."

Dusty legte ihren Arm in seinen. „Als Ausschußmitglied muß ich dem Ruf der Pflicht gehorchen und auf meinem Posten ausharren."

„Als Ausschußmitglied gehörst du erschossen", sagte Buddha, „weil du die Aufführung dieses wäßrigen Albtraums zugelassen hast."

„Du sitzt ja auch im Ausschuß, mein Lieber, und hast es ebenso zugelassen wie ich. Komm jetzt und hör auf zu schimpfen. Du wirst doch den Kirchenchor nicht verpassen wollen?"

„Doch!" erwiderte Buddha, als sie abzogen. „Ganz entschieden!"

Die Lichter flackerten auf, von der Empore her dröhnte ein langer Trommelwirbel, und wir nahmen unsere Plätze ein. Ein rascher Blick belehrte mich, daß der Admiral und die Prinzessin sich in Richtung Parkplatz verdrückten.

Im ganzen Publikum herrschte eine gewisse Unruhe. Manche Leute schauten nach dem dunklen Himmel und flüsterten miteinander. Die Luft kühlte merklich ab, und das Rauschen des Windes in den Bäumen nahm mit jeder Minute zu.

„Im allgemeinen", sagte Sandra, „finde ich das Wetter als Gesprächsthema außerordentlich langweilig, aber ich muß gestehen, daß es mich jetzt gerade sehr beschäftigt. Denkst du auch, was ich denke?"

„Ja", antwortete ich, „und ich führte dazu ein recht beunruhigendes Gespräch mit dem Admiral. Wie ich feststellte, sind er und die Prinzessin soeben zu ihrem Wagen verduftet."

„Ich behaupte noch immer", sagte Sandra, „du hättest als Mitglied des Ausschusses von Anfang an dem ganzen Plan dieser fürchterlichen Aufführung energisch entgegentreten müssen."

„Du bist die Gemahlin des Gouverneurs", zischte ich. „Und ich bin dein Gast. Beides macht es mir unmöglich, so offen zu antworten, wie ich gern würde."

„Gib nicht so an", flüsterte Sandra. „Es geht weiter!"

Die Lichter erloschen, und plötzlich erstrahlte, von den beiden Vorgebirgen her angeleuchtet, die kleine Bucht taghell. In der Mitte der Bucht, nur wenige Meter vom Ufer entfernt, war das Floß verankert, das vorher den speienden Vulkan getragen hatte. Jetzt trug es den weiblichen Kirchenchor in voller Stärke. Die Sängerinnen waren drei Reihen tief gestaffelt und hefteten den Blick starr und fest auf ihre Dirigentin, Mrs. Lamont, die, von wallender schwarzer Seide umhüllt, mit erhobenem Taktstock in einem kleinen, flachen Beiboot stand, knapp unterhalb der Augenhöhe ihrer Damen. Zwei junge, mit Rudern bewaffnete Samolaner hielten, der eine vorne, der andere hinten, das Bötchen an Ort und Stelle.

Infolge eines kleinen Regiefehlers waren die Royal Shropshires mit der Ouvertüre zu ‚Wilhelm Tell' noch nicht ganz fertig, als die Scheinwerfer aufflammten. Der Kapellmeister, Sergeant-Major Brocklehurst, beschleunigte das Tempo, so sehr er konnte, doch es dauerte noch eine beträchtliche Weile, bis die Musik donnernd zu einem etwas verworrenen Schluß gelangte. Mrs. Lamont schoß solange giftige Blicke auf die Kapelle.

Für sie war der Frauenchor das A und O ihres Daseins, die Verwirklichung ihrer Träume, ihr Augapfel. Jahrein, jahraus probte sie unablässig und sie kämpfte wie eine Löwin um seine

Rechte und bestand mit zäher Hartnäckigkeit darauf, daß er bei jeder opportunen Gelegenheit auftrat. Für dieses Festspiel hatte Alma Peacock angeregt, die Damen sollten statt der normalen schlichten weißen Hängerchen, die mit roten, blauen und violetten Bändern verziert waren, damit man Sopran, Mezzosopran und Alt voneinander unterscheiden konnte, ihre Eingeborenentracht tragen. Doch Mrs. Lamont verschloß sich allen Bitten. Umsonst machten Alma und Ivy geltend, daß die Szene doch das erste Aufkeimen des Christentums auf der Insel anfangs des neunzehnten Jahrhunderts darstellen würde und die farbigen Sarongs und die lustigen Büstenhalter jener Zeit nicht nur wirkungsvoller, sondern auch stilgerechter wären – Mrs. Lamont blieb verstockt. Der weibliche Kirchenchor sei vor allem eine religiöse Einrichtung, erklärte sie, und man könne nicht erwarten, daß ihr Chor die Insignien über Bord werfe, durch die er seinen Ruhm erlangt habe, und seine hohe Würde dadurch beschmutze, daß die Damen sich in dem leichtfertigen Aufzug eines heidnischen Zeitalters herumtrieben. Nach hitzigen Diskussionen und einem gereizten Briefwechsel siegte Mrs. Lamont, Alma und Ivy mußten schließlich nachgeben. Und so standen sie denn da, die gedrängten Reihen weißverhüllter Busen und verzückter brauner Gesichter, sahen aus, wie sie immer ausgesehen hatten, hielten sich aufrecht, wie sie sich immer aufrechtgehalten hatten, nur daß jetzt ein leicht schaukelndes Floß den vertrauteren festen Grund des Rathaussaals ersetzen mußte.

Dem lange erwarteten Ende der Tell-Ouvertüre folgte eine kurze Pause, dann hob Mrs. Lamont ihren Stab noch höher, Sandra stöhnte hörbar, und der Kirchenchor setzte ein.

Das Oratorium ‚Gesegnet die Herzen, die plötzlich sehen' bildete, zum mindesten nach Inky Blumenthals Ansicht, den Höhepunkt seines musikalischen Schaffens. Wochenlang hatte er mühevoll daran gearbeitet und den armen Kerry Stirling an den Rand eines Nervenzusammenbruchs getrieben, indem er den Dichter seine Verse nicht weniger als elfmal umschreiben ließ. Diese Mühe war keineswegs unerläßlich gewesen, denn der Kirchenchor hatte sich in all den Jahren seiner Triumphe nie des

Rufs erfreut, auch nur ein einziges Wort verständlich aussprechen zu können. Doch die Geräusche, die er von sich gab, hielt man ganz allgemein für künstlerisch höchst bemerkenswert, und als die Damen jetzt alle miteinander die Münder öffneten und befehlsgemäß die ersten Takte von Inkys Opus in die Lüfte schmetterten, war der Eindruck gewaltig.

Nun ließ sich aber nicht verkennen, daß ‚Gesegnet die Herzen, die plötzlich sehen' vom musikalischen Standpunkt aus eine anmaßende Mischung von Händel, Verdi und Elgar war, ohne daß leider ein Funken ihrer melodischen Schöpferkraft aufblitzte. Überdies war das Oratorium viel, viel zu lang. Wir saßen erschlagen in einem Zustand hypnotischer Ergebenheit da, betrachteten stumpfsinnig, wie die Reihen der Busen sich hoben und senkten, wie die zahllosen Münder sich öffneten und schlossen, wie Mrs. Lamont mit beiden Armen die Luft peitschte und mit den Füßen ihr Boot bedrohlich zum Schaukeln brachte. Nach einer Weile machte ich die Augen zu und versuchte, auch Ohren und Geist gegen alle äußeren Vorgänge abzuschirmen und mich auf etwas völlig anderes zu konzentrieren. Mit einemmal aber wurde ich mir eines seltsamen, metallisch jaulenden Geräuschs bewußt, das immer mehr anschwoll und sich gegen das Dröhnen und Tirilieren der Stimmen durchsetzte. Ich öffnete die Augen wieder und sah, daß das Floß fast kippte. In diesem Augenblick brach kreischend und heulend der Sturm los. Das Publikum schrie auf, alles drängte zu den Ausgängen. Dann öffnete der Himmel seine Schleusen, im Licht der Scheinwerfer rauschte ein Regenvorhang aus gläsernen Speeren aufs Meer herunter und verhüllte das Floß, den Chor, Mrs. Lamont und selbst die nur wenige Meter entfernten Palmen. Wir standen instinktiv auf und drängten an die Rückwand der Loge, um ein wenig geschützt zu sein, doch das nützte nicht viel, denn der Wind fegte unmittelbar in die Bucht hinein und durchnäßte uns binnen weniger Sekunden bis auf die Haut.

„Das", meinte Sandra zähneklappernd, „verdient die Schlagzeile ‚Ein Gottesgericht', und ich muß sagen, ich bin ganz auf Seiner Seite."

„Wir sollten rasch zum Wagen, Sir", sagte Chris Mortlock. „Er steht gleich hier draussen."

„Jetzt bleiben wir vorderhand, wo wir sind." Die Stimme des Gouverneurs klang schicksalsergeben. „Wir können nicht im Wagen sitzen, während alle andern völlig aufgeweicht werden. Hier, mein Kind." Er zog sein Jackett aus und legte es um Sandras Schultern, Droopy und Robin folgten dem Beispiel und reichten ihres Eloise und mir, und so warteten wir, eine triefende zusammengedrängte kleine Gruppe, bis sich die erste Wut des Sturmes erschöpfen würde. Nach kurzer Zeit – uns schien es eine Ewigkeit – beruhigte sich das Unwetter tatsächlich ein wenig. Der Sturm ließ nach, und der Regen prasselte nicht mehr so dicht.

„Ach, Gott!" rief Sandra. „Seht bloß den Kirchenchor!"

Der Anblick, der sich unseren Augen bot, bleibt meiner Erinnerung für alle Zeiten eingebrannt. Unter dem ersten Anprall des Sturmes hatte sich das Floß von seiner Verankerung losgerissen und begonnen, in die offene See hinauszutreiben. Im gleichen Augenblick war offenbar das kleine Boot gekentert, das jetzt kieloben schwamm. Darauf lag ausgestreckt, wie ein großer schwarzer Seehund, Mrs. Lamont, rechts und links von den beiden Fischerjungen festgehalten. Der Chor selber, vom tiefsten Alt bis zur höchsten Koloratur in Samolo geboren und aufgewachsen und daher im Wasser ebenso heimisch wie auf dem Land, war anscheinend zu einem gemeinsamen Entschluß gelangt. In fast völliger Einmütigkeit rissen sich die Damen ihre farbigen Bänder ab, schlugen die Röcke über den Kopf, sprangen mehr oder minder entblößt in die tobenden Wellen und strebten zielbewußt dem Ufer zu. In diesem Augenblick setzte der Wind wieder mit Geheul ein, und eine neue Regenflut verbarg die Szene unseren Blicken.

„Hätten sie das nur schon zu Anfang getan", sagte Sandra, „der Erfolg wäre umwerfend gewesen!"

24

In dieser Nacht und während des ganzen folgenden Tags breitete sich der Himmel wie ein dunkles stählernes Tuch über die Insel, und der Regen strömte dicht und unablässig, ohne auch nur eine Minute aufzuhören. Die Bergbäche schwollen zu Katarakten an und stürzten aus dem Hochland herab, verheerten Pflanzungen und Ernten und überfluteten die Straßen. Auf dem Lailanu-Paß ereignete sich ein gewaltiger Erdrutsch, und die Brücke über den Grua-Bolo wurde fortgeschwemmt, was den gesamten Verkehr nach der Nordküste lahmlegte.

Wie durch ein Wunder funktionierte das Telephonnetz, und als ich nach dem Frühstück den Flughafen anrief, um mich zu erkundigen, ob das Flugzeug, für das Droopy und Eloise gebucht hatten, auch wirklich aufsteige, erfuhr ich zu meiner Überraschung, es werde pünktlich zur festgesetzten Zeit abfliegen. So machten wir uns um Mittag im Kombiwagen auf den Weg und fuhren, in unsere Regenmäntel gehüllt, behutsam durch die niederprasselnden Schauer. Der Flughafen war glücklicherweise weniger überfüllt als sonst, dafür erstickend heiß und roch feucht und muffig wie das Reptilienhaus im Zoo. Nachdem Droopy und Eloise ihre Koffer vorgezeigt hatten, ließen wir uns in einer Reihe der hölzernen Marterstühle nieder und lauschten dem Regen, der auf das Wellblechdach trommelte. Dieser Lärm machte jede Unterhaltung unmöglich, und wir saßen in resigniertem Schweigen da, jeder vermutlich mit seinen eigenen Gedanken beschäftigt. Meine, wie ich zugeben muß, purzelten ziemlich kaleidoskopisch durcheinander. Die Dramen und Krisen der letzten Wochen glitten vor meinem geistigen Auge hin und her wie eine Reihe unzusammenhängender Szenen in einem Amateurfilm, den ein unerfahrener Cutter allzu hastig zusammengeklebt hatte. Ich sah Schwester Duffy gleich einem geschlachteten Schaf auf dem Teppich im Gastzimmer liegen, sah Robin und mich mitten in der Nacht über die Küstenstraße jagen, sah Bunny, mit Flecken bedeckt und im Delirium fluchend, auf seinem Bett liegen und Eloise, in ihren hyazinthfarbenen Schal gehüllt, auf der hinteren Veranda zierlich die Besucherreigen empfangen, und sah schließlich mich selbst, wie ich tödlich verlegen morgens um halb zehn Droopy in voller Gala begrüßen mußte.

Ich warf einen Blick auf Eloise, die ganz unbefangen neben mir saß, und fragte mich, was in ihrem Kopf wohl vorgehn mochte. War sie glücklich oder unglücklich? Hinterließ der Zusammenbruch ihres romantischen Abenteuers irgendeinen tieferen Kummer? Bestand ernstliche Hoffnung, daß der Neubeginn ihrer Ehe genügen würde, um ihre launische Eitelkeit in vernünftigen Grenzen zu halten? Es wäre bedauerlich, wenn es anders kommen sollte. Droopy ermangelte wohl eines zündenden Sex-Appeals, war aber sichtlich ein gütiger, liebevoller Gatte. Je genauer ich Eloise seit ihrer Ankunft in Samolo kennengelernt hatte, desto mehr festigte sich meine Überzeugung, daß reiner Sex keineswegs die entscheidende Triebkraft für ihre gelegentlichen Seitensprünge bildete. Ich vermutete wohl zu Recht, daß diese physischen Aspekte leidenschaftlicher Liebe für sie erheblich weniger zählten, als die meisten Leute annahmen. Von Natur aus war sie friedsam und dem Temperament nach mehr den Lilien und Liebesschwüren der Tugend zugetan als den Rosen und Reizen der Sünde. Ihre unbestreitbare Schönheit, oberflächlich betrachtet ein kostbarer Schatz, hatte sich ihr ganzes Leben lang vor allem als der Stein erwiesen, über den sie strauchelte. Ohne diese Schönheit, oder doch wenigstens ohne ein solches Übermaß davon, wäre ihr ganzes Dasein vielleicht erheblich weniger kompliziert und wahrscheinlich sehr viel glücklicher verlaufen. In einer plötzlichen Anwandlung schob ich meinen Arm unter den ihren und drückte ihn zärtlich.

„Liebe Eloise", sagte ich, „ich bin traurig, daß du wegfährst; du wirst mir sehr fehlen – wirklich!"

Sie erwiderte meinen Druck und lächelte mir hinreißend zu. „Ich werde nie vergessen, was du alles für mich getan hast. Du und Robin, ihr seid –", sie brach brüsk ab und schaute zu Boden. „Ich werde nicht ‚Engel' sagen, Droopy meint, ich sage es viel zu oft und es sei höchste Zeit, die Platte zu wechseln." Sie hielt inne. „Vielleicht sollte ich lieber sagen – ihr seid sehr geduldig gewesen, sehr verständnisvoll und schrecklich, schrecklich gütig." Sie sah wieder auf, und zu meiner Überraschung schimmerte es feucht in ihren Augen.

Da wurde die Maschine über den Lautsprecher startklar gemeldet, wir erhoben uns alle und gingen zur Abfertigung.

Robin und ich warteten ein wenig besorgt, bis das Flugzeug aufstieg. Zuerst rollte es durch den unablässig tropfenden Regen und verbarg sich hinter einigen Hallen. Nach wenigen Minuten hörten wir das anschwellende Dröhnen der Motoren, und plötzlich tauchte es wieder auf, glitt über die Piste durch hoch aufspritzende Fontänen, dann hob es sich, anmutig wie ein Reiher, in die Lüfte, verweilte noch sekundenlang vor unseren Blicken und entschwand endgültig hinter den grauen Wolken.

Stumm stapften wir durch die Halle, dann rannten wir schnell durch das tobende Wetter zum Wagen. Robin ließ den Motor an.

„Und so waren sie wieder Mann und Frau", sagte er, „und lebten glücklich bis an ihr seliges Ende."

25

Am Vorabend der Ankunft unserer hohen Gäste sanken Robin und ich zutiefst niedergeschlagen ins Bett. Wir wechselten noch krampfhaft ein paar Worte, schalteten das Licht aus und hörten schlaflos zu, wie draußen der Regen niederprasselte.

Ein schauderhafter Tag lag hinter uns: die neue Ernte am unteren Ende der Pflanzung war vollkommen überschwemmt und fast sicher vernichtet. Unter dem Pareandabaum bildete sich ein ständig anwachsender gelblicher Teich und verwandelte den Rasen in einen glucksenden Morast, darin die Gartenstühle, ihrer Kissen beraubt, als vergessene Überbleibsel herumstanden. Das Dach der hinteren Veranda leckte an drei Stellen zugleich, und der Abend war durch Eimer und Scheuerlappen und steigende Erbitterung charakterisiert gewesen. Sandra hatte, der Verzweiflung nahe, angerufen. Der Park der Residenz glich einem Schlachtfeld, und die am Hafen und längs der Straße errichteten Tribünen standen völlig unter Wasser, und die eine genau gegenüber dem Rathaus, die die Mitglieder des Abgeordnetenhauses und ihre Angehörigen aufnehmen sollte, war sogar zusammengebrochen und lag jetzt, ein feuchter Haufen aus Holz und Fahnentuch, mitten auf dem Platz vor dem Parlament. Das Wasserfestspiel mußte natürlich abgesagt, alle sorgfältig geplanten Ausflüge provisorisch neu zusammengestellt werden.

Am Nachmittag hatte ich mir pflichtgetreu einen Weg durch

die Sintflut gekämpft, um an einer dringenden Ausschußsitzung teilzunehmen. Diesmal war es eine traurige Zusammenkunft, von der armen Alma resigniert, aber zweckentsprechend geleitet. Nach einer etwa einstündigen matten Diskussion wurde beschlossen, das Kino Kebololali zu belegen, das als einziges über eine ausreichende Bühne verfügte, und soviel vom Festspiel dorthin zu übertragen, wie es die Raumverhältnisse erlaubten. Diesen Rest sollten zwei oder drei erprobte Nummern aus dem Repertoire von Ivy Polands Tänzerinnen ausstopfen und im mächtigen Finale der Kirchenchor und die Royal Shropshires en masse auftreten und ‚Bleib Du bei mir' und ‚Land der Hoffnung, Land des Ruhmes' singen. Zum Glück war das Wasserfestspiel von Anfang an für den letzten Abend des königlichen Besuchs angesetzt gewesen, so daß drei volle Tage Zeit blieben, die neue Fassung einzustudieren und zu proben. Schließlich vertagte Alma die Sitzung mit einem kraftlosen Hammerschlag, und wir trennten uns gezwungen lächelnd und gingen unserer Wege.

Ich erwachte früh, gleich nach dem Morgengrauen, und schlich auf Fußspitzen ans Fenster, um Robin nicht zu wecken, der auf dem Rücken lag und gleichmäßig schnarchte. Im Vorübergehen entdeckte ich, daß ein zweiter Knopf an seiner Pyjamajacke fehlte. Ich spähte hinaus und schob, von Freude überwältigt, mit einem Ruck die Vorhänge zurück: heller Sonnenschein überflutete das Zimmer. Robin wachte mit einem Grunzen auf. „Was, zum Teufel, ist hier los?" murrte er.

„Komm und sieh selbst!" rief ich verzückt. „Komm schnell – schnell!"

Er sprang aus dem Bett, eilte zu mir ans Fenster, und da standen wir stumm und betrachteten ungläubig das Wunder. Die Gipfel der Berge schimmerten rosig im ersten Licht, kein Wölkchen trübte den blassen, lieblichen Himmel. In diesem Augenblick läutete das Telephon.

„Wer hat die Stirn, so früh am Morgen anzurufen?" fragte Robin gereizt.

Ich ging an den Apparat und nahm ab. Es war Lydia, und ihre Stimme zitterte vor panischer Angst. „Es tut mir furchtbar leid, daß ich euch zu dieser unmöglichen Stunde wecken muß, aber ich finde das Telephonbuch nicht und brauche dringend die Nummer von Dr. Bowman."

„Was gibt's denn?"

„Daphne! Sie hat 41° Fieber. Zuerst glaubte ich, es käme von ihrer Gehirnerschütterung neulich, aber jetzt sind Rücken und Brust ganz mit Flecken bedeckt, und ich kann mir gar nicht denken, was es ist."

„Aber ich", sagte ich. „Windpocken. Dr. Bowman hat die Nummer 5064."

Sie dankte mir überströmend, und ich hängte auf und kletterte wieder ins Bett.

Wenige Stunden später fuhren Robin, Nanny, die Kinder und ich im besten Staat und vor Erwartung zitternd durch die fahnengeschmückten, menschengesäumten Straßen zum Hafen und nahmen die uns zugewiesenen Plätze auf der Tribüne ein. Der Morgen hielt, was er versprochen hatte. Das Meer lag spiegelglatt da und schimmerte lavendelblau, und der dramatische Umriß von Paiana Head schien in Purpurrot an den Himmel gemalt. Gelegentlich warf eine leichte Brise unruhige Schatten auf das stille Wasser. Vor dem Landungsplatz erstreckte sich eine funkelnagelneue Mole, die weiß gestrichen und mit einem scharlachfarbenen Teppich bedeckt war. Lange Reihen prächtiger samolanischer Polizisten mit Tropenhelmen und in engen marineblauen, rot festonierten Hosen wachten vor den mit roten Kordeln verbundenen Holzpfosten. Dahinter warteten die in jede nur denkbare leuchtende Farbe gekleideten Samolaner, schnatternd wie Papageien und zappelnd vor Aufregung, auf den Augenblick, da zwei schöne junge Menschen, gekrönt mit der symbolischen Majestät vieler Jahrhunderte, zum erstenmal den Fuß auf diese heitere, liebenswerte, bezaubernde Insel setzen würden.

Ende

DIE BÜCHER VON DOROTHY SAYERS
als Sonderausgaben in Leinen gebunden

Alle Lord Peter Stories
1.–10. Tausend, ca. 432 Seiten

Aufruhr in Oxford
26.–30. Tausend, 472 Seiten

Es geschah im Bellona-Club
4.–10. Tausend, 292 Seiten

Geheimnisvolles Gift
11.–16. Tausend, 288 Seiten

Lord Peters Hochzeitsfahrt
32.–34. Tausend, 336 Seiten

Lord Peters schwerster Fall
4.–6. Tausend, 304 Seiten

Mord braucht Reklame
1.–10. Tausend, 336 Seiten

Die neun Schneider
26.–28. Tausend, 360 Seiten

Ein Toter zu wenig
7.–9. Tausend, 256 Seiten

Dorothy Sayers erzählt
Die geheimnisvolle Entführung
und neun andere Kriminalgeschichten
8.–9. Tausend, 240 Seiten